Meine Rezeptebibliothek 14

von Ute-Marion Wilkesmann

Dies ist der 14. Band einer knapp 20-teiligen Reihe, in die ich meine gesamten Rezepte einarbeite. Dieser Band umfasst die Zeit August 2017 bis Juli 2019, insgesamt sind das mehr als 900 Rezepte.

Meine Rezeptebibliothek 14

August 2017 bis Juli 2019

Von Ute-Marion Wilkesmann

Bibliografische Information der Deutschen Nationalbibliothek:
Die Deutsche Nationalbibliothek verzeichnet diese Publikation in der Deutschen Nationalbibliografie; detaillierte bibliografische Daten sind im Internet über dnb.dnb.de abrufbar.

Verlag:
BoD · Books on Demand GmbH, Überseering 33, 22297 Hamburg, bod@bod.de
Druck:
Libri Plureos GmbH, Friedensallee 273, 22763 Hamburg

ISBN: 978-3-7693-7647-0

FSC
www.fsc.org

MIX
Papier aus verantwortungsvollen Quellen
Paper from responsible sources
FSC® C105338

Vorwort

Die Reihenfolge dieser Bände bzw. Rezepte ist rein chronologisch, statt eines Inhaltsverzeichnisses gibt es daher ein ausführliches Stichwortverzeichnis am Ende. Die meisten Bilder habe ich selbst aufgenommen. In diesem Zeitraum gab es auch einige Rezepte mit entweder gar keinen oder zu kleinen/ähnlichen Fotografien. Vor allem bei Entwicklungsreihen habe ich für die Webseite häufig dasselbe Foto genommen, weil das Ergebnis genauso aussah. Für ein Buch finde ich das indiskutabel. Daher bat ich in diesen Fällen KIs um ein entsprechendes Foto. Alle Aufnahmen sind aus Kostengründen (Buchpreis für den Endverbraucher) schwarzweiß im Druck.

Entschuldigen möchte ich mich für eventuell vorhandene Tipp- und/oder andere Fehler. Auch bei sorgfältiger Arbeit lassen sie sich nicht immer komplett vermeiden. Hier sei auch mein Dank an diejenigen gerichtet, die mir über die Jahre Fehler auf der Webseite gemeldet haben.

Persönliche Anmerkungen habe ich *kursiv* vom restlichen Text abgehoben. *Es sind Texte, die beim Original-rezept stehen.*

Bei manchen Zutaten verweise ich auf ein vorheriges Rezept oder einen älteren Band. Meist lässt sich diese Zutat einfach durch etwas anderes ersetzen. Wenn ich aber alles, was ich vorher aufgeschrieben habe, auch in jeden Band neu aufnehmen will, nimmt das wertvollen Platz für neue Rezepte, so meine Überlegung. Ich schreibe auch nicht mehr wie anfänglich „o. Ä." zu den Nummern. Das sollte jedem klar sein, dass diese Hinweise generell sind und nicht sklavisch befolgt werden müssen.

Eines kann ich garantieren: Meine Bücher enthalten ausnahmslos Alltagsrezepte, es wurden nicht nur die besten Dinge ausgesucht. Ich wünsche allen Lesern viel Spaß beim Durchblättern und Ausprobieren!

April 2025
Ute-Marion Wilkesmann

Allgemeines:

Ich verwende stets einen *Heißluftofen*. Im Laufe der Zeit bin ich dazu übergegangen, *Gewicht* nur noch in netto anzugeben, das heißt, nach Vorbereiten, Schälen, Entkernen usw. Ebenso wiege ich Flüssigkeiten in Gramm ab. Auch wenn ich vielleicht in zehn Rezepten *gleichartige Arbeitsvorgänge* vorgenommen habe, beschreibe ich sie jedes Mal neu. Wer will beim Kochen blättern? Es gibt eine Ausnahme: Bei häufig wiederkehrenden Anweisungen verweise ich auf ein voriges Rezept, wenn ich dadurch Platz gewinnen kann, der für ein anderes Rezept erforderlich ist.

Kartoffeln, Möhren, Äpfel usw. schäle ich nicht. Oktober 2016 begann eine Phase mit *Tiereiweiß* (*vegetarisch*). Ab 2018 hat sich meine Einstellung zur Vollwerternährung nach Bruker geändert. Das zeigt sich ansatzweise bereits in diesem Buch.

Bei den meisten Rezepten für diesen Band habe ich mein *Getreide* selbst gemahlen. Das geht nicht nur mit der Mühle, sondern z. B. auch mit einem Thermomix. Wer beides nicht hat, dem empfehle ich gekauftes Mehl (Vollkornmehl oder Typ 1050). Es verbackt sich sogar etwas leichter als Mehl aus der *eigenen Mühle*, es kann aber zu leichten Unterschieden bei der Flüssigkeitsmenge kommen, die zugegeben wird. *Nackthafer* bedeutet keimfähiger Hafer. Wer darauf keinen Wert legt, nimmt Hafer. Dasselbe gilt für *Nacktgerste*.

Mengenangaben: Was für einen als Hauptspeise reicht, ist für den anderen nicht genug. Dennoch ist es ein Hinweis. Wenn ich bei einem Rezept keine Zahl der Portionen angebe, ist es ein Gericht für 1 Person.

Abkürzungen:

EL = Esslöffel	geh. = gehäuft (vor Einheit) bzw. gehackt (nach Einheit)
TL = Teelöffel	gem. = gem./ger. = gerieben/getr. = getr.
LS = Löffelspitze	FKG = Abkürzung für Frischkorngericht nach Bruker/für Frühstück
MS = Messerspitze	RT = Raumtemperatur
Min. = Minute(n);	schw. = schwarz
Sek. = Sekunde(n), Std. = Stunde(n)	TK = Tiefkühl
	TM = Thermomix

Evtl. unbekannte Begriffe: *Garam Masala* ist eine indische Gewürzmischung (s. auch 6/4361). *Cumin* und *Kreuzkümmel* sind Synonyme, dasselbe gilt für *Bataten* und *Süßkartoffeln*. *Tamari* ist eine spezielle Sojasoße und lässt sich einfach durch eine beliebige Sojasoße ersetzen. Die Bezeichnung *Apfelmark* verwende ich für Apfelmus ohne Zusätze, also auch ohne Zucker. *Essigpeperoni* sind in Apfelessig eingelegte Peperonistücke (7/4573). *Tahini* ist eine Sesampaste.

Gelegentlich beziehe ich mich auf ältere Rezepte und verweise auf Band und Nummer (3/2008 bedeutet Band 3, Nr. 2008). Was ich hier mitgebe, sind Sauerteigansatz, Standardstützcreme, Standard-Pflanzenmilch und die Gemüsepfanne, weil sie häufig vorkommen. *Die „bekannten" Dinge ohne Verweis sind immer die aus dieser Rubrik zuletzt hergestellten bzw. ihre Standardversionen und im Stichwortverzeichnis hinten zu finden.* Den Markennamen *Vitamix* verwende ich gelegentlich synonym für Hochleistungsmixer. *Peng-Schüsseln* sind Plastikschüsseln, deren Deckel mit „Peng" aufspringt, wenn die Hefe ausreichend gegangen ist. *Grüne Rosinen* finde ich sehr lecker, sie färben auch in der Verarbeitung nicht alles dunkel ein. Sie sind teurer, lassen sich in Gerichten geschmacklich gleichwertig durch normale Rosinen (Sultaninen, Weinbeeren) ersetzen.

Milch bezeichnet hier als Oberbegriff eine *Pflanzenmilch*.

Sauerteigansatz:
- 70 g Roggen/110 g Wasser
- 70 g Roggen/110 g Wasser
- 70 g Roggen/ 70 g Wasser

Ein schmales hohes Glasgefäß suchen. Schmal im Durchmesser sollte es sein, damit die Kontaktfläche mit der Luft nicht so groß ist. Die Höhe ist erforderlich, weil der Teig enorm geht. Locker das Sechsfache des ersten Ansatzes muss es fassen. 70 g Roggen fein mahlen und in dem Glasgefäß mit 110 g Wasser verrühren. Auf ein Fensterbrett über der Heizung stellen und mit einem Geschirrtuch abdecken. Nach 24 Std. 70 g Roggen mahlen und mit weiteren 110 g Wasser zu dem Ansatz geben und verrühren. Wieder abdecken. Nach weiteren 24 Std. nochmals 70 g Roggen mahlen und mit 70 g Wasser zu dem Ansatz geben, verrühren und abdecken. Nach weiteren 24 Std. ist der Sauerteig fertig.

Standardstützcreme 2016

Im Hochleistungsmixer bis zum Stocken schlagen:
- 50 g Rundkornnaturreis
- 50 g gekochte rote Linsen
- 20-30 g Nüsse
- 350 g Wasser, halb Raumtemperatur, halb kochend

Im Notfall kann man einen zuckerlosen Pudding und Ähnliches nehmen.

Standard-Pflanzenmilch 2016

Mache ich die Standardstützcreme, kann ich bei Bedarf gleich eine Standard-Pflanzenmilch anschließen. Ich hatte die schon mal, die war prima.
Im Vitamix ca. 1 Min. laufen lassen:
- 100 g Standardstützcreme 2016 (Rest im Becher)
- 350 g Wasser

Das Prinzip der Gemüsepfanne

Pfanne eher zu groß wählen. Flüssigkeitsmenge in die Pfanne geben. Andere Zutaten wie klein geschnittenes Gemüse usw. zugeben,. Deckel auflegen und auf höchster Einstellung zum Kochen bringen, bis Dampf unter dem Deckel austritt. Auf kleinste Einstellung bringen und 15 Min. dünsten.

Wilkesmannsche Formel

Mithilfe dieser Formel kann man praktisch jeden „normalen" Kuchen ohne Ei und/oder Fett backen.
- Fett = gekochte rote Linsen
- Eier = je Ei 60 g, davon 2/3 Stützcreme, 1/3 Apfelmus
- Backpulvermenge = verdoppeln; evtl. 10% mehr Mehl nehmen.
- Zucker = Honig (mache ich immer identisch) oder Ahornsirup (minus 10 %)

11374. Linsen mit Sellerie, August 2017

- 100 g rote Linsen
- 200 g Kochwasser oder Wasser
- 10 g Sonnenblumenöl
- 240 g Stangensellerie, klein geschnitten
- 1 Prise Salz
- 100 g Ajvar, hier Sellerie-Ajvar 11373

Linsen, Flüssigkeiten und Stangensellerie als Gemüsepfanne 20 Min. dünsten (20-cm-Alugusspfanne). Salz und Ajvar unterrühren.

11375. All-In-One-Batatenne, August 2017

- 100 g Penne (Nudeln aus Hartweizenmehl)
- 2 Prisen Salz
- 185 g Süßkartoffeln, in feinen Stiften
- 45 g Zwiebel, gewürfelt
- 210 g Wasser
- Salz
- 95 g Ajvar, hier Sellerie-Ajvar 11373

Ohne Salz und Ajvar in eine Pfanne geben, aufkochen und 15 Min. bei kleiner Einstellung leicht kochen/dünsten. Abschmecken mit Salz und Ajvar.

11376. Brot mit Mehrkorn (Wildhefe)

Vorläufer 11250

Stufe 1 (12 Std. vorher):

Sauerteigansatz:

- 400 g Roggen
- 415 g Wasser
- 150 g Sauerteig

Wildhefeansatz:

- 200 g Wildhefewasser (siehe vorherige Bände)
- 200 g gem. Dinkel

Stufe 2 (Backen, bei mir am Morgen):

- 100 g Roggen
- 225 g Sechskornmischung
- 20 g Salz
- 1 geh. EL Brotgewürz (Brecht)
- 80 g Sonnenblumenkerne
- 20 g Sesamsaat, ungeschält
- 150 g Wasser
- Gesamter Wildhefeansatz
- ca. 800 g Sauerteigansatz
- 20 g Butter für die Form

Stufe 1: Roggen fein mahlen, mit Wasser und altem Sauerteig mischen. In einer Plastiktüte über Nacht stehen lassen. 150 g von der Stufe 1 abnehmen und in einem gut schließenden Schraubglas in den Kühlschrank stellen für das nächste Backen. 200 g abnehmen und an eine Freundin schicken. Wildhefezutaten mit einem Löffel verrühren.

Stufe 2: Zutaten (außer der Butter) mit einem großen Löffel gründlich verrühren, bis kein Mehl mehr sichtbar ist. Eine 30-cm-Brotform, Profi-Email von Dr. Oetker, gut einfetten. Teig hineingeben, mit der nassen Hand herunterdrücken und glattstreichen. Mit einem scharfen Messer dreimal schräg einschneiden. Form in eine Plastiktüte geben und etwa 2,5 Std. gehen lassen. Brot in den kalten Ofen schieben und 80 Min. bei 190 °C (Heißluft) backen.

11377. FKG Quickie, August 2017

- 3 EL Nackthafer
- 1 EL Sahne
- 1 Banane (130 g), in Scheiben
- 100 g grüne kernlose Weintrauben
- 100 g Heidelbeeren
- 15 g Macadamianüsse

Getreide flocken. Sahne darauf träufeln. Die anderen Zutaten in der angegebenen Reihenfolge darüber geben.

11378. Blumenkohl plus Erdnuss, August 2017

- 40 g Wasser
- 255 g Blumenkohl, in kleinere Stücke geschnitten
- Erdnuss-Bohnen Soße

Ohne die Soße als Gemüsepfanne (20-cm-Keramikpfanne, 15 Min.). Erdnuss-Bohnen-Soße unterrühren und aufkochen (Becher mit etwas Wasser nachspülen).

Hinweis: Optisch eher unscheinbar, was man mit ein paar Kräutern o. Ä. ändern kann. Geschmacklich sehr gut! Bei mir gab es dazu Jasmin-Vollkornreis

11379. Erdnuss-Bohnen-Soße, August 2017

Im kleinen Mixer, hoch stehendes Messer, pürieren:

- 40 g Erdnüsse, geröstet und gesalzen
- 100 g gekochte weiße Bohnen
- 55 g Ajvar, hier Sellerie-Ajvar 11373
- 15 g Sonnenblumenöl
- 1/2 TL Salz
- 50 g Wasser

11380. Freitag-mal-anders-FKG, August 2017

1 Portion (es geht auch ohne Mango-Creme).

- 3 EL Nackthafer
- 1 EL Sonnenblumenkerne
- 100 g Wasser
- 1 Banane (140 g)
- 140 g Blaubeeren
- 15 g Sahne
- 1 TL Kakaonibs

Getreide flocken, mit den Sonnenblumenkernen mischen und mit dem Wasser begießen. Das Obst ggf. in grobe Stücke teilen und mit der Sahne im kleinen Mixer (hoher Becher) pürieren, über das Getreide geben. Mit Kakaonibs bestreuen.

11381. Argan-Wildsalat, August 2017

- 80 g Wildkräuter
- 65 g Linsensprossen
- 1 EL Arganöl, geröstet
- 1 EL Mandelöl
- 1 EL Aceto-Balsamico-Essig
- 1/2 große Tomate (65 g), in Scheiben

Wildkräuter klein schneiden, mit Linsensprossen, Ölen und Essig in einer kleinen Schüssel vermengen. Auf einen Teller geben, den Rand mit den Tomatenscheiben belegen.

11382. Hafertaler „Peanut Cookies", August 2017

Vorläufer: 13/11355

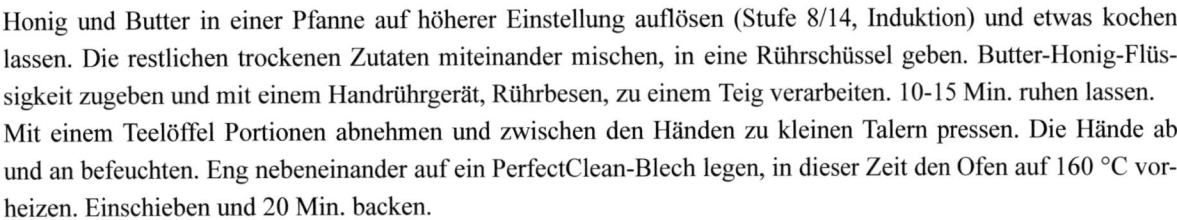

- 200 g Honig
- 100 g Butter
- 200 g Dinkel
- 250 g Nackthafer, geflockt
- 100 g Erdnüsse, geröstet und gesalzen
- 50 g Rosinen
- 1/2 TL gem. Vanille
- 1 P Weinsteinbackpulver
- 1 Prise Salz

Honig und Butter in einer Pfanne auf höherer Einstellung auflösen (Stufe 8/14, Induktion) und etwas kochen lassen. Die restlichen trockenen Zutaten miteinander mischen, in eine Rührschüssel geben. Butter-Honig-Flüssigkeit zugeben und mit einem Handrührgerät, Rührbesen, zu einem Teig verarbeiten. 10-15 Min. ruhen lassen. Mit einem Teelöffel Portionen abnehmen und zwischen den Händen zu kleinen Talern pressen. Die Hände ab und an befeuchten. Eng nebeneinander auf ein PerfectClean-Blech legen, in dieser Zeit den Ofen auf 160 °C vorheizen. Einschieben und 20 Min. backen.

11383. Schnelle Bohnenspeise, August 2017

Hauptspeise

- 200 g gekochte weiße Bohnen
- 2 Prisen getr. Oregano
- 55 g Ajvar, hier Sellerie-Ajvar 12/11373
- 1/2 Tomate (85 g), kleingeschnitten

Alle Zutaten miteinander vorsichtig vermischen. Wenn die weißen Bohnen und das Ajvar schon vorliegen, geht es in Sek.!

11384. Grapetrauben-FKG, August 2017

- 3 EL Nackthafer
- 1 EL Chiasamen
- 80 g Wasser
- 1/2 Grapefruit (130 g)
- 1 Banane (85 g)
- 90 g grüne kernlose Trauben
- 15 g Sahne
- 10 g Kokosstreifen

Getreide flocken, mit Chiasamen mischen und mit Wasser verrühren.

Das Obst ggf. vorschneiden und mit der Sahne im Mixer (Nutrition Mixer) pürieren, über das Getreide geben. Kokosstreifen in die Mitte legen.

11385. Einfachstes Reisgericht der Welt, August 2017

- 100 g Jasminvollkornreis
- 10 g Sonnenblumenöl
- 200 g Wasser
- 85 g tiefgekühlte Erbsen
- 2 Prisen Salz
- 45 g Tomatenmark aus dem Glas

Reis mit Öl und Wasser 38 Min. kochen bzw. auf kleinster Einstellung quellen lassen. Erbsen, Salz und Tomatenmark unterrühren, erhitzen bis die Erbsen aufgetaut und das gesamte Gericht heiß ist.

Hinweis: *Das Unkomplizierte ist derzeit mein Bestreben. Dazu passt dieses Gericht absolut! Als Studentin habe ich so etwas oft gemacht, allerdings mit weißem Reis und Dosenerbsen.*

11386. Stracciatella-Shake, August 2017

1 großes Glas

- 2 reife Bananen (185 g)
- 10 g Kakaonibs
- 20 g saure Sahne
- 260 g Wasser

Im starken Mixer gut mischen. Den Vitamix würde ich hier nicht nehmen, weil er die Kakaonibs zu fein schlägt.

Tipp: Wer es gerne kalt mag, nimmt Wasser aus dem Kühlschrank und lässt auch die Bananen durchkühlen.

11387. Kartoffelwürfel aus der Pfanne, August 2017

- 25 g Sonnenblumenöl (15 g hätten auch gereicht)
- 195 g Kartoffeln, gewürfelt (1 cm Kantenlänge maximal)
- 2 Prisen Salz
- 1-2 Prisen Pfeffer

Kartoffelwürfel im Öl als Gemüsepfanne dünsten (20-cm-Alugusspfanne, 20 Min.). Salzen, pfeffern und vorsichtig mischen.

11388. Blumenkohl mit Süßkartoffel, August 2017

- 50 g Wasser
- 85 g Süßkartoffel, in Streifen
- 135 g Blumenkohl, klein geschnitten
- 2 EL saure Sahne
- 1 Prise Salz

Aus Wasser, Süßkartoffeln und Blumenkohl eine Gemüsepfanne zubereiten (20 cm, Keramikpfanne, 15 Min.) Saure Sahne unterziehen und salzen.

Tipp: Dazu passen Kartoffelwürfel aus der Pfanne.

11389. Saure Banane-FKG, August 2017

- 3 EL Nackthafer
- 1 EL Chiasamen
- 100 g Wasser
- 2 EL saure Sahne
- 3 kleine Bananen (290 g)
- 8 grüne kernlose Weintrauben
- 10 g Walnüsse

Getreide flocken, mit Chiasamen mischen und mit Wasser verrühren. Banane in grobe Stücke teilen und mit der Sahne im Mixer (Nutrition Mixer) pürieren, über das Getreide geben. Trauben am Rand entlang legen, Walnüsse in die Mitte geben.

11390. Linsen einfach und lecker, August 2017

- 100 g Berglinsen (Biohof Lex)
- 1 Zwiebel (65 g)
- 2 Knoblauchzehen (10 g), in Scheiben
- 1-2 Prisen getr. Oregano
- 200 g Wasser
- 1-2 Prisen Salz
- 30 g Tomatenmark
- 10 g Butter (oder Nussöl)

Linsen, Zwiebel, Knoblauch, Oregano und Wasser in einer 20-cm-Alugusspfanne (Woll) zum Kochen bringen und 40 Min. auf kleiner Einstellung kochen lassen. Salz, Tomatenmark und Butter zugeben und erhitzen.

11391. Kohlrabisalat einfach, August 2017

- 2 EL saure Sahne
- 1 Prise Salz
- 255 g Kohlrabi
- 30 g Linsensprossen

Sahne und Salz in den Zerkleinerer (oder ein anderes Gerät zum Gemüseraffeln) geben. Kohlrabi vorschneiden, zugeben und mittelfein raffeln. Mit den Linsensprossen mischen.

11392. Heidelbeer-FKG mit Knopfleiste, August 2017

- 3 EL Nackthafer
- 1 EL Chiasamen
- 100 g Wasser
- 200 g Heidelbeeren
- 2 Bananen (175 g)
- 20 g saure Sahne
- 5 Macadamianüsse

Getreide flocken, mit Chiasamen mischen und mit Wasser verrühren. Bananen in Stücke teilen und mit Heidelbeeren und saurer Sahne pürieren (Mixer), über das Getreide geben. Die fünf Nüsse in einer Linie entlang über die Mitte legen.

11393. Oregano-Reis, August 2017

- 10 g Butter
- 100 g Jasmin-Vollkornreis
- 1-2 Prisen getr. Oregano, zwischen den Fingern zerrieben
- 200 g Wasser

40 Min. im kleinen Topf (Aufkochen, dann auf kleiner Einstellung, Salz erst nach dem Kochen unterrühren).

11394. Blumenkohl-Süßkartoffel-Salat, August 2017

Dressing, im kleinen Mixer pürieren:

- 10 g Senf
- 4 g Essigpeperoni 7/4573
- 1 TL Peperoniessig
- 35 g saure Sahne
- 3 g Agavendicksaft
- 25 g Wasser

Im Thermomix (5 Sek./Stufe 5):

- 200 g Blumenkohl
- 90 g Süßkartoffel
- 20 g Walnüsse
- Soße von oben
-

Dekoration:
- 20 g Linsensprossen am Rand auslegen.

11395. Heidelbeer-FKG mit Nektarine, August 2017

- 3 EL Nackthafer
- 1 EL Chiasamen
- 100 g Wasser
- 100 g Heidelbeeren
- 1 Bananen (100 g)
- 1 Nektarine (145 g)
- 1 EL süße Sahne (ist wirklich nur 1 EL)
- 10 g Kokosstreifen

Getreide flocken, mit Chiasamen mischen und mit Wasser verrühren.
Banane in Stücke teilen, mit Heidelbeeren und vorgeschnittener Nektarine pürieren (Mixer), über das Getreide geben. Sahne darüber gießen, Kokosstreifen in die Mitte legen.

11396. Mandelmilchkakao, August 2017

- 10 g Kakaonibs
- 20 g Nackthafer
- 6 g Ingwer
- 25 g Honig
- 430 g Mandelmilch (gekauft)

Im Vitamix zum Kochen bringen (ca. 4 Min.)

Anmerkung: So einfach aus dem Kühlschrank, hatte ich gedacht, wäre eine gekaufte Mandelmilch richtig lecker, so viele schwärmen davon. Gestern hatte ich endlich eine entdeckt, die wirklich nur aus Mandeln, Wasser und Salz besteht. Gekauft, gekühlt, getrunken. Das ist nichts für mich, schmeckte mir nach Pappe. Also wie immer, dachte ich, kann ich die Reste im Kakao verwerten. Denkste, auch der schmeckte trotz Erhitzung nach Pappe. Selbst im schwarzen Tee als Sahneersatz schmeckte ich die Pappe durch.

11397. Switchel mit Bergtee, August 2017

Vorläufer 12/11350; ein 750-g-Glas

Im Vitamix 2,5 Min.:

- 25 g Ingwer, ungeschält
- 345 g frischer Bergtee *

20 Min. stehen lassen, dann zugeben:

- 80 g Zitronenfleisch
- 40 g Apfelessig
- 55 g Honig

Nochmals ca. 60 Sek. mixen und abkühlen lassen.

Bergtee: 10 Blüten Bergteeblüten in einem Sieb mit 500 g kochendem Wasser übergießen und 10 Min. ziehen lassen.

11398. Möhren-Ajvar, August 2017

Vorläufer 13/11373; etwas älteres Gemüse lässt sich so prima noch verwerten!

- 540 g Wasser
- 80 g orange-farbene Paprika
- 300 g Möhren
- 1 Zwiebel (100 g netto)
- 4 Knoblauchzehen (13 g)
- 32 g Essigpeperoni 7/4573
- 5 Datteln Deglet Nour (42 g)

- 1 geh. TL Salz
- 1 geh. TL Paprika edelsüß
- 1 Prise schw. gem. Pfeffer
- 2 EL Peperoniessig
- 30 g Sonnenblumenöl
-

Wasser in den Mixtopf geben. Paprika und Möhren in Stücke schneiden. Zwiebel und Knoblauch abziehen, klein schneiden. Gemüse mit den Essigpeperoni in den Garkorb geben und dünsten (40 Min./100 °C/Stufe 2). Kochwasser auffangen. Gegartes Gemüse mit den restlichen Zutaten in den Mixtopf geben und offen einkochen (10 Min./100 °C/Stufe 2) und pürieren (15 Sek./Stufe 7). In Schraubgläser füllen, Deckel zudrehen und im Kühlschrank aufbewahren.

11399. Maismischsalat mit saurer Sahne, August 2017

- 130 g Eisbergsalat, in Streifen
- 65 g rote Paprika, gewürfelt
- Mais von Kolben (105 g)
- 55 g weiße Champignons
- 1/2 TL Salz
- 25 g saure Sahne
- 10 g Arganöl
- 10 g Linsensprossen (in die Mitte streuen als Deko)

In eine Schüssel geben und mischen.

11400. Penne mit Champs in Ajvar, August 2017

Penne
- 100 g Vollkorn-Penne
- 200 g „Ajvarreinigungsflüssigkeit" oder Wasser

Champignons
- 15 g Sonnenblumenöl
- 140 g Champignons in dicken Scheiben
- 100 g Ajvar, hier Möhren-Ajvar 11398
- 30 g saure Sahne

Die Nudeln im Wasser als Gemüsepfanne 15 Min. köcheln. Für das Gemüse Öl erhitzen, Champignons in offener Pfanne einige Min. anbraten. Deckel auflegen und 10 Min. dünsten bei kleiner Einstellung. Nudeln, Ajvar und Sahne unterrühren. Erhitzen, aber nicht mehr kochen.

11401. Hafertaler „Sonnennibs", September 2017

Vorläufer: 11382; Unterschiede zum Standard in Fett

- 200 g Honig
- 100 g Butter
- 200 g Dinkel
- 250 g Nackthafer, geflockt
- 100 g Sonnenblumenkerne
- 30 g Kakaonibs
- 3 TL gem. Zitrusfruchtschalen
- 1 P Weinsteinbackpulver
- 1 Prise Salz

Honig und Butter in einer Pfanne auf höherer Einstellung auflösen (Stufe 8/14, Induktion) und etwas kochen lassen. Die restlichen trockenen Zutaten miteinander mischen, in eine Rührschüssel geben. Butter-Honig-Flüssigkeit zugeben und mit einem Handrührgerät, Rührbesen, zu einem Teig verarbeiten. 10-15 Min. ruhen lassen.

Mit einem Teelöffel Portionen abnehmen und zwischen den Händen zu kleinen Talern pressen. Die Hände ab und an befeuchten. Eng nebeneinander auf ein PerfectClean-Blech legen, in dieser Zeit den Ofen auf 160 °C vorheizen. Einschieben. 15 Min. backen und 5 Min. im ausgeschalteten Ofen nachbacken.

11402. Gemüseplatte aus dem Ofen, September 2017

1-2 Portionen; ohne Waage

- 1 Maiskolben
- 1/2 rote Paprikaschote, in 3 Streifen geschnitten
- 1 Stück Blumenkohl, halbiert
- 2 mittelgroße Kartoffeln, in 1-cm-dicken Scheiben
- 1 große Tomate, halbiert (Schnittfläche nach unten)
- 2-3 EL Sonnenblumenöl
- 1/2 TL Salz
- 2 Prisen getr. Oregano
- 100 g Wasser

Das Gemüse dicht nebeneinander auf ein Blech (28-cm-Pizzaform PerfectClean legen). Öl, Salz und Oregano verrühren und das Gemüse damit einpinseln, den Mais von beiden Seiten. Wasser hinzugießen. In den kalten Ofen schieben, 25 Min. bei 230 °C (Heißluft) backen und 5 Min. nachbacken.

Tipp: Gut schmeckt ein Ajvar dazu.

11403. Frühstück für unterwegs, September 2017

- 3 EL Nackthafer
- 1 EL Chiasamen
- 90 g Wasser
- 1 Handvoll grüne Trauben, kernlos
- 1 EL Macadamianüsse

Getreide flocken, mit Chiasamen mischen und mit Wasser verrühren. In eine gut verschließbare Dose geben, mit Nüssen bestreuen. In den Rucksack packen, Löffel nicht vergessen, und an einer Raststätte genüsslich verzehren.

11404. Pizza Ajvar, September 2017

- 125 g Sechskorngetreide
- 1 P Trockenhefe
- 1 Prise Salz
- 10 g Sonnenblumenöl
- 65 g + 10 g Wasser
- Öl für die Form
- 85 g Ajvar, hier Möhren-Ajvar 11398
- 50 g saure Sahne
- 20 g Cashewmus
- 1 Prise Salz
- 1 Prise getr. Oregano
- 20 g Zwiebel, in dünnen Ringen
- 1 Tomate (110 g), in Scheiben
- 1 Knoblauchzehe, in dünnen Scheiben

Getreide fein mahlen, mit Hefe und Salz mischen. Mischung in den TM geben, Öl und 65 g zugeben. 2 Min. auf der Knetstufe kneten, mit der Hand weitere 10 g Wasser einarbeiten. Zu einer Kugel unter Spannung formen und in einer Pengdose gehen lassen, bis der Deckel abspringt (ca. 1 Std.).

Eine Pizzaform (24 cm) mit Öl bepinseln. Teig durchkneten und in Formgröße ausrollen. In die Form legen und einen Rand hochdrücken. Ajvar gleichmäßig darauf verteilen. Sahne, Cashewmus, Salz und Oregano verrühren. Helle Soße auf dem Ajvar verteilen. Mit dem Gemüse belegen und in den auf 230 °C (Heißluft) vorgeheizten Ofen schieben.

Hinweis: Nichts für Veganer, nichts für die fettfreie Küche, aber ansonsten sehr lecker.

11405. Kohlehydrate mit Ajvar, September 2017

- 75 g Jasminvollkornreis
- 25 g Berglinsen
- 200 g Wasser
- 160 g Kartoffeln (3 Stück, festkochend)
- 75 g Ajvar, hier Möhren-Ajvar 11398
- 1 Prise Salz
- 1 EL gehackte Petersilie

Reis mit Linsen im Wasser garen (40 Min.). Parallel die Kartoffeln als Pellkartoffeln kochen. Kartoffeln etwas abkühlen lassen, schälen und in Scheiben (evtl. halbieren oder vierteln) schneiden. Mit Ajvar, Salz und Petersilie zum Linsenreis geben und miteinander mischen.

11406. Pasta Zwieblio e Butterio, September 2017

- 15 g Wasser
- 110 g rote Zwiebeln, in Halbscheiben
- 1 Prise Salz
- 125 g Maroni-Dinkelnudeln o. Ä.
- 250 g Wasser
- 1 Prise Salz
- 25 g Butter
- 10 g Honig
- 25 g Walnusskerne, in Stücken
- 15 g fein geschnittene Petersilie

Zwiebeln in 15 g Wasser als Gemüsepfanne 15 Min. garen und salzen. Nudeln in 250 g Wasser 2-3 Min. länger als auf der Packung angegeben kochen. Butter und Walnüsse zu den Zwiebeln geben, erhitzen. Petersilie unterheben und weiter erhitzen, mit Salz abschmecken (da wenig Wasser, vorsichtig salzen). Nudeln abgießen. Beides mischen, kurz erhitzen und fertig ist das Essen.

11407. Programmierte Mais-Pilz-Pfanne, September 2017

- 10 + 15 g Sonnenblumenöl
- 1 Maiskolben (330 g)
- 300 g Champignons, mittelgroß, ganz
- 1 Prise Salz
- 125 g Wasser
- nach Wunsch 1-2 EL saure Sahne

Boden einer ofenfesten 24-cm-Alugusspfanne mit 10 g Öl einfetten. Maiskolben in die Mitte legen, Pilze dicht an dicht an die Seite. Mit etwas Salz bestreuen, Wasser angießen. In den kalten Ofen schieben (das war bei mir 16:25 Uhr) und Ofen programmieren: Temperatur 230 °C; Backzeit 25 Min.; Endzeit 18 Uhr. Vor dem Servieren die saure Sahne darüber gießen.

Hinweis: *Vermerke ich als gelungen. – Ich wusste, dass ich zur der Zeit, in der ich sonst das Abendessen zubereite, nicht zu Hause bin. Dennoch wollte ich auf ein leckeres Essen nicht verzichten. Das geht dank programmierbarem Backofen.*

11408. Hafertaler „Dark Peanuts", September 2017

Vorläufer: 11382

- 200 g Honig
- 100 g Butter
- 200 g Sechskorngetreide
- 250 g Nackthafer, geflockt
- 15 g Kakaopulver
- 100 g Erdnüsse, geröstet und gesalzen
- 30 g Kakaonibs
- 1/2 TL gem. Vanille
- 1 P Weinsteinbackpulver
- 1 Prise Salz

Honig und Butter in einer Pfanne auf höherer Einstellung auflösen (Stufe 8/14, Induktion) und etwas kochen lassen. Die restlichen Zutaten miteinander mischen, in eine Rührschüssel geben. Butter-Honig-Flüssigkeit zugeben und mit einem Handrührgerät, Rührbesen, zu einem Teig verarbeiten. 10-15 Min. ruhen lassen.

Mit einem Teelöffel Portionen abnehmen und zwischen den Händen zu kleinen Talern pressen. Die Hände ab und an befeuchten. Eng nebeneinander auf ein PerfectClean-Blech legen, in dieser Zeit den Ofen auf 160 °C vorheizen. Einschieben, 15 Min. backen und 5 Min. im ausgeschalteten Ofen nachbacken.

11409. Möhren-Ajvar Pürierstab, September 2017

Vorläufer 11398; es geht mit dem Pürierstab, wird aber nicht so schön gleichmäßig.

- 50 g Wasser
- 30 g Sonnenblumenöl
- 400 g Möhren
- 1 weiße Zwiebel (70 g)
- 1 rote Zwiebel (45 g)
- 4 Knoblauchzehen (13 g)
- 32 g Essigpeperoni 7/4573
- 1 geh. TL Salz
- 1 geh. TL Paprika edelsüß
- 1 gute Prise schw. gem. Pfeffer
- 2 EL Peperoniessig
- 30 g Honig

Wasser und Öl in einen Kochtopf geben. Gemüse klein schneiden, mit den Essigpeperoni zufügen und als Gemüsepfanne 30 Min. garen. Salz, Gewürze und Essig hinzufügen, mit einem Pürierstab pürieren. In zwei Honiggläser füllen und im Kühlschrank aufbewahren.

11410. Brot mit Wildheferest und Hefe, September 2017

Vorläufer 11376

Stufe 1 (12 Std. vorher):

Sauerteigansatz:
- 400 g Roggen
- 415 g Wasser
- 150 g Sauerteig

Wildhefeansatz:
- 200 g Wildhefewasser
- 200 g Dinkel

Stufe 2 (Backen, bei mir am Morgen):
- 100 g Roggen
- 225 g Sechskornmischung
- 20 g Salz
- 1 P Trockenhefe (9 g)
- 1 geh. EL Brotgewürz (Brecht)
- 125 g Haselnüsse, ganz
- 150 g Wasser
- Gesamter Wildhefeansatz
- Ca. 800 g Sauerteigansatz
- 20 g Butter für die Form

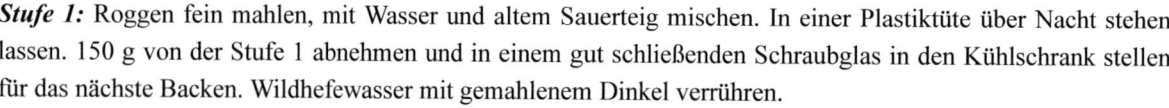

Stufe 1: Roggen fein mahlen, mit Wasser und altem Sauerteig mischen. In einer Plastiktüte über Nacht stehen lassen. 150 g von der Stufe 1 abnehmen und in einem gut schließenden Schraubglas in den Kühlschrank stellen für das nächste Backen. Wildhefewasser mit gemahlenem Dinkel verrühren.

Zutaten der **Stufe 2** (außer der Butter) mit einem großen Löffel gründlich verrühren, bis kein Mehl mehr sichtbar ist. Eine 30-cm-Brotform, Profi-Email von Dr. Oetker, gut einfetten. Teig hineingeben, mit der nassen Hand herunterdrücken und glattstreichen. Mit einem scharfen Messer dreimal schräg einschneiden. Form in eine Plastiktüte geben und etwa 2 1/4 Std. gehen lassen. Brot in den kalten Ofen schieben und 80 Min. bei 190 °C (Heißluft) backen.

Hinweis: *Da ich nur schlecht wegwerfen kann, habe ich den Rest Wildhefe noch in ein Brot gegeben. Da ich aber den Eindruck hatte, dass die Wildhefe nicht wirklich funktioniert hat, habe ich zur Sicherheit auch noch Trockenhefe zugegeben.*

11411. Kürbiskolben aus dem Ofen, September 2017

- 5 g + 10 g Öl
- 1 Maiskolben (300 g)
- 275 g Hokkaidospalten
- Salz

24-cm-Alugusspfanne mit 5 g Öl einpinseln, Maiskolben in die Mitte legen. Hokkaidospalten auf beide Seiten verteilen, Gemüse mit Öl einpinseln und mit Salz bestreuen. In den kalten Ofen schieben, 25 Min. bei 230 °C (Umluft) backen, 5 Min. im ausgeschalteten Ofen nachbacken.

Tipp: *Dazu passt Reis (aus 75 g Jasminvollkornreis (35 Min.)) mit Ajvar.*

11412. Möhren-Flow-FKG, September 2017

- 3 EL Nackthafer
- 1 EL Chiasamen
- 100 g Wasser
- 1 Banane (100 g)
- 100 g Möhren
- 100 g grüne kernlose Trauben
- 10 g Sahne
- Deko: 8 Trauben, 8 Haselnüsse

Getreide flocken, mit Chiasamen mischen und mit Wasser verrühren. Das Obst ggf. in grobe Stücke teilen und im starken Mixer pürieren, über das Getreide geben. Am Rand abwechselnd mit Haselnüssen und Trauben belegen.

11413. Pasta-Kürbis-Ajvar, September 2017

- 10 g Öl
- 300 g Hokkaido, in Stücken
- 30 g Wasser
- Salz
- 2 EL saure Sahne
- 100 g beliebiges Ajvar (Möhren-Ajvar 11398)
- 100 g Spiral-Vollkornnudeln (Rohgewicht), nach Vorschrift gekocht
- Etwas Petersilie für die Dekoration

Aus Öl, Hokkaido und Wasser eine Gemüsepfanne (15 Min.) zubereiten. Salz, Sahne, Ajvar und Nudeln unterziehen und erhitzen. Mit ein wenig Petersilie dekorieren.

11414. Ofenkartoffelkürbis für zwei, September 2017

2 Portionen

- 10 g Sonnenblumenöl
- 260 g Kürbis
- 360 g Kartoffeln (festkochend)
- 130 g Wasser
- Salz

Eine 24-cm-Alugusspfanne mit Öl einpinseln. Gemüse in gröberen Stücken dicht an dicht in die Pfanne geben, Wasser zu gießen. Mit Salz bestreuen. In den kalten Ofen schieben und 30 Min. bei 230 °C (Heißluft) backen, im ausgeschalteten Ofen 5 Min. nachbacken.

11415. Ofen-Risi-Bisi-Art, September 2017

2 Portionen

Reis:

- 200 g Jasmin-Vollkornreis
- 400 g Wasser

Im kleinen Topf 38 Min. dünsten nach dem Aufkochen.

Gemüse:

- 10 g Sonnenblumenöl
- 125 g Wasser
- 55 g Hokkaido, gewürfelt
- 85 g Butternut-Kürbis, gewürfelt
- 130 g Kartoffeln, in Halbscheiben
- 135 g Möhren, in Scheiben
- 60 g rote Zwiebel, fein gewürfelt
- 1/2 TL Salz

Gemüse in eine Pfanne geben und in den kalten Ofen schieben, 25 Min. bei 230 °C (Heißluft) backen und 5 Min. im ausgeschalteten Ofen nachbacken.

Fertigstellung: Salz

Pfanne auf den Herd setzen, Reis und Salz hinzufügen und untermischen. Ich fand es zwar lecker, aber ein wenig trocken. Entweder mehr Wasser zum Gemüse geben oder zum Schluss noch Öl hinzufügen.

11416. Kürbisdominiertes Ofengemüse, September 2017

2 Portionen

- 185 g Hokkaido
- 1 rote Paprikaschote (150 g)
- 250 g Kartoffeln
- 1 rote Zwiebel, 55 g
- 15-20 g Sonnenblumenöl
- 1 TL Salz
- 1/2 TL getr. Oregano
- 100 g Wasser

Vor dem Backen

Gemüse in Stücke schneiden und eng and eng auf ein 28-cm-Pizzablech (PerfectClean) legen. Öl, Salz und Oregano verrühren, Gemüse damit einpinseln. In den kalten Ofen schieben und 25 Min. bei 230 °C (Heißluft) backen, im ausgeschalteten Ofen 5 Min. nachbacken.

11417. Hafertaler „Even Darker Peanuts", Sep. 2017

Vorläufer: 11409

- 200 g Honig
- 100 g Butter
- 200 g Sechskorngetreide
- 250 g Nackthafer, geflockt
- 25 g Kakaopulver (Menge ist größer als vorher)
- 100 g Erdnüsse, geröstet und gesalzen
- Keine Kakaonibs (30 g Kakaonibs)
- 1/2 TL gem. Vanille
- 1 P Weinsteinbackpulver
- 1 Prise Salz

Honig und Butter in einer Pfanne auf höherer Einstellung auflösen (Stufe 8/14, Induktion). Die restlichen Zutaten miteinander mischen, in eine Rührschüssel geben. Butter-Honig-Flüssigkeit zugeben und mit einem Handrührgerät, Rührbesen, zu einem Teig verarbeiten. 10-15 Min. ruhen lassen.

Mit einem Teelöffel Portionen abnehmen und zwischen den Händen zu kleinen Talern pressen. Die Hände ab und an befeuchten. Eng nebeneinander auf ein PerfectClean-Blech legen, in dieser Zeit den Ofen auf 160 °C vorheizen. Einschieben, 15 Min. backen und 5 Min. im ausgeschalteten Ofen nachbacken.

11418. Kürbispizza mit Ajvar, September 2017

2 Pizzen zu 20 cm

- 20 g Sonnenblumenöl
- 130 g + 10 g + 30 g Wasser
- 1 TL Salz
- 250 g Sechskorngetreide, fein gemahlen
- 1/2 Würfel Bio-Hefe (21 g)
- 150 g Hokkaido, vorgeschnitten
- 2 kleine Knoblauchzehen (4 g)
- 125 g Käse in Scheiben, noch halbgefroren
- 1 Prise Pfeffer
- 2 Prisen getr. Oregano
- 70 g Ajvar (hier Möhren-Ajvar 11409)
- 30 g Tomatenmark
- 1 Tomate (135 g) in feinen Scheiben
- 1 kleine rote Zwiebel (40 g), in dünnen Ringen
- Öl für die Formen

Für den Teig Öl, 130 g Wasser, 1/2 TL Salz und das Mehl in der angegebenen Reihenfolge in den TM-Mixtopf geben. Hefe darüber zerbröseln und kneten (Knetstufe, 2 Min. 30 Sek.). Mit der Hand nachkneten, dabei 10 g Wasser einarbeiten. In einer kleinen geschlossenen Pengdose 30 Min. gehen lassen. Kürbis, Knoblauch und Käse mit Salz, Pfeffer und Oregano mixen und zerkleinern (5 Sek./Stufe 5). Ajvar, Mark und 30 g Wasser mit einem Löffel verrühren.

Teig durchkneten und in zwei gleichgroße Teile teilen (jeweils 210 g bei mir). Zwei kleine Pizzaformen (20 cm Durchmesser) mit Öl einpinseln. Jedes Teigstück auf einer glatten Arbeitsfläche zu einer kleinen Platte auseinander drücken. Ajvarmasse darauf streichen, Kürbismischung darüber streuen und mit Zwiebelringen und Tomatenscheiben belegen. Ofen auf 230 °C (Heißluft) vorheizen, 15 Min. bei 230 °C backen.

11419. Nussschokocreme Cashew-Hasel, September 2017

Vorläufer 11348; 1,5 Honiggläser

- 125 g Cashewbruch
- 125 g Haselnusskerne
- 30 g Kakaopulver
- 10 g Carobpulver, Rohkost
- 150 g Agavendicksaft
- 200 g Wasser
- 1 Prise Salz
- 1/2 TL gem. Vanille

Alles in den Vitamix geben und mit dem Stößel gut durcharbeiten. Wird leicht warm, bis es wirklich glatt ist. In Honiggläser füllen. Relativ fest.

11420. Kürbis-Kartoffel-Salat, September 2017

2 Portionen

- 370 g festkochende Kartoffeln, mittelgroß
- 1000 g Wasser
- Salz
- 250 g Butternusskürbis, in Stücke geschnitten
- 1 rote Zwiebel (70 g)
- 125 g Wasser
- 1/2 TL Salz
- 1 Prise Pfeffer
- 2 Prisen getr. Oregano
- 1,5 EL Aceto-Balsamico
- 1 geh. TL mittelscharfer Senf
- 1/2 TL Honig
- 1 EL Sonnenblumenöl
- 45 g getr. Tomaten, in feinen Streifen
- Salz
- Pfeffer
- 1 EL Arganöl

Wasser und Salz in den TM-Mixtopf geben. Kartoffeln in das Garkörbchen geben und Körbchen einsetzen und garen (25 Min./120 °C/Stufe 1). Wasser abgießen, Kartoffeln lauwarm abkühlen lassen. Pellen und würfeln.

Kürbis in den Mixtopf geben und zerkleinern (6 Sek./Stufe 5), umfüllen. Kleine Reste können verbleiben. Zwiebel halbieren, in den Mixtopf geben und zerkleinern (5 Sek./Stufe 5). Mit dem Spatel nach unten schieben. Wasser, Salz, Pfeffer und Oregano zugeben und erhitzen (4 Min./100 °C/Stufe 1). Essig, Senf und Honig hinzufügen und verrühren (10 Sek./Stufe 4). Kartoffelwürfel mit der warmen Vinaigrette vermischen.

Sonnenblumenöl in einer 24-cm-Keramikpfanne erhitzen, Kürbis mit den Tomatenstreifen unter gelegentlichem Wenden etwa 8 Min. darin braten (Hitze allmählich bis auf 5/14 herunterstellen, Induktion). Mit Salz und Pfeffer würzen. Kürbis mit 1 EL Arganöl unter die Kartoffeln mischen. Lauwarm servieren.

11421. Muttis Nusskuchen marmoriert, September 2017

Vorläufer 1/60

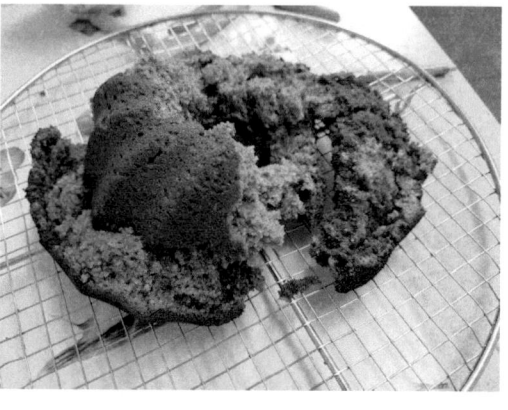

- 300 g Haselnüsse
- 2 bittere Aprikosenkerne
- 250 g gem. Purpurweizen
- 200 g + 30 g Honig
- 1/2 TL gem. Vanille
- 1 Prise Salz
- 1 P Backpulver
- 75 g Sahne
- 175 g + 15 g Wasser
- 1 EL Rum
- 1 EL Kakao (15 g)
- Butter für die Form

Haselnüsse mit den Aprikosenkernen im TM mahlen (13 Sek./Stufe 8). Mehl, 200 g Honig, Vanille, Salz, Backpulver, Sahne und 175 g Wasser zugeben und mit dem Handrührgerät (Rührbesen) schaumig schlagen. Gugelhupfform mit Butter einfetten, etwa zwei Drittel des Teigs (ca. 650 g) in die Form geben und gleichmäßig verteilen. Unter den restlichen Teig 30 g Honig, 15 g Wasser, Rum und Kakao geben, unterrühren und in die Form geben. Mit einer Gabel Spiralen ziehen. Bei 175 °C (Heißluft) 45 Min. backen. Geplant: Auf einen Gitterrost stürzen, abkühlen lassen und mit Schokoladenguss bestreichen.

Hinweis: *Leider habe ich den Kuchen nicht lange genug in der Form abkühlen lassen, beim Herausstürzen brach er in mehrere Stücke. Lecker war er trotzdem.*

11422. Reis mit Kürbis, überbacken, September 2017

2 Portionen

Reis
- 150 g Reis
- 300 g Wasser
- Etwas Salz

Gemüse
- 30 g Wasser
- 30 g rote Zwiebel, gehackt
- 10 g Knoblauch, gehackt
- 255 g Butternusskürbis, in Würfeln (etwas größer als 1 x 1 x 1 cm)
- 15 g getr. Tomaten in feinen Streifen

Fertigstellung
- 15 g Rucola
- 75 g Ajvar
- 1 Prise Salz
- 100 g Wasser
- 150 g Gouda in dünnen Scheiben

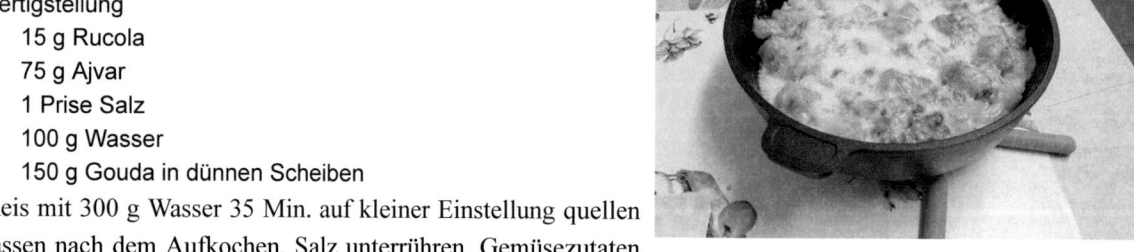

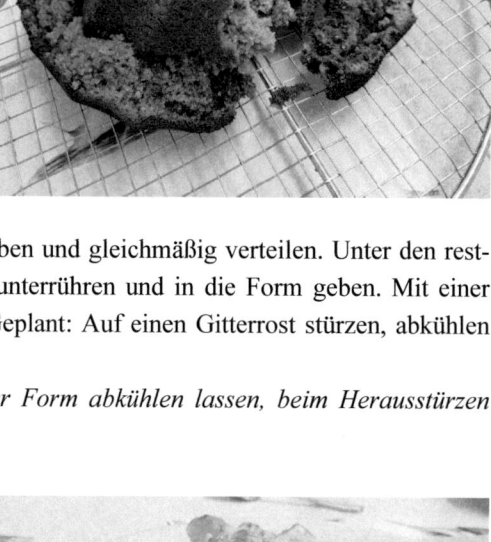

Reis mit 300 g Wasser 35 Min. auf kleiner Einstellung quellen lassen nach dem Aufkochen, Salz unterrühren. Gemüsezutaten als Gemüsepfanne 15 Min. garen. Rucola unter das Gemüse heben. Ajvar mit Salz und Wasser verrühren, vorsichtig unterrühren und zum Kochen bringen. Auf dem Reis verteilen. Mit Käse abdecken und im vorgeheizten Backofen bei 230 °C (Heißluft) 13 Min. backen.

11423. Kaffeekakao mit Bohnen Standard, September 2017

Im Vitamix 2.5 Min. auf höchster Stufe schlagen:

- 10 g Kakaonibs
- 20 g Nackthafer
- 9 Kaffeebohnen
- 25 g Honig
- 5 g frischer Ingwer
- auf 500 ml mit Wasser/kochendem Wasser 1:1 auffüllen.

11424. Karamellsoße, September 2017

260 g; nach einem Rezept aus der Zeitschrift MIXX 6/2017 „Dulce de Leche"

- 360 g Wasser
- 200 g Sahne
- 1/4 TL Salz
- 1 Prise Natron
- 1/2 TL gem. Vanille
- 175 g Honig

Alle Zutaten in den Mixtopf geben und erhitzen (30 Min./Varoma/Stufe 5), dabei das Garkörbchen als Spritzschutz verwenden oder ein Küchentuch um den Deckel legen. Nach einer Weile, wenn die Masse etwas konzentrierter ist, kocht es nicht mehr über. In ein leeres Schraubglas füllen und gut zudrehen.

Tipp: Stelle ich mir zu Eis genial vor! Sieht unscheinbar aus, ist es aber nicht.

11425. Walnussbrot, September 2017

Stufe 1 (12 Std. vorher):
Sauerteigansatz:

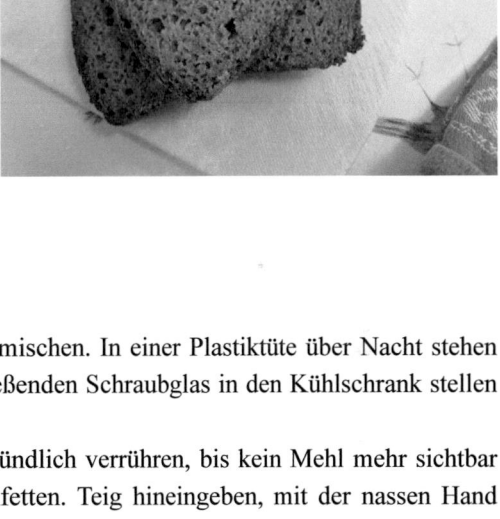

- 400 g Roggen
- 415 g Wasser
- 150 g Sauerteig

Stufe 2 (Backen, bei mir am Morgen):

- 100 g Roggen
- 325 g Sechskornmischung
- 20 g Salz
- 1 P Trockenhefe (9 g)
- 1 geh. EL Brotgewürz (Brecht)
- 90 g grob zerkleinerte Walnusskerne
- 250 g Wasser
- Ca. 800 g Sauerteigansatz
- 20 g Butter für die Form

Stufe 1: Roggen fein mahlen, mit Wasser und altem Sauerteig mischen. In einer Plastiktüte über Nacht stehen lassen. 150 g von der Stufe 1 abnehmen und in einem gut schließenden Schraubglas in den Kühlschrank stellen für das nächste Backen.

Stufe 2: Zutaten (außer der Butter) mit einem großen Löffel gründlich verrühren, bis kein Mehl mehr sichtbar ist. Eine 30-cm-Brotform, Profi-Email von Dr. Oetker, gut einfetten. Teig hineingeben, mit der nassen Hand herunterdrücken und glattstreichen. Mit einem scharfen Messer dreimal schräg einschneiden. Form in eine Plastiktüte geben und etwa 2 1/4 Std. gehen lassen. Brot in den kalten Ofen schieben und 80 Min. bei 190 °C (Heißluft) backen.

11426. Karamellkakao, September 2017

Im Hochleistungsmixer, je nach Gerät, 2,5 bis 3 Min. auf höchster Stufe schlagen:

- 10 g Kakaonibs
- 20 g Nackthafer
- 5 g frischer Ingwer
- 25 g Honig
- 1 geh. TL Karamellsoße 11423
- Wasser aufgefüllt bis auf 250 ml, dann aufgefüllt auf 500 ml mit kochendem Wasser

Variante 1: Honig und Karamellsoße vor Gießen in die Tasse in die Tasse geben. **Variante 2:** Honig mit in den Mixer geben, Karamellsoße nach Gießen des Kakaos in die Tasse hinzugeben.

11427. Rahmspinat mit Kartoffeln, September 2017

2 Portionen

- 20 g Sonnenblumenöl
- 80 g Wasser
- 440 g Kartoffeln, in Scheiben (festkochend)
- 1 kleine rote Zwiebel (25 g), gewürfelt
- 170 g Blattspinat, gewaschen und trockengeschüttelt
- 2 EL Sahne
- 1 TL Salz
- 1 Prise Muskatnuss
- 1 TL gem. Reis

Öl, Wasser und Gemüse als Gemüsepfanne 20 Min. garen. Sahne, Salz, Muskatnuss und Reis unterrühren, aufkochen.

11428. Kokos-Freitag, September 2017

2 x Frühstück

- 6 EL Nackthafer
- 2 EL Chia
- 180 g + 285 g Wasser
- 40 g getr. Mango
- 30 g Kokosstreifen
- 2 Bananen (155 g)
- 1/2 Birne (125 g)
- 120 g grüne kernlose Trauben
- 5 g Kokosstreifen (Deko)
- 14 Trauben (Deko)

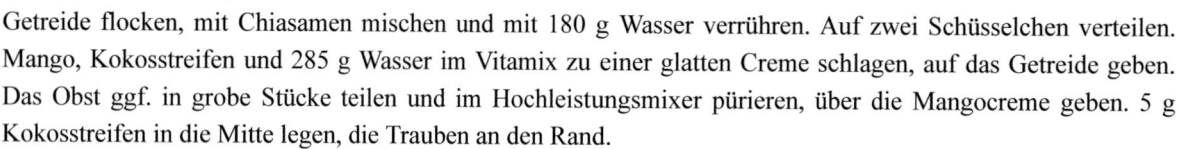

Getreide flocken, mit Chiasamen mischen und mit 180 g Wasser verrühren. Auf zwei Schüsselchen verteilen. Mango, Kokosstreifen und 285 g Wasser im Vitamix zu einer glatten Creme schlagen, auf das Getreide geben. Das Obst ggf. in grobe Stücke teilen und im Hochleistungsmixer pürieren, über die Mangocreme geben. 5 g Kokosstreifen in die Mitte legen, die Trauben an den Rand.

11429. Kaffeekakao mit Bohnen, September 2017

Im Hochleistungsmixer, je nach Gerät, 2,5 bis 3 Min. auf höchster Stufe schlagen:

- 10 g Kakaonibs
- 20 g Nackthafer
- 20 g Agavendicksaft
- 5 g Kaffeebohnen
- auf 500 ml (Markierung im Becher) mit Wasser kochendem Wasser 1:1 auffüllen.

Tipp: *War zu viel Kaffee, daher musste ich nachsüßen und dann schmeckte es mir nicht mehr wirklich.*

11430. Karamellsoße II, September 2017

Vorläufer 11423

- 370 g Wasser
- 200 g Sahne
- 1/4 TL Salz
- 1 Prise Natron
- 1/2 TL gem. Vanille
- 165 g Honig

Alle Zutaten in den Mixtopf geben und erhitzen (30 Min./Varoma/Stufe 5), dabei das Garkörbchen als Spritzschutz verwenden (bis es nicht mehr spritzt, dann den kleinen Deckel einsetzen) und ein Küchentuch um den Deckel legen. In ein leeres Schraubglas füllen (etwa 1/2 Honigglas) und gut zudrehen. Ist mir immer noch etwas zu süß.

11431. Nussschokocreme Cashew-Hasel II, September 2017

Vorläufer 11419; 1,5 Honiggläser

- 125 g Cashewbruch
- 125 g Haselnusskerne
- 30 g Kakaopulver
- 10 g Carobpulver, Rohkost
- 150 g Agavendicksaft
- 230 g Wasser
- 1 Prise Salz
- 1/2 TL gem. Vanille

Alles in den Vitamix geben und mit dem Stößel gut durcharbeiten. Wird leicht warm, bis es wirklich glatt ist. In Honiggläser füllen. Relativ fest. Könnte noch etwas „softer" sein für mich.

11432. Kaffeekakao mit Bohnen II, September 2017

Im Hochleistungsmixer, je nach Gerät, 2,5 bis 3 Min. auf höchster Stufe schlagen:

- 5 g Kakaopulver
- 60 g Nussschokocreme Cashew-Hasel II; 11430
- 20 g Nackthafer
- 2 g Kaffeebohnen
- 25 g Agavendicksaft
- 5 g frischer Ingwer
- auf 500 ml (Markierung im Becher) mit Wasser/kochendem Wasser 1:1 auffüllen.

Tipp: *Das war schon recht lecker.*

11433. Hafertaler „Roasted Hazlenuts", September 2017

Vorläufer: 11416

- 200 g Honig
- 100 g Butter
- 200 g Sechskorngetreide
- 250 g Nackthafer, geflockt
- 30 g Kakaopulver (Menge ist größer)
- 100 g geh. Haselnüsse (vorher: Erdnüsse)
- 1/2 TL gem. Vanille
- 1 P Weinsteinbackpulver
- 1 Prise Salz

Honig und Butter in einer Pfanne auf höherer Einstellung auflösen (Stufe 8/14, Induktion). Haselnussstücke in einer trockenen Pfanne rösten, bis sie duften und sich leicht verfärben. Die restlichen Zutaten miteinander mischen, in eine Rührschüssel geben. Butter-Honig-Flüssigkeit und Haselnüsse (abgekühlt) zugeben und mit einem Handrührgerät, Knethaken, zu einem Teig verarbeiten. 10-15 Min. ruhen lassen. Mit einem Teelöffel Portionen abnehmen und zwischen den Händen zu kleinen Talern pressen. Die Hände ab und an befeuchten. Eng nebeneinander auf ein PerfectClean-Blech legen, in dieser Zeit den Ofen auf 160 °C vorheizen. Einschieben, 15 Min. backen und 5 Min. im ausgeschalteten Ofen nachbacken.

11434. Switchel im Doppel halb und halb, September 2017

Vorläufer 11350

Im Vitamix (2-L-Becher) 2,5 Min.:

- 50 g Ingwer, ungeschält
- 690 g Wasser
- 5 Min. stehen lassen, dann zugeben:
- 100 g Pampelmusenfleisch
- 55 g Zitronenfleisch
- 80 g Apfelessig
- 100 g Honig

Ingwer und Wasser im Vitamix (2-L-Becher) 5 Min. pürieren. 5 Min. stehen lassen, dann die restlichen Zutaten zufügen. Nochmals ca. 60 Sek. mixen und abkühlen lassen.

11435. Pasta mit Kürbissoße, September 2017

2 Portionen; sehr locker angelehnt an das Rezept „Pasta mit Pilzsoße" aus der MIXX 6/2017.

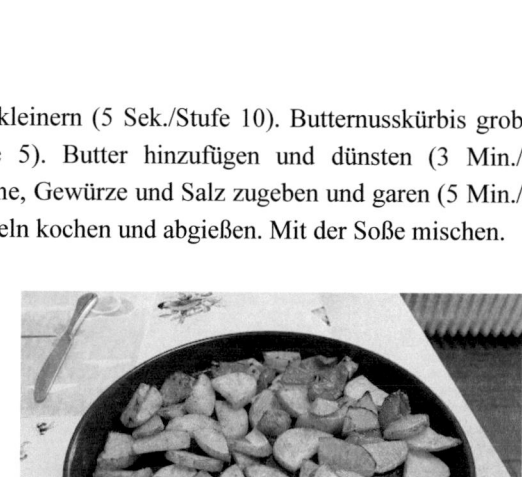

- 2 Knoblauchzehen, geschält (7 g)
- 35 g Parmesan
- 240 g Butternusskürbis
- 1 TL getr. gem. Zitrusfruchtschalen
- 30 g Butter
- 50 g Sahne
- 125 g Stützcreme
- 1 Prise Muskatnuss
- 1 MS gem. schwarzer Pfeffer
- 1 TL Salz
- 200 g Vollkornspiralnudeln
- Wasser & Salz für die Nudeln

Knoblauch und Parmesan in den TM-Mixtopf geben und zerkleinern (5 Sek./Stufe 10). Butternusskürbis grob würfeln, in den Mixtopf geben, zerkleinern (6 Sek./Stufe 5). Butter hinzufügen und dünsten (3 Min./ 100 °C/Linkslauf/Sanftrührstufe = Stufe 0,5). Sahne, Stützcreme, Gewürze und Salz zugeben und garen (5 Min./ 100 °C/Linkslauf/Sanftrührstufe). In der Zwischenzeit die Nudeln kochen und abgießen. Mit der Soße mischen.

11436. Ofengemüse in Marinade nach Agnes, Sep. 2017

2 Portionen

Marinade:
- 20 g Sonnenblumenöl
- 1/2 TL Paprika, edelsüß
- 1/2 TL Kreuzkümmel
- 1 Prise Pfeffer
- 1 TL Salz
- 1 gestr. TL Senf

Gemüse (klein geschnitten)
- 170 g Hokkaido-Kürbis
- 80 g rote Paprika
- 320 g Kartoffeln

Marinadezutaten in einem kleinen Schüsselchen mit einem Schneebesen verschlagen, über die Gemüsestücke gießen und mit einem Gummispatel so lange rühren, bis alle Gemüsestücke mit Marinade bedeckt sind. Gemüse auf ein 28-cm-Pizzablech (PerfectClean) schütten und möglichst flach verteilen. In den kalten Ofen schieben und 25 Min. bei 230 °C (Heißluft) backen, 5 Min. im ausgeschalteten Ofen nachbacken.

11437. Dip zu Ofengemüse, September 2017

2 Portionen

- 110 g Stützcreme
- 35 g Ajvar, hier Möhren-Ajvar 11398
- 1 gestr. TL Salz
- 2 Prisen getr. Oregano
- 1 TL Aceto-Balsamico-Essig (heller wird Apfelessig)

Mit einem Löffel verrühren.

11438. Karamellsoße III, September 2017

Vorläufer 11429

- 370 g Wasser
- 200 g Sahne
- 1/4 TL Salz
- 1 Prise Natron
- 1/2 TL gem. Vanille
- 155 g Honig (vorher 165 g)

Alle Zutaten in den Mixtopf geben und erhitzen (30 Min./Varoma/Stufe 5), dabei das Garkörbchen als Spritzschutz verwenden (bis es nicht mehr spritzt, dann den kleinen Deckel einsetzen) und ein Küchentuch um den Deckel legen. In ein leeres Schraubglas füllen (etwa 1/2 Honigglas) und gut zudrehen.

Hinweis: Ist mir immer noch etwas zu süß. Ich bin mir aber nicht sicher, ob das restliche Verhältnis noch stimmt, wenn ich die Honigmenge weiter verringere.

11439. Spitzkohlsalat, September 2017

2 Portionen; Thermomix

Marinade
- 20 g Sonnenblumenöl
- 20 g Aceto-Balsamico-Essig
- 30 g Wasser
- 1 gestr. TL Salz
- 1 Prise Pfeffer
- 1 gestr. TL Senf
- 2 g Agavendicksaft

Feste Zutaten
- 40 g Walnüsse
- 400 g Spitzkohl, vorgeschnitten
- 40 g Linsensprossen
- 1 Tomate (105 g), halbiert und jede Hälfte in 6 Spalten geschnitten

An das Foto habe ich erst nach dem Essen gedacht.

Marinadezutaten in den Mixtopf geben und verrühren (10 Sek./Stufe 4). Walnüsse und Spitzkohl in den Thermomix geben und zerkleinern (5 Sek./Stufe 5). Auf zwei Schüsseln verteilen, Linsensprossen in die Mitte geben und Tomatenspalten am Rand entlang legen.

11440. Hokkaido mal wieder für Nudeln, September 2017

2 Portionen, eher klein.

Als Gemüsepfanne 15 Min.:
- 55 g Wasser
- 250 g Hokkaido (grün gesprenkelt), in Stücken
- 35 g rote Zwiebel, gehackt
- 1 Knoblauchzehe (7 g), in Halbscheiben
- 25 g Walnusskerne, mit den Händen zerdrückt

Soße (kleiner Mixer, unterrühren und aufkochen):
- 75 g Stützcreme
- 1 gestr. TL Salz
- 1 Prise Pfeffer
- 10 g Sonnenblumenöl
- 55 g Wasser
- 1/4 TL Kreuzkümmel

11441. Schnelle Banane, September 2017

2 Desserts
- 1 Banane, in Scheiben
- 2 geh. TL Nussschokocreme
- 2 EL Sahne

Bananenscheiben auf zwei Dessertteller verteilen, Schokocreme im Klecks an den Rand setzen, Sahne darübergießen.

11442. Milchkaffee, September 2017

Im Vitamix 3-4 Min.:
- 5 g Kakaonibs
- 8 Stück Kaffeebohnen
- 10 g Nackthafer
- 340 g Pflanzenmilch

11443. Spitzaido-Buttergemüse, September 2017

2 Portionen

- 75 g Wasser
- 1 Prise Salz + Salz zum Abschmecken
- 260 g Spitzkohl, klein geschnitten
- 35 g rote Zwiebel, gehackt
- 250 g Hokkaido-Kürbis, gewürfelt
- 50 g Babyspinat, in Streifen
- 20 g Butter

Zutaten ohne die Butter in eine 24-cm-Keramikpfanne geben und 20 Min. als Gemüsepfanne dünsten. Mit Salz abschmecken, Butter im Gemüse zerlassen. Bei uns gab es Reis dazu.

11444. Nussschokocreme Cashew-Hasel III, Sep. 2017

Vorläufer 11430; 1,5 Honiggläser

- 125 g Cashewbruch
- 125 g Haselnusskerne
- 35 g Kakaopulver
- 5 g Carobpulver, Rohkost
- 150 g Agavendicksaft
- 250 g Wasser
- 1 Prise Salz

Alles in den Vitamix geben und mit dem Stößel gut durcharbeiten. Wird leicht warm, bis es wirklich glatt ist. In Honiggläser füllen. Relativ fest. Könnte noch etwas „softer" sein für mich.

11445. Hafertaler „Schokomandeln", September 2017

Vorläufer: 11430

- 210 g Honig (vorher: 200)
- 100 g Butter
- 200 g Sechskorngetreide
- 250 g Nackthafer, geflockt
- 40 g Kakaopulver (vorher: 30 g)
- 100 g geh. Mandeln (vorher: Haselnüsse)
- 20 g Agavendicksaft
- 1 P Weinsteinbackpulver
- 1 Prise Salz

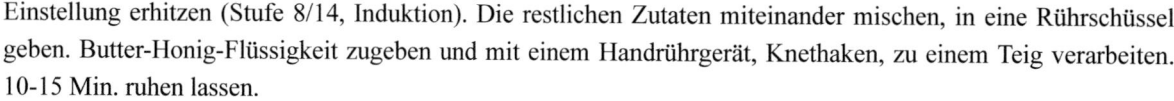

Honig und Butter mit den Mandeln in einer Pfanne auf höherer Einstellung erhitzen (Stufe 8/14, Induktion). Die restlichen Zutaten miteinander mischen, in eine Rührschüssel geben. Butter-Honig-Flüssigkeit zugeben und mit einem Handrührgerät, Knethaken, zu einem Teig verarbeiten. 10-15 Min. ruhen lassen.

Mit einem Teelöffel Portionen abnehmen und zwischen den Händen zu kleinen Talern pressen. Die Hände ab und an befeuchten. Eng nebeneinander auf ein PerfectClean-Blech legen, in dieser Zeit den Ofen auf 160 °C vorheizen. Einschieben, 15 Min. backen und 5 Min. im ausgeschalteten Ofen nachbacken.

11446. Hafertaler „Mandeltraum", Oktober 2017

Vorläufer 11430

- 200 g Honig
- 100 g Butter
- 200 g Sechskorngetreide
- 250 g Nackthafer, geflockt
- 100 g gemahlene Mandeln
- 1/2 TL gem. Vanille
- 1 P Weinsteinbackpulver
- 1 Prise Salz

Honig und Butter in einer Pfanne auf höherer Einstellung erhitzen (Stufe 8/14, Induktion). Die restlichen Zutaten miteinander mischen, in eine Rührschüssel geben. Butter-Honig-Flüssigkeit zugeben und mit einem Handrührgerät, Knethaken, zu einem Teig verarbeiten. 10-15 Min. ruhen lassen.

Mit einem Teelöffel Portionen abnehmen und zwischen den Händen zu kleinen Talern pressen. Die Hände ab und an befeuchten. Eng nebeneinander auf ein PerfectClean-Blech legen, in dieser Zeit den Ofen auf 160 °C vorheizen. Einschieben, 15 Min. backen und 5 Min. im ausgeschalteten Ofen nachbacken.

11447. Kürbis-Ajvar Schnellkochtopf, Oktober 2017

Vorläufer 11410

- 125 g Wasser
- 35 g Sonnenblumenöl
- 410 g Hokkaidokürbis
- 1 weiße Zwiebel (125 g)
- 1 rote Zwiebel (45 g)
- 4 Knoblauchzehen (12 g)
- 15 g Essigpeperoni 7/4573
- 1 geh. TL Salz
- 1 geh. TL Paprika edelsüß
- 1 gute Prise schw. gem. Pfeffer
- 2 EL Peperoniessig
- 30 g Honig

Wasser und Öl in den Schnellkochtopf geben. Gemüse klein schneiden, mit den Essigpeperoni zufügen und 10 Min. auf Stufe II kochen. Langsam abdampfen lassen. Salz, Gewürze und Essig hinzufügen, mit einem Pürierstab pürieren bzw. im Thermomix zerkleinern (15 Sek./Stufe 7); wird sehr glatt. In zwei Honiggläser füllen und im Kühlschrank aufbewahren.

11448. Sonnenblumenkernbrot dezent, Oktober 2017

Vorläufer 11424

Stufe 1 (12 Std. vorher):

Sauerteigansatz:

- 400 g Roggen
- 415 g Wasser
- 150 g Sauerteig

Stufe 2 (Backen, bei mir am Morgen):

- 100 g Roggen
- 325 g Sechskornmischung
- 20 g Salz
- 1 P Trockenhefe (9 g)
- 2 TL Brotgewürz (Brecht)
- 75 g Sonnenblumenkerne
- 250 g Wasser
- Ca. 800 g Sauerteigansatz
- 20 g Butter für die Form

Stufe 1: Roggen fein mahlen, mit Wasser und altem Sauerteig mischen. In einer Plastiktüte über Nacht stehen lassen. 150 g von der Stufe 1 abnehmen und in einem gut schließenden Schraubglas in den Kühlschrank stellen für das nächste Backen.

Stufe 2: Zutaten (außer der Butter) mit einem großen Löffel gründlich verrühren, bis kein Mehl mehr sichtbar ist. Eine 30-cm-Brotform, Profi-Email von Dr. Oetker, gut einfetten. Teig hineingeben, mit der nassen Hand herunterdrücken und glattstreichen. Mit einem scharfen Messer dreimal schräg einschneiden. Form in eine Plastiktüte geben und etwa 2 1/4 Std. gehen lassen. Brot in den kalten Ofen schieben und 80 Min. bei 190 °C (Heißluft) backen.

11449. Calzone mit Kürbis, Oktober 2017

2 Calzone je etwa 20 cm

Teig:

- 20 g Sonnenblumenöl
- 130 g Wasser
- 1/2 TL Salz
- 250 g Sechskorngetreide, fein gemahlen
- 1/2 Würfel Bio-Hefe (21 g)

Für den Teig Öl, Wasser, Salz und Mehl in der angegebenen Reihenfolge in den TM-Mixtopf geben. Hefe darüber zerbröseln und kneten (Knetstufe, 2 Min. 30 Sek.). Mit der Hand nachkneten, und in einer kleinen geschlossenen Pengdose gehen lassen, bis der Deckel abspringt. Nachkneten, nochmals gehen lassen. Wenn der Deckel das nächste Mal abspringt, nur den Deckel wieder schließen.

Gemüsepfanne (15 Min.):

- 15 g Sonnenblumenöl
- 15 g Wasser
- 1 Prise Salz
- 150 g Hokkaido, vorgeschnitten
- 1 kleine rote Zwiebel, gewürfelt (35 g)

Belag:

- 35 g Tomatenmark
- 35 g Ajvar (hier: Kürbisajvar)
- 6 dünne Scheiben Gouda (ca. 105-110 g)
- 2-3 Prisen getr. Oregano

Öl für die Formen

Tomatenmark und Ajvar verrühren. Teig halbieren (bei mir jeweils 205 g). Mit jeder Hälfte wie folgt weitermachen: Mit Hilfe von fein gemahlenem Reis zu einem Kreis mit einem Durchmesser von ca. 20 cm ausrollen. Zwei 24-cm-Pizza-formen mit Öl einpinseln. Den Teig so in die Form legen, dass eine Hälfte in der Form ist, die andere seitlich überhängt. Füllung auf den Teig in der Form geben, darauf achten, dass ein ausreichend breiter Rand bleibt: drei Käsescheiben, ggf. überlappend, Tomaten-Ajvar-Mischung auf den Käse streichen, gekochtes Gemüse aus dem noch verbliebenen Sud nehmen, evtl. abtropfen lassen und auf die Tomaten-Ajvar-Mischung legen. Die Teighälfte, die über die Form lappt, über den Rest schlagen, den Rand festzusammendrücken. Die Wahl von Sechskorngetreide war nicht geschickt, da fehlt Kleber und der Teig reißt leicht ein. Wo es gerissen ist, habe ich vom Wulst an der Seite kleine Stücke geformt und darauf gelegt. Mit einer Gabel die Teigplatte 2-3 Mal einstechen.

Ofen auf 230 °C (Heißluft) vorheizen, in der Zeit geht die Calzone. 15 Min. bei 230 °C backen.

11450. Schnelles Zitronendressing, Oktober 2017

Menge ausreichend für 2 große Portionen (ca. 550-600 g Gemüse).

- 20 g Sonnenblumenöl
- 15-20 g Zitronensaft
- 1 gestr. TL Salz
- 1 Prise Pfeffer
- 10 g Agavendicksaft oder flüssiger Honig
- 20 g Wasser

In eine Schüssel geben und mit einer Gabel verquirlen. Zerkleinertes Gemüse unterziehen.

11451. Linseneintopf Ajvar, Oktober 2017

2 Portionen

- 200 g Berglinsen
- 400 g Wasser
- 12 g Knoblauch, klein geschnitten
- 1 mittelgroße Kartoffel (140 g), gewürfelt
- 1 rote Zwiebel (45 g), gewürfelt
- 200 g Ajvar (hier: Kürbis-Ajvar Schnellkochtopf 11447)
- 5 g Zitronensaft
- Salz zum Abschmecken

Linsen mit Wasser und Gemüse im Schnellkochtopf garen (10 Min., Stufe 2; 12 Min. wären wohl besser gewesen, wenn man die Linsen gern sehr weich hat). Ajvar, Zitronensaft und Salz unterrühren.

11452. Kohlrabisalat „Ajvar", Oktober 2017

2 Portionen

- 1 Kohlrabi, groß (430 g)
- 40 g Schmand
- 80 g Ajvar z. B. 11447
- Etwas Salz
- 18 Haselnüsse

Kohlrabi vorschneiden und im TM zerkleinern (5 Sek./Stufe 5). Schmand, Ajvar und Salz verrühren, zugeben und unterziehen (Linksrichtung, einige Sek., Stufe 1-2). Auf zwei Schüsseln verteilen und mit Haselnüssen dekorieren.

11453. Austernpilze in cremigem Ajvar, Oktober 2017

2 Portionen

Reis (kleiner Topf, 38 Min.:

- 175 g Reis
- 350 g Wasser
- 1 Prise Salz

Gemüse als Gemüsepfanne (24 cm) 13 Min.:

- 15 g Sonnenblumenöl
- 35 g Wasser
- 200 g Austernpilze, klein geschnitten

Soße (verrühren, unter Pilze rühren, aufkochen):

- 40 g Crème fraîche
- 160 g Ajvar (Hokkaido-Ajvar)
- 15 g Sahne
- 1 gestr. TL Salz

11454. Butternut-Kartoffel-Auflauf, Oktober 2017

2 Portionen

Als Gemüsepfanne (20-cm-Alugusspfanne, 15 Min.:)

- 15 g Sonnenblumenöl
- 150 g Wasser, verquirlt mit
- 90 g Ajvar (hier: Kürbisajvar)
- 345 g Kartoffeln, in Scheiben
- 30 g getr. Tomaten, in feinen Streifen
- 15 g Knoblauch, gewürfelt
- 1 Prise Salz
- 250 g Butternut-Kürbis, gewürfelt. Belegen mit
- 140 g Scheiben Bergkäse

In den auf 230 °C (Heißluft) vorgeheizten Ofen schieben. 15 Min. backen und 5 Min. nachbacken.

11455. Hafertaler mit gemahlenem Hafer, Oktober 2017

Vorläufer 11446

- 200 g Honig
- 100 g Butter
- 200 g gem. Purpurweizen
- 250 g gem. Nackthafer
- 1 P Backpulver
- 1 Prise Salz
- 1/2 gestr. TL gem. Vanille

Butter und Honig in einer Pfanne erhitzen, bis sie flüssig sind. Die trockenen Zutaten miteinander mischen, Butter-Honig-Mischung zugeben und mit einem Handrührgerät, Rührbesen zu einem Teig rühren. 15 Min. stehen lassen.

Mit einem Teelöffel Portionen abnehmen und zwischen den Händen zu Talern pressen. Die Hände ab und an befeuchten. Nebeneinander auf ein PerfectClean-Blech legen, in dieser Zeit den Ofen auf 160 °C (Heißluft) vorheizen. 15 Min. bei 160 °C backen und 5 Min. im ausgeschalteten Ofen nachbacken. Wenn sie lauwarm sind, auf einen Kuchenrost legen.

11456. Butternut-Shiitake-Gulasch, Oktober 2017

2 Portionen

Gemüsepfanne 15 Min:
- 20 g Sonnenblumenöl
- 30 g Wasser
- 205 g rote Zwiebeln, gehackt
- 30 g Knoblauch, in dünnen Halbscheiben
- 1 Prise Salz
- 1 Prise gem. Kümmel
- 200 g Butternut-Kürbis, gewürfelt ca. 1 x 1 cm
- 170 g Shiitake, in Stücke gerissen

Dazu:
- 250 g gekochte Kichererbsen
- 40 g Schmand
- 1 TL Salz
- 1 Prise Pfeffer
- 1/2 TL Agavendicksaft
- 40 g Tomatenmark
- 125 g Wasser

Kichererbsen mit dem Gemüse erhitzen. Restliche Zutaten zufügen und aufkochen. Eventuell noch nachsalzen.

11457. Spitzkohl-Möhren-Salat aus dem TM, Okt. 2017

2 Portionen (Vorspeise)

Im TM, 10 Sek./Stufe 4:
- 20 g Sonnenblumenöl
- 20 g Wasser
- 1 TL Salz
- 15 g Aceto-Balsamico-Essig
- 10 g Agavendicksaft

Gemüse zugeben und zerkleinern 5 Sek./Stufe 5:
- 165 g Möhren
- 165 g Spitzkohl

11458. Kakao mit Nibs und Pulver, Oktober 2017

Im Vitamix ca. 2.5 Min. auf höchster Stufe schlagen:
- 8 g Kakaonibs
- 2 g Kakaopulver
- 20 g Nackthafer
- 2 Medjool-Datteln, entsteint
-
- 5 g frischer Ingwer
- auf 500 ml mit Wasser/ kochendem Wasser 1:1 auffüllen.

11459. Muttis Nusskuchen dezent kichernd, Okt. 2017

Vorläufer 11420

- 300 g Haselnüsse
- 2 bittere Aprikosenkerne
- 250 g Purpurweizen, fein gemahlen
- 200 g Honig
- 1/2 TL gem. Vanille
- 1 Prise Salz
- 1 P Weinsteinbackpulver
- 75 g Sahne
- 175 g Kichererbsenkochwasser
- Butter für die Form

Haselnüsse mit den Aprikosenkernen im TM mahlen (13 Sek./Stufe 8). In eine Schüssel umfüllen. Mehl, Honig, Vanille, Salz, Backpulver, Sahne und 175 g Flüssigkeit zugeben und mit dem Handrührgerät (Rührbesen) schaumig schlagen. Gugelhupfform mit Butter einfetten, Teig in die Form geben und gleichmäßig verteilen. In den auf 175 °C (Heißluft) vorgeheizten Ofen schieben und 45 Min. bei 175 °C backen. Ein nasses Tuch auf einen Gitterrost legen, Form darauf stellen, abkühlen lassen und dann aus der Form kippen.

11460. Kürbis-Ajvar TM-Mixtopf, Oktober 2017

Vorläufer 11447

In den Mixtopf geben und zerkleinern (3 Sek./Stufe 5):

- 410 g Butternut-Kürbis
- 1 weiße Zwiebel (110 g)
- 2 große Knoblauchzehen (16 g)

Zugeben

- 150 g Wasser
- 35 g Sonnenblumenöl
- 15 g Essigpeperoni 7/4573

Kochen (25 Min./100 °C/Linkslauf/Stufe 1; wenn es blubbernd kocht, auf 98°C stellen).

Zugeben:

- 1 geh. TL Salz
- 1 geh. TL Paprika edelsüß
- 1 gute Prise schw. gem. Pfeffer
- 2 EL Peperoniessig
- 30 g Honig

Zerkleinern (5 Sek./Stufe 7). Es ist noch ein wenig stückig, was ich bevorzuge. In zwei Honiggläser füllen und nach dem Abkühlen im Kühlschrank aufbewahren.

Hinweis: *Das klappt prima und ich frage mich, warum im Originalrezept so umständlich im Garkorb gegart wird.*

11461. Spitzkohl-Kartoffel-Butternutspitzen, Okt. 2017

2 Portionen

Als Gemüsepfanne 20 Min. (24-cm-Alugusspfanne):

- 10 g Sonnenblumenöl
- 60 g Wasser
- 1 Prise Salz
- 400 g Kartoffeln, in Scheiben
- 85 g Butternut-Kürbis, in spitze Stücke geschnitten
- 7 g Knoblauch, in Scheiben
- 300 g Spitzkohl, in Streifen

Nach dem Kochen einrühren und abschmecken mit:

- 1-2 Prisen Salz
- 75 g Ajvar 11460
- 20 g Butter

11462. Schokosoße kakao-puristisch, Oktober 2017

Vorläufer 11191

- 250 g Honig
- 310 g Wasser
- 100 g Kakao
- 1 Prise Salz
- 1/2 TL gem. Vanille

Im Vitamix, bis es sehr heiß ist (kocht?), habe leider die Zeit nicht gemessen, 0,9-Liter-Becher.

11463. Spitzkohl mediterran, Oktober 2017

2 Portionen

- **Nudeln** nach Anweisung kochen

Spitzkohlpfanne

Als Gemüsepfanne (20-cm-Alugusspfanne, 20 Min.) zubereiten:

- 15 g Sonnenblumenöl
- 35 g Wasser
- 250 g Spitzkohl, fein geschnitten
- Inhalt 1 Dose Cocktailtomaten mit Saft (400 g)

Abschmecken mit:

- 1 TL Salz
- 75 g Ajvar 11460
- 1 Prise Pfeffer
- 2 Prisen Oregano
- 2 EL Sahne, Nudeln auf zwei Schüsseln verteilen, Soße darüber geben.

11464. Rohkost-Tomatensuppe, Oktober 2017

Im Vitamix zusammen pürieren:

- 3 Tomaten (260-380 g)
- 10 g Olivenöl
- 30 g Cashewnüsse
- 1/4 TL Salz
- 10 g Peperoni-Essig (7/4573)
- etwas frischer Rosmarin
- 1 größere Knoblauchzehe, geschält (5 g netto)
- 2 getr. Tomatenhälften (ca. 12 g)

Auf dem Teller mit

- Linsensprossen (Keimzeit 60 Std.) garnieren

11465. Lebkuchen 2017-1, Oktober 2017

Vorläufer: 9/6399

Für die Lebkuchen:

- 250 g Datteln, entkernt
- 250 g Feigen
- 450 g Wasser (100 g für das Rezept verwahren)
- 1 TL getr. Gem. Zitrusfruchtschale
- 175 g Purpurweizen, gemahlen (Mühle)
- 225 g Mandeln, gemahlen (Thermomix, 10 Sek./Stufe 8)
- 1 Päckchen Weinsteinbackpulver
- 1 TL Natron
- 1 Prise Salz
- 1 geh. TL Ingwer, getrocknet
- 1 TL gem. Vanille
- 13 g Lebkuchengewürz
- 1 geh. TL Zimt

Für die Glasur:
- 40 g Kakaobutter
- 50 g Schokosoße
- 30 g Honig

Datteln und Feigen in einer Pengdose mit dem Wasser übergießen und etwa 12 Std. gut verschlossen stehen lassen. Wasser abgießen. Die Fruchtmasse mit 100 g vom Einweichwasser im Vitamix oder einem anderen Mixer homogen mischen. Wer keinen Hochleistungsmixer hat, sollte die Stielchen von den Feigen vorher entfernen.

Die trockenen Zutaten mischen. Das Fruchtgemisch hinzugeben und mit den Rührhaken eines Handrührgeräts gut vermischen. Ca. 10-15 Min. ruhen lassen. Mit Hilfe eines Esslöffels und den feuchten Händen etwa 8 bis 10 mm hohe Lebkuchen formen, leicht flachdrücken. Es gibt 26 Stück, die bei mir genau auf ein Backblech passten.

Ofen auf 225 °C (Heißluft) erhitzen, die Lebkuchen einschieben. Auf 160 °C stellen und 10 Min. backen, dann weitere 20 Min. bei 140 °C backen.

Für die Glasur Kakaobutter, Schokosoße und Honig bei niedriger Temperatur in einer kleinen Keramikpfanne zerlassen (Stufe 5/14 Induktion), ab und an mit einem Schneebesen rühren. Lebkuchen, möglichst im Kühlschrank vorgekühlt, bestreichen, nebeneinander in Portionen auf ein Frühstücksbrettchen stellen und diese in den Kühlschrank setzen. Wenn die Schokolade einigermaßen fest ist, eine zweite Schicht Guss darauf pinseln. In den Kühlschrank stellen, bis die Schokolade fest ist, was mehrere Stunden dauern kann. Dann in einer Plastikdose aufbewahren, zwischen die Stapel Haushaltsfolie o. Ä. legen. Ich bewahre sie auch im Kühlschrank auf.

11466. Weihnachtstaler, Oktober 2017

Vorläufer 11454
- 200 g Honig
- 100 g Butter
- 200 g Purpurweizen, fein gemahlen
- 250 g Nackthafer, fein gemahlen
- 1 P Weinsteinbackpulver
- 1 Prise Salz
- 13 g Lebkuchengewürz
- 1 Prise gem. Gewürznelken

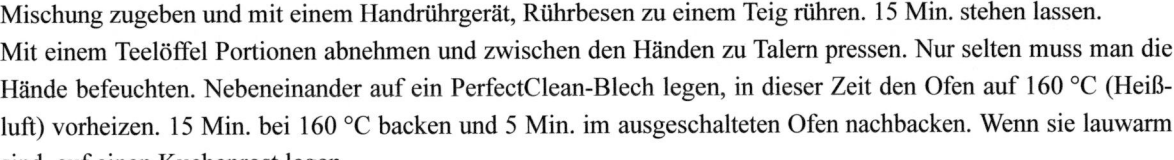

Butter und Honig in einer Pfanne erhitzen, bis sie flüssig sind. Die trockenen Zutaten miteinander mischen, Butter-Honig-Mischung zugeben und mit einem Handrührgerät, Rührbesen zu einem Teig rühren. 15 Min. stehen lassen.

Mit einem Teelöffel Portionen abnehmen und zwischen den Händen zu Talern pressen. Nur selten muss man die Hände befeuchten. Nebeneinander auf ein PerfectClean-Blech legen, in dieser Zeit den Ofen auf 160 °C (Heißluft) vorheizen. 15 Min. bei 160 °C backen und 5 Min. im ausgeschalteten Ofen nachbacken. Wenn sie lauwarm sind, auf einen Kuchenrost legen.

11467. Kartoffel-Mais-Pfanne, Oktober 2017

2 Portionen
- 20 g Sonnenblumenöl
- 80 g Wasser
- 620 g Kartoffeln, in Scheiben
- 150 g Tiefkühlmais
- Ajvar-Bohnensoße 11467

Aus Öl, Wasser und Kartoffeln eine Gemüsepfanne (24-cm-Alugusspfanne, 20 Min.) herstellen. Mais etwa 15 Min. auftauen lassen, zu den Kartoffeln geben und erhitzen, bis er heiß ist. Soße unterrühren.

11468. Minuten-Bohnensoße, Oktober 2017

Im kleinen Mixer (hoch stehendes Messer) verquirlen:

- 100 g gekochte weiße Bohnen
- 80 g Ajvar 11460
- 40 g Schmand
- 1 TL Salz
- 65 g Bohnenkochwasser oder Wasser

11469. Lebkuchen 2017-2 Bananenlebkuchen, Oktober 2017

Vorläufer: 11465

Für die Lebkuchen:

- 50 g Datteln, entkernt
- 600 g Bananen
- 1 TL getr. Gem. Zitrusfruchtschale
- 200 g Purpurweizen, gemahlen (Mühle)
- 200 g Haselnüsse, gem. (TM, 9 Sek./Stufe 8)
- 1 Päckchen Weinsteinbackpulver
- 1 TL Natron
- 50 g Chiasamen
- 1 Prise Salz
- 1 geh. TL Ingwer, getrocknet
- 1 TL gem. Vanille
- 10 g Lebkuchengewürz
- 1/3 TL gem. Gewürznelken
- 1 Prise gem. Muskatnuss
- 1 geh. TL Zimt

Für die Glasur:

- 50 g Kakaobutter
- 60 g Schokosoße
- 30 g Honig
- 5 g Kakaopulver

Datteln mit den Bananen im Vitamix homogen mischen. Die trockenen Zutaten mischen. Das Fruchtgemisch hinzugeben und mit den Rührhaken eines Handrührgeräts gut vermischen. Ca. 15 Min. ruhen lassen. Mit Hilfe eines immer wieder in Wasser Esslöffels Noppen auf ein Backblech (PerfectClean) setzen, leicht flachdrücken. Es gibt 16 Stück, die bei mir genau auf ein Backblech passten.

Ofen auf 160 °C (Heißluft) vorheizen und 10 Min. backen, dann weitere 20 Min. bei 140 °C backen.

Für die Glasur Kakaobutter, Schokosoße, Honig und Kakaopulver bei niedriger Temperatur in einer kleinen Keramikpfanne zerlassen (Stufe 5/14 Induktion), ab und an mit einem Schneebesen rühren. Lebkuchen, möglichst im Kühlschrank vorgekühlt, bestreichen, nebeneinander in Portionen auf ein Frühstücksbrettchen stellen und diese in den Kühlschrank setzen. In den Kühlschrank stellen, bis die Schokolade fest ist, was mehrere Stunden dauern kann. Dann in einer Plastikdose aufbewahren, zwischen die Stapel Haushaltsfolie o. Ä. legen. Ich bewahre sie auch im Kühlschrank auf.

11470. Nudelauflauf à la Lasagne, Oktober 2017

2 Portionen

Nudeln

- 120 g Vollkornspaghetti
- Wasser
- Salz

Nach Vorschrift kochen, etwas kürzere Zeit.

Rote Soße im TM (5 Sek./Stufe 5)

- 1 Dose kleine Tomaten mit Saft
- 1 TL Salz
- 1 Prise Pfeffer
- 1 TL Paprika edelsüß

„Weiße" Soße (kleiner Mixer):
- 100 g gekochte weiße Bohnen
- 80 g Ajvar 11460
- 30 g Schmand
- 50 g Wasser
- 1 TL Salz

Fertigstellung:
- 150 g Bergkäse in Scheiben
- 1 TL Sonnenblumenöl

Eine feuerfeste Form (20-cm-Alugusspfanne) mit Öl einpinseln, die Hälfte der Nudeln hineingeben, darüber etwa die Hälfte der roten Soße mit einem Esslöffel verteilen, darüber die Hälfte der weißen Soße. Mit dem Rest genauso verfahren. Mit Käse belegen und in den auf 230 °C (Heißluft) vorgeheizten Ofen einschieben, 15 Min. bei 210 °C backen und 5 Min. im ausgeschalteten Ofen nachbacken.

11471. Muskatkürbis gefüllt, Oktober 2017

2 Portionen

- Etwas Öl für die Formen
- 1 kleiner Muskatkürbis (660 g)
- Etwas Salz
- 30 g Schmand
- 270 g Ajvar 11460
- 250 g braune Champignons
- 2 Tomaten (195 g), halbiert

Zwei feuerfeste Formen, Durchmesser ca. 20-24 cm, einfetten. Kürbis längs durchschneiden, Kerne mit einem Löffel entfernen. Mit Salz von innen einreiben. Schmand und Ajvar mischen (kleiner Mixer) und in die Höhlungen füllen. Nebeneinander in eine Form setzen, in den kalten Ofen schieben und 25 Min. bei 230 °C (Heißluft) backen.

Champignons nebeneinander am Rand entlang, Tomatenhälften in die Mitte in die zweite Form setzen. Wenn die Kürbishälften 20 Min. gebacken sind, diese Form ebenfalls in den Ofen schieben. 10-15 Min. backen. Aus dem Ofen nehmen und auf zwei Teller portionieren.

11472. Weihnachtstaler mandoliert, Oktober 2017

Vorläufer 11466

- 200 g Honig
- 100 g Butter
- 200 g Purpurweizen, fein gemahlen
- 250 g Nackthafer, fein gemahlen
- 50 g Mandeln, fein gemahlen
- 1 P Weinsteinbackpulver
- 1 Prise Salz (vergessen)
- 10 g Lebkuchengewürz
- 5 g Zimt
- 1 Prise gem. Gewürznelken

Butter und Honig in einer Pfanne erhitzen, bis sie flüssig sind. Die trockenen Zutaten miteinander mischen, Butter-Honig-Mischung zugeben und mit einem Handrührgerät, Rührbesen zu einem Teig rühren. 15 Min. stehen lassen.

Mit einem Teelöffel Portionen abnehmen und zwischen den Händen zu Talern pressen. Nur selten muss man die Hände befeuchten. Nebeneinander auf ein PerfectClean-Blech legen, in dieser Zeit den Ofen auf 160 °C (Heißluft) vorheizen. 15 Min. bei 160 °C backen und 5 Min. im ausgeschalteten Ofen nachbacken. Wenn sie lauwarm sind, auf einen Kuchenrost legen.

11473. Kartoffeln, Kürbis, Komate und Käse, Oktober 2017

2 Portionen; sehr einfach!

- 15 g Sonnenblumenöl
- 75 g Wasser
- 530 g Kartoffeln, in Scheiben
- 185 g Kürbis, in Streifen
- 1 Tomate (90 g), in Scheiben
- Salz (etwas ins Wasser und zwischen die Schichten)
- 180 g Gouda, in 4 Scheiben

Ohne den Käse als Gemüsepfanne 15 Min. (24-cm-Aluguss-Pfanne) dünsten. In der Zwischenzeit den Ofen auf 230 °C (Heißluft) aufheizen. Gemüse mit Käse belegen. Pfanne in den Ofen schieben und 10 Min. backen, 5 Min. im ausgeschalteten Ofen nachbacken.

11474. Bananeneis fast pur, Oktober 2017

2 Portionen

- 1 Banane (115 g)
- 20 g Sahne
- 345 g tiefgekühlte Bananenscheiben

Banane mit Sahne im Vitamix pürieren. Tiefgekühlte Bananenscheiben hinzufügen und mit dem Stößel arbeiten, bis sich die typische Rautenform ergibt. Auf zwei Schüsselchen verteilen.

Tipp: *Absolut bombastisch schmeckt dazu eine Karamellsoße.*

11475. Karamellsoße IV „Agave", Oktober 2017

1 Honigglas voll

- 385 g Wasser
- 200 g Sahne
- 1/4 TL Salz
- 1 Prise Natron
- 200 g Agavendicksaft

Alle Zutaten in den Mixtopf geben und erhitzen (30 Min./Varoma/Stufe 5), dabei das Garkörbchen als Spritzschutz verwenden (bis es nicht mehr spritzt, dann den kleinen Deckel einsetzen) und ein Küchentuch um den Deckel legen. In ein leeres Schraubglas füllen (etwa 1/2 Honigglas) und gut zudrehen.

Hinweis: *Beim Agavendicksaft ist mir quasi die Hand ausgerutscht, geplant war 150 g. Erstaunlicherweise ist es nicht süßer als sonst, schmeckt eigentlich fast noch besser.*

11476. Lebkuchen-Birnen-Torte, Oktober 2017

26-cm-Springform

Kuchen:

- 250 g Datteln, entkernt
- 250 g Feigen
- 500 g Wasser (100 g verwahren)
- 1 TL getr. Gem. Zitrusfruchtschale
- 1 Prise Salz
- 1 geh. TL Ingwer, getrocknet
- 1 TL gem. Vanille
- 13 g Lebkuchengewürz
- 1 geh. TL Zimt
- 1 geh. TL Kardamom
- 1/3 TL Gewürznelken
- 200 g Purpurweizen, gem.

- 200 g Haselnüsse, gemahlen (Nutrition Mixer)
- 1 Päckchen Weinsteinbackpulver
- (Natron vergessen)
- 1 große Birne (335 g brutto)
- 100 g Würzwasser

Für die Karamellglasur:
- 35 g Kakaobutter
- 30 g Karamellsoße 11475
- 10 g Agavendicksaft
- 5 g Kakaopulver

Datteln und Feigen in einer Pengdose mit dem Wasser übergießen und etwa 8 Std. gut verschlossen stehen lassen. Wasser abgießen. Die Fruchtmasse mit 100 g vom Einweichwasser und den Gewürzen im Vitamix oder einem anderen Mixer homogen mischen. Wer keinen Hochleistungsmixer hat, sollte die Stielchen von den Feigen vorher entfernen.

Die trockenen Zutaten mischen. Das Fruchtgemisch hinzugeben und mit den Rührhaken eines Handrührgeräts gut vermischen. Ca. 10-15 Min. ruhen lassen. Eine Springform mit Backpapier überziehen, etwas mehr als die Hälfte des Teigs darauf verteilen. Birne vierteln, Kerngehäuse entfernen und in Scheiben schneiden, auf den Teig legen. Den Restteig mit Würzwasser verrühren, auf das Obst streichen.

Ofen auf 160 °C (Heißluft) erhitzen, den Kuchen 40 Min. bei 160 °C backen, anschließend 10 Min. bei 140 °C backen und 10 Min. im ausgestellten Ofen stehen lassen.

Für die Glasur Kakaobutter bei niedriger Temperatur in einer kleinen Keramikpfanne zerlassen (Stufe 5/14 Induktion), restliche Zutaten zugeben und gelegentlich mit einem Schneebesen rühren.

11477. Würzwasser, Oktober 2017

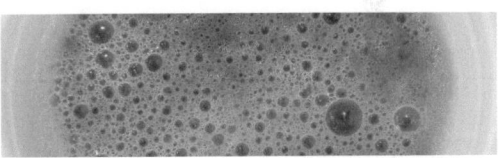

Im Vitamix gut mixen:
- 235 g Flüssigkeit vom Einweichen von Trockenfrüchten
- 75 g der Masse aus dem Vitamix in 11476

11478. Rote-Linsen-Bolognese, Oktober 2017

2-3 Portionen

- 1 Möhre (115 g)
- 150 g Hokkaido-Kürbis
- 130 g rote Paprika
- 1 Zwiebel (90 g)
- 30 g Sonnenblumenöl
- 25 g Tomatenmark
- 200 g rote Linsen
- 200 g Wasser
- 1 Dose Tomaten, in Stücken (400 g)
- 2 Prisen getr. Oregano
- 1 TL Salz
- 1/4 TL Pfeffer

Gemüse vorschneiden und im TM zerkleinern (5 Sek./Stufe 5). Öl und Tomaten zufügen und andünsten (4 Min./Varoma/Stufe 1). Mit dem Spatel herunterschieben. Linsen, Wasser und Tomaten zugeben und kochen (20 Min./100 °C/Stufe 1, Linkslauf). Salz und Gewürze zugeben, unterrühren (Linkslauf, einige Sek. Stufe 3-4).

Tipp: *Bei uns gab es Reis dazu.*

11479. Salzreis, Oktober 2017

2 Portionen; Salz mitkochen war hier okay.

- 200 g Jasmin-Vollkornreis
- 3 g Salz
- 400 g Wasser

Nach dem Aufkochen im kleinen Topf 39 Min. auf kleiner Einstellung dünsten.

11480. Leinsamenbrot mit Gewürz, Oktober 2017

Stufe 1 *(12 Std. vorher):*

Sauerteigansatz:

- 400 g Roggen
- 425 g Wasser
- 150 g Sauerteig

Stufe 2 *(Backen, bei mir am Morgen):*

- 100 g Roggen
- 325 g Purpurweizen
- 2 EL Brotgewürz ungemahlen (Brecht)
- 20 g Salz
- 1 Tütchen Trockenhefe (9 g)
- 100 g Leinsamen
- 325 g Wasser
- Ca. 800 g Sauerteigansatz
- 20 g Butter für die Form

Stufe 1: Roggen fein mahlen, mit Wasser und altem Sauerteig mischen. In einer Plastiktüte über Nacht stehen lassen. 150 g von der Stufe 1 abnehmen und in einem gut schließenden Schraubglas in den Kühlschrank stellen für das nächste Backen. **Stufe 2.** Roggen und Purpurweizen mischen. Mit dem ersten Teil das Brotgewürz mahlen, dann den Rest mahlen. Zutaten (außer der Butter) mit einem großen Löffel gründlich verrühren, bis kein Mehl mehr sichtbar ist. Eine 30-cm-Brotform, Profi-Email von Dr. Oetker, gut einfetten. Teig hineingeben, mit der nassen Hand herunterdrücken und glattstreichen. Mit einem scharfen Messer einmal längs einschneiden. Form in eine Plastiktüte geben und etwa 3 1/4 Std. gehen lassen. Brot in den kalten Ofen schieben und 80 Min. bei 190 °C (Heißluft) backen.

11481. Vorweihnachtskakao, Oktober 2017

Im Hochleistungsmixer, je nach Gerät, 2,5 bis 3 Min. auf höchster Stufe schlagen:

- 9 g Kakaonibs
- 2 g Kakaopulver
- 12 g Ingwer
- 20 g Nackthafer
- 1 Medjool-Dattel, entsteint
- 100 g Würzwasser 11477
- auf 500 ml (Markierung im Becher) mit Wasser/kochendem Wasser 1:1 auffüllen

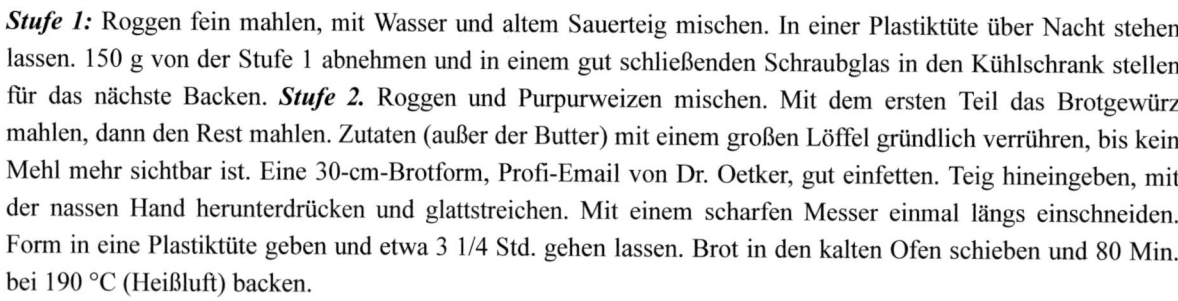

11482. Karamellglasur, Oktober 2017

- 35 g Kakaobutter
- 30 g Karamellsoße „Agave" 11475
- 10 g Agavendicksaft
- 5 g Kakaopulver

Kakaobutter bei niedriger Temperatur in einer kleinen Keramikpfanne zerlassen (Stufe 5/14 Induktion), restliche Zutaten zugeben und gelegentlich mit einem Schneebesen rühren.

11483. Weihnachtstaler agavalnisiert

Vorläufer 11472

- 100 g Butter
- 200 g Agavendicksaft
- 200 g Purpurweizen, fein gemahlen
- 250 g Nackthafer, fein gemahlen
- 1 P Weinsteinbackpulver
- 1 Prise Salz
- 13 g Lebkuchengewürz

Butter und in einer Pfanne erhitzen, bis sie flüssig ist. Die trockenen Zutaten miteinander mischen, Butter und Agavendicksaft zugeben und mit einem Handrührgerät, Rührbesen zu einem Teig rühren. 15 Min. stehen lassen.

Mit einem Teelöffel Portionen abnehmen und zwischen den Händen zu Talern pressen. Nur selten muss man die Hände befeuchten. Nebeneinander auf ein PerfectClean-Blech legen, in dieser Zeit den Ofen auf 160 °C (Heißluft) vorheizen. 15 Min. bei 160 °C backen und 5 Min. im ausgeschalteten Ofen nachbacken. Wenn sie lauwarm sind, auf einen Kuchenrost legen.

11484. Spaghettiauflauf Bolognese, Oktober 2017

2 Portionen

Gemüsepfanne (24-cm-Alugusspfanne, 15 Min.):

- 90 g Wasser
- 1 Prise Salz
- 270 g Kürbis, gewürfelt
- 1 rote Paprikaschote (140 g), fein gewürfelt

Nudeln (mit reichlich Wasser 6 Min. = Packungsanweisung):

- 140 g Vollkornspaghetti
- Salz
- Wasser

Auflauf

- 160 g Rote-Linsen-Bolognese 11478
- 1 TL Salz
- 160 g Gouda, in Scheiben

Fertige Gemüsepfanne mit der Bolognese, Salz und den abgetropften Nudeln vermischen. In der Pfanne belassen und mit Käse belegen. Im vorgeheizten Ofen (Heißluft, 220 °C) 10 Min. backen.

11485. Blumenkohl-Kürbissuppe, Oktober 2017

2 Portionen; Thermomix

220 g Hokkaido-Kürbis	1-1,5 TL Salz
270 g Blumenkohl	40 g Mandelmus
70 g Kartoffel	Pfeffer
500 g Wasser	

Gemüse grob vorschneiden und im TM; zerkleinern (5 Sek./Stufe 5). Wasser und etwas Salz zugeben und kochen (17 Min./100 °C/Stufe 1). Mandelmus, Salz und Pfeffer zugeben und pürieren (10 Sek./Stufe 7; 5 Sek./Stufe 9). Mit Brot servieren.

11486. Nussschokocreme Cashew-Mandel I, Nov. 2017

Vorläufer 11444; knapp 2 Honiggläser

- 125 g Cashewbruch
- 125 g Mandeln
- 40 g Kakaopulver
- 150 g Agavendicksaft
- 200 g Wasser
- 50 g Würzwasser
- 1 Prise Salz

Alles in den Vitamix geben und mit dem Stößel gut durcharbeiten. Wird leicht warm, bis es wirklich glatt ist. In Honiggläser füllen. Relativ fest.

11487. Lebkuchen 2017-3 Aprikosen, Oktober 2017

Vorläufer: 11465

Für die Lebkuchen:

- 190 g getr. Aprikosen, ohne Kerne
- 70 g Datteln, ohne Kerne
- 250 g Feigen
- 500 g Wasser (100 g für das Rezept verwahren)
- 1 TL getr. gem. Zitrusfruchtschale
- 1 Prise Salz
- 1 geh. TL Ingwer, getrocknet
- 1 gestr. TL Kardamom
- 1/3 TL Gewürznelken
- 13 g Lebkuchengewürz
- 1 geh. TL Zimt
- 200 g Purpurweizen, gemahlen (Mühle)
- 200 g Haselnüsse, gemahlen (Mixer)
- 1 P Weinsteinbackpulver
- 1 TL Natron (vergessen...)
- 50 g Agavendicksaft

Für die *Glasur*:

- 50 g Kakaobutter
- 40 g Schokosoße
- 15 g Agavendicksaft

Trockenfrüchte in einer Pengdose mit dem Wasser übergießen und etwa 12 Std. gut verschlossen stehen lassen. Wasser abgießen. Die Fruchtmasse mit 100 g vom Einweichwasser, Salz und den Gewürzen im Vitamix oder einem anderen Mixer homogen mischen. Wer keinen Hochleistungsmixer hat, sollte die Stielchen von den Feigen vorher entfernen.

Die trockenen Zutaten mischen. Das Fruchtgemisch hinzugeben und mit den Rührhaken eines Handrührgeräts gut vermischen. Ca. 10-15 Min. ruhen lassen. Mit Hilfe eines Esslöffels und den feuchten Händen etwa 8 bis 10 mm hohe Lebkuchen formen, leicht flachdrücken. Es gibt 24 Stück, die bei mir gerade auf ein Backblech passten.

Ofen auf 190 °C (Heißluft) erhitzen, die Lebkuchen einschieben. Auf 160 °C stellen und 10 Min. backen, dann weitere 20 Min. bei 140 °C backen, 10 Min. im ausgestellten Ofen nachbacken.

Für die *Glasur* Kakaobutter, Schokosoße und Agavendicksaft bei niedriger Temperatur in einer kleinen Keramikpfanne zerlassen (Stufe 5/14 Induktion), ab und an mit einem Schneebesen rühren. Lebkuchen mit Guss bepinseln. In den Kühlschrank stellen, bis die Schokolade fest ist, was mehrere Stunden dauern kann. Dann in einer Plastikdose aufbewahren, zwischen die Stapel Haushaltsfolie o. Ä. legen. Ich bewahre sie auch im Kühlschrank auf.

11488. Blumenatohnen-Pfanne, Oktober 2017

2 Portionen

- 10 g Öl
- 50 g Wasser
- 1 Prise Salz
- 200 g Tiefkühlspinat
- 225 g Blumenkohl, klein geschnitten
- 280 g gekochte Tartarenbohnen (große, flache, marmorierte Bohnen)
- 1/2 TL Tandoorigewürz
- 1 TL Salz

Aus Öl, Wasser, Salz und Gemüse eine Gemüsepfanne zubereiten (24-cm-Alugusspfanne, 15 Min.). Bohnen und Gewürze unterrühren, zusammen erhitzen.

***Hinweis:** Die Marmorierung sieht man leider nur an den ungekochte Bohnen.*

11489. Lebkuchen 2017-4 Aprikosen und Honig, Nov. 2017

Vorläufer: 11486

Für die Lebkuchen:

- 190 g getr. Aprikosen, ohne Kerne
- 60 g Datteln, ohne Kerne
- 250 g Feigen
- 500 g Wasser (100 g für das Rezept verwahren)
- 1 TL getr. gem. Zitrusfruchtschale
- 50 g Honig
- 1 Prise Salz
- 1 geh. TL Ingwer, getrocknet
- 1/3 TL Gewürznelken
- 11 g Lebkuchengewürz
- 1 geh. TL Zimt
- 200 g Purpurweizen, gemahlen (Mühle)
- 200 g Haselnüsse, gemahlen (Nutrition Mixer)
- 2 bittere Aprikosenkerne, mit den Haselnüssen gemahlen
- 1 P Weinsteinbackpulver
- 1 TL Natron (wieder vergessen)

Für die *Glasur*:

- 50 g Kakaobutter
- 45 g Schokosoße
- 10 g Agavendicksaft

Trockenfrüchte in einer Pengdose mit dem Wasser übergießen und etwa 12 Std. gut verschlossen stehen lassen. Wasser abgießen. Die Fruchtmasse mit 100 g vom Einweichwasser, Salz, den Gewürzen und Honig im Vitamix oder einem anderen Mixer homogen mischen. Wer keinen Hochleistungsmixer hat, sollte die Stielchen von den Feigen vorher entfernen.

Die trockenen Zutaten mischen. Das Fruchtgemisch hinzugeben und mit den Rührhaken eines Handrührgeräts gut vermischen. Ca. 10-15 Min. ruhen lassen. Mit Hilfe eines Esslöffels und den feuchten Händen etwa 8 bis 10 mm hohe Lebkuchen formen, leicht flachdrücken. Es gibt 26 Stück, die bei mir gerade auf ein Backblech passten.

Ofen auf 225 °C (Heißluft) erhitzen, die Lebkuchen einschieben. Auf 160 °C stellen und 10 Min. backen, dann weitere 20 Min. bei 140 °C backen.

Für die *Kakaobutter*, Schokosoße und Agavendicksaft bei niedriger Temperatur in einer kleinen Keramikpfanne zerlassen (Stufe 5/14 Induktion), ab und an mit einem Schneebesen rühren. Lebkuchen mit Guss bepinseln. In den Kühlschrank stellen, bis die Schokolade fest ist, was mehrere Stunden dauern kann. Dann in einer Plastikdose aufbewahren, zwischen die Stapel Haushaltsfolie o. Ä. legen. Ich bewahre sie auch im Kühlschrank auf.

11490. Rosenkohl-Paprika überbacken, November 2017

2 Portionen

Gemüsepfanne (20-cm-Alugusspfanne, 15 Min.)

- 75 g Wasser
- 1 Prise Salz
- 285 g Rosenkohl, halbiert
- 255 g Paprika orangefarben, gewürfelt
- 200 g Kartoffeln, in dünnen Scheiben

Fertigstellung

- 1 TL Salz
- 60 g Sahne
- 120 g Gouda in Scheiben

Salz und Sahne in die Pfanne geben, mit Käse belegen. Ohne Deckel in den vorgeheizten Ofen (Heißluft, 220 °C) geben und 13 Min. backen.

11491. Brownies à la Lebkuchenteig, November 2017

Vorläufer: 11487; Springform 26 cm

- 250 g Datteln Medjool, ohne Kerne
- 250 g Feigen
- 75 g Honig
- 500 g Wasser (150 g für das Rezept verwahren)
- 1 Prise Salz
- 40 g Kakaopulver
- 200 g Purpurweizen, gemahlen (Mühle)
- 200 g Mandeln, gemahlen (Nutrition Mixer)
- 1 bittere Aprikosenkerne, mit den Mandeln gemahlen
- 1 Päckchen Weinsteinbackpulver
- 1 TL Natron
- 50 g Mandelsplitter

Für die *Glasur*:

- 50 g Kakaobutter
- 40 g Schokosoße
- 15 g Agavendicksaft
- 5 g Carob
- 3-4 EL Mandelsplitter

Trockenfrüchte in einer Pengdose mit dem Wasser übergießen und etwa 12 Std. gut verschlossen stehen lassen. Wasser abgießen. Die Fruchtmasse mit 150 g vom Einweichwasser und Salz im Vitamix oder einem anderen Mixer homogen mischen. Wer keinen Hochleistungsmixer hat, sollte die Stielchen von den Feigen vorher entfernen.

Die trockenen Zutaten mischen. Das Fruchtgemisch hinzugeben und mit den Rührhaken eines Handrührgeräts gut vermischen. Ca. 10-15 Min. ruhen lassen. In eine mit Backpapier überspannte Springform geben (vorzugsweise viereckig). In den auf 160 °C (Heißluft) vorgeheizten Ofen einschieben und 45 Min bei 160 °C sowie 10 Min. bei 140 °C. backen, dann 10 Min. im ausgeschalteten Ofen nachbacken lassen..

Für die Glasur Kakaobutter, Schokosoße und Agavendicksaft bei niedriger Temperatur in einer kleinen Keramikpfanne zerlassen (Stufe 5/14 Induktion), ab und an mit einem Schneebesen rühren und Carob einarbeiten. Brownies mit Guss bepinseln. Mandelsplitter darüber streuen. In den Kühlschrank stellen, bis die Schokolade fest ist, was mehrere Stunden dauern kann. Dann in einer Plastikdose aufbewahren, zwischen die Stapel Haushaltsfolie o. Ä. legen. Ich bewahre sie auch im Kühlschrank auf.

Tipp: Wer es klassisch möchte, schneidet den Kuchen „kreuz und quer" in Rechtecke.

11492. Rosenkohl mit Orangencremesoße, November 2017

Vorläufer 11492

- 75 g Wasser
- 500 g Rosenkohl, halbiert
- 1 Prise Salz
- Orangencremesoße

Gemüsepfanne ohne die Soße in einer 24 cm-Keramik-Pfanne 25 Min. garen. Soße mit dem kleinen Mixer herstellen und unterrühren. Evtl. noch mit Wasser nachspülen. Bei uns gab es dazu roten Vollkorn-Jasminreis.

11493. Orangencremesoße, November 2017

Kleiner Mixer:

- 1 Orange (165 g)
- 40 g Cashewnüsse
- 20 g Sonnenblumenöl
- 70 g Wasser
- 1 TL Salz
- 3 g Senf

11494. Karamellsoße VI „wenig Agave", November 2017

1 Honigglas voll

- 385 g Wasser
- 200 g Sahne
- 1/4 TL Salz
- 1 Prise Natron
- 175 g Ahornsirup (150 g würden es auch tun)

Alle Zutaten in den Mixtopf geben und erhitzen (30 Min./Varoma/Stufe 5), dabei das Garkörbchen als Spritzschutz verwenden (bis es nicht mehr spritzt, dann den kleinen Deckel einsetzen) und ein Küchentuch um den Deckel legen. In ein leeres Schraubglas füllen (etwa 1/2 Honigglas) und gut zudrehen.

11495. Brokkoli mit Kartoffeln, überbacken, November 2017

2 Portionen

Gemüsepfanne:

- 100 g Wasser
- 1/2 TL Salz
- 300 g Kartoffeln, in dünnen Scheiben
- 200 g Brokkoli in Röschen
- Orangencremesoße leicht scharf 11496
- 160 g Gouda in Scheiben

Ohne Soße und Käse in einer 20-cm-Alugusspfanne als Gemüsepfanne 15 Min. garen. Während das Gemüse gart, den Ofen (Heißluft) auf 220 °C vorheizen. Soße über das Gemüse gießen, mit Käse belegen. Pfanne ohne Deckel in den Ofen einschieben und 12-15 Min. backen.

11496. Orangencremesoße leicht scharf, November 2017

- 25 g gestiftelte Mandeln
- 1 kleinere Orange (145 g)
- 1 gestr. TL Salz
- 1 Prise Pfeffer
- 1 Prise Zimt
- 1 große Knoblauchzehe (7 g)
- 75 g Wasser

Kleiner Mixer, kleiner Becher, hoch stehendes Messer.

11497. Weihnachtstaler ahornisiert, November 2017

Vorläufer 11483

- 100 g Butter
- 200 g Ahornsirup
- 200 g Purpurweizen, fein gemahlen
- 250 g Nackthafer, fein gemahlen
- 1 P Weinsteinbackpulver
- 1 Prise Salz
- 14 g Lebkuchengewürz

Butter und in einer Pfanne erhitzen, bis sie flüssig ist. Die trockenen Zutaten miteinander mischen, Butter und Ahornsirup zugeben und mit einem Handrührgerät, Rührbesen zu einem Teig rühren. 15 Min. stehen lassen.

Mit einem Teelöffel Portionen abnehmen und zwischen den Händen zu Talern pressen. Nur selten muss man die Hände befeuchten. Nebeneinander auf ein PerfectClean-Blech legen, in dieser Zeit den Ofen auf 160 °C (Heißluft) vorheizen. 15 Min. bei 160 °C backen und 5 Min. im ausgeschalteten Ofen nachbacken. Wenn sie lauwarm sind, auf einen Kuchenrost legen.

11498. Brownies à la Lebkuchenteig 2, November 2017

Vorläufer: 11491: Springform 26 cm

- 250 g Datteln Medjool, ohne Kerne
- 250 g Feigen
- 500 g Wasser (200 g für das Rezept verwahren)
- 1 Prise Salz
- 50 g Kakaopulver
- 200 g Purpurweizen, gemahlen (Mühle)
- 200 g Mandeln, gemahlen (Nutrition Mixer)
- 1 P Weinsteinbackpulver
- 1 TL Natron
- 50 g Mandelsplitter
- 75 g Ahornsirup
- 1 EL Rum

Für Glasur und Deko:

- 50 g Kakaobutter
- 35 g Ahornsirup
- 1 EL Kakao
- 1 EL Carob
- 3-4 EL Mandelsplitter

Trockenfrüchte in einer Pengdose mit dem Wasser übergießen und etwa 12 Std. gut verschlossen stehen lassen. Wasser abgießen. Die Fruchtmasse mit 150 g vom Einweichwasser und Salz im Vitamix oder einem anderen Mixer homogen mischen. Wer keinen Hochleistungsmixer hat, sollte die Stielchen von den Feigen vorher entfernen.

Die trockenen Zutaten mischen. Das Fruchtgemisch, Ahornsirup und Rum hinzugeben und mit den Rührhaken eines Handrührgeräts gut vermischen. Ca. 10-15 Min. ruhen lassen. In eine mit Backpapier überspannte Springform geben (vorzugsweise viereckig). In den auf 160 °C (Heißluft) vorgeheizten Ofen einschieben und 50 Min bei 160 °C backen.

Für die Glasur Kakaobutter und Ahornsirup bei niedriger Temperatur in einer kleinen Keramikpfanne zerlassen (Stufe 5/14 Induktion), ab und an mit einem Schneebesen rühren und Kakao und Carob einarbeiten. Brownies mit Guss bepinseln. Mandelsplitter darüber streuen. In den Kühlschrank stellen, bis die Schokolade fest ist, was mehrere Stunden dauern kann. Dann in einer Plastikdose aufbewahren, zwischen die Stapel Haushaltsfolie o. Ä. legen. Ich bewahre den Kuchen auch im Kühlschrank auf.

Tipp: *Wer es klassisch möchte, schneidet den Kuchen „kreuz und quer" in Rechtecke.*

11499. Karamellsoße VIa „Agave wenig", Nov. 2017

1 kleines Glas voll

- 390 g Wasser
- 200 g Sahne
- 1/4 TL Salz
- 1 Prise Natron
- 175 g Agavendicksaft

Alle Zutaten in den Mixtopf geben und erhitzen (30 Min./Varoma/Stufe 5), dabei das Garkörbchen bis zum Ende als Spritzschutz verwenden und ein Küchentuch um den Deckel legen. In ein leeres Schraubglas füllen (etwa 1/2 Honigglas) und gut zudrehen.

11500. Nussschokocreme Cashew-Mandel II, Nov. 2017

Vorläufer 11489; knapp 2 Honiggläser.

- 100 g Cashewbruch
- 100 g Mandeln
- 50 g Sonnenblumenkerne
- 40 g Kakaopulver

- 150 g Agavendicksaft
- 200 g Wasser
- 50 g Würzwasser 11477
- 1 Prise Salz

Alles in den Vitamix geben und mit dem Stößel gut durcharbeiten. Wird leicht warm, bis es wirklich glatt ist. In Honiggläser füllen. Relativ fest.

11501. Brokkoli-Nudelauflauf, November 2017

2 Portionen

Gemüsepfanne (20 cm, Aluguss, 14 Min.):
- 50 g Wasser
- 200 g Brokkoli, etwas zerkleinert
- 1 Prise Salz

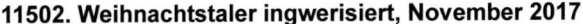

Nudeln nach Anweisung kochen:
- 150 g Spaghetti
- 1/2 TL Salz
- Wasser (Spaghetti sind 1 cm abgedeckt)

Soße (kleiner Mixer, hoch stehendes Messer)
- 1 Tomate (110 g)
- 15 g Tomatenmark
- 1 TL Salz
- 1 Prise Pfeffer
- 20 g Cashewnüsse
- 135 g Wasser

Fertigstellung
- 150 g Gouda in Scheiben

Sobald die Zeit für die Gemüsepfanne gezählt wird, Ofen vorheizen auf 220 °C (Heißluft). Gegarte Nudeln mit der Soße mischen und stehen lassen, bis das Gemüse fertig ist. Zum Gemüse geben, gut mischen. Mit Käse abdecken, in den vorgeheizten Ofen schieben und 15 Min. backen.

11502. Weihnachtstaler ingwerisiert, November 2017

Vorläufer 11497

- 100 g Butter
- 200 g Ahornsirup
- 200 g gem. Purpurweizen
- 250 g gem. Nackthafer
- 1 P Weinsteinbackpulver
- 1 Prise Salz
- 10 g Lebkuchengewürz
- 1 TL gem. Zitronenschale
- 1/2 TL Ingwer

Butter in einer Pfanne erhitzen, bis sie flüssig ist. Die trockenen Zutaten miteinander mischen, Butter und Ahornsirup zugeben und mit einem Handrührgerät, Knethaken zu einem Teig verarbeiten. 15 Min. stehen lassen. Portionsweise Rollen formen und Stücke mit einem Messer abschneiden. Nur selten muss man Hände und Messer befeuchten. Nebeneinander auf ein PerfectClean-Blech legen, in dieser Zeit den Ofen auf 160 °C (Heißluft) vorheizen. Mit einer Gabel etwas flach drücken. 15 Min. bei 160 °C backen und 5 Min. im ausgeschalteten Ofen nachbacken. Wenn sie lauwarm sind, auf einen Kuchenrost legen.

11503. Frischkäse-Soße, Dezember 2017

Im kleinen Mixer, kleiner Becher, hoch stehendes Messer:
- 50 g Frischkäse
- 50 g Kichererbsenkochwasser
- 50 g gekochte Kichererbsen
- 1 gestr. TL Salz
- 1 Prise Pfeffer

11504. Brownies à la Lebkuchenteig 3, November 2017

Vorläufer: 11498: Springform 26 cm

- 250 g Datteln Medjool, ohne Kerne
- 250 g Feigen
- 500 g Wasser (250 g für das Rezept verwahren)
- 75 g Agavendicksaft
- 1 EL Rum
- 1 Prise Salz
- 50 g Kakaopulver
- 200 g Purpurweizen, gemahlen (Mühle)
- 200 g Mandeln, gemahlen (Nutrition Mixer)
- 1 P Weinsteinbackpulver
- 1 TL Natron
- 50 g Mandelsplitter

Für die Glasur:

- 50 g Kakaobutter
- 35 g Agavendicksaft
- 1 EL Kakao
- 1 EL Carob
- 3-4 EL Mandelsplitter

Trockenfrüchte in einer Pengdose mit dem Wasser übergießen und etwa 12 Std. gut verschlossen stehen lassen. Wasser abgießen. Die Fruchtmasse mit 250 g vom Einweichwasser, Agavendicksaft, Rum und Salz im Vitamix oder einem anderen Mixer homogen mischen. Wer keinen Hochleistungsmixer hat, sollte die Stielchen von den Feigen vorher entfernen.

Die trockenen Zutaten mischen. Das Fruchtgemisch hinzugeben und mit den Rührhaken eines Handrührgeräts gut vermischen. In eine mit Backpapier überspannte Springform geben (vorzugsweise viereckig). In den auf 160 °C (Heißluft) vorgeheizten Ofen einschieben, 50 Min. bei 160 °C backen, 5 Min. nachbacken.

Für die Glasur Kakaobutter und Agavendicksaft bei niedriger Temperatur in einer kleinen Keramikpfanne zerlassen (Stufe 3/14 Induktion), ab und an mit einem Schneebesen rühren und Kakao und Carob gesiebt einarbeiten. Brownies mit Guss bepinseln. Mandelsplitter darüber streuen. In den Kühlschrank stellen, bis die Schokolade fest ist, was mehrere Stunden dauern kann. Dann in einer Plastikdose aufbewahren, zwischen die Stapel Haushaltsfolie o. Ä. legen. Ich bewahre den Kuchen auch im Kühlschrank auf.

Wer es klassisch möchte, schneidet den Kuchen „kreuz und quer" in Rechtecke.

Hinweis: *Uns hat der letzte Kuchen intensiver geschmeckt. Ist es, weil der Kuchen noch nicht durchgezogen ist? Oder war es ein Fehler, Ahornsirup und Rum mit den Trockenfrüchten zu mixen, statt sie pur zum Teig zu geben?*

11505. Sonnenblumenbrot mit Gewürz, November 2017

Vorläufer 11376

Stufe 1 (12 Std. vorher):
Sauerteigansatz:

- 400 g Roggen
- 425 g Wasser
- 150 g Sauerteig

Stufe 2 (Backen, bei mir am Morgen):

- 100 g Roggen
- 325 g Purpurweizen
- 2 EL Brotgewürz ungemahlen (Brecht)
- 20 g Salz
- 325 g Wasser
- 1/2 Würfel frische Hefe (= 21 g)
- 100 g Sonnenblumenkerne
- ca. 800 g Sauerteigansatz
- 20 g Butter für die Form

Stufe 1: Roggen fein mahlen, mit Wasser und altem Sauerteig mischen. In einer Plastiktüte über Nacht stehen lassen. 150 g von der Stufe 1 abnehmen und in einem gut schließenden Schraubglas in den Kühlschrank stellen für das nächste Backen.

Stufe 2: Roggen und Purpurweizen mischen. Mit dem ersten Teil das Brotgewürz mahlen, dann den Rest mahlen. Hefe in einem Teil des Wassers auflösen Zutaten (außer der Butter) mit einem großen Löffel gründlich verrühren, bis kein Mehl mehr sichtbar ist. Eine 30-cm-Brotform, Profi-Email von Dr. Oetker, gut einfetten. Teig hineingeben, mit der nassen Hand herunterdrücken und glattstreichen. Mit einem scharfen Messer einmal längs einschneiden. Form in eine Plastiktüte geben und etwa 1 1/4 Std. gehen lassen. Brot in den kalten Ofen schieben und 80 Min. bei 190 °C (Heißluft) backen.

Fazit: Frische Hefe geht selbst als „Gehhilfe" deutlich schneller!

11506. Lebkuchen 2017-5 Rosinenanteil, November 2017

Vorläufer: 11488

Für die Lebkuchen:

- 125 g Datteln, ohne Kerne
- 125 g Rosinen
- 250 g Feigen
- 500 g Wasser (110 g für das Rezept verwahren)
- 1 TL getr. gem. Zitrusfruchtschale
- 50 g Agavendicksaft
- 1 Prise Salz
- 1 geh. TL Ingwer, getrocknet
- 1/3 TL Gewürznelken
- 1/2 TL gem. Kardamom
- 12 g Lebkuchengewürz (Brecht)
- 1 geh. TL Zimt
- 200 g Purpurweizen, gemahlen
- 200 g Mandeln, gemahlen (Mixer)
- 2 bittere Aprikosenkerne, mit den Mandeln gem.
- 1 P Weinsteinbackpulver

Für die Glasur:
- 50 g Kakaobutter
- 35 g Agavendicksaft
- 1 geh. EL Kakao

Trockenfrüchte in einer Pengdose mit dem Wasser übergießen und etwa 12 Std. gut verschlossen stehen lassen. Wasser abgießen. Die Fruchtmasse mit 110 g vom Einweichwasser, Salz, den Gewürzen und Agavendicksaft im Vitamix oder einem anderen Mixer homogen mischen. Wer keinen Hochleistungsmixer hat, sollte die Stielchen von den Feigen vorher entfernen.

Die trockenen Zutaten mischen. Das Fruchtgemisch hinzugeben und mit den Rührhaken eines Handrührgeräts gut vermischen. Ca. 10-15 Min. ruhen lassen. Mit Hilfe eines Esslöffels etwa 8 bis 10 mm hohe Noppen nebeneinander auf ein Blechsetzen, mit nassen Händen formen und leicht flachdrücken. Es gibt 26 Stück, die bei mir nicht alle auf ein Backblech passten.

Ofen auf 160 °C (Heißluft vorheizen), Teiglinge einschieben und 10 Min. backen, dann weitere 20 Min. bei 140 °C backen.

Für die Glasur Kakaobutter und Agavendicksaft bei niedriger Temperatur in einer kleinen Keramikpfanne zerlassen (Stufe 2/14 Induktion), ab und an mit einem Schneebesen rühren. Kakao einrühren. Lebkuchen mit Guss bepinseln, der Guss ist dünn. In den Kühlschrank stellen, bis die Schokolade fest ist, was recht schnell geht. Eine zweite Lage Guss aufpinseln. In einer Plastikdose aufbewahren, zwischen die Stapel Haushaltsfolie o. Ä. legen. Ich bewahre sie auch im Kühlschrank auf.

Hinweis: Schmecken auch mit den Rosinen hervorragend!

11507. Kohlrabi-Kartoffelauflauf, November 2017

2 Portionen

Gemüsepfanne (20 cm, Aluguss, 14 Min.):

- 75 g Wasser
- 15 g Sonnenblumenöl
- 395 g Kartoffeln, in 5-6 mm dicken Scheiben
- 305 g Kohlrabi, in feinen Scheiben
- 1 Prise Salz

Soße (kleiner Mixer, hoch stehendes Messer):

- 25 g Cashewnüsse
- 1 TL Salz
- 1 Prise Pfeffer
- 5 g Senf
- 15 g Sonnenblumenöl
- 120 g Wasser

Fertigstellung:

- 150 g Gouda in Scheiben

Sobald die Zeit für die Gemüsepfanne gezählt wird, Ofen vorheizen auf 225 °C (Heißluft). Soße über das Gemüse gießen. Mit Käse abdecken, in den vorgeheizten Ofen schieben und 15 Min. backen.

11508. Brownies à la Lebkuchenteig 4, November 2017

Vorläufer: 11504: Springform 26 cm

- 125 g Datteln Medjool, ohne Kerne
- 125 g Sultaninen
- 250 g Feigen
- 500 g Wasser (260 g für das Rezept verwahren)
- 75 g Agavendicksaft
- 1 EL Rum
- 1 Prise Salz
- 50 g Kakaopulver
- 200 g Emmer, gemahlen (Mühle)
- 200 g Mandeln, gemahlen (Thermomix, 10 Sek./Stufe 8)
- 1 P Weinsteinbackpulver
- 1 TL Natron
- 50 g Mandelsplitter

Für die Glasur:

- 50 g Kakaobutter
- 35 g Agavendicksaft
- 1 geh. EL Kakao
- 3-4 EL Mandelsplitter

Trockenfrüchte in einer Pengdose mit dem Wasser übergießen und etwa 12 Std. gut verschlossen stehen lassen. Wasser abgießen. Die Fruchtmasse mit 260 g vom Einweichwasser im Vitamix oder einem anderen Mixer homogen mischen. Wer keinen Hochleistungsmixer hat, sollte die Stielchen von den Feigen vorher entfernen.

Die trockenen Zutaten mischen. Rum, Agavendicksaft und Fruchtgemisch hinzugeben und mit den Rührhaken eines Handrührgeräts gut vermischen. In eine mit Backpapier überspannte Springform geben (vorzugsweise viereckig). In den auf 160 °C (Heißluft) vorgeheizten Ofen einschieben und 50 Min. bei 160 °C backen, 5 Min. im ausgeschalteten Ofen nachbacken.

Für die Glasur Kakaobutter und Agavendicksaft bei niedriger Temperatur in einer kleinen Keramikpfanne zerlassen (Stufe 3/14 Induktion), ab und an mit einem Schneebesen rühren und Kakao einarbeiten. Brownies mit Guss bepinseln. Mandelsplitter darüber streuen. In den Kühlschrank stellen, bis die Schokolade fest ist, was mehrere Stunden dauern kann. Dann in einer Plastikdose aufbewahren, zwischen die Stapel Haushaltsfolie o. Ä. legen. Ich bewahre den Kuchen auch im Kühlschrank auf.

11509. Weihnachtstaler ingwerisiert mit Emmer, Nov. 2017

Vorläufer 11502

- 100 g Butter
- 200 g Agavendicksaft
- 200 g Emmer, fein gemahlen
- 250 g Nackthafer, fein gemahlen
- 1 P Weinsteinbackpulver
- 1 Prise Salz
- 10 g Lebkuchengewürz
- 1 TL gem. Zitrusfruchtschalen
- 1/2 TL Ingwer

Butter in einer Pfanne erhitzen, bis sie flüssig ist. Die trockenen Zutaten miteinander mischen, Butter und Agavendicksaft zugeben und mit einem Handrührgerät, Rührbesen zu einem Teig verarbeiten. 15 Min. stehen lassen.

Portionsweise Rollen formen und Stücke mit einem Messer abschneiden. Nur selten muss man Hände und Messer befeuchten. Nebeneinander auf ein PerfectClean-Blech legen, in dieser Zeit den Ofen auf 160 °C (Heißluft) vorheizen. Mit einer Gabel etwas flach drücken. 15 Min. bei 160 °C backen und 5 Min. im ausgeschalteten Ofen nachbacken. Wenn sie lauwarm sind, auf einen Kuchenrost legen.

11510. Butternuss leicht exotisch, November 2017

- *2 Portionen*
- 65 g Wasser
- 1 rote Paprika, gewürfelt (185 g)
- 2 Knoblauchzehen (8 g), gewürfelt
- 210 g Butternusskürbis, gewürfelt
- 1 Prise Salz
- Ingwersoße Curry

Ohne die Soße als Gemüsepfanne 17 Min (24-cm-Keramikpfanne) dünsten. Soße unter das Gemüse rühren und aufkochen.

11511. Ingwersoße Curry, November 2017

Im kleinen Mixer, hochstehendes Messer:

- 30 g Mandelmus
- 1 gestr. TL Salz
- 1 Prise Pfeffer
- 1 TL getr. gem. Zitrusfruchtschale
- 50 g Apfelmark
- 10 g Walnussöl
- 100 g Wasser

11512. Gezähmtes Krümelmonster, November 2017

2 Portionen; nicht genau gewogen.

- Etwa 250 g Apfelmus
- Etwa 30-40 g flüssige Sahne
- 2-3 EL Plätzchenkrümel (vom Blech abgeschabt)
- 1/2 Kaki
- 3 TL Mandelsplitter

Apfelmus, Sahne und Plätzchenkrümel verrühren und die Hälfte jeweils in die Mitte von zwei Glastellern mit etwas höherem Rand geben. Kaki in acht halbe Scheiben schneiden, auf jeden Teller vier Hälften an den Rand legen, in die Mitte Mandelsplitter streuen.

11513. Lebkuchen 2017-6 Rosinenanteil, November 2017

Vorläufer: 11505

Für die Lebkuchen:

- 125 g Datteln, ohne Kerne
- 125 g Sultaninen
- 200 g Feigen
- 50 g grüne Rosinen
- 500 g Wasser (110 g für das Rezept verwahren)
- 1 TL getr. Gem. Zitrusfruchtschale
- 50 g Agavendicksaft
- 1 Prise Salz
- 1 geh. TL Ingwer, getrocknet
- 1/3 TL Gewürznelken
- 1 TL gem. Kardamom
- 11 g Lebkuchengewürz (Brecht)
- 1 geh. TL Zimt
- 200 g Dinkel, gemahlen (Mühle)
- 200 g Mandeln, gemahlen (Thermomix, 9 Sek./Stufe 8)
- 2 bittere Aprikosenkerne, mit den Mandeln gemahlen
- 1 Päckchen Weinsteinbackpulver
- 1 TL Natron
- Für die Glasur:
- 50 g Kakaobutter
- 35 g Agavendicksaft
- 1 geh. EL Kakao

Trockenfrüchte in einer Pengdose mit dem Wasser übergießen und etwa 12 Std. gut verschlossen stehen lassen. Wasser abgießen. Die Fruchtmasse mit 110 g vom Einweichwasser, Salz, den Gewürzen und Agavendicksaft im Vitamix oder einem anderen Mixer homogen mischen. Wer keinen Hochleistungsmixer hat, sollte die Stielchen von den Feigen vorher entfernen.

Die trockenen Zutaten mischen. Das Fruchtgemisch hinzugeben und mit den Rührhaken eines Handrührgeräts gut vermischen. Ca. 10-15 Min. ruhen lassen. Mit Hilfe eines Esslöffels etwa 8 bis 10 mm hohe Noppen nebeneinander auf ein Blechsetzen, mit nassen Händen formen und leicht flachdrücken. Es gibt 26 Stück, die bei mir nicht alle auf ein Backblech passten.

Ofen auf 225 °C (Heißluft vorheizen), Teiglinge einschieben und 10 Min. bei 160 °C backen, dann weitere 20 Min. bei 140 °C backen.

Für die Glasur Kakaobutter und Agavendicksaft bei niedriger Temperatur in einer kleinen Keramikpfanne zerlassen (Stufe 2/14 Induktion), ab und an mit einem Schneebesen rühren. Kakao einrühren. Lebkuchen mit Guss bepinseln, der Guss ist dünn. In den Kühlschrank stellen, bis die Schokolade fest ist, was recht schnell geht. Eine zweite Lage Guss aufpinseln. In einer Plastikdose aufbewahren, zwischen die Stapel Haushaltsfolie o. Ä. legen. Ich bewahre sie auch im Kühlschrank auf.

11514. Butternuss-Paprika-Spaghetti überbacken, November 2017

2 Portionen

Gemüsepfanne (20 cm, Aluguss, 14 Min.):

- 65 g Wasser
- 15 g Sonnenblumenöl
- 90 g Zwiebel, gehackt
- 1/2 rote Paprikaschote, gewürfelt (85 g)
- 265 g Butternuss-Kürbis, gewürfelt
- 1 Prise Salz

Soße (kleiner Mixer, hoch stehendes Messer):

- 20 g Cashewnüsse
- 1 TL Salz
- 1 Knoblauchzehe (7 g)

- 1 Prise Pfeffer
- 1/2 TL Curry
- 5 g Apfelmus
- 25 g Sonnenblumenöl
- 100 g Wasser

Nudeln
- 100 g Vollkorn-Spaghetti
- Wasser und Salz

Fertigstellung

160 g Gouda in Scheiben

Sobald die Zeit für die Gemüsepfanne gezählt wird, Ofen vorheizen auf 225 °C (Heißluft). Nudeln nach Anweisung kochen. Da mir Nudeln nach Anweisung gekocht immer zu hart sind, passt das mit dem Überbacken.

Gemüse und Nudeln mischen, Soße darüber gießen. Mit Käse abdecken, in den vorgeheizten Ofen schieben und 15 Min. backen.

11515. Spaghetti carbonara aus dem Ofen, November 2017

2 Portionen

Spaghetti:
- 130 g Vollkornspaghetti
- Salz
- Wasser

Gemüse:
- 50 g Wasser
- 90 g Zwiebel, gewürfelt
- 110 g Butternusskürbis, gewürfelt
- 40 g getrocknete Tomaten, in Streifen

Soße:
- 25 g Cashewnussbruch
- 1 TL Salz
- 1 Prise Pfeffer
- 5 g Senf
- 35 g Apfelmus
- 15 g Sonnenblumenöl
- 75 g Wasser

Fertigstellung:
- 120 g Gouda in Scheiben

Nudeln nach Anweisung kochen (hier 8 Min.), abschütten. Gemüsezutaten 5-6 Min. auf großer Einstellung kochen/dünsten in einer 20-cm-Alugusspfanne. Soßenzutaten im kleinen Mixer mischen. Spaghetti, Gemüse und Soße in der Pfanne mischen. Mit Käse belegen und in den vorgeheizten Ofen (225 °C, Heißluft) schieben. 15 Min. backen.

11516. Spinatspirali in Käsesoße, Dezember 2017

Herstellung:
- 100 g Spiralvollkornnudeln
- 250 g Wasser
- 1 gute Prise Salz
- 175 g Spinat

Aufkochen und 2 Min. länger als auf der Nudelpackung angegeben kochen.

Fertigstellung:
- 95 g mittelalter Gouda, in Stücken
- 1 Prise gemahlener Pfeffer

Unterrühren, bis aller Käse geschmolzen ist.

Fazit: Dafür, dass so viel Käse in der Soße war, hat die Soße recht langweilig geschmeckt. So eine Art weiße Soße als Basis dann mit Käse drin ist wohl doch leckerer.

11517. Weihnachtstaler mit Dinkel, Dezember 2017

Vorläufer 11508

- 100 g Butter
- 150 g Agavendicksaft
- 200 g Dinkel, fein gemahlen
- 250 g Nackthafer, fein gemahlen
- 1 PP Weinsteinbackpulver
- 1 Prise Salz
- 10 g Lebkuchengewürz
- 1 geh. TL Ingwer, gemahlen
- 1 geh. TL Zimt
- 1/3 TL gem. Gewürznelke

Butter in einer Pfanne erhitzen, bis sie flüssig ist. Die trockenen Zutaten miteinander mischen, Butter und Agavendicksaft zugeben und mit einem Handrührgerät, Rührbesen zu einem Teig verarbeiten. 15 Min. stehen lassen. Portionsweise Quader formen, 40 Min. in den Kühlschrank stellen und Stücke mit einem Messer abschneiden. Nebeneinander auf ein PerfectClean-Blech legen, in dieser Zeit den Ofen auf 160 °C (Heißluft) vorheizen. 15 Min. bei 160 °C backen und 5 Min. im ausgeschalteten Ofen nachbacken. Wenn sie lauwarm sind, auf einen Kuchenrost legen.

Hinweis: *Ich hatte das Rezept aus dem Kopf gemacht, daher nur 150 g statt 200 g Agavendicksaft. Es reicht mir aber völlig, eigentlich schmecke ich gar keinen Unterschied.*

11518. Nudeln mit Champignons, Dezember 2017

Gemüsepfanne:

- 15 g Sonnenblumenöl
- 65 g Kichererbsenkochwasser
- 5 g Knoblauch, in Scheiben
- 35 g Zwiebel, gehackt
- 150 g braune Champignons, in Scheiben

Nudeln:

- 100 g Spiralvollkornnudeln
- Etwas Salz
- 250 g Kichererbsenkochwasser

Soße: Frischkäse-Soße 11503

Gemüsepfanne in einer 24-cm-Keramikpfanne, 15 Min., dünsten. Nudeln: 18-cm-Topf, 8 Min., dann 3 Min. auf hoher Einstellung ohne Deckel (war etwas zu viel Wasser). Soße unterrühren und mit erhitzen.

11519. Lebkuchen 2017-7 Rosinenanteil, Dezember 2017

Vorläufer: 11512

Für die Lebkuchen:

- 125 g Datteln (weiche aus dem Iran), ohne Kerne
- 150 g Sultaninen
- 175 g Feigen
- 50 g grüne Rosinen
- 500 g Wasser (100 g für das Rezept verwahren)
- 1 TL getr. Gem. Zitrusfruchtschale
- 50 g Agavendicksaft
- 1 Prise Salz
- 1 geh. TL Ingwer, getrocknet
- 1/3 TL Gewürznelken
- 1 Prise Muskatnuss
- 12 g Lebkuchengewürz (Brecht)
- 1 geh. TL Zimt
- 200 g Dinkel, gemahlen (Mühle)
- 200 g Haselnüsse, gemahlen (Thermomix, 9 Sek./Stufe 8)
- 1 bitterer Aprikosenkern, mit den Haselnüsse gemahlen

- 1 Päckchen Weinsteinbackpulver
- 1 TL Natron

Für die Glasur:
- 50 g Kakaobutter
- 35 g Agavendicksaft
- 1 geh. EL Kakao

Trockenfrüchte in einer Pengdose mit dem Wasser übergießen und etwa 12 Std. gut verschlossen stehen lassen. Wasser abgießen. Die Fruchtmasse mit 100 g vom Einweichwasser, Salz, den Gewürzen und Agavendicksaft im Vitamix oder einem anderen Mixer homogen mischen. Wer keinen Hochleistungsmixer hat, sollte die Stielchen von den Feigen vorher entfernen.

Die trockenen Zutaten mischen. Das Fruchtgemisch hinzugeben und mit den Rührhaken eines Handrührgeräts gut vermischen. Ca. 10-15 Min. ruhen lassen. Mit Hilfe eines Esslöffels etwa 8 bis 10 mm hohe Noppen nebeneinander auf ein Blechsetzen, mit nassen Händen formen und leicht flachdrücken. Es gibt 26 Stück, die bei mir nicht alle auf ein Backblech passten.

Ofen auf 225 °C (Heißluft vorheizen), Teiglinge einschieben und 10 Min. bei 160 °C backen, dann weitere 20 Min. bei 140 °C backen.

Für die Glasur Kakaobutter und Agavendicksaft bei niedriger Temperatur in einer kleinen Keramikpfanne zerlassen (Stufe 2/14 Induktion), ab und an mit einem Schneebesen rühren. Kakao einrühren. Lebkuchen mit Guss bepinseln, der Guss ist dünn. In den Kühlschrank stellen, bis die Schokolade fest ist, was recht schnell geht. Eine zweite Lage Guss aufpinseln. In einer Plastikdose aufbewahren, zwischen die Stapel Haushaltsfolie o. Ä. legen. Ich bewahre sie auch im Kühlschrank auf.

11520. Brownies à la Lebkuchenteig 5, Dezember 2017

Vorläufer: 11508; Springform 26 cm; BESTE VON ALLEN!

- 200 g Datteln (weiche aus dem Iran), ohne Kerne
- 100 g grüne Rosinen
- 200 g Feigen
- 500 g Wasser (245 g für das Rezept verwahren)
- 70 g Agavendicksaft
- 1 EL Rum
- 1 Prise Salz
- 50 g Kakaopulver
- 200 g Dinkel, gemahlen (Mühle)
- 200 g Haselnüsse, gemahlen (Thermomix, 10 Sek./Stufe 8)
- 1 bitterer Aprikosenkern, mit den Nüssen gemahlen
- 1 Päckchen Weinsteinbackpulver
- 1 TL Natron
- 50 g Mandelsplitter

Für die Glasur:
- 50 g Kakaobutter
- 35 g Agavendicksaft
- 1 geh. EL Kakao
- 3-4 EL Mandelsplitter

Trockenfrüchte in einer Pengdose mit dem Wasser übergießen und etwa 12 Std. gut verschlossen stehen lassen. Wasser abgießen. Die Fruchtmasse mit 245 g vom Einweichwasser im Vitamix oder einem anderen Mixer homogen mischen. Wer keinen Hochleistungsmixer hat, sollte die Stielchen von den Feigen vorher entfernen.

Die trockenen Zutaten mischen. Rum, Agavendicksaft und Fruchtgemisch hinzugeben und mit den Rührhaken eines Handrührgeräts gut vermischen. In eine mit Backpapier überspannte Springform geben (vorzugsweise viereckig). In den auf 160 °C (Heißluft) vorgeheizten Ofen einschieben und 50 Min. bei 160 °C backen, 5 Min. im ausgeschalteten Ofen nachbacken. Für die Glasur Kakaobutter und Agavendicksaft bei niedriger Temperatur in einer kleinen Keramikpfanne zerlassen (Stufe 3/14 Induktion), ab und an mit einem Schneebesen rühren und Kakao einarbeiten. Brownies mit Guss bepinseln. Mandelsplitter darüber streuen. In den Kühlschrank stellen, bis die Schokolade fest ist, was mehrere Stunden dauern kann.

11521. Sonnenblumenbrot 2 mit Gewürz, Dezember 2017

Vorläufer 11505

Stufe 1 (12 Std. vorher):

Sauerteigansatz:

- 400 g Roggen
- 425 g Wasser
- 150 g Sauerteig

Stufe 2 (Backen, bei mir am Morgen):

- 100 g Roggen
- 325 g Dinkel
- 2 EL Brotgewürz ungemahlen (Brecht)
- 15 g Salz
- 325 g Wasser
- 1/2 Würfel frische Hefe (= 21 g)
- 100 g Sonnenblumenkerne
- ca. 800 g Sauerteigansatz
- 20 g Butter für die Form

Stufe 1: Roggen fein mahlen, mit Wasser und altem Sauerteig mischen. In einer Plastiktüte über Nacht stehen lassen. 150 g von der Stufe 1 abnehmen und in einem gut schließenden Schraubglas in den Kühlschrank stellen für das nächste Backen.

Stufe 2: Roggen und Purpurweizen mischen. Mit dem ersten Teil das Brotgewürz mahlen, dann den Rest mahlen. Hefe in einem Teil des Wassers auflösen Zutaten (außer der Butter) mit einem großen Löffel gründlich verrühren, bis kein Mehl mehr sichtbar ist. Eine 30-cm-Brotform, Profi-Email von Dr. Oetker, gut einfetten. Teig hineingeben, mit der nassen Hand herunterdrücken und glattstreichen. Mit einem scharfen Messer einmal längs einschneiden. Form in eine Plastiktüte geben und etwa 1 1/4 Std. gehen lassen. Brot in den kalten Ofen schieben und 80 Min. bei 190 °C (Heißluft) backen.

11522. Karamellsoße VII „Ahornsirup wenig", Dez. 2017

1 kleines Glas voll

- 385 g Wasser
- 200 g Sahne
- 1/4 TL Salz
- 1 Prise Natron
- 180 g Ahornsirup (sollte sein 175)

Alle Zutaten in den Mixtopf geben und erhitzen (30 Min./Varoma/Stufe 5), dabei das Garkörbchen bis zum Ende als Spritzschutz verwenden und ein Küchentuch um den Deckel legen. In ein leeres Schraubglas füllen (etwa 1/2 Honigglas) und gut zudrehen.

11523. Brownies à la Lebkuchenteig 6, Dez. 2017

Vorläufer: 11520: Springform 26 cm; genauso gut gut.

- 125 g Datteln (weiche aus dem Iran), ohne Kerne
- 125 g Sultaninen
- 190 g Feigen
- 60 g grüne Rosinen
- 500 g Wasser (Rest für das Rezept verwahren)
- 50 g Agavendicksaft
- 1 EL Rum
- 1 Prise Salz
- 50 g Kakaopulver
- 200 g Dinkel, gemahlen (Mühle)
- 200 g Haselnüsse, gem. (TM, 9 Sek./Stufe 8)
- 1 P Weinsteinbackpulver

- 1 TL Natron
- 50 g Mandelsplitter

Für die Glasur:
- 50 g Kakaobutter
- 35 g Agavendicksaft
- 1 geh. EL Kakao
- 3-4 EL Mandelsplitter

Trockenfrüchte in einer Pengdose mit dem Wasser übergießen und etwa 12 Std. gut verschlossen stehen lassen. Wasser abgießen. Die Fruchtmasse mit dem Einweichwasser im Vitamix oder einem anderen Mixer homogen mischen. Wer keinen Hochleistungsmixer hat, sollte die Stielchen von den Feigen vorher entfernen.

Die trockenen Zutaten mischen. Rum, Agavendicksaft und Fruchtgemisch hinzugeben und mit den Rührhaken eines Handrührgeräts gut vermischen. In eine mit Backpapier überspannte Springform geben (vorzugsweise viereckig). In den auf 160 °C vorgeheizten (Heißluft) Ofen einschieben und 50 Min. bei 160 °C backen, 5 Min. im ausgeschalteten Ofen nachbacken.

Für die Glasur Kakaobutter und Agavendicksaft bei niedriger Temperatur in einer kleinen Keramikpfanne zerlassen (Stufe 3/14 Induktion), ab und an mit einem Schneebesen rühren und Kakao einarbeiten. Brownies mit Guss bepinseln. Mandelsplitter darüber streuen. In den Kühlschrank stellen, bis die Schokolade fest ist, was recht schnell geht. Ich bewahre den Kuchen im Kühlschrank auf.

11524. Kuchenglasur Standard, Dezember 2017
- 50 g Kakaobutter
- 35 g Agavendicksaft
- 1 geh. EL Kakao

Kakaobutter auf kleiner Einstellung zerlassen, Süßungsmittel unterrühren (Schneebesen), dann Kakao mit dem Schneebesen einarbeiten. Wird auch ohne Sieben superglatt, wird bei Zimmertemperatur fest und gibt keine weißen „Ausfälle".

11525. Kohlrabi-Porree-Spaghetti überbacken, Dez. 2017

2 Portionen

Gemüse:
- 50 g Wasser
- 50 g Zwiebel, gehackt
- 265 g Kohlrabi, in Streifen
- 70 g Porree, in Ringen
- 25 g getr. Tomaten, in feinen Streifen

Soße:
- 10 g Sonnenblumenöl
- 75 g Frischkäse
- 35 g Kräuterschmelzkäse
- 1 gestr. TL Salz
- Pfeffer
- 125 g Wasser

Nudeln
- 130 g Vollkorn-Spaghetti
- Wasser und Salz

Fertigstellung
- 160 g Gouda in Scheiben

Aus den Gemüsezutaten eine Gemüsepfanne (20 cm, Aluguss) herstellen und 15 Min. dünsten. Sobald die Zeit für die Gemüsepfanne gezählt wird, Ofen vorheizen auf 225 °C Heißluft. Die Soßenzutaten in einem kleinen Mixer pürieren. Die Nudeln nach Anweisung kochen. Da mir Nudeln nach Anweisung gekocht immer zu hart sind, passt das mit dem Überbacken. Gemüse und Nudeln mischen, Soße darüber gießen. Mit Käse abdecken, in den vorgeheizten Ofen schieben und 15 Min. backen.

11526. Brownies à la Lebkuchenteig 7, Dezember 2017

Vorläufer: 11523: Springform 26 cm, Qualität top.

- 125 g Datteln (weiche aus dem Iran), ohne Kerne
- 125 g Sultaninen
- 200 g Feigen
- 45 g grüne Rosinen
- 500 g Wasser (270 g = gesamter Rest; für das Rezept verwahren)
- 50 g Ahornsirup
- 1 EL Rum
- 1 Prise Salz
- 50 g Kakaopulver
- 200 g Dinkel, gemahlen (Mühle)
- 200 g Haselnüsse, gemahlen (TM, 9 Sek./Stufe 8)
- 1 Päckchen Weinsteinbackpulver
- 1 TL Natron
- 50 g Mandelsplitter

Für die Glasur:
- 50 g Kakaobutter
- 35 g Ahornsirup
- 1 geh. EL Kakao
- 3-4 EL Mandelsplitter

Trockenfrüchte in einer Pengdose mit dem Wasser übergießen und etwa 12 Std. gut verschlossen stehen lassen. Wasser abgießen. Die Fruchtmasse mit dem Einweichwasser im Vitamix oder einem anderen Mixer homogen mischen. Wer keinen Hochleistungsmixer hat, sollte die Stielchen von den Feigen vorher entfernen.

Die trockenen Zutaten mischen. Rum, Ahornsirup und Fruchtgemisch hinzugeben und mit den Rührhaken eines Handrührgeräts gut vermischen. In eine mit Backpapier überspannte Springform geben (vorzugsweise viereckig). In den auf 160 °C (Heißluft) vorgeheizten Ofen einschieben und 50 Min. bei 160 °C backen, 5 Min. im ausgeschalteten Ofen nachbacken. Für die Glasur Kakaobutter und Ahornsirup bei niedriger Temperatur in einer kleinen Keramikpfanne zerlassen (Stufe 3/14 Induktion), ab und an mit einem Schneebesen rühren und Kakao einarbeiten. Browniekuchen mit Guss bepinseln. Mandelsplitter darüber streuen. In den Kühlschrank stellen, bis die Schokolade fest ist, was recht schnell geht. Ich bewahre den Kuchen im Kühlschrank auf.

11527. Brownies à la Lebkuchenteig 8, Dezember 2017

Vorläufer: 11526: Springform 26 cm. Ebenfalls top.

- 125 g Datteln (weiche aus dem Iran), ohne Kerne
- 125 g Sultaninen
- 200 g Feigen
- 50 g grüne Rosinen
- 500 g Wasser (275 g Rest weiter verwenden)
- 45 g Ahornsirup
- 1,5 EL Rum
- 1 Prise Salz
- 50 g Kakaopulver
- 200 g Dinkel, gemahlen (Mühle)
- 200 g Haselnüsse, gemahlen (TM, 9 Sek./Stufe 8)
- 1 P Weinsteinbackpulver
- 1 TL Natron
- 50 g Mandelsplitter

Für die Glasur:
- 50 g Kakaobutter
- 35 g Ahornsirup
- 1 geh. EL Kakao
- 3-4 EL Mandelsplitter

Zubereitung siehe 11526.

11528. Weihnachtstaler mit Gerste, Dezember 2017

Vorläufer 11516

- 100 g Butter
- 200 g Ahornsirup
- 200 g Dinkel, fein gemahlen
- 250 g Nacktgerste, fein gemahlen
- 1 Päckchen Weinsteinbackpulver
- 1 Prise Salz
- 10 g Lebkuchengewürz
- 1 geh. TL Ingwer, gemahlen
- 1 geh. TL Zimt
- 1/3 TL gem. Gewürznelke
- 2 EL Sahne
- 2 EL Wasser

Butter in einer Pfanne erhitzen, bis sie flüssig ist. Die trockenen Zutaten miteinander mischen, flüssige Zutaten zugeben und mit einem Handrührgerät, Rührbesen zu einem Teig verarbeiten. 15 Min. stehen lassen. Portionsweise Quader formen, 40 Min. in den Kühlschrank stellen und Stücke mit einem Messer abschneiden. Nebeneinander auf ein PerfectClean-Blech legen, in dieser Zeit den Ofen auf 160 °C (Heißluft) vorheizen. 15 Min. bei 160 °C backen und 5 Min. im ausgeschalteten Ofen nachbacken. Wenn sie lauwarm sind, auf einen Kuchenrost legen.

Hinweis: Auch mit Gerste sehr lecker!

11529. Rosenkohl-Spaghetti überbacken, Dezember 2017

2 Portionen

Gemüse:
- 50 g Wasser
- 325 g Rosenkohl, halbiert
- 20 g getr. Tomaten, in feinen Streifen

Soße:
- 10 g Sonnenblumenöl
- 50 g Frischkäse
- 50 g Kräuterschmelzkäse
- 1 gestr. TL Salz
- Pfeffer
- 1 Prise Muskat
- 200 g Wasser

Nudeln
- 125 g Vollkorn-Spaghetti
- Wasser und Salz

Fertigstellung
- 160 g Gouda in Scheiben

Aus den Gemüsezutaten eine Gemüsepfanne (20 cm, Aluguss) herstellen und 15 Min. dünsten. Sobald die Zeit für die Gemüsepfanne gezählt wird, Ofen vorheizen auf 225 °C Heißluft. Die Soßenzutaten in einem kleinen Mixer pürieren. Die Nudeln nach Anweisung kochen. Da mir Nudeln nach Anweisung gekocht immer zu hart sind, passt das mit dem Überbacken. Gemüse und Nudeln mischen, Soße darüber gießen. Mit Käse abdecken, in den vorgeheizten Ofen schieben und 15 Min. backen.

11530. Sonderkakao, Dezember 2017

Im Vitamix ca. 2.5 Min. auf höchster Stufe schlagen:

- 9 g Kakaopulver
- 3 Datteln (iranisch), entsteint (30 g)
- 3 g Flohsamenschalen
- 40 g Sahne
- Auf 500 ml mit Wasser/kochendem Wasser 1:1 auffüllen.

11531. Weihnachtliches Schokofrühstück, Dezember 2017

2 Portionen

- 2 EL Leinsamen
- 6 EL Nackthafer
- 4 Bananen (500 g)
- 15 g Kakaonibs
- 1 Apfel (115 g)
- 30 g Sahne
- 10 g Mandelsplitter

Leinsamen mit dem Getreide flocken, auf zwei Schüsselchen verteilen. Das Obst ggf. in grobe Stücke teilen und mit Nibs und Sahne im Hochleistungsmixer pürieren, über das Getreide geben. Mandelsplitter in die Mitte streuen.

11532. Rosenkohl-Spaghetti überbacken Variante, Dezember 2017

2 Portionen

Gemüse:

- 50 g Wasser
- 500 g Rosenkohl, halbiert

Soße:

- 40 g Frischkäse
- 50 g Kräuterschmelzkäse
- 1 gestr. TL Salz
- Pfeffer
- 1 Knoblauchzehe vorgeschnitten (5 g)
- 50 g Apfelmark
- 155 g Wasser

Nudeln

- 125 g Vollkorn-Spaghetti
- Wasser und Salz

Fertigstellung

- 160 g Gouda in Scheiben

Aus den Gemüsezutaten eine Gemüsepfanne (20 cm, Aluguss) herstellen und 15 Min. dünsten. Sobald die Zeit für die Gemüsepfanne gezählt wird, Ofen vorheizen auf 225 °C Heißluft. Die Soßenzutaten in einem kleinen Mixer pürieren. Die Nudeln nach Anweisung kochen. Da mir Nudeln nach Anweisung gekocht immer zu hart sind, passt das mit dem Überbacken. Gemüse und Nudeln mischen, Soße darüber gießen. Mit Käse abdecken, in den vorgeheizten Ofen schieben und 15 Min. backen.

11533. Hokkaido-Reis-Auflauf, Dezember 2017

2 Portionen

Gemüse:

- 50 g Wasser
- 395 g Hokkaido, gewürfelt
- 45 g Champions, gewürfelt

Soße:

- 1 TL Salz
- 50 g Kräuterschmelzkäse
- 1/2 TL Curry
- 15 g Sonnenblumnöl
- 5 g Senf
- 50 g Apfelmark
- 125 g Wasser

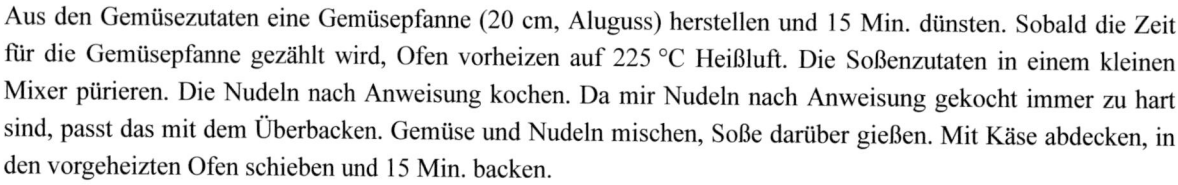

Reis:

- 125 g Jasmin-Vollkornreis
- 250 g Wasser und
- 1 Prise Salz

Fertigstellung:

- 120 g Gouda in Scheiben

Aus den Gemüsezutaten eine Gemüsepfanne (20 cm, Aluguss) herstellen und 10 Min. dünsten. Sobald die Zeit für die Gemüsepfanne gezählt wird, Ofen vorheizen auf 225 °C Heißluft. Die Soßenzutaten in einem kleinen Mixer pürieren. Reis im kleinen Topf mit 250 g Wasser und 1 Prise Salz 37 Min. garen. Gemüse und Reis mischen, Soße darüber gießen. Mit Käse abdecken, in den vorgeheizten Ofen schieben und 15 Min. backen.

11534. Schokotofu, Dezember 2017

Vorläufer: 11525: Brownies à la Lebkuchenteig 7; Springform 26 cm; leider NICHT LECKER!

- 125 g Datteln (weiche aus dem Iran), ohne Kerne
- 125 g Sultaninen
- 200 g Feigen
- 45 g grüne Rosinen
- 500 g Wasser
- 45 g Ahornsirup
- 1 EL Rum
- 1 Prise Salz
- 50 g Kakaopulver
- 200 g Dinkel, gemahlen (Mühle)
- 1 Päckchen Weinsteinbackpulver
- 1 TL Natron
- 50 g Mandelsplitter

Trockenfrüchte in einer Pengdose mit dem Wasser übergießen und etwa 12 Std. gut verschlossen stehen lassen. Wasser abgießen. Die Fruchtmasse mit dem Einweichwasser im Vitamix oder einem anderen Mixer homogen mischen. Wer keinen Hochleistungsmixer hat, sollte die Stielchen von den Feigen vorher entfernen.

Die trockenen Zutaten mischen. Rum, Ahornsirup und Fruchtgemisch hinzugeben und mit den Rührhaken eines Handrührgeräts gut vermischen. In eine mit Backpapier überspannte Springform geben (vorzugsweise vier-eckig). In den auf 160 °C (Heißluft) Ofen einschieben und 50 Min. bei 160 °C backen, 5 Min. im ausgeschalteten Ofen nachbacken.

Hinweis: *Der Kuchen schmeckt uns nicht und hat eine Konsistenz wie schaumiger Tofu. Ich werde ihn verarbeiten müssen. Die Nüsse hatte ich vergessen.*

11535. Muttis Nusskuchen mit Maronenanteil, Dez. 2017

Vorlage 11459

- 175 g Haselnüsse
- 25 g Mandeln
- 2 bittere Aprikosenkerne
- 100 g getr. Maronen
- 250 g Dinkel, fein gem.
- 200 g Honig
- 1/2 TL gem. Vanille

- 1 Prise Salz
- 1 P Weinsteinbackpulver
- 75 g Sahne
- 175 g Kichererbsenwasser
- Butter für die Form
- Standardglasur: 11524

Haselnüsse mit den Mandeln und den Aprikosenkernen im Thermomix mahlen (9 Sek./Stufe 8). Umfüllen und Maronen mahlen (40 Sek./Stufe 10). In eine Rührschüssel geben, mit Mehl, Honig, Vanille, Salz, Backpulver, Sahne und restliche Flüssigkeit mit dem Handrührgerät (Rührbesen) schaumig schlagen. Gugelhupfform mit Butter einfetten, Teig in die Form geben und gleichmäßig verteilen. In den auf 175 °C (Heißluft) vorgeheizten Ofen schieben und 45 Min. bei 175 °C backen. Ein nasses Tuch auf einen Gitterrost legen, Form darauf stellen, abkühlen lassen und dann aus der Form kippen.

11536. Schokotofukakao, Dez. 2017

Im Vitamix ca. 2.5 Min. auf höchster Stufe schlagen:

- 60 g Schokotofu 11534
- 6 g Kakaonibs
- 18 g Nackthafer
- 3 iranische Datteln, entsteint (37 g)
- 5 g frischer Ingwer
- Auf 500 ml (Markierung im Becher) mit Wasser/kochendem Wasser 1:1 auffüllen.

11537. Hokkaido-Mais-Spaghetti überbacken, Dez. 2017

2 Portionen

Gemüse:

- 70 g Wasser
- 330 g Hokkaido, gewürfelt
- 145 g Mais, tiefgekühlt

Soße:

- 50 g Frischkäse
- 50 g Kräuterschmelzkäse
- 1 gestr. TL Salz
- Pfeffer
- 1 Prise gem. Gewürznelke
- 200 g Wasser

Nudeln

- 100 g Vollkorn-Spaghetti
- Wasser und Salz

Fertigstellung:

- 120 g Gouda in Scheiben
- 1 Scheibe gekochter Schinken (40 g), in Streifen

Aus den Gemüsezutaten eine Gemüsepfanne (20 cm, Aluguss) herstellen und 15 Min. dünsten. Sobald die Zeit für die Gemüsepfanne gezählt wird, Ofen vorheizen auf 225 °C Heißluft. Soßenzutaten in einem kleinen Mixer pürieren. Die Nudeln nach Anweisung kochen. Da mir Nudeln nach Anweisung gekocht immer zu hart sind, passt das mit dem Überbacken. Gemüse und Nudeln mischen, Soße darüber gießen. Eine Hälfte für den Fleischesser mit Schinken bestreuen. Mit Käse abdecken, in den vorgeheizten Ofen schieben und 15 Min. backen.

11538. Hokkaido-Bohnen-Spaghetti überbacken, Jan. 2018

2 Portionen

Gemüse:

- 70 g Wasser
- 320 g Hokkaido, gewürfelt
- 150 g Prinzessbohnen, tiefgekühlt und in Stücke gebrochen

Soße: Siehe 11537
Nudeln: Siehe 11537
Herstellung siehe ebenfalls 11537.

11539. Kartoffelauflauf mit Erbsen, Januar 2018

2 Portionen

Gemüsepfanne:

- 95 g Wasser
- 515 g Kartoffeln, in Scheiben

Soße siehe 11537.

Fertigstellung:

- 200 g Tiefkühlerbsen, angetaut
- 35 g Bergkäse in Scheiben
- 100 g Mozzarella in Scheiben

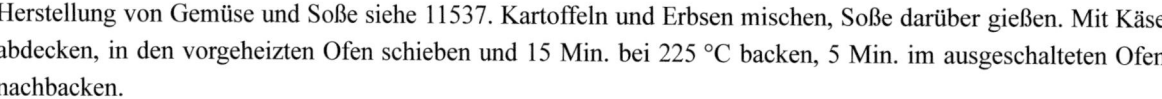

Herstellung von Gemüse und Soße siehe 11537. Kartoffeln und Erbsen mischen, Soße darüber gießen. Mit Käse abdecken, in den vorgeheizten Ofen schieben und 15 Min. bei 225 °C backen, 5 Min. im ausgeschalteten Ofen nachbacken.

11540. Leinsamenbrot mit Gewürz II, Januar 2018

Vorläufer 11521

Stufe 1 (12 Std. vorher):

Sauerteigansatz:

- 400 g Roggen
- 425 g Wasser
- 150 g Sauerteig

Stufe 2 (Backen, bei mir am Morgen):

- 100 g Roggen
- 125 g Dinkel
- 200 g Sechskornmischung
- 2 EL Brotgewürz ungemahlen (Brecht)
- 15 g Salz
- 325 g Wasser
- 1/2 Würfel frische Hefe (= 21 g)
- 100 g Leinsamen
- ca. 800 g Sauerteigansatz
- 20 g Butter für die Form

Stufe 1: Roggen fein mahlen, mit Wasser und altem Sauerteig mischen. In einer Plastiktüte über Nacht stehen lassen. 150 g von der Stufe 1 abnehmen und in einem gut schließenden Schraubglas in den Kühlschrank stellen für das nächste Backen.

Stufe 2: Getreide mischen. Mit dem ersten Teil das Brotgewürz mahlen, dann den Rest mahlen. Hefe in einem Teil des Wassers auflösen Zutaten (außer der Butter) mit einem großen Löffel gründlich verrühren, bis kein Mehl mehr sichtbar ist. Eine 30-cm-Brotform, Profi-Email von Dr. Oetker, gut einfetten. Teig hineingeben, mit der nassen Hand herunterdrücken und glattstreichen. Mit einem scharfen Messer einmal längs einschneiden. Form in eine Plastiktüte geben und etwa 1 1/4 Std. gehen lassen. Brot in den kalten Ofen schieben und 80 Min. bei 190 °C (Heißluft) backen.

11541. Brownies à la Lebkuchenteig 9, Januar 2018

Vorläufer: 11527: Springform 26 cm; mit getr. Maronen

- 125 g Datteln (weiche aus dem Iran), ohne Kerne
- 125 g Sultaninen
- 200 g Feigen
- 50 g grüne Rosinen
- 500 g Wasser
- 20 g Agavendicksaft
- 1,5 EL Rum
- 1 Prise Salz
- 50 g Kakaopulver
- 200 g Dinkel, gemahlen (Mühle)
- 100 g Haselnüsse, gemahlen (Thermomix, 9 Sek./Stufe 8)
- 1 bitterer Aprikosenkern, mit den Nüssen gemahlen
- 100 g getr. Maronen, gemahlen (Thermomix 1 Min./Stufe 10)
- 1 Päckchen Weinsteinbackpulver
- 1 TL Natron
- 50 g Mandelsplitter

Für die Glasur:

- 50 g Kakaobutter
- 35 g Agavendicksaft
- 1 geh. EL Kakao
- 3-4 EL Mandelsplitter

Zubereitung siehe Vorläufer 11527, nur die anderen Zutaten beachten.

11542. Kartoffelauflauf mit Brokkoli, Januar 2018

2 Portionen; Vorläufer 11539

Gemüsepfanne (20 cm, Aluguss, 15 Min.)

- 95 g Wasser
- 375 g Kartoffeln, in Scheiben
- 250 g Brokkoli, in Röschen
- 1 Prise Salz

Sobald die Zeit für die Gemüsepfanne gezählt wird, Ofen vorheizen auf 225 °C (Heißluft).

Soße (kleiner Mixer, hoch stehendes Messer):

- 50 g Frischkäse
- 50 g Kräuterschmelzkäse
- 1 gestr. TL Salz
- Pfeffer
- 1 Prise gem. Gewürznelken
- 1 kleine Blutorange, in Scheiben (85 g)
- 100 g Wasser

Fertigstellung:

- 120 g Gouda in Scheiben

Gemüsepfanne mit Soße begießen. Mit Käse abdecken, in den vorgeheizten Ofen schieben und 13 (eigentlich 15) Min. bei 225 °C backen, 5 Min. im ausgeschalteten Ofen nachbacken.

11543. Kartoffelauflauf mit Rosenkohl und Brokkolistrunk, Januar 2018

2 Portionen; Vorläufer 11542

Gemüsepfanne (20 cm, Aluguss, 15 Min.):

- 85 g Wasser
- 355 g Kartoffeln, in Scheiben
- 100 g Brokkoli-Strunk, in Scheiben
- 290 g Rosenkohl, halbiert
- 1 Prise Salz

(Sobald die Zeit für die Gemüsepfanne gezählt wird, Ofen vorheizen auf 225 °C (Heißluft).)

Soße (kleiner Mixer, hoch stehendes Messer):

- 75 g Frischkäse
- 1 gestr. TL Salz
- 1 Prise gem. Gewürznelken
- 1 kleine Blutorange, in Scheiben (85 g)
- 25 g Sahne
- 30 g Wasser

Fertigstellung:

- 120 g Gouda in Scheiben

Gemüsepfanne mit Soße begießen. Mit Käse abdecken, in den vorgeheizten Ofen schieben und 15 Min. bei 225 °C backen, 5 Min. im ausgeschalteten Ofen nachbacken.

11544. Haselnussbrot mit Gewürz, Januar 2018

Vorläufer 11540

Stufe 1 (12 Std. vorher):

Sauerteigansatz:

- 400 g Roggen
- 425 g Wasser
- 150 g Sauerteig

Stufe 2 (Backen, bei mir am Morgen):

- 100 g Roggen
- 125 g Dinkel

- 200 g Sechskornmischung
- 1 EL Brotgewürz ungemahlen (Brecht)
- 15 g Salz
- 325 g Wasser
- 1/2 Würfel frische Hefe (= 21 g)
- 100 g ganze Haselnüsse
- ca. 800 g Sauerteigansatz
- 20 g Butter für die Form

Stufe 1: Roggen fein mahlen, mit Wasser und altem Sauerteig mischen. In einer Plastiktüte über Nacht stehen lassen. 150 g von der Stufe 1 abnehmen und in einem gut schließenden Schraubglas in den Kühlschrank stellen für das nächste Backen.

Stufe 2: Getreide mischen. Mit dem ersten Teil das Brotgewürz mahlen, dann den Rest mahlen. Hefe in einem Teil des Wassers auflösen Zutaten (außer der Butter) mit einem großen Löffel gründlich verrühren, bis kein Mehl mehr sichtbar ist. Eine 30-cm-Brotform, Profi-Email von Dr. Oetker, gut einfetten. Teig hineingeben, mit der nassen Hand herunterdrücken und glattstreichen. Mit einem scharfen Messer einmal längs einschneiden. Form in eine Plastiktüte geben und etwa 1 1/4 Std. gehen lassen. Brot in den kalten Ofen schieben und 80 Min. bei 190 °C (Heißluft) backen.

11545. Brownies à la Lebkuchenteig 10, Januar 2018

Vorläufer: 11541: Springform 26 cm

- 125 g Datteln (weiche aus dem Iran), ohne Kerne
- 125 g Sultaninen
- 200 g Feigen
- 50 g grüne Rosinen
- 500 g Wasser
- 20 g Agavendicksaft
- 1,5 EL Rum
- 1 Prise Salz
- 50 g Kakaopulver
- 200 g Dinkel, gemahlen (Mühle)
- 200 g Haselnüsse, gemahlen (Thermomix, 9 Sek./Stufe 8)
- (1 bitterer Aprikosenkern, mit den Nüssen gemahlen, vergessen)
- 1 Päckchen Weinsteinbackpulver
- 1 TL Natron
- 40 g Mandelsplitter

Für die Glasur:
- 50 g Kakaobutter
- 35 g Agavendicksaft
- 1 geh. EL Kakao
- 3-4 EL Mandelsplitter

Trockenfrüchte in einer Pengdose mit dem Wasser übergießen und etwa 12 Std. gut verschlossen stehen lassen. Die Fruchtmasse mit dem Einweichwasser im Vitamix oder einem anderen Mixer homogen mischen. Wer keinen Hochleistungsmixer hat, sollte die Stielchen von den Feigen vorher entfernen.

Die trockenen Zutaten mischen. Rum, Agavendicksaft und Fruchtgemisch hinzugeben und mit den Rührhaken eines Handrührgeräts gut vermischen. In eine mit Backpapier überspannte Springform geben (vorzugsweise viereckig). In den auf 160 °C (Heißluft) vorgeheizten Ofen einschieben und 48 Min. bei 160 °C backen, 5 Min. im ausgeschalteten Ofen nachbacken.

Für die Glasur Kakaobutter und Agavendicksaft bei niedriger Temperatur in einer kleinen Keramikpfanne zerlassen (Stufe 3/14 Induktion), ab und an mit einem Schneebesen rühren und Kakao einarbeiten. Browniekuchen mit Guss bepinseln. Mandelsplitter darüber streuen. In den Kühlschrank stellen, bis die Schokolade fest ist, was recht schnell geht. Ich bewahre den Kuchen im Kühlschrank auf.

Hinweis: *Versionsanmerkungen: 40 g Mandelsplitter, backen 48 Min.*

11546. Aubergine mit Reis, Januar 2018

Gemüsepfanne aus:

- 15 g Sonnenblumenöl
- 25 g Wasser
- 1/2 Fleischtomate (110 g), gewürfelt
- 1/2 mittelgroße Aubergine (175 g), gewürfelt
- 35 g Frischkäse

Ohne Frischkäse 20 cm Woll-Pfanne, 15 Min.. Nach der Garzeit Käse einrühren. Dazu gab es bei mir Jasmin-Vollkornreis (100 g Rohgewicht).

11547. Mandelbrot mit Gewürz, Januar 2018

Vorläufer 11544

Stufe 1 (12 Std. vorher):

Sauerteigansatz:

- 400 g Roggen
- 425 g Wasser
- 150 g Sauerteig

Stufe 2 (Backen, bei mir am Morgen):

- 100 g Roggen
- 125 g Dinkel
- 200 g Sechskornmischung
- 1 EL Brotgewürz ungemahlen (Brecht)
- 15 g Salz
- 325 g Wasser
- 1/2 Würfel frische Hefe (= 21 g)
- 70 g ganze Mandeln
- 30 g ganze Walnüsse
- ca. 800 g Sauerteigansatz
- 20 g Butter für die Form

Stufe 1: Roggen fein mahlen, mit Wasser und altem Sauerteig mischen. In einer Plastiktüte über Nacht stehen lassen. 150 g von der Stufe 1 abnehmen und in einem gut schließenden Schraubglas in den Kühlschrank stellen für das nächste Backen.

Stufe 2: Getreide mischen. Mit dem ersten Teil das Brotgewürz mahlen, dann den Rest mahlen. Hefe in einem Teil des Wassers auflösen Zutaten (außer der Butter) mit einem großen Löffel gründlich verrühren, bis kein Mehl mehr sichtbar ist. Eine 30-cm-Brotform, Profi-Email von Dr. Oetker, gut einfetten. Teig hineingeben, mit der nassen Hand herunterdrücken und glattstreichen. Mit einem scharfen Messer einmal längs einschneiden. Form in eine Plastiktüte geben und etwa 1 1/4 Std. gehen lassen. Brot in den kalten Ofen schieben und 80 Min. bei 190 °C (Heißluft) backen.

11548. Kartoffelauflauf mit Brokkoli II, Januar 2018

2 Portionen; Vorläufer 11542

Gemüsepfanne (20 cm, Aluguss, 15 Min.)

- 20 g Sonnenblumenöl
- 45 g Wasser
- 370 g Kartoffeln, in Scheiben
- 275 g Brokkoli, in Röschen
- 1 Prise Salz

Ofen vorheizen auf 225 °C (Heißluft).

Soße (kleiner Mixer, hoch stehendes Messer):

- 50 g Frischkäse
- 50 g Kräuterschmelzkäse
- 1 gestr. TL Salz
- 1 TL Senf
- 50 g Wasser

Fertigstellung:
- 120 g Gouda in Scheiben

Gemüsepfanne mit Soße begießen. Mit Käse abdecken, in den vorgeheizten Ofen schieben und 15 Min. bei 225 °C backen.

11549. Nussschokocreme-kicher-Mal, Januar 2018
2 Honiggläser; Vorläufer 11500.
- 250 g Cashewbruch
- 40 g Kakaopulver
- 150 g Agavendicksaft
- 50 g Wasser
- 200 g Kichererbsenkochwasser
- 1 Prise Salz

Im Vitamix mit dem Stößel gut durcharbeiten, bis es wirklich glatt ist. Dann ist die Masse leicht warm. In Gläser füllen und im Kühlschrank aufbewahren.

11550. Linsen mit Auberginen und Brokkoli, Januar 2018
Als Gemüsepfanne (20-cm-Alugusspfanne, 20 Min.):
- 75 g rote Linsen
- 200 g Wasser
- eine kleine Prise Salz
- 120 g Aubergine, in dünnen Halbscheiben
- 145 g Brokkoli, in Röschen

Abschmecken mit:
- 1 Prise Salz
- Ca. 15 g Butter

11551. Brownies à la Lebkuchenteig 11, Januar 2018
Vorläufer: 11545: Springform 26 cm; Unterschied: 35 g gestiftelte Mandeln im Teig (statt 40); 45 Min. Backzeit + 10 Min. nachbacken (statt 48/5).
- 125 g Datteln (weiche aus dem Iran), ohne Kerne
- 125 g Sultaninen
- 200 g Feigen
- 50 g grüne Rosinen
- 500 g Wasser
- 40 g Agavendicksaft
- 1,5 EL Rum
- 1 Prise Salz
- 50 g Kakaopulver
- 200 g Dinkel, gemahlen (Mühle)
- 200 g Haselnüsse, gemahlen (Thermomix, 9 Sek./Stufe 8)
- 1 Päckchen Weinsteinbackpulver
- 1 TL Natron
- 35 g Mandelsplitter

Für die Glasur:
- 50 g Kakaobutter
- 35 g Agavendicksaft
- 1 geh. EL Kakao
- 3-4 EL Mandelsplitter

Zubereitung siehe 11545. Backzeit: In den auf 160 °C (Heißluft) Ofen einschieben und 45 Min. bei 160 °C backen, 10 Min. im ausgeschalteten Ofen nachbacken.

11552. Sonnenbrot mit Gewürz, Januar 2018

Vorläufer 11547

Stufe 1 (12 Std. vorher):

Sauerteigansatz:

- 400 g Roggen
- 425 g Wasser
- 150 g Sauerteig

Stufe 2 (Backen, bei mir am Morgen):

- 100 g Roggen
- 325 g Dinkel
- 1 gestr. EL Brotgewürz ungemahlen (Brecht)
- 15 g Salz
- 290 g Wasser
- 1/2 Würfel frische Hefe (= 21 g)
- 100 g Sonnenblumenkerne
- ca. 800 g Sauerteigansatz
- 20 g Butter für die Form

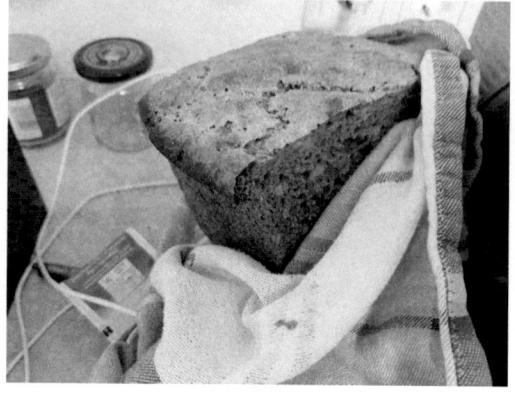

Stufe 1: Roggen fein mahlen, mit Wasser und altem Sauerteig mischen. In einer Plastiktüte über Nacht stehen lassen. 150 g von der Stufe 1 abnehmen und in einem gut schließenden Schraubglas in den Kühlschrank stellen für das nächste Backen.

Stufe 2: Getreide mischen. Mit dem ersten Teil das Brotgewürz mahlen, dann den Rest mahlen. Hefe in einem Teil des Wassers auflösen Zutaten (außer der Butter) mit einem großen Löffel gründlich verrühren, bis kein Mehl mehr sichtbar ist. Eine 30-cm-Brotform, Profi-Email von Dr. Oetker, gut einfetten. Teig hineingeben, mit der nassen Hand herunterdrücken und glattstreichen. Mit einem scharfen Messer einmal längs einschneiden. Form in eine Plastiktüte geben und etwa 75 Min. gehen lassen. Brot in den kalten Ofen schieben und 80 Min. bei 190 °C (Heißluft) backen.

11553. Vanilletaler mit Mandeln, Januar 2018

Vorläufer 11517

- 100 g Butter
- 150 g Agavendicksaft
- 200 g Dinkel, fein gemahlen
- 250 g Nackthafer, fein gemahlen
- 100 g gehackte Mandeln
- 1 Päckchen Weinsteinbackpulver
- 1 Prise Salz
- 1 geh. TL gem. Vanille
- 1/3 TL gem. Gewürznelke

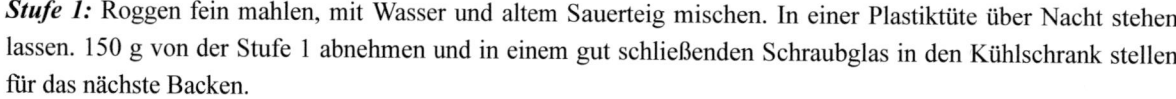

Butter in einer Pfanne erhitzen, bis sie flüssig ist. Die trockenen Zutaten miteinander mischen, Butter und Agavendicksaft zugeben und mit einem Handrührgerät, Rührbesen zu einem Teig verarbeiten. 15 Min. stehen lassen.

Portionsweise Quader formen, 40 Min. in den Kühlschrank stellen und Stücke mit einem Messer abschneiden. Nebeneinander auf ein PerfectClean-Blech legen, in dieser Zeit den Ofen auf 160 °C (Heißluft) vorheizen. 15 Min. bei 160 °C backen und 5 Min. im ausgeschalteten Ofen nachbacken. Wenn sie lauwarm sind, auf einen Kuchenrost legen.

Hinweis: *Ich hatte das Rezept aus dem Kopf gemacht, daher nur 150 g statt 200 g Agavendicksaft. Es reicht mir aber völlig, eigentlich schmecke ich gar keinen Unterschied.*

11554. Kohlrabi-Möhren-Pfanne mit Kichererbsen, Januar 2018

Als Gemüsepfanne (15 Min., 20-cm-Keramikpfanne):

- 45 g Wasser
- 1 kleine Prise Salz
- 1 kleine Kohlrabi (155 g), in Streifen
- 120 g Möhre in Halbscheiben

Soße in einem kleinen Mixer:

- 20 g Cashewnussbruch
- 15 g Sonnenblumenöl
- 8 g Senf (1 TL)
- 50 g gekochte Kichererbsen
- 100 g Wasser

Fertigstellung:

- 300 g gekochte Kichererbsen

Soße und Kichererbsen unter das Gemüse rühren, aufkochen und auf gewünschte Dicke einkochen lassen.

11555. Karamellsoße VIII „mehr", Januar 2018

1/2 Honigglas

- 430 g Wasser
- 250 g Sahne
- 1/4 TL Salz
- 170 g Honig
- 45 g Agavendicksaft

Alle Zutaten in den Mixtopf geben und erhitzen (30 Min./Varoma/Stufe 5), dabei das Garkörbchen bis zum Ende als Spritzschutz verwenden und ein Küchentuch um den Deckel legen. In ein leeres Schraubglas füllen (etwa 1/2 Honigglas) und gut zudrehen.

11556. Blumenkohl in Frischkäse-Currysoße, Februar 2018

Mit rotem Reis (100 g Reis/200 g Wasser; 40 Min.).

Als Gemüsepfanne 12 Min.:

- 15 g Sonnenblumenöl
- 55 g Wasser
- 1 kleine Prise Salz
- 315 g Blumenkohl in Röschen

Frischkäse-Currysoße

Mit einem Löffel verrühren:

- 1 gestr. TL Salz
- 1/2 TL Curry
- 45 g Frischkäse
- 1 kleine Prise gem. Gewürznelke
- 30 g Wasser

Soße unter das Gemüse rühren und aufkochen.

11557. Nussschokocreme Carobspur, Februar 2018

2 Honiggläser, Vorläufer 11549

- 250 g Cashewbruch
- 25 g Kakaopulver
- 15 g Carob Rohkostqualität
- 150 g Agavendicksaft
- 250 g Wasser
- 1 Prise Salz

Im Vitamix mit dem Stößel gut durcharbeiten, bis es wirklich glatt ist. Dann ist die Masse leicht warm. In Gläser füllen und im Kühlschrank aufbewahren.

Hinweis: *Carob verwende ich gern in Rohkostqualität, weil er mir so besser schmeckt. Rohkost ist das hier natürlich nicht.*

11558. Blumenkohlgrün mit Reis, Februar 2018

40 Min. in einer 20-cm-Alusgusspfanne wie eine Gemüse-pfanne:

- 100 g Jasmin-Vollkornreis
- 35 g Brokkolistrunk, in Stücken
- 300 g Blumenkohlgrün, klein geschnitten
- 210 g Wasser

Abschmecken mit:

- 20 g Butter
- 1 gestr. TL Salz

Hinweis: Abgesehen von der etwas längeren Garzeit, ist es ein sehr preiswerter, einfaches und leckeres Essen!

11559. Brownies à la Lebkuchenteig 12, Februar 2018

Vorläufer: 11551: Springform 26 cm

- 125 g Datteln (weiche aus dem Iran), ohne Kerne
- 125 g Sultaninen
- 200 g Feigen
- 50 g grüne Rosinen
- 500 g Wasser
- 40 g Agavendicksaft
- 1,5 EL Rum
- 1 Prise Salz
- 50 g Kakaopulver Rohkostqualität
- 10 g Carobpulver Rohkostqualität
- 200 g Dinkel, gemahlen (Mühle)
- 200 g Haselnüsse, gemahlen (Thermomix, 9 Sek./Stufe 8)
- 1 bitterer Aprikosenkern, mit den Nüssen gemahlen, vergessen
- 1 Päckchen Weinsteinbackpulver
- 1 TL Natron

Für die Glasur:

- 50 g Kakaobutter
- 35 g Agavendicksaft
- 1 geh. EL Kakao
- 3-4 EL Mandelsplitter

Trockenfrüchte in einer Pengdose mit dem Wasser übergießen und etwa 12 Std. gut verschlossen stehen lassen. Die Fruchtmasse mit dem Einweichwasser im Vitamix oder einem anderen Mixer homogen mischen. Wer keinen Hochleistungsmixer hat, sollte die Stielchen von den Feigen vorher entfernen.

Die trockenen Zutaten mischen. Rum, Agavendicksaft und Fruchtgemisch hinzugeben und mit den Rührhaken eines Handrührgeräts gut vermischen. In eine mit Backpapier überspannte Springform geben (vorzugsweise vier-eckig). In den auf 160 °C (Heißluft) vorgeheizten Ofen einschieben und 45 Min. bei 160 °C backen, 10 Min. im ausgeschalteten Ofen nachbacken.

Für die Glasur Kakaobutter und Agavendicksaft bei niedriger Temperatur in einer kleinen Keramikpfanne zer-lassen (Stufe 3/14 Induktion), ab und an mit einem Schneebesen rühren und Kakao einarbeiten. Browniekuchen mit Guss bepinseln. Mandelsplitter darüber streuen. In den Kühlschrank stellen, bis die Schokolade fest ist, was recht schnell geht. Ich bewahre den Kuchen im Kühlschrank auf.

Hinweis: Unterschied: keine gestiftelten Mandeln im Teig; 44 Min. Backzeit + 10 Min. nachbacken (statt 48/5); Carob).

Die fehlenden Mandeln sind dank der aufgestreuten nicht so schlimm; Carob intensiviert den Schokogeschmack und die Backzeit ist jetzt ideal; der Kuchen ist schön feucht, so wie Brownies sein sollen.

11560. Blumenkohlstrunksuppe, Februar 2018

- 300 g Blumenkohlstrunk, etwas Blumenkohlgrün dabei (max. 40 g)
- 400 g Wasser
- 40 g Frischkäse
- 1/2 TL Salz
- 10 g gem. Vollkornreis
- 20 g Sahne
- Kochflüssigkeit

Blumenkohl mit dem Wasser im TM kochen (20 Min./100 °C/Stufe 2). Dann pürieren 5 Sek/Stufe 8. Die restlichen Zutaten mixen. Zum gekochten Blumenkohl geben und einmal aufkochen lassen (ca. 2 Min./100 °C/Stufe 2-3).

Tipp: War ausgesprochen lecker und sehr „blumenkohlig".

11561. Dinkelbrot schlichter Schick, Februar 2018

Eine schmale 35-cm-Form

Stufe 1:
- 100 g Wasser
- 1/2 Päckchen Hefe (21 g)
- 400 g Dinkel, frisch gemahlen
- 400 g Wasser

Stufe 2:
- 350 g Dinkel gem.
- 1 EL Essig (12 g)
- 50 g Wasser
- 2 TL Salz
- 75 g Sesam
- 15 g Butter (Form)

Die Hefe in 100 g Wasser verrühren. Alle Zutaten in den Thermomix geben und 2,5 Min. auf der Knetstufe kneten. Deckel geschlossen lassen, eine Plastiktüte darüber stülpen. 40 Min. gehen lassen.

Zutaten der Stufe 2 zu Stufe 1 in den Mixtopf geben, 3 Min. kneten. Deckel geschlossen lassen, Plastiktüte darüber stülpen und 45 Min. gehen lassen. Nochmals 30 Sek. kneten lassen. Die Form mit Butter bestreichen, Teig hineingeben und gleichmäßig verteilen, mit der Hand herunterdrücken. Schräg einschneiden, mit Wasser einsprühen. Die Form in eine Plastiktüte geben und 30 Min. gehen lassen, der Teig hatte bei mir den oberen Rand der Form erreicht. (Im Ofen ist er nicht mehr gegangen).

In den kalten Ofen schieben und 55 Min. bei 190 °C backen. Aus der Form stürzen, mit Wasser einsprühen.

11562. Kartoffelauflauf mit etwas Süßkartoffel, Feb. 2018

2 Portionen

Gemüsepfanne (20 cm, Aluguss, 15 Min.):
- 10 g Sonnenblumenöl
- 75 g Wasser
- 585 g Kartoffeln, in Scheiben
- 100 g Süßkartoffel in Scheiben

Soße:
- 50 g Frischkäse
- 50 g Kräuterschmelzkäse
- 1 gestr. TL Salz
- 1 kleine Prise gem. Gewürznelken
- 30 g Wasser
- Ca. 30 g Wasser zum Nachspülen

Fertigstellung
- 160 g Gouda in Scheiben

Sobald die Zeit für die Gemüsepfanne gezählt wird, Ofen vorheizen auf 225 °C (Heißluft). Soßenzutaten mit dem kleinen Mixer pürieren. Gemüsepfanne mit Soße begießen. Mit Käse abdecken, in den vorgeheizten Ofen schieben und 15 Min. bei 225 °C backen.

11563. Blumenkohl-Spirali All In One, Februar 2018

Als Gemüsepfanne 12 Min.:

- 185 g Wasser
- 10 g Sonnenblumenöl
- 1 Prise Salz
- 80 g Spiralinudeln Vollkorn
- 300 g Blumenkohl in Röschen

Nach der Garzeit abschmecken mit:

- 20 g Butter
- Salz nach Belieben

11564. Rote Linsen mit Jemöös, Februar 2018

Als Gemüsepfanne (20-cm-Alugusspfanne, 20 Min.):

- 80 g rote Linsen
- 75 g Blumenkohl in Röschen
- 175 g Süßkartoffeln in Streifen
- 100 g Prinzessbohnen, tiefgekühlt
- 240 g Wasser

Abschmecken mit:

- 1 TL Salz
- 25 g Frischkäse

11565. Gemüse-Tandoori + Nudeln „All in One", Feb. 2018

Als Gemüsepfanne (20-cm-Alugusspfanne, 12 Min.):

- 175 g Kichererbsenkochwasser
- 150 g Prinzessbohnen, tiefgekühlt
- 125 g Süßkartoffel, in dünnen Halbscheiben
- 65 g Vollkorn-Spiralnudeln
- 70 g Linsensprossen

Abschmecken mit:

- 1 TL Tandoori-Gewürz (gab es mal bei Aldi in Bio-Qualität)
- 1 TL Salz
- 30 g Frischkäse

11566. Brownies à la Lebkuchenteig 13, Februar 2018

Vorläufer: 11559: Springform 26 cm

- 125 g Datteln (weiche aus dem Iran), ohne Kerne
- 125 g Sultaninen
- 200 g Feigen
- 50 g grüne Rosinen
- 500 g Wasser
- 45 g Agavendicksaft
- 1,5 EL Rum
- 1 Prise Salz
- 50 g Kakaopulver Rohkostqualität
- 10 g Carobpulver Rohkostqualität
- 200 g Dinkel, gemahlen (Mühle)
- 200 g Haselnüsse, gemahlen (Thermomix, 8 Sek./Stufe 8)
- 1 bittere Mandel, mit den Nüssen gemahlen
- 1 Päckchen Weinsteinbackpulver
- 1 TL Natron

Für die Glasur:

- 50 g Kakaobutter
- 35 g Agavendicksaft
- 1 geh. EL Kakao
- 3-4 EL Mandelsplitter

Trockenfrüchte in einer Pengdose mit dem Wasser übergießen und etwa 12 Std. gut verschlossen stehen lassen. Die Fruchtmasse mit dem Einweichwasser im Vitamix oder einem anderen Mixer homogen mischen. Wer keinen Hochleistungsmixer hat, sollte die Stielchen von den Feigen vorher entfernen.

Die trockenen Zutaten mischen. Rum, Agavendicksaft und Fruchtgemisch hinzugeben und mit den Rührhaken eines Handrührgeräts gut vermischen. In eine mit Backpapier überspannte Springform geben (vorzugsweise viereckig). In den auf 160 °C (Heißluft) vorgeheizten Ofen einschieben und 45 Min. bei 160 °C backen, 10 Min. im ausgeschalteten Ofen nachbacken.

Für die Glasur siehe 11559.

11567. Milchreis normaler Topf, Sahne II, Februar 2018

Vorläufer 13/11033

- 60 g Sahne
- 40 g Kichererbsenkochwasser
- 200 g Wasser
- 100 g Rundkorn-Naturreis
- 1 Stück Stangenzimt
- 1 Prise Salz
- 10 g Butter

Zusammen aufkochen, auf kleiner Flamme 45 Min. kochen. Auf der Platte abkühlen lassen. Zimtstange entfernen. (Nach Geschmack dann 1-2 TL Agavendicksaft unterrühren.)

11568. Reisdessert mit Ananas, Februar 2018

2 Portionen

- 200 g gekochten Milchreis z. B. 11567
- 110 g frische Ananas, gewürfelt
- 2-3 TL getr. Kokosstreifen

Reis auf zwei Teller verteilen, am Rand Ananas verteilen. Kokosstreifen in die Mitte legen.

11569. Porree-Süßkartoffel Sahnesoße, Reis, Februar 2018

Reis:
- 90 g Jasmin-Vollkornreis, dabei noch 1-2 TL roter Reis
- 180 g Wasser
- 10 g Butter

Gemüse:
- 35 g Wasser
- 150 g Porree, klein geschnitten
- 150 g Süßkartoffel, in Stiften

Abschmecken mit:
- 1 TL Salz
- 50 g Wasser
- 30 g Sahne
- 20 g Frischkäse

Reis aufkochen und 40 Min. dünsten/quellen lassen. Gemüse als Gemüsepfanne (20-cm-Keramikpfanne, 15 Min.) garen. Mit den restlichen Zutaten abschmecken.

11570. Tofu-Kakao, Februar 2018

Im Vitamix, ca. 2.5 Min. auf höchster Stufe schlagen:
- 2 TL Kakaonibs
- 3 TL Vollkorn-Rundkornreis
- 3 Datteln Deglet Nour, entsteint (ca. 22 g)
- 5 g frischer Ingwer
- 2 Kaffeebohnen
- 6 Kardamomschoten
- 35 g Tofu
- auf 500 ml mit Wasser/kochendem Wasser 1:1 auffüllen.

11571. Kohlrabi weiße Bohnen Tofucremesoße, Feb. 2018

Als Gemüsepfanne (20 cm Alugusspfanne, 15 Min.):

- 220 g Kohlrabi, fein gestiftelt
- 60 g Wasser

Tofucremesoße (im kleinen Mixer pürieren):

- 40 g Tofu
- 20 g Cashewnüsse
- 20 g Tomatenmark
- 1 TL Paprika edelsüß
- 9 g Essigpeperoni
- 15 g Sonnenblumenöl
- 85 g Wasser
- (+ 65 g Wasser zum Ausspülen des Bechers)

Fertigstellung:

- 210 g gekochte weiße Jumbobohnen (große weiße Bohnen)

Bohnen und Soße zum Gemüse geben, erhitzen.

11572. Ofengemüse for One, Februar 2018

Gemüse:

- 330 g Kartoffeln in dicken Scheiben
- 60 g Süßkartoffel in dicken Scheiben
- 60 g Möhre in dicken Scheiben

Marinade:

- 15 g Sonnenblumenöl
- 1 TL Salz
- 1 TL Paprika Edelsüß

Marinade mit einem Löffel verrühren. Das Gemüse von beiden Seiten damit einpinseln. Nebeneinander auf eine schnittfeste Email-Pizzaform legen. In den kalten Ofen (Heißluft) schieben und 25 Min. bei 230 °C backen. 5 Min. im ausgeschalteten Ofen nachbacken.

11573. Karamellsoße IX „mehr", Februar 2018

1 Honigglas

- 430 g Wasser
- 250 g Sahne
- 1/4 TL Salz
- 215 g Agavendicksaft

Alle Zutaten in den TM-Mixtopf geben und erhitzen (30 Min./Varoma/Stufe 5), dabei das Garkörbchen bis zum Ende als Spritzschutz verwenden und ein Küchentuch um den Deckel legen. In ein leeres Schraubglas füllen (etwa 1 Honig-glas) und gut zudrehen.

11574. Butter-Champignons in Sahnesoße, Februar 2018

Reis (40 Min. im Topf):

- 100 g Jasmin-Vollkornreis
- 200 g Wasser

Gemüse

- 20 g Butter
- 170 g Champignons
- 1 TL Salz
- 1 Prise schw. Pfeffer
- 50 g Sahne

Butter zerlassen, Champignons in Scheiben schneiden und 12 Min. in der Butter dünsten (wie Gemüsepfanne). Salz, Pfeffer und Sahne zugeben, aufkochen.

11575. Reis mit Kartoffeln, Februar 2018

Reis (40 Min. im Topf):

- 90 g Jasmin-Vollkornreis
- 15 g getr. Tomaten in Scheiben
- 10 g Butter
- 180 g Bohnenkochwasser

Gemüse (18 Min., 20 cm-Alugusspfanne):

- 55 g Wasser
- 15 g Sonnenblumenöl
- 270 g Kartoffeln, in Scheiben
- 50 g Porreegrün, in Ringen

Fertigstellung:

- Salz
- Gem. Pfeffer

Gemüse mit Salz und Pfeffer abschmecken, Reis unterheben.

11576. Brownies à la Lebkuchenteig 14, Februar 2018

Vorläufer: 11566

- 125 g Datteln (weiche aus dem Iran), ohne Kerne
- 125 g Sultaninen
- 200 g Feigen (neue Lieferung)
- 50 g grüne Rosinen
- 500 g Wasser
- 45 g Agavendicksaft
- 1,5 EL Rum
- 1 Prise Salz
- 50 g Kakaopulver Rohkostqualität
- 10 g Carobpulver Rohkostqualität
- 200 g Dinkel, gemahlen (Mühle)
- 200 g Haselnüsse, gemahlen (TM, 8 Sek./Stufe 8)
- 1 bittere Mandel, mit den Nüssen gemahlen
- 1 Päckchen Weinsteinbackpulver
- 1 TL Natron
- 35 g Mandelsplitter

Für die Glasur siehe 11566.

Trockenfrüchte in einer Pengdose mit dem Wasser übergießen und etwa 12 Std. gut verschlossen stehen lassen. Die Fruchtmasse mit dem Einweichwasser im Vitamix oder einem anderen Mixer homogen mischen. Wer keinen Hochleistungsmixer hat, sollte die Stielchen von den Feigen vorher entfernen.

Die trockenen Zutaten mischen. Rum, Agavendicksaft und Fruchtgemisch hinzugeben und mit den Rührhaken eines Handrührgeräts gut vermischen. In eine mit Backpapier überspannte Springform geben (vorzugsweise vier-eckig). In den auf 160 °C (Heißluft) vorgeheizten Ofen einschieben und 44 Min. bei 160 °C backen, 10 Min. im ausgeschalteten Ofen nachbacken.

Für die Glasur siehe 11566.

11577. Linsen-Kartoffeln mit Tomaten, Februar 2018

Als Gemüsepfanne, 18 Min., 20-cm-Alugusspfanne:

- 75 g rote Linsen
- 280 g Kartoffeln in Scheiben
- 1 Tomate, in Stücken (140 g)
- 155 g Wasser

Abschmecken mit:

- 1 TL Salz
- 2 TL Peperoni-Essig

11578. Sonnenbrot mit Gewürz II

Vorläufer 11552

Stufe 1 (12 Std. vorher):

Sauerteigansatz:

- 400 g Roggen
- 425 g Wasser
- 150 g Sauerteig

Stufe 2 (Backen, bei mir am Morgen):

- 100 g Roggen
- 325 g Dinkel
- 2 EL Brotgewürz ungemahlen (Brecht)
- 15 g Salz
- 325 g Wasser
- 1/2 Würfel frische Hefe (= 21 g)
- 100 g Sonnenblumenkerne
- ca. 800 g Sauerteigansatz
- 20 g Butter für die Form

Stufe 1: Roggen fein mahlen, mit Wasser und altem Sauerteig mischen. In einer Plastiktüte über Nacht stehen lassen. 150 g von der Stufe 1 abnehmen und in einem gut schließenden Schraubglas in den Kühlschrank stellen für das nächste Backen.

Stufe 2: Getreide mischen. Mit dem ersten Teil das Brotgewürz mahlen, dann den Rest mahlen. Hefe in einem Teil des Wassers auflösen Zutaten (außer der Butter) mit einem großen Löffel gründlich verrühren, bis kein Mehl mehr sichtbar ist. Eine 30-cm-Brotform, Profi-Email von Dr. Oetker, gut einfetten. Teig hineingeben, mit der nassen Hand herunterdrücken und glattstreichen. Mit einem scharfen Messer einmal längs einschneiden. Form in eine Plastiktüte geben und etwa 75 Min. gehen lassen. Brot in den kalten Ofen schieben und 80 Min. bei 190 °C (Heißluft) backen.

11579. Nussschokocreme Carobspur Honig, Februar 2018

2 Honiggläser; Vorläufer 11557.

- 250 g Cashewbruch
- 30 g Kakaopulver
- 10 g Carob Rohkostqualität
- 160 g Honig
- 250 g Wasser
- 1 Prise Salz

Im Vitamix mit dem Stößel gut durcharbeiten, bis es wirklich glatt ist. Dann ist die Masse leicht warm. In Gläser füllen und im Kühlschrank aufbewahren.

Hinweis: *Carob verwende ich gern in Rohkostqualität, weil er mir so besser schmeckt. Rohkost ist das hier natürlich nicht.*

11580. Klare Möhren-Gemüsesuppe, Februar 2018

- 255 g Möhren, in Scheiben
- 45 g Porree, in Ringen
- 1 Knoblauchzehe, in Scheiben
- 85 g TK Erbsen
- 400 g Wasser
- 1 TL Salz
- 2 Prisen schwarzer Pfeffer
- 60 g gekochte große weiße Bohnen
- 1 EL Zitronensaft
- 1 EL Sonnenblumenöl

Gemüse und Wasser 13 Min. auf kleiner Einstellung kochen.

Salz, Pfeffer und weiße Bohnen zugeben und miterhitzen. Mit Zitrone und Öl abschmecken.

11581. Tomatenreis mit Bohnen, Februar 2018

- 80 g Jasmin-Vollkornreis
- 10 g Sonnenblumenöl
- 130 g Wasser
- 250 g Tomaten, gewürfelt
- 1 TL Salz
- 1-2 Prisen Pfeffer
- 115 g gekochte große weiße Bohnen (Jumbobohnen)
- 10 g Butter

Reis, Öl, Wasser und Tomaten zum Kochen bringen. Auf kleiner Einstellung 40 Min. garen. Salz, Pfeffer und Bohnen zugeben, unterheben und noch 5 Min. erhitzen. Butter zugeben und warten, bis sie zerlassen ist.

11582. Prinzessbohnen mit Kartoffeln schlicht, Feb. 2018

Gemüsepfanne (20-cm-Alugusspfanne, 18 Min.):
- 15 g Sonnenblumenöl
- 80 g Wasser
- 340 g Kartoffeln, in Scheiben
- 175 g Prinzessbohnen, tiefgekühlt

Abschmecken mit:
- 1 TL Salz
- 2 Prisen Pfeffer
- 15 g Butter

11583. Prinzessbohnen mit Kartoffeln in Erdnusssoße, Februar 2018

Gemüsepfanne (20-cm-Alugusspfanne, 18 Min.):
- 15 g Sonnenblumenöl
- 75 g Wasser
- 240 g Kartoffeln, in Scheiben
- 200 g Prinzessbohnen, tiefgekühlt

Erdnusssoße (kleiner Mixer):
- 35 g Erdnüsse
- 20 g Zitronenfleisch
- 15 g Essigpeperoni 7/4573
- 1 TL Salz
- 2 Prisen Pfeffer
- 1 TL Paprika edelsüß
- 25 g Honig
- 30 g gekochte Kichererbsen
- 100 g Kichererbsenkochwasser
- Zum Nachspülen 30-50 g Wasser

Soße unter das Gemüse rühren und aufkochen.

11584. Bananenboot, Februar 2018

2 Desserts
- Zwei Stücke eines Brownie-Kuchens, hier Brownies à la Lebkuchenteig 15; 11585
- 1 kleinere Banane
- 4 EL Karamellsoße, hier Karamellsoße IX „mehr", 11573

Kuchenstücke quer durchschneiden. Banane in Scheiben schneiden, untere Kuchenstücke mit Stücken belegen, oberes Kuchenstück auflegen und restliche Bananenstücke auf die Kuchen legen. Je 2 EL Soße darüber geben.

11585. Brownies à la Lebkuchenteig 15

Vorläufer 11576; Springform 26 cm

- 125 g Datteln (weiche aus dem Iran), ohne Kerne
- 125 g Sultaninen
- 200 g Feigen (neue Lieferung)
- 50 g grüne Rosinen
- 500 g Wasser
- 45 g Agavendicksaft
- 1,5 EL Rum
- 1 Prise Salz
- 50 g Kakaopulver Rohkostqualität
- 10 g Carobpulver Rohkostqualität
- 200 g Dinkel, gemahlen (Mühle)
- 1 Päckchen Weinsteinbackpulver
- 1 TL Natron
- 35 g geh. gewürzte Erdnüsse
- 35 g Mandelsplitter

Für die Glasur siehe 11566.

Trockenfrüchte in einer Pengdose mit dem Wasser übergießen und etwa 12 Std. gut verschlossen stehen lassen. Die Fruchtmasse mit dem Einweichwasser im Vitamix oder einem anderen Mixer homogen mischen. Wer keinen Hochleistungsmixer hat, sollte die Stielchen von den Feigen vorher entfernen. Die trockenen Zutaten mischen. Rum, Agavendicksaft und Fruchtgemisch hinzugeben und mit den Rührhaken eines Handrührgeräts gut vermischen. In eine mit Backpapier überspannte Springform geben (vorzugsweise viereckig). In den auf 160 °C (Heißluft) Ofen einschieben und 44 Min. bei 160 °C backen, 10 Min. im ausgeschalteten Ofen nachbacken.

11586. Nudeln in schneller Tomatensoße, Februar 2018

Tomatensoße:

- 1 kleine Dose Cocktailtomaten
- 1 TL Paprika edelsüß
- 1 TL Salz
- 2 Prisen Pfeffer
- 1 Stück Essigpeperoni (7 g)
- 25 g Cashewnussmus
- 10 g Tomatenmark
- 20 g gekochte Kichererbsen
- 5 g Agavendicksaft
- 1 Prise gem. Kümmel
- 65 g Wasser

Nudeln:

- 100 g Vollkornspiral-
  nudeln
- Salz
- Wasser

105 g vom Doseninhalt mit dem Rest mit einem kleinen Mixer gut mixen. Restdoseninhalt in einem Topf erhitzen, Soße unterrühren und aufkochen. Nudeln (evtl. länger gekocht als auf der Verpackung aufgeführt) einrühren.

11587. Karamellsoße X „mehr", Februar 2018

1 Honigglas; Vorläufer 11573

- 420 g Wasser
- 250 g Sahne
- 1/4 TL Salz
- 200 g Agavendicksaft

Alle Zutaten in den TM-Mixtopf geben und erhitzen (30 Min./Varoma/Stufe 5), dabei das Garkörbchen bis zum Ende als Spritzschutz verwenden und ein Küchentuch um den Deckel legen. In ein leeres Schraubglas füllen (etwa 1 Honigglas) und gut zudrehen.

11588. Prinzessbohnen mit Kartoffeln als Auflauf, Feb. 2018

2 Portionen

Gemüse:

- 20 g Sonnenblumenöl
- 60 g Wasser
- 440 g Kartoffeln, in Scheiben
- 10 g Knoblauch, in groben Scheiben
- 240 g Prinzessbohnen, tiefgekühlt

Soße:

- 50 g Frischkäse
- 70 g gekochte Kichererbsen
- 1 gestr. TL Salz
- 1 Prise Pfeffer
- 1 kleine Prise gem. Gewürznelken
- 110 g Wasser

Fertigstellung

- 140 g Bergkäse in Scheiben

Gemüse in einer 20-cm-Alugusspfanne 15 Min. als Gemüsepfanne dünsten. Sobald die Zeit für die Gemüsepfanne gezählt wird, Ofen vorheizen auf 225 °C (Heißluft). Soßenzutaten im kleinen Mixer, hochstehendes Messer pürieren. Gemüsepfanne mit Soße begießen. Mit Käse abdecken, in den vorgeheizten Ofen schieben und 15 Min. bei 225 °C backen.

11589. Reis mit Erbsen und wenig Aufwand, Februar 2018

Reis

- 100 g Jasminvollkornreis
- 200 g Kichererbsenkochwasser

Fertigstellung

- 60 g Kichererbsenkochwasser
- 235 g tiefgekühlte Erbsen
- 1 TL Salz
- 2-3 Prisen Pfeffer
- 50 g Crème fraîche

Reis im Wasser in einem kleinen Topf aufkochen und 38 Min. dünsten. Erbsen im Wasser auf mittlerer Einstellung erhitzen, bis die Erbsen aufgetaut sind. Salz, Pfeffer und Crème fraîche unterrühren, Reis unterheben.

11590. Honig-Senf-Dressing, März 2018

2 Portionen

Im kleinen Mixer, flaches Messer:

- 20 g Sonnenblumenöl
- 20 g Apfelessig
- 15 g Senf
- 15 g Honig
- 40 g Wasser

11591. Agaven-Senf-Dressing, März 2018

In einem kleinen Shaker mit Titankugel (oder kl. Mixer):

- 10 g Sonnenblumenöl
- 10 g Apfelessig
- 5 g Senf
- 5 g Agavendicksaft
- 20 g Wasser

11592. Hot Potato Champion Pot, März 2018

Gemüsepfanne:
- 20 g Sonnenblumenöl
- 45 g Wasser
- 245 g Kartoffeln, festkochend, in dünnen Halbscheiben
- 235 g Champions, in Scheiben

Soße:
- 30 g Crème fraîche
- 10 g Sahne
- 1 TL Salz
- 1 Prise gem. Gewürznelken
- 1 scharf eingelegte Dattel (9 g)
- 1 Stück Essigpeperoni (6 g) 7/4573
- 50 g gekochte Kichererbsen
- 45 g Wasser

Gemüse in einer 20-cm-Alugusspfanne 20 Min. als Gemüsepfanne dünsten. Die Soßenzutaten im kleinen Mixer, hochstehendes Messer, pürieren. Soße unter das Gemüse rühren.

11593. Brownies à la Lebkuchenteig 16, März 2018

Vorläufer: 11576: Springform 26 cm
- 125 g Datteln (weiche aus dem Iran), ohne Kerne
- 125 g Sultaninen
- 200 g Feigen (neue Lieferung)
- 50 g grüne Rosinen
- 500 g Wasser
- 50 g Agavendicksaft
- 1,5 EL Rum
- 1 Prise Salz
- 50 g Kakaopulver Rohkostqualität
- 10 g Carobpulver Rohkostqualität
- 200 g Dinkel, gemahlen (Mühle)
- 200 g Erdnüsse, gesalzen & geröstet, gemahlen (TM, 8 Sek./Stufe 7)
- 1 Päckchen Weinsteinbackpulver
- 1 TL Natron
- 50 g gehackte Erdnüsse, gesalzen & geröstet

Für die Glasur:
- 50 g Kakaobutter
- 35 g Agavendicksaft
- 1 geh. EL Kakao Rohkostqualität
- 3-4 EL Erdnüsse, geröstet und gesalzen

Trockenfrüchte in einer Pengdose mit dem Wasser übergießen und etwa 12 Std. gut verschlossen stehen lassen. Die Fruchtmasse mit dem Einweichwasser im Vitamix oder einem anderen Mixer homogen mischen. Wer keinen Hochleistungsmixer hat, sollte die Stielchen von den Feigen vorher entfernen.

Die trockenen Zutaten mischen. Rum, Agavendicksaft und Fruchtgemisch hinzugeben und mit den Rührhaken eines Handrührgeräts gut vermischen. In eine mit Backpapier überspannte Springform geben (vorzugsweise viereckig). In den auf 160 °C (Heißluft) vorgeheizten Ofen einschieben und 44 Min. bei 160 °C backen, 10 Min. im ausgeschalteten Ofen nachbacken.

Für die Glasur Kakaobutter und Agavendicksaft bei niedriger Temperatur in einer kleinen Keramikpfanne zerlassen (Stufe 3/14 Induktion), ab und an mit einem Schneebesen rühren und Kakao einarbeiten. Browniekuchen mit Guss bepinseln. Erdnüsse darüber streuen. In den Kühlschrank stellen, bis die Schokolade fest ist, was recht schnell geht. Ich bewahre den Kuchen im Kühlschrank auf.

11594. Milchreis mit Zitronengras, März 2018

Für 4 Desserts

- 100 g Rundkorn-Naturreis
- 1 Prise Salz
- 50 g Sahne
- 270 g Wasser
- 1 Stange Zitronengras (ca. 25 cm), in Stücke geschnitten

Zusammen aufkochen, 40 Min. auf kleiner Einstellung, ausquellen lassen. Zitronengras herausnehmen.

Tipp: Sehr aromatisch! Schmeckt mir ohne Süßungsmittel.

11595. Milchreis mit Blaubeerdeckel, März 2018

2 Desserts

- 200 g gekochter Milchreis, hier Milchreis mit Zitronengras 11954
- 100 g tiefgekühlte Blaubeeren
- 1 Banane (135 g)
- 4 Kokosstreifen

Milchreis auf zwei Whiskygläser verteilen. Blaubeeren und Banane in einem kleinen Mixer pürieren, auf den Milchreis geben. Mit je 2 Kokosstreifen dekorieren.

Hinweis: Es schmeckt sogar Eric ohne Süßungsmittel (natürlich wusste er von dessen Abwesenheit nichts).

11596. Brokkoli in scharfer Soße auf Reis, März 2018

Reis:
- 100 g Jasmin-Vollkornreis
- 200 g Wasser

Gemüse:
- 45 g Wasser
- 235 g Brokkoli, in Röschen

Soße:
- 35 g Crème fraîche
- 1 scharf eingelegte Dattel (11 g)
- 1 Stück Essigpeperoni (9 g) 7/4573
- 1 TL Salz
- 1 Prise gem. Pfeffer
- 10 g gem. Reis
- 75 g Wasser

Reis in einem kleinen Topf 40 Min. garen. Wasser und Brokkoli als Gemüsepfanne (20-cm-Alugusspfanne) 12 Min. dünsten. Zutaten für die Soße in einem kleinen Mixer pürieren, unter das Gemüse rühren, aufkochen. Auf den Reis geben.

11597. Milchreis-Cassata, März 2018

2 Desserts

Mit einem Löffel verrühren:
- 150 g gekochten Milchreis, hier Milchreis mit Zitronengras
- 15 g getr. Gojibeeren
- 15 g getr. Maulbeeren
- 15 g grüne Rosinen
- 20 g Agavendicksaft oder flüssigen Honig

11598. Porree-Süßkartoffel-Kartoffeln Auflauf, März 2018

2 Portionen; Vorläufer 11588

Gemüse:

- 70 g Wasser
- 350 g Kartoffeln, in Scheiben
- 235 g Porree, in Ringen
- 150 g Süßkartoffeln, in Scheiben

Soße:

- 50 g Frischkäse
- 60 g gekochte Kichererbsen
- 60 g Crème fraîche
- 1 gestr. TL Salz
- 1 Prise Pfeffer
- 1 kleine Prise gem. Gewürznelken
- 1/4 TL gem. Kümmel
- 75 g Wasser

Fertigstellung:

- 140 g Bergkäse in Scheiben

Gemüse in einer 20-cm-Alugusspfanne 15 Min. als Gemüsepfanne dünsten. Sobald die Zeit für die Gemüsepfanne gezählt wird, Ofen vorheizen auf 225 °C (Heißluft). Soßenzutaten im kleinen Mixer, hochstehendes Messer pürieren. Gemüsepfanne mit Soße begießen. Mit Käse abdecken, in den vorgeheizten Ofen schieben und 15 Min. bei 225 °C backen.

11599. Linsen mit Gemüse in Cremesoße, März 2018

Gemüse:

- 100 g rote Linsen
- 200 g Wasser
- 180 g Brokkoli, in Röschen
- 85 g Süßkartoffel, in Streifen

Cremesoße:

- 1 TL Salz
- 1 Prise Pfeffer
- 70 g gekochte Kichererbsen
- 20 g Cashewbruch
- 15 g Sonnenblumenöl
- 20 g Zitronenfleisch
- 50 g Wasser

Gemüse als Gemüsepfanne (20 cm-Alugusspfanne) 20 Min. dünsten. Soßenzutaten im kleinen Mixer pürieren. Soße vorsichtig unter das Gemüse ziehen und aufkochen.

Hinweis: *Besonders lecker!*

11600. Reste-Risi-Bisi, März 2018

Reis:

- 100 g Jasmin-Vollkornreis
- 210 g Bohnenkochwasser
- 20 g Sonnenblumenöl

Gemüsepfanne:

- 50 g Bohnenkochwasser
- 100 g Brokkolistrunk, in kleinen Stücken
- 80 g Rest Süßkartoffel, in feinen Halbscheiben
- 100 g Tiefkühlerbsen

Fertigstellung:

- 1 TL Salz
- 1-2 Prisen Pfeffer

Reis aufkochen und 40 Min. kochen/quellen lassen. Gemüsepfanne in einer 20-cm-Alugusspfanne 12 Min. garen. Salz und Pfeffer unter das Gemüse rühren. Reis unterheben.

11601. Brownies à la Lebkuchenteig 17, März 2018

Vorläufer: 11593; Springform 26 cm

- 125 g Datteln (weiche aus dem Iran), ohne Kerne
- 125 g Sultaninen
- 200 g Feigen (neue Lieferung)
- 50 g grüne Rosinen
- 500 g Wasser
- 45 g Agavendicksaft
- 1,5 EL Rum
- 1 Prise Salz
- 50 g Kakaopulver Rohkostqualität
- 10 g Carobpulver Rohkostqualität
- 200 g Dinkel, gemahlen (Mühle)
- 200 g Cashewnüsse, gemahlen (TM, 7 Sek./Stufe 8)
- 1 Päckchen Weinsteinbackpulver
- 1 TL Natron
- 40 g Cashewbruch

Für die Glasur:
- 50 g Kakaobutter
- 35 g Agavendicksaft
- 1 geh. EL Kakao Rohkostqualität
- 3-4 EL Cashewbruch

Trockenfrüchte in einer Pengdose mit dem Wasser übergießen und etwa 12 Std. gut verschlossen stehen lassen. Die Fruchtmasse mit dem Einweichwasser im Vitamix oder einem anderen Mixer homogen mischen. Wer keinen Hochleistungsmixer hat, sollte die Stielchen von den Feigen vorher entfernen. Die trockenen Zutaten mischen. Rum, Agavendicksaft und Fruchtgemisch hinzugeben und mit den Rührhaken eines Handrührgeräts gut vermischen. In eine mit Backpapier überspannte Springform geben (vorzugsweise viereckig). In den auf 160 °C (Heißluft) vorgeheizten Ofen einschieben, 44 Min. bei 160 °C backen, 10 Min. im ausgeschalteten Ofen nachbacken.

Für die Glasur Kakaobutter und Agavendicksaft bei niedriger Temperatur in einer kleinen Keramikpfanne zerlassen (Stufe 3/14 Induktion), ab und an mit einem Schneebesen rühren und Kakao einarbeiten. Browniekuchen mit Guss bepinseln. Cashewbruch darüber streuen. In den Kühlschrank stellen, bis die Schokolade fest ist, was recht schnell geht. Ich bewahre den Kuchen im Kühlschrank auf.

11602. Milchreis mit Zitronengras 2, März 2018

Für 4 Desserts; Vorläufer 11594

- 100 g Rundkorn-Naturreis
- 1 Prise Salz
- 65 g Sahne
- 240 g Wasser
- 5 g Butter
- 1 Stange Zitronengras (ca. 25 cm), in Stücke geschnitten

Zusammen aufkochen, 40 Min. auf kleiner Einstellung, ausquellen lassen. Zitronengras herausnehmen.

11603. Reisdessert mit Mango, März 2018

2 Desserts

- 190 g Milchreis (siehe 11602)
- 10 g Agavendicksaft
- 105 g + 25 g Mango
- 1 TL Kakaonibs

Milchreis mit Agavendicksaft verrühren. 105 g Mango würfeln, unterziehen. Auf zwei Schüsselchen verteilen. 25 g Mango in zwei Stücke schneiden, hochkant in den Reis stecken. Davor Kakaonibs streuen.

11604. Spitzkohl mit K&K, März 2018

Gemüsepfanne:

* 60 g Wasser
* 110 g Kartoffeln, in kleinen Stücken
* 190 g Spitzkohl in Stücken

Soße:

* 125 g Kichererbsenkochwasser
* 20 g Sonnenblumenöl
* 1 TL Salz
* 20 g Sonnenblumenkerne
* 50 g gekochte Kichererbsen
* 1 Prise Pfeffer
* 1/4 TL gem. Kümmel

Fertigstellung:

125 g gekochte Kichererbsen

Gemüse: 20-cm-Alugusspfanne, 20 Min.; Soße im kleinen Mixer pürieren. Soße und Kichererbsen unter das Gemüse rühren, aufkochen.

11605. Milchreiskuss, März 2018

2 Portionen

Reis:

* 190 g gekochter Milchreis
* 10 g Agavendicksaft
* 10 g Sahne

Schokolade:

* 20 g Kakaobutter
* 15 g Agavendicksaft
* 10 g Kakao (Rohkostqualität)

Deko:

1-2 TL Gojibeeren

Zutaten für den Reis mit einem Löffel verrühren. Je 85 g zu einer Kugel formen und in eine Schüssel legen. Für die Schokolade Kakaobutter zerlassen, die anderen Zutaten mit einem Schneebesen unterrühren.

Die Reiskugeln von oben mit Schokolade einpinseln, einige Min. in den Kühlschrank stellen. Aus dem Kühlschrank nehmen, testen, ob die Schokolade fest ist und auf zwei Glasteller umsetzen. Kugeln umdrehen und die andere Seite mit der restlichen Schokolade einpinseln. Den restlichen Reis zu zwei kleinen Dreiecken formen, auf die Kugeln in die Schokolade drücken. Auf den leeren Rand des Tellers Gojibeeren legen.

11606. Spitzkohl mit Kartoffeln als Auflauf, März 2018

2 Portionen

Gemüsepfanne (20 cm, Aluguss, 15 Min.)

* 60 g Wasser
* 10 g Öl
* 330 g Kartoffeln, in Scheiben
* 325 g Spitzkohl, klein geschnitten

Sobald die Zeit für die Gemüsepfanne gezählt wird, Ofen vorheizen auf 225 °C (Heißluft).

Soße (kleiner Mixer, hoch stehendes Messer)

* 60 g Frischkäse
* 60 g gekochte Kichererbsen
* 1 gestr. TL Salz
* 1 Prise Pfeffer
* 1 kleine Prise gem. Gewürznelken
* 90 g Wasser
* 10 g Sonnenblumenöl

Fertigstellung
- 150 g Gouda in Scheiben

Gemüsepfanne mit Soße begießen. Mit Käse abdecken, in den vorgeheizten Ofen schieben und 15 Min. bei 225 °C backen.

11607. Auberginen mit Kichererbsen, März 2018

Gemüsepfanne (20-cm-Alugusspfanne, 12 Min.):
- 30 g Sonnenblumenöl
- 320 g Aubergine, in Scheiben

Fertigstellung:
- 200 g gekochte Kichererbsen
- 1 TL Salz
- 2 Prisen Pfeffer
- 25 g Sahne
- 20 g Frischkäse

Zutaten unterziehen und vorsichtig rühren und erhitzen, bis alles gelöst ist.

11608. Sonnenbrot mit Gewürz III, März 2018

Vorläufer: 11578.

Stufe 1 (12 Std. vorher):

Sauerteigansatz:
- 400 g Roggen
- 425 g Wasser
- 150 g Sauerteig

Stufe 2 (Backen, bei mir am Morgen):
- 100 g Roggen
- 225 g Dinkel
- 100 g Nacktgerste
- 2 EL Brotgewürz ungemahlen (Brecht)
- 17 g Salz
- 325 g Wasser
- 1/2 Würfel frische Hefe (= 21 g)
- 100 g Sonnenblumenkerne
- ca. 800 g Sauerteigansatz
- 20 g Butter für die Form

Stufe 1: Roggen fein mahlen, mit Wasser und altem Sauerteig mischen. In einer Plastiktüte über Nacht stehen lassen. 150 g von der Stufe 1 abnehmen und in einem gut schließenden Schraubglas in den Kühlschrank stellen für das nächste Backen.

Stufe 2: Getreide mischen. Mit dem ersten Teil das Brotgewürz mahlen, dann den Rest mahlen. Hefe in einem Teil des Wassers auflösen Zutaten (außer der Butter) mit einem großen Löffel gründlich verrühren, bis kein Mehl mehr sichtbar ist. Eine 30-cm-Brotform, Profi-Email von Dr. Oetker, gut einfetten. Teig hineingeben, mit der nassen Hand herunterdrücken und glattstreichen. Mit einem scharfen Messer einmal längs einschneiden. Form in eine Plastiktüte geben und etwa 75 Min. gehen lassen. Brot in den kalten Ofen schieben und 80 Min. bei 190 °C (Heißluft) backen.

11609. Auberginen schlicht mit Doppelkartoffel, März 2018

Als Gemüsepfanne 20 Min. (20-cm-Keramikpfanne):
- 80 g Wasser
- 10 g Sonnenblumenöl
- 100 g Kartoffeln, in dünnen Scheiben
- 125 g Süßkartoffeln, in dünnen Scheiben
- 175 g Auberginen, in Scheiben

Abschmecken mit:
- 1 TL Salz

11610. Brownies à la Lebkuchenteig 18, März 2018

Vorläufer: 11601; Springform 26 cm; Unterschied: Honig

- 125 g Datteln (weiche aus dem Iran), ohne Kerne
- 125 g Sultaninen
- 200 g Feigen (neue Lieferung)
- 50 g grüne Rosinen
- 500 g Wasser
- 70 g Honig
- 1,5 EL Rum
- 1 Prise Salz
- 50 g Kakaopulver Rohkostqualität
- 10 g Carobpulver Rohkostqualität
- 200 g Dinkel, gemahlen (Mühle)
- 200 g Haselnüsse, gemahlen (TM, 8 Sek./Stufe 8)
- 2 bittere Mandeln, mit den Nüssen gemahlen
- 1 Päckchen Weinsteinbackpulver
- 1 TL Natron
- 35 g Mandelstifte

Für die Glasur:

- 50 g Kakaobutter
- 35 g Honig
- 1 geh. EL Kakao Rohkostqualität
- 2 EL Mandelstifte

Trockenfrüchte in einer Pengdose mit dem Wasser übergießen und etwa 12 Std. gut verschlossen stehen lassen. Die Fruchtmasse mit Honig und Einweichwasser im Vitamix oder einem anderen Mixer homogen mischen. Wer keinen Hochleistungsmixer hat, sollte die Stielchen von den Feigen vorher entfernen.

Die trockenen Zutaten mischen. Rum und Fruchtgemisch hinzugeben und mit den Rührhaken eines Handrührgeräts gut vermischen. In eine mit Backpapier überspannte Springform geben (vorzugsweise viereckig). In den auf 160 °C (Heißluft) vorgeheizten Ofen einschieben und 44 Min. bei 160 °C backen, 10 Min. im ausgeschalteten Ofen nachbacken.

Für die Glasur Kakaobutter und Honig bei niedriger Temperatur in einer kleinen Keramikpfanne zerlassen (Stufe 3/14 Induktion), ab und an mit einem Schneebesen rühren und Kakao einarbeiten. Browniekuchen mit Guss bepinseln. Mandelstifte darüber streuen. In den Kühlschrank stellen, bis die Schokolade fest ist, was recht schnell geht. Ich bewahre den Kuchen im Kühlschrank auf.

Hinweis: Der Honig macht einen großen Unterschied: Der Kuchen schmeckt plötzlich nach den Rosinen!

11611. Karamellsoße XI „mehr", März 2018

1 Honigglas; Vorläufer 11588

- 405 g Wasser
- 250 g Sahne
- 1/4 TL Salz
- 225 g Honig

Alle Zutaten in den Mixtopf geben und erhitzen (30 Min./Varoma/Stufe 5), dabei das Garkörbchen bis zum Ende als Spritzschutz verwenden und ein Küchentuch um den Deckel legen. In ein leeres Schraubglas füllen (etwa 1 Honigglas) und gut zudrehen.

11612. Auberginen All-In-One, März 2018

Als Gemüsepfanne 12 Min. (20-cm-Alugusspfanne):

- 95 g Vollkorn-Spiralnudeln
- 210 g Wasser
- 170 g Aubergine, gewürfelt
- 1 Tomate (140 g), gewürfelt
- Salz (etwa 1/2 TL)

Soße (kleiner Mixer), pürieren, unterrühren und und aufkochen:

- 75 g gekochte Jumbobohnen (oder weiße Bohnen)
- 5 g Senf
- 15 g Sonnenblumenöl
- 15 g Cashewbruch
- 1/2 TL Salz
- 1 TL Paprika edelsüß
- 105 g Wasser

11613. Sesambrot mit Gewürz I, März 2018

Vorläufer 11608

Stufe 1 (12 Std. vorher):

Sauerteigansatz:

- 400 g Roggen
- 425 g Wasser
- 150 g Sauerteig

Stufe 2 (Backen, bei mir am Morgen):

- 100 g Roggen
- 275 g Dinkel
- 50 g Nacktgerste
- 2 EL Brotgewürz ungemahlen (Brecht)
- 17 g Salz
- 325 g Wasser
- 10 g (1/4) Würfel frische Hefe
- 100 g Sesam ungeschält
- ca. 800 g Sauerteigansatz
- 20 g Butter für die Form

Stufe 1: siehe Vorläufer.

Stufe 2: siehe Vorläufer.

11614. Zimttaler, März 2018

Vorläufer 11553

- 100 g Butter
- 170 g Honig
- 200 g Dinkel, fein gemahlen
- 250 g Nackthafer, fein gemahlen
- 1 Päckchen Weinsteinbackpulver
- 1 Prise Salz
- 2 TL Zimt
- 1 Prise Muskatnuss
- 1/3 TL gem. Gewürznelke

Butter und Honig in einer Pfanne erhitzen, bis sie flüssig sind.

Die trockenen Zutaten miteinander mischen, Butter-Honig-Gemisch zugeben und mit einem Handrührgerät, Rührbesen zu einem Teig verarbeiten. 15 Min. stehen lassen.

Portionsweise Quader formen, 40 Min. in den Kühlschrank stellen und Stücke mit einem Messer abschneiden. Nebeneinander auf ein PerfectClean-Blech legen, in dieser Zeit den Ofen auf 160 °C (Heißluft) vorheizen. 15 Min. bei 160 °C backen und 5 Min. im ausgeschalteten Ofen nachbacken. Wenn sie lauwarm sind, auf einen Kuchenrost legen.

11615. Milchreis mit Zitronengras 3, März 2018

Für 4 Desserts; Vorläufer 11602

- 100 g Rundkorn-Naturreis
- 1 Prise Salz
- 70 g Sahne
- 235 g Wasser
- 1 Stange Zitronengras (ca. 25 cm), in Stücke geschnitten
- 3 Kardamomschoten

Zusammen aufkochen, 40 Min. auf kleiner Einstellung, ausquellen. Zitronengras und Kardamomschoten herausnehmen.

11616. Reis mit Süßkartoffel, März 2018

Reis (38 Min., kleiner Topf):

- 100 g Jasminvollkornreis
- 200 g Bohnenkochwasser

Als Gemüsepfanne (20-cm-Keramikpfanne, 12 Min.):

- 60 g Kichererbsenkochwasser
- 250 g Süßkartoffel, in Chipsgröße, dünn

Soße:

- 140 g gekochte Jumbo-Bohnen (oder weiße Bohnen)
- 20 g Sonnenblumenöl
- 1 TL Salz
- 1/3 TL gem. Kümmel
- 1/3 TL Curry
- 75 g Kichererbsenkochwasser

Soßenzutaten unter das Gemüse rühren, aufkochen.

11617. Milchreis mit Erdbeersoße, März 2018

4 Desserts

- Milchreis mit Zitronengras 3; 11615
- 200 g TK-Erdbeeren (aufgetaut)
- 80 g Honig
- 2 TL Kokosstreifen
- 2 TL Kakaonibs

Milchreis auf vier Schüsselchen verteilen. Erdbeeren mit Saft und Honig pürieren (kleiner Mixer) über den Milchreis geben. Kokosstreifen und Kakaonibs dekorieren.

11618. Süßkartoffeln mit Kartoffeln als Auflauf, März 2018

2 Portionen; Vorläufer 11598

Gemüse:

- 65 g Wasser
- 405 g Kartoffeln, in Scheiben
- 90 g Zwiebeln
- 225 g Süßkartoffeln, in Stiften

Soße:

- 50 g Kräuterschmelzkäse
- 75 g gekochte Kichererbsen
- 1 gestr. TL Salz
- 1/4 TL gem. Kreuzkümmel
- 5 g Essigpeperoni 7/4573
- 1/4 TL Curry
- 95 g Wasser

Fertigstellung:

- 150 g Mozzarella gerieben

Gemüse in einer 20-cm-Alugusspfanne 15 Min. als Gemüsepfanne dünsten. Sobald die Zeit für die Gemüsepfanne gezählt wird, Ofen vorheizen auf 225 °C (Heißluft). Soßenzutaten im kleinen Mixer, hochstehendes Messer pürieren. Gemüsepfanne mit Soße begießen. Mit Käse abdecken, in den vorgeheizten Ofen schieben und 15 Min. bei 225 °C backen.

11619. Karamellsoße XII „mehr", März 2018

1 Honigglas; 11588

- 375 g Wasser
- 250 g Sahne
- 1/4 TL Salz
- 210 g Agavendicksaft

Alle Zutaten in den Mixtopf geben und erhitzen (30 Min./Varoma/Stufe 5), dabei das Garkörbchen bis zum Ende als Spritzschutz verwenden und ein Küchentuch um den Deckel legen. In ein leeres Schraubglas füllen und gut zudrehen.

11620. Nussschokocreme Carobspur Mischnuss, März 2018

2 Honiggläser; Vorläufer 11579

- 150 g Cashewbruch
- 100 g Mandeln
- 30 g Kakaopulver
- 10 g Carob-Rohkostqualität
- 150 g Agavendicksaft
- 250 g Wasser (hier: Bohnenkochwasser)
- 1 Prise Salz

Im Vitamix mit dem Stößel gut durcharbeiten, bis es wirklich glatt ist. Dann ist die Masse leicht warm. In Gläser füllen und im Kühlschrank aufbewahren.

11621. Austernpilze All-In-One, März 2018

Als Gemüsepfanne (12 Min., 20-cm-Alugusspfanne):

- 75 g Vollkornspaghetti
- 25 g Vollkorn-Spiralnudeln
- 1/2 TL Salz
- 210 g Wasser
- 170 g Austernpilze, klein geschnitten

Soße (kleiner Mixer, hoch stehendes Messer):

- 80 g gekochte weiße Bohnen
- 20 g Sahne
- 20 g Cashewbruch
- 1/2 TL Salz
- 1/4 TL schw. Pfeffer
- 5 g Essigpeperoni 7/4573
- 100 g Wasser

Unterrühren und aufkochen.

11622. Milchreis kräftig, März 2018

2-4 Portionen

40 Min. garen/quellen:

- 100 g Rundkorn-Naturreis
- 1 gute Prise Salz
- 75 g Sahne
- 235 g Wasser

11623. Reis auf Karamellspiegel, März 2018

2 Portionen

- Etwa 1/2 Portion (170 g) gekochten Milchreis, hier Milchreis kräftig 11622
- 2-3 EL Karamellsoße, hier Karamellsoße XII „mehr" 11619
- 2 geh. TL Nussschokocreme, hier Nussschokocreme Carobspur mit Mischnuss 11620
- 2 Cashewkernhälften

Karamellsoße auf zwei Glastellern verteilen. Milchreis in die Mitte geben (wer einen Eisportionierer hat und das gut benutzen kann, kann's schöner machen als ich). In die Mitte des Milchreises die Schokocreme klecksen, je einen halben Cashewkern schräg in die Schokolade stecken.

11624. Austernpilze in Parmesansoße, März 2018

Reis (40 Min.) garen/quellen lassen:

- 100 g Jasminvollkornreis
- 200 g Wasser

Gemüsepfanne, 20-cm-Keramikpfanne, 12 Min.:

- 5 g Sonnenblumenöl
- 25 g Wasser
- 1 Prise Salz
- 65 g Austernpilze, klein geschnitten
- 1 Tomate (110 g), gewürfelt

Soße (kleiner Mixer, pürieren):

- 50 g Parmesan am Stück, vorgeschnitten, oder gerieben
- 20 g Sahne
- 65 g gekochte weiße Bohnen
- 1/2 TL Salz
- 2 Prisen Pfeffer
- 65 g Wasser

11625. Muttis Nusskuchen mit Cashewanteil, März 2018

Vorlage 11538; Gugelhupfform

- 200 g Haselnüsse
- 100 g Cashewbruch
- 2 bittere Mandeln
- 250 g Dinkel, fein gemahlen
- 180 g Agavendicksaft
- 1 Prise Salz
- 1 P Weinstein-Backpulver
- 90 g Sahne
- 160 g Wasser
- Butter für die Form

Glasur:

- 40 g Kakaobutter
- 30 g Agavendicksaft
- 1 EL Kakao

Haselnüsse mit Cashewbruch und bitteren Mandeln im TM mahlen (9 Sek./Stufe 8). Mehl, Agavendicksaft, Salz, Backpulver, Sahne und Wasser zugeben, mixen (10 Sek./Stufe 3; 10 Sek./Stufe 4; 10 Sek./Stufe 5). Gugelhupfform mit Butter einfetten, Teig in die Form geben und gleichmäßig verteilen. In den auf 175 °C (Heißluft) vorgeheizten Ofen schieben und 45 Min. bei 175 °C backen. Ein nasses Tuch auf einen Gitterrost legen, Form darauf stellen, abkühlen lassen und dann aus der Form kippen.

Kakaobutter schmelzen, mit Agavendicksaft und Kakao verquirlen, etwas abkühlen lassen und auftragen.

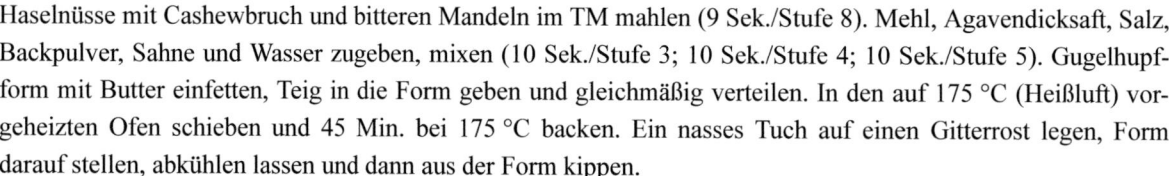

11626. Auberginen-Kartoffel-Pfanne, März 2018

Als Gemüsepfanne 20 Min. (20-cm-Alugusspfanne):

- 15 g Sonnenblumenöl
- 45 g Wasser
- 175 g Kartoffeln, in Scheiben
- 55 g Zwiebeln, klein geschnitten
- 155 g Aubergine, in Halbscheiben (dicker als die Kartoffel-scheiben)

Fertigstellung:

- 1 TL Salz
- 1-2 Prisen Pfeffer

Salz und Pfeffer darüber streuen, vorsichtig unterheben. Die Auberginen bleiben auf diese Weise schön hell.

11627. Erdnuss-Tartar, März 2018

Vorläufer 12/9813

- 100 g Erdnüsse, geröstet und gesalzen
- 20 g getrocknete Tomaten
- 2 Zwiebeln (100 g)
- 20 g Wasser
- 20 g Sonnenblumenöl
- 130 g Tomatenmark
- 1/2 TL Salz
- 1 Prise Pfeffer
- 1 gestr. TL Paprika edelsüß
- 2 MS Currypulver
- 9 g Essigpeperoni, klein geschnitten 7/4573
- 1 TL getr. Oregano (zwischen den Händen verrieben)

Nüsse und Tomaten im TM zerkleinern (6 Sek./Stufe 7), umfüllen. Zwiebeln grob vorschneiden und zerkleinern (5 Sek./Stufe 5). Mit Wasser und Öl garen (3 Min./Varoma/Stufe 1). Restliche Zutaten hinzufügen und verrühren (20 Sek./Stufe 4.).

11628. Kartoffelauflauf mit Zwiebeln, März 2018

2 Portionen; Vorläufer 11618

Gemüse:

- 15 g Sonnenblumenöl
- 50 g Wasser
- 300+220 g Kartoffeln, in Scheiben
- 140 g Zwiebeln, in Halbscheiben
- 80 g Aubergine, in Scheiben

Soße:

- 100 g gekochte weiße Bohnen
- 1 gestr. TL Salz
- 1/4 TL gem. Kreuzkümmel
- 1 Prise Nelken
- 30 g Cashewbruch
- 20 g Sonnenblumenöl
- 90 g Wasser

Fertigstellung:

- 150 g Mozzarella gerieben

Gemüse in einer 20-cm-Alugusspfanne 15 Min. als Gemüsepfanne dünsten, dabei die Kartoffeln in Schichten unten und oben aufteilen. Sobald die Zeit für die Gemüsepfanne gezählt wird, Ofen vorheizen auf 225 °C (Heiß-luft). Soßenzutaten im kleinen Mixer, hochstehendes Messer pürieren. Gemüsepfanne mit Soße begießen. Mit Käse abdecken, in den vorgeheizten Ofen schieben und 15 Min. bei 225 °C backen.

11629. Schokoreis mit Erdbeeren, März 2018

- 100 g gekochter Milchreis, hier Milchreis kräftig 11622
- 3 TL Nussschokocreme, hier Nussschokocreme Carobspur Mischnuss 11620
- 3-4 Erdbeeren

Reis mit Schokocreme verrühren, auf einen Glasteller geben. Am Rand geviertelte Erdbeeren längs entlanglegen.

11630. Brokkoli rote Linsen mit Erdnusssoße, März 2018

Als Gemüsepfanne (20 cm, Alugusspfanne, 20 Min.):

- 90 g rote Linsen
- 250 g Brokkoli, zerkleinert
- 225 g Kichererbsenkochwasser

Soße (kleiner Mixer, hoch stehendes Messer):

- 30 g Erdnüsse, geröstet und gesalzen
- 10 g Sonnenblumenöl
- 1 gestr. TL Salz
- 1 mit Peperoni in Essig eingelegte Dattel
- 100 g Kichererbsenkochwasser

Soße vorsichtig unterheben und aufkochen.

11631. Sesambrot mit Gewürz II, März 2018

Vorläufer 11613

Stufe 1 (12 Std. vorher):
Sauerteigansatz:

- 400 g Roggen
- 425 g Wasser
- 150 g Sauerteig

Stufe 2 (Backen, bei mir am Morgen):

- 100 g Roggen
- 250 g Dinkel
- 75 g Nackthafer
- 1 EL Kümmelsamen
- 1 gestr. EL Koriandersamen
- 15 g Salz
- 325 g Wasser
- 1/4 Würfel frische Hefe (= 10 g)
- 100 g Sesam ungeschält
- ca. 800 g Sauerteigansatz
- 20 g Butter für die Form

Stufe 1: Roggen fein mahlen, mit Wasser und altem Sauerteig mischen. In einer Plastiktüte über Nacht stehen lassen. 150 g von der Stufe 1 abnehmen und in einem gut schließenden Schraubglas in den Kühlschrank stellen für das nächste Backen. **Stufe 2:** Getreide mischen. Mit dem ersten Teil das Brotgewürz mahlen, dann den Rest mahlen. Hefe in einem Teil des Wassers auflösen Zutaten (außer der Butter) mit einem großen Löffel gründlich verrühren, bis kein Mehl mehr sichtbar ist. Eine 30-cm-Brotform, Profi-Email von Dr. Oetker, gut einfetten. Teig hineingeben, mit der nassen Hand herunterdrücken und glattstreichen. Mit einem scharfen Messer einmal längs einschneiden. Form in eine Plastiktüte geben und etwa 75 Min. gehen lassen. Brot in den kalten Ofen schieben und 80 Min. bei 190 °C (Heißluft) backen.

11632. Brotpizza vegan, März 2018

- Öl für die Form
- 135 g Brot in drei Scheiben
- 1 Tomate (140 g) in dünnen Scheiben
- 45 g Brokkoli, sehr fein geschnitten
- 1 gestr. TL italienische Kräuter

Soße:

- 80 g gekochte Kichererbsen
- 30 g Cashewnüsse
- 20 g Zitronensaft
- 30 g Nackthafer, in Flocken
- 1 TL Salz
- 1 Prise Pfeffer
- 175 g Wasser

20-cm-Pizzaform mit Öl auspinseln. Brot möglichst dicht darauf verteilen. Mit Tomatenscheiben belegen, Brokkoli und Kräuter darüber streuen. Soßenzutaten im großen Becher des kleinen Mixers pürieren. Soße über das Gemüse gießen und in den kalten Ofen schieben. 25 Min. auf Einstellung 225 °C (Heißluft) backen.

11633. Karamellsoße XIII „mehr", März 2018

1 Honigglas; Vorläufer 11619

- 355 g Wasser
- 240 g Sahne (250 g-Packung)
- 1/4 TL Salz
- 200 g Agavendicksaft

Alle Zutaten in den Mixtopf geben und erhitzen (30 Min./Varoma/Stufe 5), dabei das Garkörbchen bis zum Ende als Spritzschutz verwenden und ein Küchentuch um den Deckel legen. In ein leeres Schraubglas füllen (etwa 1 Honigglas) und gut zudrehen.

Tipp: *Die Soße hat eine sehr schöne Konsistenz nach 24 Std. im Kühlschrank.*

11634. Nussschokocreme Carob Mischnuss II, März 2018

2 Honiggläser; Vorläufer 11620

- 150 g Cashewbruch
- 100 g Mandeln
- 30 g Kakaopulver
- 10 g Carob Rohkostqualität
- 150 g Agavendicksaft
- 255 g Wasser (hier: Kichererbsenkochwasser)
- 1 Prise Salz

Im Vitamix mit dem Stößel gut durcharbeiten, bis es wirklich glatt ist. Dann ist die Masse leicht warm. In Gläser füllen und im Kühlschrank aufbewahren.

11635. Cashewmilch aus dem Vitamix, März 2018

Ergibt 300 g.

- 35 g Cashewnussbruch
- 180 g Kichererbsenkochwasser
- 85 g Wasser

Im Vitamix auf der Hochleistungsstufe mixen, bis ganz glatt und warm.

11636. Cashewmilchreis, März 2018

- 100 g Rundkorn-Naturreis
- 300 g Cashewmilch, hier Cashewmilch aus dem Vitamix 11635

In einem kleinen Topf 40 Min. auf kleiner Flamme kochen/quellen lassen.

11637. Banana-Milchreis split, März 2018

2 Desserts

- 190 g Milchreis, hier Cashewmilchreis 116365
- 25 g Agavendicksaft
- 25 g Sahne
- 65 g Banane
- 2 geh. TL Nussschokocreme, hier Nussschokocreme Carob Mischnuss II 11634
- Einige Gojibeeren

Reis mit Agavendicksaft und Sahne verrühren. Banane längs halbieren und in Stücke teilen, auf zwei Schüsselchen verteilen. Reis darüber geben, Schokocreme in die Mitte klecksen und mit Gojibeeren dekorieren.

11638. Brownies à la Lebkuchenteig 19, März 2018

Vorläufer: 11610; Springform 26 cm; Unterschied: Rotwein zum Einweichen

- 125 g Datteln (weiche aus dem Iran), ohne Kerne
- 125 g Sultaninen
- 200 g Feigen (neue Lieferung)
- 50 g grüne Rosinen
- 500 g Rotwein
- 100 g Agavendicksaft
- 1 Prise Salz
- 25 g Kakaopulver Rohkostqualität
- 25 g Kakaopulver schwach entölt
- 10 g Carobpulver Rohkostqualität
- 200 g Dinkel, gemahlen (Mühle)
- 200 g Haselnüsse, gemahlen (TM, 8 Sek./Stufe 8)
- 2 bittere Mandeln, mit den Nüssen gemahlen
- 1 Päckchen Weinsteinbackpulver
- 1 TL Natron
- 35 g Mandelstifte

Für die Glasur:

- 50 g Kakaobutter
- 35 g Honig
- 1 geh. EL Kakao Rohkostqualität
- 2 EL Mandelstifte

Trockenfrüchte in einer Pengdose mit dem Wein übergießen und etwa 12 Std. gut verschlossen stehen lassen. Die Fruchtmasse mit Honig und überschüssigem Rotwein im Vitamix oder einem anderen Mixer homogen mischen. Wer keinen Hochleistungsmixer hat, sollte die Stielchen von den Feigen vorher entfernen.

Die trockenen Zutaten mischen. Fruchtgemisch hinzugeben und mit den Rührhaken eines Handrührgeräts gut vermischen. In eine mit Backpapier überspannte Springform geben (vorzugsweise viereckig). In den auf 160 °C (Heißluft) vorgeheizten Ofen einschieben, 44 Min. bei 160 °C backen, 10 Min. im Ofen nachbacken.

Für die Glasur Kakaobutter und Honig bei niedriger Temperatur in einer kleinen Keramikpfanne zerlassen (Stufe 3/14 Induktion), ab und an mit einem Schneebesen rühren und Kakao einarbeiten. Browniekuchen mit Guss bepinseln. Mandelstifte darüber streuen. In den Kühlschrank stellen, bis die Schokolade fest ist, was recht schnell geht. Ich bewahre den Kuchen im Kühlschrank auf.

11639. Brokkoli und mehr in grüner Soße, März 2018

Als Gemüsepfanne 12 Min., 20-cm-Alugusspfanne:

- 50 g Wasser
- 190 g Brokkoli, mit Strunk, klein geschnitten
- 130 g Kartoffeln, in feinen Streifen (geschält, da Schale nicht schön)

Soße (im kleinen Mixer, hoch stehendes Messer):
- 15 g Grüne-Kräuter-Mischung
- 20 g Sahne
- 1 TL Salz
- 1 kleines Ei (40 g)
- 85 g Wasser

Fertigstellung:
- 150 g gekochte Kichererbsen

Soße mit den Kichererbsen zum Gemüse geben, gut durcherhitzen.

11640. Ananas Under Cover, März 2018

2 Desserts
- 190 g Milchreis, hier Cashewmilchreis
- 20 g Agavendicksaft
- 20 g Sahne
- 165 g Ananas, fein gewürfelt
- 2 EL warmer Schokoladenguss, z. B. wie bei Brownies à la Lebkuchenteig 19
- Etwas Cashewbruch

Reis mit Agavendicksaft und Sahne verrühren. Ananaswürfel unterziehen und auf zwei Schüsselchen verteilen. Schokoladenguss darüber geben, einige Cashewstücke in die Mitte streuen.

11641. Kartoffelauflauf Brokkoli Kräuter, April 2018

2 Portionen; Vorläufer 11628
Gemüse:
- 10 g Sonnenblumenöl
- 80 g Wasser
- 370 g Kartoffeln, in Scheiben
- 250 g Brokkoli, klein geschnitten
- 50 g Zwiebeln, in Halbscheiben

Soße:
- 50 g Frischkäse
- 1 gestr. TL Salz
- 75 g Kräuter „Grüne Soße"
- 20 g Cashewbruch
- 20 g Sahne
- 100 g Wasser

Fertigstellung:
- 150 g Mozzarella gerieben

Gemüse in einer 20-cm-Alugusspfanne 15 Min. als Gemüsepfanne dünsten, dabei das Gemüse schichten. Sobald die Zeit für die Gemüsepfanne gezählt wird, Ofen vorheizen auf 225 °C (Heißluft). Soßenzutaten im kleinen Mixer, hochstehendes Messer pürieren. Gemüsepfanne mit Soße begießen. Mit Käse abdecken, in den vorgeheizten Ofen schieben und 15 Min. bei 225 °C backen.

11642. Reis mit Kräutern, April 2018

- 1 kleine Zwiebel gewürfelt, 35 g
- 20 g Sonnenblumenöl
- 125 g Jasmin-Vollkornreis
- 250 g Wasser

40 Min. kochen/quellen lassen und unterrühren:
- 1 TL Salz
- 10 g TK-6-Kräuter-Mischung

11643. Cashewmilch aus dem Vitamix II, April 2018

Ergibt 450 g. Vorläufer 11635.

- 45 g Cashewnussbruch
- 1 Prise Salz
- 405 g Wasser

Im Vitamix auf der Hochleistungsstufe mixen, bis ganz glatt und warm.

11644. Cashewmilchreis II, April 2018

Vorläufer 11636.

- 150 g Rundkorn-Naturreis
- 450 g Pflanzenmilch, hier Cashewmilch aus dem Vitamix II 11643

40 Min. auf kleiner Flamme kochen/quellen lassen.

11645. Milchreis mit grünen Rosinen, April 2018

2 Desserts

- 170 g gekochter Milchreis, hier Cashewmilchreis II, 11644
- 20 g Agavendicksaft
- 20 g grüne Rosinen
- 10 g Sonnenblumenkerne

Zutaten miteinander verrühren, auf zwei Schüsselchen verteilen.

11646. Milchreis „Erdbeer", April 2018

2 Desserts

- 25 g Agavendicksaft
- 50 g Sahne
- 145 g Erdbeeren
- 170 g gekochter Milchreis, hier Cashewmilchreis II 11644

Agavendicksaft, Sahne und Erdbeeren mixen (kleiner Mixer, hoch stehendes Messer) und mit dem Milchreis verrühren. Auf zwei Schüsselchen verteilen.

11647. Brokkolinudeln, April 2018

Als Gemüsepfanne (20-cm-Alugusspfanne, 15 Min.):

- 100 g Vollkorn-Spaghetti, in Stücke gebrochen
- 250 g Brokkoli, klein geschnitten
- 280 g Kichererbsenkochwasser
- 1 TL Salz

Anschließend:
- 15 g Butter

unterrühren.

11648. Paprikatomatensoße, April 2018

Als Gemüsepfanne (20-cm-Keramikpfanne, 15 Min.):

- 20 g Sonnenblumenöl
- 25 g Wasser
- 1 Prise Salz
- 80 g orangefarbene Paprika, in Stücken
- 250 g Tomaten, gewürfelt

Abschmecken mit, Reis dazu:
- 1 gestr. TL Salz
- 1 Prise Pfeffer
- 1-2 Prisen italienische Kräuter

11649. Brownies à la Lebkuchenteig 20, April 2018

Vorläufer: 11638; Springform 26 cm

- 125 g Datteln (weiche aus dem Iran), ohne Kerne
- 125 g Sultaninen
- 200 g Feigen (neue Lieferung)
- 50 g grüne Rosinen
- 250 g Rotwein
- 250 g Wasser
- 70 g Agavendicksaft (sonst: 40-45 g)
- 1 Prise Salz
- 40 g Kakaopulver schwach entölt
- 10 g Carobpulver Rohkostqualität
- 200 g Dinkel, gemahlen (Mühle)
- 200 g Haselnüsse, gemahlen (TM, 8 Sek./Stufe 8)
- 2 bittere Mandeln, mit den Nüssen gemahlen
- 1 Päckchen Weinsteinbackpulver
- 1 TL Natron
- 35 g Mandelstifte
- Glasur siehe 11638

Trockenfrüchte in einer Pengdose mit der Flüssigkeit übergießen und etwa 12 Std. gut verschlossen stehen lassen. Die Fruchtmasse mit der Einweichflüssigkeit im Vitamix oder einem anderen Mixer homogen mischen. Wer keinen Hochleistungsmixer hat, sollte die Stielchen von den Feigen vorher entfernen.

Die trockenen Zutaten mischen. Fruchtgemisch hinzugeben und mit den Rührhaken eines Handrührgeräts gut vermischen. In eine mit Backpapier überspannte Springform geben (vorzugsweise viereckig). In den auf 160 °C (Heißluft) vorgeheizten Ofen einschieben und 44 Min. bei 160 °C backen, 10 Min. im ausgeschalteten Ofen nachbacken. Glasurzubereitung siehe 11638.

11650. Nudel-Gemüsepfanne Gorgonzola-like Soße, April 2018

Gemüsepfanne, 15 Min., 20-cm-Alugusspfanne:

- 100 g Wasser
- 45 g Vollkorn-Spiralnudeln
- 145 g Süßkartoffel, klein geschnitten
- 250 g Aubergine, gewürfelt

Zum Schluss unterrühren und erhitzen, bis der Käse gelöst ist:

- 175 g Kichererbsenkochwasser
- 80 g Dänischer Weißkäse mit Blauschimmel

11651. Milchreis „Carob-Banane", April 2018

2 Portionen

- 25 g Agavendicksaft
- 180 g gekochter Milchreis, hier Cashewmilchreis II 11644
- 10 g Carobpulver, roh
- 125 g Banane, gewürfelt

Agavendicksaft, Reis und Carob mit einem Löffel verrühren, Bananenwürfel unterziehen. Auf zwei Schüsselchen verteilen.

Hinweis: Die Rohkostqualität des Carob ist wichtig, der üblich in Bi'oläden verkaufte nichtrohe Carob schmeckt völlig anders, also mir gar nicht.

11652. Nussschokocreme Carob Mischnuss III, April 2018

2 Honiggläser; Vorläufer 11634.

- 150 g Cashewbruch
- 100 g Mandeln
- 30 g Kakaopulver
- 10 g Carob Rohkostqualität
- 150 g Ahornsirup
- 265 g Wasser (davon 140 g Kichererbsenkochwasser)
- 1 Prise Salz

Im Vitamix mit dem Stößel gut durcharbeiten, bis es wirklich glatt ist. Dann ist die Masse leicht warm. In Gläser füllen und im Kühlschrank aufbewahren.

11653. Karamellsoße XIV „mehr", April 2018

1 Honigglas; Vorläufer 11633

- 355 g Wasser
- 245 g Sahne (250 g-Packung)
- 1/4 TL Salz
- 200 g Ahornsirup

Alle Zutaten in den Mixtopf geben und erhitzen (30 Min./Varoma/Stufe 5), dabei das Garkörbchen bis zum Ende als Spritzschutz verwenden und ein Küchentuch um den Deckel legen. In ein leeres Schraubglas füllen (etwa 1 Honigglas) und gut zudrehen. Gute Konsistenz nach 24 Std. Kühlschrank.

11654. Sesambrot mit Gewürz III, April 2018

Vorläufer 11631

Stufe 1 (12 Std. vorher):
Sauerteigansatz:

- 400 g Roggen
- 425 g Wasser
- 150 g Sauerteig

Stufe 2 (Backen, bei mir am Morgen):

- 100 g Roggen
- 225 g Dinkel
- 100 g Nackthafer
- 2 EL Kümmelsamen
- 15 g Salz
- 325 g Wasser
- 1/4 Würfel frische Hefe (= 10 g)
- 100 g Sesam ungeschält
- ca. 800 g Sauerteigansatz
- 20 g Butter für die Form

Stufe 1: Roggen fein mahlen, mit Wasser und altem Sauerteig mischen. In einer Plastiktüte über Nacht stehen lassen. 150 g von der Stufe 1 abnehmen und in einem gut schließenden Schraubglas in den Kühlschrank stellen für das nächste Backen.

Stufe 2: Getreide mischen. Mit dem ersten Teil das Brotgewürz mahlen, dann den Rest mahlen. Hefe in einem Teil des Wassers auflösen Zutaten (außer der Butter) mit einem großen Löffel gründlich verrühren, bis kein Mehl mehr sichtbar ist. Eine 30-cm-Brotform, Profi-Email von Dr. Oetker, gut einfetten. Teig hineingeben, mit der nassen Hand herunterdrücken und glattstreichen. Mit einem scharfen Messer einmal längs einschneiden. Form in eine Plastiktüte geben und etwa 75 Min. gehen lassen. Brot in den kalten Ofen schieben und 80 Min. bei 190 °C (Heißluft) backen.

11655. Vanilletaler, April 2018

Vorläufer 11553

- 100 g Butter
- 150 g Agavendicksaft
- 200 g Dinkel, fein gemahlen
- 250 g Nackthafer, fein gemahlen
- 1 Päckchen Weinsteinbackpulver
- 1 Prise Salz
- 1 geh. TL gem. Vanille
- 1/3 TL gem. Zimt

Butter in einer Pfanne erhitzen, bis sie flüssig ist. Die trockenen Zutaten miteinander mischen, Butter und Agavendicksaft zugeben und mit einem Handrührgerät, Rührbesen zu einem Teig verarbeiten. 15 Min. stehen lassen. Portionsweise Quader formen, 40 Min. in den Kühlschrank stellen und Stücke mit einem Messer abschneiden. Nebeneinander auf ein PerfectClean-Blech legen, in dieser Zeit den Ofen auf 160 °C (Heißluft) vorheizen. 15 Min. bei 160 °C backen und 5 Min. im ausgeschalteten Ofen nachbacken. Wenn sie lauwarm sind, auf einen Kuchenrost legen.

11656. Roter Jasminreis mit Gemüse, April 2018

Reis (40 Min.):
- 100 g roter Jasminvollkornreis
- 200 g Kichererbsenkochwasser

Gemüsepfanne (20-cm-Pfanne, 15 Min.):
- 50 g Kichererbsenkochwasser
- 120 g Lauchzwiebeln
- 90 g Süßkartoffel, in Streifen
- 2 Tomaten (265 g), gewürfelt

Abschmecken mit:
- 1 TL Salz
- 1-2 EL Sonnenblumenöl

11657. Brot mit Koriander, April 2018

Vorläufer 11654

Stufe 1 (12 Std. vorher):

Sauerteigansatz:
- 400 g Roggen
- 425 g Wasser
- 150 g Sauerteig

Stufe 2 (Backen, bei mir am Morgen):
- 100 g Roggen
- 200 g Dinkel
- 125 g Nackthafer
- 1,5 TL Koriandersamen
- 15 g Salz
- 325 g Wasser
- 1/4 Würfel frische Hefe (= 10 g)
- 20 g Sesam ungeschält
- 80 g Sonnenblumenkerne
- ca. 800 g Sauerteigansatz
- 20 g Butter für die Form

Stufe 1: Roggen fein mahlen, mit Wasser und altem Sauerteig mischen. In einer Plastiktüte über Nacht stehen lassen. 150 g von der Stufe 1 abnehmen und in einem gut schließenden Schraubglas in den Kühlschrank stellen für das nächste Backen.

Stufe 2: Siehe Vorlage 11654.

11658. Brownies à la Lebkuchenteig 21, April 2018

Vorläufer: 11649; Springform 26 cm

- 125 g Datteln (weiche aus dem Iran), ohne Kerne
- 125 g Sultaninen
- 200 g Feigen (neue Lieferung)
- 50 g grüne Rosinen
- 100 g Cointreau
- 400 g Wasser
- 1 Prise Salz
- 30 g Kakaopulver schwach entölt
- 10 g Carobpulver Rohkostqualität
- 200 g Dinkel, gemahlen (Mühle)
- 200 g Haselnüsse, gemahlen (TM, 8 Sek./Stufe 8)
- 2 bittere Aprikosenkerne, mit den Nüssen gemahlen
- 1 Päckchen Weinsteinbackpulver
- 1 TL Natron
- 35 g Mandelstifte

Glasur:

- 50 g Kakaobutter
- 35 g Honig
- 1 geh. EL Kakao Rohkostqualität
- 2 EL Mandelstifte

Trockenfrüchte in einer Pengdose mit der Flüssigkeit übergießen und etwa 12 Std. gut verschlossen stehen lassen. Die Fruchtmasse mit den Einweichflüssigkeiten im Vitamix oder einem anderen Mixer homogen mischen. Wer keinen Hochleistungsmixer hat, sollte die Stielchen von den Feigen vorher entfernen.

Die trockenen Zutaten mischen. Fruchtgemisch hinzugeben und mit den Rührhaken eines Handrührgeräts gut vermischen. In eine mit Backpapier überspannte Springform geben (vorzugsweise viereckig). In den auf 160 °C (Heißluft) Ofen einschieben vorgeheizten, 44 Min. bei 160 °C backen, 10 Min. nachbacken.

Für die Glasur Kakaobutter und Honig bei niedriger Temperatur in einer kleinen Keramikpfanne zerlassen (Stufe 3/14 Induktion), ab und an mit einem Schneebesen rühren und Kakao einarbeiten. Browniekuchen mit Guss bepinseln. Mandelstifte darüber streuen. In den Kühlschrank stellen, bis die Schokolade fest ist, was recht schnell geht. Ich bewahre den Kuchen im Kühlschrank auf.

11659. Cashewmilch aus dem Vitamix III, April 2018

Vorläufer 11643; 330 g

- 30 g Cashewnussbruch
- 1 Prise Salz
- 300 g Wasser

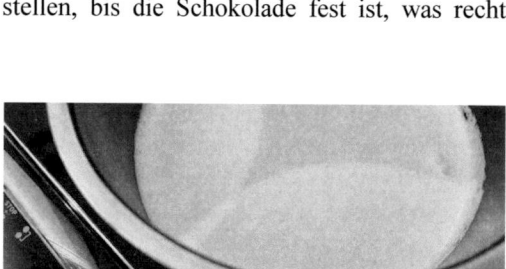

Im Vitamix auf der Hochleistungsstufe mixen, bis ganz glatt und warm.

11660. Cashewmilchreis III, April 2018

- 100 g Rundkorn-Naturreis
- 330 g Cashewmilch, hier Cashewmilch aus dem Vitamix III

40 Min. auf kleiner Flamme kochen/quellen lassen.

Tipp: *Es könnte ruhig noch etwas mehr Flüssigkeit sein.*

11661. Rhabarberkompott, April 2018

Als Gemüsepfanne 10 Min.:

- 30 g Wasser
- 10 g Agavendicksaft
- 190 g Rhabarber, in Stücken

11662. Reis mit Rhabarber, April 2018

2 Desserts

- 1 x Rhabarberkompott 11661
- 150 g Milchreis, hier Cashewmilchreis III 11660
- 20 g Sahne
- 15 g Agavendicksaft

Kompott auf zwei Schüsselchen verteilen, zwei Stücke zurückbehalten. Reis, Sahne und Agavendicksaft verrühren, mit einem Esslöffel eine große Noppe auf das Kompott setzen, mit Rhabarber dekorieren.

11663. Rhabarberreis, April 2018

2 Desserts

- 1 x Rhabarberkompott (mit 180 g Rhabarber und 25 g Agavendicksaft) 11661
- 1 TL Flohsamenschalen
- 190 g Milchreis, hier Cashewmilchreis III 11660
- 15 g Agavendicksaft

Vom Kompott vier Stücke zurückbehalten. Reis, Restkompott, Flohsamenschalen und Agavendicksaft verrühren, auf zwei Schüsselchen verteilen, mit Rhabarber dekorieren.

11664. Kartoffelauflauf mit Möhren und Zwiebel, April 2018

2 Portionen; Vorläufer 11641

Soße:
- 105 g gekochte Kichererbsen
- 50 g Frischkäse (Buko)
- 1 gestr. TL Salz
- 1 TL Paprika edelsüß
- 1 Prise gem. Gewürznelken
- 20 g Sahne
- 100 g Wasser

Fertigstellung:
- 150 g Mozzarella gerieben

Gemüse:
- 10 g Sonnenblumenöl
- 85 g Wasser
- 560 g Kartoffelscheiben
- 150 g Möhrenscheiben
- 30 g Zwiebeln, in Halbscheiben

Gemüse in einer 20-cm-Alugusspfanne 15 Min. als Gemüsepfanne dünsten, dabei das Gemüse schichten. Sobald die Zeit für die Gemüsepfanne gezählt wird, Ofen vorheizen auf 220 °C (Heißluft). Soßenzutaten im kleinen Mixer, hochstehendes Messer pürieren. Gemüsepfanne mit Soße begießen. Mit Käse abdecken, in den vorgeheizten Ofen schieben und 15 Min. bei 220 °C backen.

11665. Roter Reis mit Frühlingszwiebeln, April 2018

Reis (40 Min.):
- 100 g roter Jasminvollkornreis
- 200 g Wasser
- 10 g Sonnenblumenöl

Gemüsepfanne (20-cm-Keramikpfanne), 15 Min:
- 40 g Wasser
- 95 g Frühlingszwiebeln, klein geschnitten
- 1 Tomate (120 g), gewürfelt

Abschmecken mit:
- 1 TL Salz
- 1 Prise Pfeffer
- 15 g Sonnenblumenöl

11666. Cashewmilch aus dem Vitamix IV, April 2018

Ergibt 360 g. Vorläufer 11659.

- 30 g Cashewnussbruch
- 1 Prise Salz
- 1 Prise gem. Vanille
- 330 g Wasser

Im Vitamix auf der Hochleistungsstufe mixen, bis ganz glatt und warm.

11667. Cashewmilchreis IV, April 2018

- 100 g Rundkorn-Naturreis
- 360 g Cashewmilch, hier Cashewmilch aus dem Vitamix IV 1166

40 Min. auf kleiner Flamme kochen/quellen lassen.

Hinweis: *Es könnte ruhig noch etwas mehr Flüssigkeit sein.*

11668. Reis unter Ananas, April 2018

2 Desserts

- 155 g Milchreis, hier Cashewmilchreis IV
- 10 g Agavendicksaft
- 10 g Sahne
- 1 Prise gem. Zimt
- 175 g Ananas, gewürfelt
- 20 g Agavendicksaft
- Kokosstreifen

Reis, 10 g Süßmittel, Sahne und Zimt verrühren und auf zwei Schüsselchen verteilen. Ananaswürfel und 20 g Agavendicksaft in einem kleinen Mixer pürieren. Über den Reis geben. Mit Kokosstreifen bestreuen.

11669. Rhabarbergemüse, April 2018

- 40 g Bohnenkochwasser oder Wasser
- 50 g Zwiebel, gewürfelt
- 1 Tomate (80 g), gewürfelt
- 225 g Rhabarber, zerkleinert
- 20 g Cashewnüsse
- 1 TL Salz
- 1 Prise Pfeffer
- 15 g Sonnenblumenöl

Flüssigkeit, Zwiebeln und Tomate als Gemüsepfanne (20-cm-Keramikpfanne) 10 Min. dünsten. Rhabarber und Nüsse zugeben, weitere 10 Min. dünsten. Mit Salz, Pfeffer und Öl abschmecken.

11670. Brownies à la Lebkuchenteig 22, April 2018

Vorläufer: 11658; Springform 26 cm;

- 125 g Datteln (weiche aus dem Iran), ohne Kerne
- 125 g Sultaninen
- 200 g Feigen (neue Lieferung)
- 50 g grüne Rosinen
- 110 g Cointreau
- 390 g Wasser
- 1 Prise Salz
- 30 g Kakaopulver schwach entölt

- 10 g Carobpulver Rohkostqualität
- 200 g Dinkel, gemahlen (Mühle)
- 200 g Haselnüsse, gemahlen (TM, 8 Sek./Stufe 8)
- 2 bittere Mandeln, mit den Nüssen gemahlen
- 1 Päckchen Weinsteinbackpulver
- 1 TL Natron
- 30 g Mandelstifte

Glasur:
- 50 g Kakaobutter
- 35 g Honig
- 1 geh. EL Kakao Rohkostqualität
- 2 EL Mandelstifte

Trockenfrüchte in einer Pengdose mit der Likör-Wassermischung übergießen und etwa 12 Std. gut verschlossen stehen lassen. Die Frucht-

masse mit der Flüssigkeit im Vitamix oder einem anderen Mixer homogen mischen. Wer keinen Hochleistungs-mixer hat, sollte die Stielchen von den Feigen vorher entfernen.

Die trockenen Zutaten mischen. Fruchtgemisch hinzugeben und mit den Rührhaken eines Handrührgeräts gut vermischen. In eine mit Backpapier überspannte Springform geben (vorzugsweise viereckig). In den auf 160 °C (Heißluft) vorgeheizten Ofen einschieben, 44 Min. bei 160 °C backen, 10 Min. nachbacken.

Für die Glasur Kakaobutter und Honig bei niedriger Temperatur in einer kleinen Keramikpfanne zerlassen (Stufe 3/14 Induktion), ab und an mit einem Schneebesen rühren und Kakao einarbeiten. Browniekuchen mit Guss bepinseln. Mandelstifte darüber streuen. In den Kühlschrank stellen, bis die Schokolade fest ist, was recht schnell geht. Ich bewahre den Kuchen im Kühlschrank auf.

11671. Nussschokocremesoße, April 2018

2 Honiggläser; Vorläufer 11652
- 100 g Cashewnussbruch
- 50 g Mandeln
- 100 g Haselnüsse
- 30 g Kakaopulver
- 10 g Carob Rohkostqualität
- 150 g Ahornsirup
- 410 g Wasser (davon 105 g Bohnenkochwasser)
- 1 Prise Salz

Im Vitamix mit dem Stößel gut durcharbeiten, bis es wirklich glatt ist. Dann ist die Masse leicht warm. In Gläser füllen und im Kühlschrank aufbewahren.

11672. Milchreispitzbergen, April 2018

2 Portionen
- 235 gekochter Milchreis, hier Cashewmilchreis IV 11667
- 60 g Schokosoße, hier Nussschokocremesoße 11671
- 15 g + 10 g Agavendicksaft
- 140 g Ananas, vorgeschnitten
- 2 TL Schokoguss noch warm z. B. von Brownies à la Leb-kuchenteig 22, 11670

Milchreis, Schokosoße und 15 g Agavendicksaft verrühren und auf zwei Schüsselchen verteilen, dabei kleine Berge formen. Ananas und 10 g Agavendicksaft mit einem kleinen Mixer pürieren, an den Rand um die Reisberge geben. Schokosoße oben drüber gießen und sofort in den Kühlschrank stellen.

11673. Nudelrhabarber All-In-One, April 2018

Gemüsepfanne (20-cm-Aluguss), 15 Min.:

- 100 g Vollkorn-Spaghetti, in Stücke gebrochen
- 230 g Wasser
- 1/2 TL Salz
- 15 g Sonnenblumenöl
- 2 Tomaten (155 g), gewürfelt
- 220 g Rhabarber, in Stücken

Abschmecken mit:

- Salz
- Pfeffer
- 1 gestr. TL italienische Kräuter

11674. Kartoffelauflauf Paprika Zwiebeln, April 2018

2 Portionen; Vorläufer 11664

Gemüse:

- 20 g Sonnenblumenöl
- 75 g Wasser
- 480 g Kartoffeln, in Scheiben
- 1 rote Paprikaschote (170 g), gewürfelt
- 85 g Zwiebeln, in Halbscheiben

Soße:

- 30 g Cashewnüsse
- 100 g Wasser
- 1 TL Salz
- 1 Prise Pfeffer
- 1 TL Paprika edelsüß
- 1 Prise gem. Gewürznelken

Fertigstellung:

- 150 g Mozzarella gerieben

Gemüse in einer 20-cm-Alugusspfanne 15 Min. als Gemüsepfanne dünsten, dabei das Gemüse schichten. Sobald die Zeit für die Gemüsepfanne gezählt wird, Ofen vorheizen auf 200 °C (Heißluft). Im kleinen Mixer, hochstehendes Messer, Cashewnüsse mit Wasser 1 Min, pürieren. Restliche Soßenzutaten hinzufügen und nochmals 20-30 Sek. mixen. Gemüsepfanne mit Soße begießen. Mit Käse abdecken, in den vorgeheizten Ofen schieben und 15 Min. bei 200 °C backen.

11675. Paprika auf Reis, April 2018

Reis (40 Min.):

- 100 g Jasminvollkornreis
- 200 g Kichererbsenkochwasser
- 15 g Sonnenblumenöl

Gemüse (20 Min. in 20-cm-Keramikpfanne):

- 40 g Wasser
- 30 g Zwiebel, gehackt
- 115 g Kartoffel, gewürfelt
- 1 gelbe Paprikaschote, gewürfelt (165 g)

Abschmecken mit:

- 1 TL Salz
- 1 Prise Pfeffer
- 2 EL Sonnenblumenöl

11676. Karamellsoße XV „mehr", April 2018

1 Honigglas; Vorläufer 11653

- 360 g Wasser
- 245 g Sahne (250 g-Packung)
- 1/4 TL Salz
- 200 g Ahornsirup

Alle Zutaten in den TM-Mixtopf geben und erhitzen (30 Min./Varoma/Stufe 5), dabei das Garkörbchen bis zum Ende als Spritzschutz verwenden und ein Küchentuch um den Deckel legen. In ein leeres Schraubglas füllen (etwa 1 Honigglas) und gut zudrehen.

Hinweis: *Die Soße hat eine sehr schöne Konsistenz nach 24 Std. im Kühlschrank.*

11677. Reis mit Tomatencremesoße vegan, April 2018

Reis (40 Min.):

- 100 g Jasminvollkornreis
- 200 g Wasser

Gemüsepfanne (20 cm) 20 Min.:

- 35 g Wasser
- 300 g Tomaten, klein geschnitten

Tomatencremesoße vegan (im kleinen Mixer pürieren):

- 70 g gekochte Kichererbsen
- 1 TL Salz
- 1 TL Paprika edelsüß
- 1 Prise Pfeffer
- 10 g Tomatenmark
- 20 g Cashewnussbruch
- 1 scharf eingelegte Dattel
- 20 g Sonnenblumenöl
- 100 g Wasser

Soße unter die Tomaten rühren und aufkochen lassen.

11678. Cashewmilch aus dem Vitamix V, April 2018

Vorläufer 11666; ergibt 390 g.

- 30 g Cashewnussbruch
- 1 Prise Salz
- 1 Prise gem. Vanille
- 360 g Wasser

Im Vitamix auf der Hochleistungsstufe mixen, bis ganz glatt und warm, dann weiterverwenden z. B. zum Kochen.

11679. Cashewmilchreis V, April 2018

Vorläufer 11667

- 100 g Rundkorn-Naturreis
- 390 g Cashewmilch aus dem Vitamix V 11678

40 Min. auf kleiner Flamme kochen/quellen lassen.

11680. Nussschokocremesoße II, April 2018

2 Honiggläser; Vorläufer 11671

- 100 g Cashewnussbruch
- 150 g Mandeln
- 30 g Kakaopulver
- 10 g Carob Rohkostqualität
- 150 g Ahornsirup
- 350 g Wasser
- 1 Prise Salz

Herstellung wie Vorläufer. Weniger süß.

11681. Milchreis auf Mango, April 2018

2 Desserts

- 150 g Mango, klein geschnitten
- 190 g gekochter Milchreis
- 20 g Ahornsirup
- 2 Erdbeeren

Mango auf zwei Schüsselchen verteilen. Milchreis mit Ahornsirup verrühren und auf die Mangostücke geben. In die Mitte jeweils eine Erdbeere stecken.

11682. Nudeln Tomatensoße Kräuter All-In-One, April 2018

Pfanne:

- 100 g Vollkornspaghetti, in Stücke gebrochen
- 1 TL Salz
- 10 g Sonnenblumenöl
- 2 Tomaten (300 g), gewürfelt
- 10 g Sechs-Kräutermischung tiefgekühlt
- 200 g Kichererbsenkochwasser

Soße:

- 70 g gekochte Kichererbsen
- 1 Stück Essigpeperoni 7/4573
- 1 scharf eingelegte Dattel
- 10 g Tomatenmark
- 20 g Sonnenblumenöl
- 70 g Kichererbsenkochwasser
- 1/2 TL Salz

Als Gemüsepfanne (20-cm-Alugusspfanne) 15 Min. dünsten. Soßenzutaten im Mixer pürieren unterrühren und aufkochen.

11683. Brownies à la Lebkuchenteig 23, April 2018

Vorläufer: 11670; Springform 26 cm.

- 125 g Datteln (weiche aus dem Iran), ohne Kerne
- 125 g Sultaninen
- 200 g Feigen
- 50 g grüne Rosinen
- 105 g Cointreau
- 395 g Wasser
- 40 g Agavendicksaft
- 1 Prise Salz
- 40 g Kakaopulver schwach entölt
- 10 g Carobpulver Rohkostqualität
- 200 g Dinkel, gemahlen (Mühle)
- 200 g Haselnüsse, gemahlen (TM, 8 Sek./Stufe 8)
- 2 bittere Aprikosenkerne, mit den Nüssen gemahlen
- 1 Päckchen Weinsteinbackpulver
- 1 TL Natron
- 35 g Mandelstifte

Glasur:

- 50 g Kakaobutter
- 35 g Agavendicksaft
- 1 geh. EL Kakao
- 12 halbe Walnusskerne
- 1-2 EL geh. Haselnüsse

Trockenfrüchte in einer Pengdose mit der Likör-Wassermischung übergießen und etwa 12 Std. gut verschlossen stehen lassen. Die Fruchtmasse mit der Flüssigkeit im Vitamix oder einem anderen Mixer homogen mischen. Wer keinen Hochleistungsmixer hat, sollte die Stielchen von den Feigen vorher entfernen.

Die trockenen Zutaten mischen. Fruchtgemisch und Agavendicksaft hinzugeben und mit den Rührhaken eines Handrührgeräts gut vermischen. In eine mit Backpapier überspannte Springform geben (vorzugsweise viereckig). In den auf 160 °C (Heißluft) Ofen vorgeheizten einschieben und 44 Min. bei 160 °C backen, 10 Min. im ausgeschalteten Ofen nachbacken.

Für die Glasur Kakaobutter bei niedriger Temperatur in einer kleinen Keramikpfanne zerlassen (Stufe 3/14 Induktion), ab und an mit einem Schneebesen rühren, Agavendicksaft und Kakao einarbeiten. Browniekuchen mit Guss bepinseln. Mit Nüssen dekorieren und Haselnüsse darüber streuen. In den Kühlschrank stellen, bis die Schokolade fest ist, was recht schnell geht. Ich bewahre den Kuchen im Kühlschrank auf.

11684. Milchreisschichtler, April 2018

2 Desserts; insgesamt 240 g gekochter Milchreis

Schicht 1 (mit dem Löffel verrühren):

- 80 g gekochter Milchreis
- 20 g Nussschokocremesoße
- 7 g Ahornsirup

Schicht 2 (mit dem Löffel verrühren):

- 85 g gekochter Milchreis
- 20 g Karamellsoße
- 5 g Ahornsirup

Schicht 3:

- 50 g Erdbeeren
- 15 g Agavendicksaft
- 75 g gekochter Milchreis
- 2-3 TL Cashewnussbruch

Erdbeeren und Agavendicksaft mit einem kleinen Mixer pürieren. Mit einem Löffel mit dem Reis verrühren.

Die drei Schichten in ein Glas schichten. Cashewnussbruch auf die Erdbeerschicht streuen.

11685. Grüner Spargelauflauf mit Kartoffeln, April 2018

2 Portionen; Vorläufer 11674

Gemüse:

- 20 g Sonnenblumenöl
- 60 g Wasser
- 400 g Kartoffeln, in Scheiben
- 300 g grüner Spargel, unten 1-2 cm abgeschnitten, das untere Drittel geschält, in 2-3 cm große Stücke geschnitten.

Soße:

- 40 g Cashewnüsse
- 35 g Sahne
- 15 g Senf
- 100 g Wasser
- 1 TL Salz
- 1 Prise Pfeffer
- 7 g Ahornsirup

Fertigstellung:

- 150 g Mozzarella gerieben

Gemüse in einer 20-cm-Alugusspfanne 17 Min. als Gemüsepfanne dünsten, dabei das Gemüse schichten. Sobald die Zeit für die Gemüsepfanne gezählt wird, Ofen vorheizen auf 200 °C (Heißluft). Im kleinen Mixer, hochstehendes Messer, Zutaten 1 Min, pürieren. Gemüsepfanne mit Soße begießen. Mit Käse abdecken, in den vorgeheizten Ofen schieben und 15 Min. bei 200 °C backen. 5 Min. im ausgestellten Ofen nachbacken.

11686. Stiftbrot mit Mandeln, April 2018

Vorläufer 11657

Stufe 1 (12 Std. vorher):

Sauerteigansatz:

- 400 g Roggen
- 425 g Wasser
- 150 g Sauerteig

Stufe 2 (Backen, bei mir am Morgen):

- 100 g Roggen
- 175 g Dinkel
- 150 g Nackthafer
- 2 TL Brotgewürz ganz (Brecht)
- 15 g Salz
- 325 g Wasser
- 1/4 Würfel frische Hefe (= 10 g)
- 80 g Mandelstifte
- ca. 800 g Sauerteigansatz
- 20 g Butter für die Form

Stufe 1: Roggen fein mahlen, mit Wasser und altem Sauerteig mischen. In einer Plastiktüte über Nacht stehen lassen. 150 g von der Stufe 1 abnehmen und in einem gut schließenden Schraubglas in den Kühlschrank stellen für das nächste Backen.

Stufe 2: Getreide mischen. Mit dem ersten Teil das Brotgewürz mahlen, dann den Rest mahlen. Hefe in einem Teil des Wassers auflösen Zutaten (außer der Butter) mit einem großen Löffel gründlich verrühren, bis kein Mehl mehr sichtbar ist. Eine 30-cm-Brotform, Profi-Email von Dr. Oetker, gut einfetten. Teig hineingeben, mit der nassen Hand herunterdrücken und glattstreichen. Mit einem scharfen Messer kreuzweise längs einschneiden. Form in eine Plastiktüte geben und etwa 75 Min. gehen lassen. Brot in den kalten Ofen schieben und 80 Min. bei 190 °C (Heißluft) backen.

11687. Remouladiges Feiertagsdressing, Mai 2018

Für 2 Portionen Salat je 300 g Gemüse

- 20 g Sonnenblumenkerne
- 20 g Sonnenblumenöl
- 20 g Apfelessig
- 15 g Agavendicksaft
- 90 g Wasser

Mit einem kleinen Mixer, hochstehendes Messer pürieren.

11688. Nudel-Tomaten-Semilasagne, Mai 2018

Gemüse:

- 125 g Vollkornspaghetti, in Stücke gebrochen
- 1 TL Salz
- 250 g Kichererbsenkochwasser
- 120 g Lauchzwiebeln, in Ringen
- 3 Tomaten (465 g), gewürfelt

Soße:

- 35 g Cashewnussbruch
- 75 g gekochte Kichererbsen
- 25 g Sonnenblumenöl
- 10 g Agavendicksaft
- 10 g Apfelessig
- 100 g Kichererbsenkochwasser
- 1/2 TL Salz
- 1 Prise gem. Pfeffer
- 1 TL Paprika edelsüß
- 2 Prisen gem. Kümmel

Fertigstellung:
- 150 g ger. Mozarella

Als Gemüsepfanne (20-cm-Alugusspfanne) 12 Min. dünsten. Soßenzutaten im kleinen Mixer pürieren. Soße vorsichtig unter das Nudel-Gemüsegemisch rühren. Mit Käse abdecken, in den vorgeheizten Ofen schieben und 15 Min. bei 200 °C backen, 5 Min. im ausgestellten Ofen nachbacken.

11689. Linsen in Cremesoße, Mai 2018

Pfanne:
- 100 g rote Linsen
- 200 g Wasser
- 150 g Lauchzwiebel, in Ringen
- 1 Tomate (170 g), gewürfelt

Soße:
- 60 g gekochte Kichererbsen
- 30 g Sonnenblumenkerne
- 20 g Sonnenblumenöl
- 2 scharf eingelegte Datteln
- 1 Stück Essigpeperoni 7/4573
- 20 g Apfelessig
- 5 g Agavendicksaft
- 1 TL Salz
- 1 Prise Pfeffer

Als Gemüsepfanne (20 cm Alugusspfanne) 20 Min. dünsten. Soßenzutaten im kleinen Mixer pürieren, in die Pfanne einrühren.

11690. Mandelmilch aus dem Vitamix I, Mai 2018

Vorläufer 11678; ergibt 390 g.
- 30 g Mandeln, ungeschält
- 1 Prise Salz
- 1 Dattel Deglet Nour (ca. 8 g)
- 360 g Wasser

Im Vitamix auf der Hochleistungsstufe mixen, bis ganz glatt und warm.

Hinweis: *Ich habe mich heute entschlossen, keine Bio-Mandeln mehr zu kaufen. Ich habe es satt, dass alles extrem nach Bittermandel schmeckt und dass wir uns hier gelegentlich die Zähne ausbeißen, weil noch Schalenstücke drin herumschwirren.*

11691. Mandelmilchreis I, Mai 2018

Vorläufer 11679
- 100 g Rundkorn-Naturreis
- 390 g Mandelmilch aus dem Vitamix 11690

40 Min. auf kleiner Flamme kochen/quellen lassen.

11692. Milchreis mit Blaubeeren

2 Desserts
- 245 g gekochter Milchreis
- 20 g Sahne
- 20 g Agavendicksaft
- 1 Prise Zimt
- 90 g Blaubeeren

Zutaten ohne die Blaubeeren mit einem Löffel verrühren und auf zwei Schüsselchen verteilen. Blaubeeren am Rand entlang legen.

11693. Himbeerreis, Mai 2018

2 Portionen

- 75 g tiefgekühlte Himbeeren
- 180 g gekochter Mandelmilchreis 11691, noch heiß
- 20 g Agavendicksaft

Miteinander verrühren und auf zwei Schüsselchen verteilen.

11694. Brownies à la Lebkuchenteig 24, Mai 2018

Vorläufer: 11683; Springform 26 cm.

- 125 g Datteln (weiche aus dem Iran), ohne Kerne
- 125 g Sultaninen
- 200 g Feigen
- 50 g grüne Rosinen
- 110 g Cointreau
- 390 g Wasser
- 40 g Agavendicksaft
- 1 Prise Salz
- 40 g Kakaopulver schwach entölt
- 10 g Carobpulver Rohkostqualität
- 200 g Dinkel, gemahlen (Mühle)
- 200 g Haselnüsse, gemahlen (TM, 8 Sek./Stufe 8)
- 2 bittere Aprikosenkerne, mit den Nüssen gemahlen
- 1 Päckchen Weinsteinbackpulver
- 1 TL Natron
- 35 g geh. Haselnüsse

Glasur:

- 50 g Kakaobutter
- 35 g Agavendicksaft
- 1 geh. EL Kakao
- 1-2 EL geh. Haselnüsse

Trockenfrüchte in einer Pengdose mit der Likör-Wassermischung übergießen und etwa 12 Std. gut verschlossen stehen lassen. Die Fruchtmasse mit der Flüssigkeit im Vitamix oder einem anderen Mixer homogen mischen. Wer keinen Hochleistungsmixer hat, sollte die Stielchen von den Feigen vorher entfernen.

Die trockenen Zutaten mischen. Fruchtgemisch und Agavendicksaft hinzugeben und mit den Rührhaken eines Handrührgeräts gut vermischen. In eine mit Backpapier überspannte Springform geben (vorzugsweise viereckig). In den auf 160 °C (Heißluft) vorgeheizten Ofen einschieben und 44 Min. bei 160 °C backen, 10 Min. im ausgeschalteten Ofen nachbacken.

Für die Glasur Kakaobutter bei niedriger Temperatur in einer kleinen Keramikpfanne zerlassen (Stufe 3/14 Induktion), ab und an mit einem Schneebesen rühren, Agavendicksaft und Kakao einarbeiten. Browniekuchen mit Guss bepinseln. Mit Nüssen dekorieren und Haselnüsse darüber streuen. In den Kühlschrank stellen, bis die Schokolade fest ist, was recht schnell geht. Ich bewahre den Kuchen im Kühlschrank auf.

11695. HighCarb-Abendessen, Mai 2018

- 100 g Jasminvollkornreis
- 25 g Berglinsen
- 250 g Kichererbsenkochwasser
- 1 Tomate (140 g), gewürfelt
- 1 TL Salz
- 1 Scheibe Bergkäse (40 g), in Stückchen geschnitten

Reis, Linse, Tomate und Wasser zusammen 40 Min. dünsten. Salz und Käse unterziehen und leicht erhitzen, bis der Käse geschmolzen ist.

11696. Kohlrabi mit Kartoffeln im Auflauf, Mai 2018

2 Portionen; Vorläufer 11685

Gemüse:

- 20 g Sonnenblumenöl
- 70 g Wasser
- 390 g Kartoffeln, in Scheiben
- 295 g Kohlrabi, in Stiften

Soße:

- 80 g gekochte Kichererbsen
- 100 g Wasser
- 1 TL Salz
- 1 Prise Pfeffer
- 8 g Ahornsirup
- 1 LS gem. Kümmel
- 1 LS gem. Koriander
- 30 g Sonnenblumenkerne
- 20 g Sonnenblumenöl
- 20 g Apfelessig
- 1 scharf eingelegte Dattel

Fertigstellung:

- 150 g Mozzarella gerieben

Gemüse in einer 20-cm-Alugusspfanne 15 Min. als Gemüsepfanne dünsten. Sobald die Gemüsepfanne noch ca. 12 Min. hat, Ofen vorheizen auf 190 °C (Heißluft). Im kleinen Mixer, hochstehendes Messer, Zutaten 1 Min. pürieren. Gemüsepfanne mit Soße begießen. Mit Käse abdecken, in den vorgeheizten Ofen schieben und 15 Min. bei 190 °C backen. 5 Min. im ausgestellten Ofen nachbacken.

11697. Sauerteigbrot mit Hafer und Sesam, Mai 2018

Vorläufer 11686

Stufe 1 (12 Std. vorher):

Sauerteigansatz:

- 400 g Roggen
- 425 g Wasser
- 150 g Sauerteig

Stufe 2 (Backen, bei mir am Morgen):

- 100 g Roggen
- 150 g Dinkel
- 175 g Nackthafer
- 1 EL Brotgewürz ganz (Brecht)
- 15 g Salz
- 300 g Wasser
- 1/4 Würfel frische Hefe (= 10 g)
- 105 g Sesam ungeschält
- ca. 800 g Sauerteigansatz
- 20 g Butter für die Form

Stufe 1: Roggen fein mahlen, mit Wasser und altem Sauerteig mischen. In einer Plastiktüte über Nacht stehen lassen. 150 g von der Stufe 1 abnehmen und in einem gut schließenden Schraubglas in den Kühlschrank stellen für das nächste Backen.

Stufe 2: Getreide mischen. Mit dem ersten Teil das Brotgewürz mahlen, dann den Rest mahlen. Hefe in einem Teil des Wassers auflösen Zutaten (außer der Butter) mit einem großen Löffel gründlich verrühren, bis kein Mehl mehr sichtbar ist. Eine 30-cm-Brotform, Profi-Email von Dr. Oetker, gut einfetten. Teig hineingeben, mit der nassen Hand herunterdrücken und glattstreichen. Mit einem scharfen Messer kreuzweise längs einschneiden. Form in eine Plastiktüte geben und etwa 75 Min. gehen lassen. Brot in den kalten Ofen schieben und 80 Min. bei 190 °C (Heißluft) backen.

11698. Cashewmilch aus dem Vitamix VI, Mai 2018

Vorläufer 11678

- 30 g Cashewnussbruch
- 1 Prise Salz
- 370 g Wasser

Im Vitamix auf der Hochleistungsstufe mixen, bis ganz glatt und warm.

11699. Cashewmilchreis VI, Mai 2018

Vorläufer 11679

- 100 g Rundkorn-Naturreis
- Cashewmilch aus dem Vitamix VI

40 Min. auf kleiner Flamme kochen/quellen lassen.

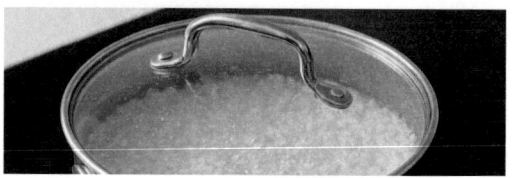

11700. Nussschokocremesoße III (klein), Mai 2018

1 Honigglas; Vorläufer 11680

- 45 g Cashewnussbruch
- 80 g Sonnenblumenkerne
- 15 g Kakaopulver
- 10 g Carob Rohkostqualität
- 75 g Ahornsirup
- 175 g Wasser
- 1 Prise Salz

Im Vitamix mit dem Stößel gut durcharbeiten, bis es wirklich glatt ist. Dann ist die Masse leicht warm. In Gläser füllen und im Kühlschrank aufbewahren.

Hinweis: *Die Soße ist nicht süß genug. Weil weniger Cashew?*

11701. Reis-Mark-Dessert, Mai 2018

2 Portionen

- 200 g gekochter Milchreis (mit Cashewmilch)
- 40 g Sahne
- 20 g Agavendicksaft
- 100 g Apfel-Mango-Mark aus dem Glas
- 1 TL Kakaonibs

Reis mit Sahne, Dicksaft und Mark verrühren. Auf zwei Schüsselchen verteilen und Kakaonibs in die Mitte streuen.

11702. Brownies à la Lebkuchenteig 25, Mai 2018

Vorläufer: 11694; Springform 26 cm.

- 125 g Datteln (weiche aus dem Iran), ohne Kerne
- 125 g Sultaninen
- 200 g Feigen
- 50 g grüne Rosinen
- 110 g Cointreau
- 390 g Wasser
- 40 g Agavendicksaft
- 1 Prise Salz
- 40 g Kakaopulver schwach entölt
- 10 g Carobpulver Rohkostqualität
- 250 g Dinkel, gemahlen (Mühle)
- 50 g Nackthafer, mit Dinkel gemahlen
- 200 g Haselnüsse, gemahlen (TM, 8 Sek./Stufe 8)
- 2 bittere Aprikosenkerne, mit den Nüssen gemahlen
- 1 Päckchen Weinsteinbackpulver

- 1 TL Natron
- 35 g geh. Haselnüsse

Glasur:
- 50 g Kakaobutter
- 35 g Agavendicksaft
- 1 geh. EL Kakao
- 1-2 EL geh. Haselnüsse

Trockenfrüchte in einer Pengdose mit der Likör-Wassermischung übergießen und etwa 12 Std. gut verschlossen stehen lassen. Die Fruchtmasse mit der Flüssigkeit im Vitamix oder einem anderen Mixer homogen mischen. Wer keinen Hochleistungsmixer hat, sollte die Stielchen von den Feigen vorher entfernen.

Die trockenen Zutaten mischen. Fruchtgemisch und Agavendicksaft hinzugeben und mit den Rührhaken eines Handrührgeräts gut vermischen. In eine mit Backpapier überspannte Springform geben (vorzugsweise vier-eckig). In den auf 160 °C (Heißluft) vorgeheizten Ofen einschieben und 44 Min. bei 160 °C backen, 10 Min. im ausgeschalteten Ofen nachbacken.

Für die Glasur Kakaobutter bei niedriger Temperatur in einer kleinen Keramikpfanne zerlassen (Stufe 3/14 Induktion), ab und an mit einem Schneebesen rühren, Agavendicksaft und Kakao einarbeiten. Browniekuchen mit Guss bepinseln. Mit Nüssen dekorieren und Haselnüsse darüber streuen. In den Kühlschrank stellen, bis die Schokolade fest ist, was recht schnell geht. Ich bewahre den Kuchen im Kühlschrank auf.

11703. Karamellsoße XVI „mehr", Mai 2018

1 Honigglas; Vorläufer 11676
- 365 g Wasser
- 245 g Sahne (250 g-Packung)
- 1/4 TL Salz
- 195 g Agavendicksaft

Alle Zutaten in den Mixtopf geben und erhitzen (30 Min./Varoma/Stufe 5), dabei das Garkörbchen bis zum Ende als Spritz-schutz verwenden und ein Küchentuch um den Deckel legen. In ein leeres Schraubglas füllen (etwa 1 Honigglas) und gut zudrehen.

Hinweis: *Die Soße ist dünnflüssiger als mit Ahornsirup 200 g und 360 g Wasser.*

11704. Süßkartoffel mit Kartoffeln im Auflauf, Mai 2018

2 Portionen; Vorläufer 11696

Gemüse:
- 10 g Sonnenblumenöl
- 90 g Kichererbsenkochwasser
- 430 g Kartoffeln, in Scheiben
- 265 g Süßkartoffeln, in Stiften

Soße:
- 100 g gekochte Kichererbsen
- 135 g Kichererbsenkochwasser
- 1 TL Salz
- 1 Prise Pfeffer
- 1 Prise gem. Gewürznelke
- 55 g Sahne
- 1 scharf eingelegte Dattel

Fertigstellung:
- 150 g Mozzarella gerieben

Gemüse in einer 20-cm-Alugusspfanne 15 Min. als Gemüsepfanne dünsten. Sobald die Gemüsepfanne noch ca. 12 Min. hat, Ofen vorheizen auf 190 °C (Heißluft). Im kleinen Mixer, hochstehendes Messer, Zutaten 1 Min. pürieren. Gemüsepfanne mit Soße begießen. Mit Käse abdecken, in den vorgeheizten Ofen schieben und 15 Min. bei 190 °C backen. 5 Min. im ausgestellten Ofen nachbacken.

11705. Sauerteigbrot mit Hafer und Sonne, Mai 2018

Vorläufer 11697

Stufe 1 (12 Std. vorher):

Sauerteigansatz:

- 400 g Roggen
- 425 g Wasser
- 150 g Sauerteig

Stufe 2 (Backen, bei mir am Morgen):

- 100 g Roggen
- 175 g Dinkel
- 150 g Nackthafer
- 1 EL Brotgewürz ganz (Brecht)
- 15 g Salz
- 300 g Wasser
- 1/4 Würfel frische Hefe (= 10 g)
- 100 g Sonnenblumenkerne
- ca. 800 g Sauerteigansatz
- 20 g Butter für die Form

Stufe 1: Roggen fein mahlen, mit Wasser und altem Sauerteig mischen. In einer Plastiktüte über Nacht stehen lassen. 150 g von der Stufe 1 abnehmen und in einem gut schließenden Schraubglas in den Kühlschrank stellen für das nächste Backen.

Stufe 2: Getreide mischen. Mit dem ersten Teil das Brotgewürz, dann den Rest mahlen. Hefe in einem Teil des Wassers auflösen Zutaten (außer der Butter) mit einem großen Löffel gründlich verrühren, bis kein Mehl mehr sichtbar ist. Eine 30-cm-Brotform, Profi-Email von Dr. Oetker, gut einfetten. Teig hineingeben, mit der nassen Hand herunterdrücken und glattstreichen. Mit einem scharfen Messer kreuzweise längs einschneiden. Form in eine Plastiktüte geben und etwa 90 Min. gehen lassen. Brot in den kalten Ofen schieben und 80 Min. bei 190 °C (Heißluft) backen.

11706. Nussschokocremesoße IV (klein), Mai 2018

1 Honigglas, Vorläufer 11700.

- 65 g Cashewnussbruch
- 60 g Sonnenblumenkerne
- 15 g Kakaopulver
- 10 g Carob Rohkostqualität
- 75 g Ahornsirup
- 185 g Wasser
- 1 Prise Salz

Im Vitamix mit dem Stößel gut durcharbeiten, bis es wirklich glatt ist. Dann ist die Masse leicht warm. In Gläser füllen und im Kühlschrank aufbewahren.

11707. Leichtes Remouladendressing, Mai 2018

Für 2 große Portionen Salat

Im kleinen Mixer pürieren:

- 30 g Cashewnussbruch
- 20 g Zitronensaft
- 20 g Sonnenblumenöl
- 1 gestr. TL Salz
- 1 Prise Pfeffer
- 5 g Agavendicksaft

11708. Hummus sonnig, Mai 2018

- 50 g gekochte Kichererbsen
- 20 g Sonnenblumenkerne
- 10 g Sonnenblumenöl
- 10 g Zitronensaft
- 1/2 TL Salz
- 1 Prise Pfeffer
- 3 g Essigpeperoni 7/4573
- 2 g Senf
- 40 g Kichererbsenkochwasser

Zutaten im kleinen Mixer mit dem hochstehenden Messer 1 Min. pürieren.

11709. Haferfladen fix, Mai 2018

- 75 g Nackthafer, grob gemahlen (Hawos 3/10)
- 10 g Chiasamen
- 1 Prise Salz
- 4 g Trockenhefe (1/2 Päckchen)
- 100 g Kichererbsenwasser

Zutaten mit einem Löffel verrühren. Eine kleine Pizzaform (18 cm) mit Backpapier auslegen. Teig darauf verstreichen. In eine Plastiktüte stecken und ca. 45-60 Min. gehen lassen. In den kalten Ofen (Heißluft) stellen und 25 Min. bei 160 °C backen, 5 Min. im ausgestellten Ofen nachbacken.

Tipp: Bei einem nächsten Mal würde ich bei 170 °C backen.

11710. Brownies à la Lebkuchenteig 26, Mai 2018

Vorläufer: 11702; Springform 26 cm.

- 125 g Datteln (weiche aus dem Iran), ohne Kerne
- 125 g Sultaninen
- 200 g Feigen
- 50 g grüne Rosinen
- 160 g Cointreau
- 440 g Wasser
- 40 g Agavendicksaft
- 1 Prise Salz
- 40 g Kakaopulver schwach entölt
- 10 g Carobpulver Rohkostqualität
- 150 g Dinkel, gemahlen (Mühle)
- 50 g Nackthafer, mit dem Dinkel gemahlen
- 180 g Haselnüsse, gemahlen (TM, 8 Sek./Stufe 8)
- 2 bittere Aprikosenkerne, mit den Nüssen gemahlen
- 1 Päckchen Weinsteinbackpulver
- 1 TL Natron

Glasur siehe Vorläufer, Sonnenblumenkerne statt Nüsse.

Trockenfrüchte in einer Pengdose mit der Likör-Wassermischung übergießen und etwa 12 Std. gut verschlossen stehen lassen. Die Fruchtmasse mit der Flüssigkeit im Vitamix oder einem anderen Mixer homogen mischen. Wer keinen Hochleistungsmixer hat, sollte die Stielchen von den Feigen vorher entfernen.

Die trockenen Zutaten mischen. Fruchtgemisch und Agavendicksaft hinzugeben und mit den Rührhaken eines Handrührgeräts gut vermischen. In eine mit Backpapier überspannte Springform geben (vorzugsweise viereckig). In den auf 160 °C (Heißluft) Ofen einschieben und 44 Min. bei 160 °C backen, 10 Min. im ausgeschalteten Ofen nachbacken.

Glasur siehe Vorläufer, mit Sonnenblumenkernen bestreuen.

11711. Weißer Spargelauflauf mit Kartoffeln, Mai 2018

2 Portionen; Vorläufer 11685.

Gemüse:
- 10 g Sonnenblumenöl
- 80 g Wasser
- 400 g Kartoffeln, in Scheiben
- 365 g weißer Spargel, in 0,5-0,7 cm große Stücke geschnitten.

Soße:
- 75 g gekochte Kichererbsen
- 20 g Sahne
- 80 g Wasser
- 45 g Frischkäse
- 1 TL Salz
- 1 Prise Pfeffer
- 20 g Zitronensaft

Fertigstellung:
- 4 Scheiben alter Gouda (130 g)

Gemüse in einer 20-cm-Alugusspfanne 17 Min. als Gemüsepfanne dünsten, dabei das Gemüse schichten. Sobald die Zeit für die Gemüsepfanne gezählt wird, Ofen vorheizen auf 200 °C (Heißluft). Im kleinen Mixer, hochstehendes Messer, Zutaten 1 Min, pürieren. Gemüsepfanne mit Soße begießen. Mit Käse abdecken, in den vorgeheizten Ofen schieben und 15 Min. bei 200 °C backen. 10 Min. im ausgestellten Ofen nachbacken.

11712. Waldstaudenroggen-Fladen, Mai 2018

- 75 g Waldstaudenroggen, fein gemahlen
- 10 g Chiasamen
- 1 Prise Salz
- 4 g Trockenhefe (1/2 Päckchen)
- 100 g Wasser

Zutaten mit einem Löffel verrühren. In einer geschlossenen Plastikdose 70-90 Min. gehen lassen. Eine kleine Pizzaform (20 cm) mit Backpapier auslegen. Teig mit einem nassen Löffel darauf verstreichen. In den kalten Ofen (Heißluft) stellen und 30 Min. bei 175 °C backen, 5 Min. im ausgestellten Ofen nachbacken.

11713. Linsenhummus sonnig, Mai 2018

- 1 Knoblauchzehe (13 g, frischer Knoblauch: zu viel)
- 20 g Sonnenblumenkerne
- 130 g gekochte rote Linsen
- 10 g Sonnenblumenöl
- 10 g Zitronensaft
- 1/2 TL Salz
- 1 Prise Pfeffer
- 45 g Wasser

Im kleinen Mixer mit dem hochstehenden Messer 1 Min. pürieren.

Hinweis: *Auffallend ist, wie viel mehr Linsen im Vergleich zu Kichererbsen ich benötige.*

11714. Kleiner Kohlrabisalat aus dem TM, Mai 2018

2 Portionen

- 15 g Sonnenblumenöl
- 10 g Agavendicksaft
- 10 g Zitronensaft
- 1/2 TL Salz
- 1 Prise Pfeffer
- 350 g Kohlrabi, vorgeschnitten
- 15 g Haselnüsse, ganz

Alles zusammen im TM zerkleinern (5 Sek./Stufe 5).

11715. Nussschokocremesoße aus dem TM I, Mai 2018

2 Honiggläser; Vorläufer 11706

- 125 g Cashewnussbruch
- 125 g Sonnenblumenkerne
- 30 g Kakaopulver
- 20 g Carob Rohkostqualität
- 170 g Honig
- 350 g Wasser
- 1 Prise Salz

Cashews und Kerne zerkleinern (8 Sek./Stufe 8). Restliche Zutaten hinzufügen und 2 x 60 Sek./Stufe 10 rühren lassen. (Beim nächsten Mal 3 Min. versuchen).

11716. Nudeln in Hummus, Mai 2018

- 100 g Vollkorn-Spiralnudeln
- 250 g Kichererbsenkochwasser
- 1/2 TL Salz
- 1-2 geh. EL Hummus (hier: Linsenhummus sonnig 11713)

Nudeln in einer 20-cm-Alugusspfanne mit Kochwasser und Salz als Gemüsepfanne 10 Min. garen (das Wasser sollte etwas sprudeln). Hummus unterrühren, bis sich die Masse gelöst hat.

11717. Brownies à la Lebkuchenteig 27, Mai 2018

Vorläufer: 11702; Springform 26 cm; ist ein Mitbringsel = Geschenk.

- 125 g Datteln (weiche aus dem Iran), ohne Kerne
- 125 g Sultaninen
- 200 g Feigen
- 50 g grüne Rosinen
- 500 g Wasser
- 30 g Agavendicksaft
- 1 Prise Salz
- 40 g Kakaopulver schwach entölt
- 10 g Carobpulver Rohkostqualität
- 150 g Dinkel, gemahlen (Mühle)
- 50 g Nackthafer, mit Dinkel gemahlen
- 170 g Haselnüsse, gemahlen (TM, 8 Sek./Stufe 8)
- 2 bittere Aprikosenkerne, mit den Nüssen gemahlen
- 1 Päckchen Weinsteinbackpulver
- 1 TL Natron
- 35 g Sonnenblumenkerne

Zubereitung siehe 11702. Für die Glasur siehe ebenfalls 11702, aber nimm Sonnenblumenkerne statt Nüsse.

11718. Sauerteigbrot mit Wildstaudenroggen, Mai 2018

Vorläufer 11697

Stufe 1 (12 Std. vorher):

Sauerteigansatz:

- 400 g Wildstaudenroggen
- 425 g Wasser
- 150 g Sauerteig

Stufe 2 (Backen, bei mir am Morgen):

- 250 g Wildstaudenroggen
- 175 g Dinkel
- 175 g Nackthafer
- 15 g Salz
- 325 g Wasser
- 1/4 Würfel frische Hefe (= 10 g)
- 100 g Sonnenblumenkerne
- ca. 800 g Sauerteigansatz
- 20 g Butter für die Form

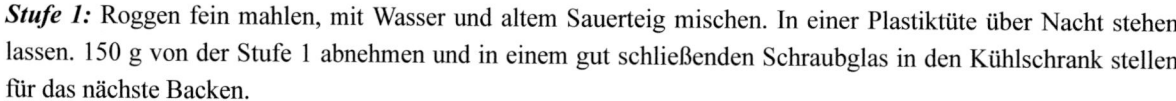

Stufe 1: Roggen fein mahlen, mit Wasser und altem Sauerteig mischen. In einer Plastiktüte über Nacht stehen lassen. 150 g von der Stufe 1 abnehmen und in einem gut schließenden Schraubglas in den Kühlschrank stellen für das nächste Backen.

Stufe 2: Getreide mischen und mahlen. Hefe in einem Teil des Wassers auflösen Zutaten (außer der Butter) mit einem großen Löffel gründlich verrühren, bis kein Mehl mehr sichtbar ist. Eine 30-cm-Brotform, Profi-Email von Dr. Oetker, gut einfetten. Teig hineingeben, mit der nassen Hand herunterdrücken und glattstreichen. Mit einem scharfen Messer kreuzweise längs einschneiden. Form in eine Plastiktüte geben und etwa 90 Min. gehen lassen. Brot in den kalten Ofen schieben und 80 Min. bei 190 °C (Heißluft) backen.

11719. Karamellsoße XVI „mehr", Mai 2018

1 Honigglas; Vorläufer 11703

- 360 g Wasser
- 245 g Sahne (250 g-Packung)
- 1/4 TL Salz
- 195 g Agavendicksaft

Alle Zutaten in den Mixtopf geben und erhitzen (30 Min./Varoma/Stufe 5), dabei das Garkörbchen bis zum Ende als Spritzschutz verwenden und ein Küchentuch um den Deckel legen. In ein leeres Schraubglas füllen (etwa 1 Honigglas) und gut zudrehen.

11720. Linsenhummus sonnig II, Mai 2018

Vorläufer 11713.

- 1 Knoblauchzehe (2 g)
- 20 g Sonnenblumenkerne
- 100 g gekochte rote Linsen
- 15 g Sonnenblumenöl
- 10 g Zitronensaft
- 1/2 TL Salz
- 1 Prise Pfeffer
- 20 g Wasser

Linsen kochen, davon 100 g abnehmen (gekocht 25 Min.; 1 Teil Linsen/2 Teile Wasser). Im kleinen Mixer, hochstehendes Messer, 1 Min. pürieren.

11721. Nussschokocremesoße aus dem TM II, Mai 2018

2 Honiggläser; Vorläufer 11715

- 150 g Cashewnussbruch
- 100 g Sonnenblumenkerne
- 30 g Kakaopulver
- 20 g Carob Rohkostqualität
- 160 g Agavendicksaft
- 350 g Wasser
- 1 Prise Salz

Cashews und Kerne zerkleinern (8 Sek./Stufe 8). Restliche Zutaten hinzufügen und 3 Min./Stufe 10 rühren lassen. Wird superglatt.

11722. Linsenhummus sonnig III, Mai 2018

- 1 Knoblauchzehe (5 g), in Essig eingelegt
- 20 g Sonnenblumenkerne
- 125 g gekochte rote Linsen
- 20 g Sonnenblumenöl
- 20 g Zitronensaft
- 1 gestr. TL Salz
- 1 Prise Pfeffer
- 35 g Wasser (könnte weniger sein)

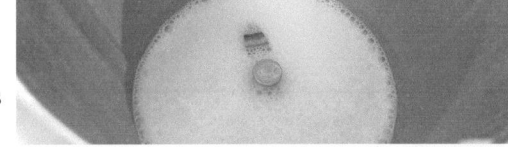

Für die Linsen eine ausreichende Menge in Wasser im Verhältnis 1 Teil Linsen zu 2 Teilen Wasser 25 Min. kochen. Leicht abkühlen lassen. Im kleinen Mixer, hochstehendes Messer, 1 Min. pürieren.

11723. Cashewmilch aus dem Thermomix I, Mai 2018

- 30 g Cashewnüsse
- 370 g Wasser

Cashewnüsse über Nacht im Wasser einweichen. Morgens pürieren (2 Min./Stufe 10).

11724. Cashewmilchreis VII, Mai 2018

- 100 g Rundkorn-Naturreis
- 1 x Cashewmilch aus dem Thermomix I (400 g, d. h. die gesamte Milch aus 11723)

In einem kleinen Topf aufkochen und 40 Min. auf kleiner Flamme kochen/quellen lassen.

11725. Apfelauge in Milchreis, Mai 2018

2 Desserts

Reis

- 150 g Milchreis
- 20 g Sahne
- 10 g + 10 g Agavendicksaft

Apfelmasse

- 1/2 Apfel (65 g), vorgeschnitten
- 10 g Zitronensaft
- 15 g Wasser

Die Zutaten (10 g Agavendicksaft) für den Reis mit einem Löffel verrühren. Auf zwei Schälchen verteilen und eine Vertiefung in die Mitte drücken. Die Zutaten der Apfelmasse mit 10 g Agavendicksaft mit einem kleinen Mixer pürieren. In die „Reislöcher" füllen und im Kühlschrank aufbewahren.

11726. Flageolethummus sonnig, Mai 2018

Vorläufer 11722

- 1 Knoblauchzehe (7 g), in Essig eingelegt
- 20 g Sonnenblumenkerne
- 125 g gekochte Flageoletbohnen
- 20 g Sonnenblumenöl
- 20 g Zitronensaft
- 10 g Tamari
- 1 gestr. TL Salz
- 1 Prise Pfeffer
- 1 Prise Kreuzkümmel gem.
- 15 g Wasser (könnte weniger sein)

Für die Bohnen eine ausreichende Menge im Verhältnis Schnellkochtopf 35 Min. kochen. Leicht abkühlen lassen. Mit den anderen Zutaten im kleinen Mixer, hochstehendes Messer, 1 Min. pürieren.

11727. Vegane Petersilien-Remoulade, Mai 2018

2 Portionen

- 30 g Cashewnüsse
- 20 g Sonnenblumenöl
- 20 g Zitronensaft
- 1/2 TL Salz
- 1 Prise Pfeffer
- 50 g Wasser
- 2 TL TK-Petersilie (4 g)

Zutaten ohne die Petersilie im kleinen Mixer, hoch stehendes Messer pürieren. Petersilie mit einem Löffel unterrühren.

11728. Milchreis unter Blaubeerdeckel, Mai 2018

2 Desserts

- 20 g Sahne
- 5 + 5 g Agavendicksaft
- 150 g Milchreis, gekocht
- 90 g Blaubeeren
- Cashewnussbruch

Sahne, 5 g Agavendicksaft und Milchreis mit dem Löffel verrühren. Auf zwei Schüsselchen verteilen. Blaubeeren mit 5 g Agavendicksaft im kleinen Mixer pürieren, über den Reis geben. Mit Cashewnüssen dekorieren.

11729. Brownies à la Lebkuchenteig 28, Juni 2018

Vorläufer: 11702; Springform 26 cm

- 125 g Datteln (weiche aus dem Iran), ohne Kerne
- 125 g Sultaninen
- 200 g Feigen
- 50 g grüne Rosinen
- 100 g Wasser
- 400 g Rotwein
- 50 g Agavendicksaft
- 1 Prise Salz
- 40 g Kakaopulver schwach entölt
- 10 g Carobpulver Rohkostqualität
- 135 g Dinkel, gemahlen (Mühle)
- 65 g Nackthafer, mit Dinkel gemahlen
- 150 g Haselnüsse, gemahlen (TM, 8 Sek./Stufe 8)
- 2 bittere Aprikosenkerne, mit den Nüssen gemahlen

- 1 Päckchen Weinsteinbackpulver
- 1 TL Natron
- 30 g Haselnüsse gehackt

Glasur:
- 50 g Kakaobutter
- 35 g Agavendicksaft
- 1 EL Kakao
- 1 TL Carob, Rohkostqualität
- 1-2 EL Sonnenblumenkerne

Zubereitung siehe 11702.

Für die Glasur Kakaobutter bei niedriger Temperatur in einer kleinen Keramikpfanne zerlassen (Stufe 3/14 Induktion), ab und an mit einem Schneebesen rühren, Agavendicksaft, Carob und Kakao einarbeiten. Brownie-kuchen mit Guss bepinseln. Kerne auf die noch feuchte Glasur streuen. Die Schokolade wird auch außerhalb des Kühlschranks fest. Ich bewahre den Kuchen im Kühlschrank auf.

11730. Milchreis unter Aprikosendeckel, Juni 2018

2 Portionen

Reis (mit einem Löffel verrühren und auf 2 Schüsselchen verteilen):
- 10 g Agavendicksaft
- 150 g Milchreis, gekocht

Aprikosendeckel (kleiner Mixer)
- 2 Aprikosen (130 g)
- 35 g Agavendicksaft

Deko
- Walnussstücke

11731. Rote Linsen mit Kräuterseitling, Juni 2018

Als Gemüsepfanne (20-cm-Alugusspfanne, 20 Min.):
- 100 g rote Linsen
- 150 g Kräuterseitlinge in Scheiben
- 7 g Knoblauch, gehackt
- 210 g Wasser

Abschmecken mit:
- 1 EL Hummus z. B. 11726
- 15 g Zitronensaft
- 1 TL Salz

11732. Hummus sonnig aus dem TM, Juni 2018

Vorläufer 11708

- 200 g gekochte Kichererbsen
- 60 g Sonnenblumenkerne
- 30 g Sonnenblumenöl
- 30 g Zitronensaft
- 1 TL Salz
- 1 Prise Pfeffer
- 1 Prise Kreuzkümmel, gemahlen
- 120 g Kichererbsenkochwasser
- 1 x Knoblauch (ca. 7 g)

Die Menge ist wohl zu klein, um im Thermomix was zu werden. :-(Ich habe dann die Masse in zwei Portionen im kleinen Mixer glatt geschlagen. Vielleicht wäre es einfacher gewesen, wenn ich vorher die Sonnenblumenkerne gemahlen hätte. Trotzdem unschön.

11733. Nussschokocremesoße aus dem TM III, Juni 2018

2 Honiggläser; Vorläufer 11721

- 150 g Cashewnussbruch
- 100 g Sonnenblumenkerne
- 30 g Kakaopulver
- 20 g Carob Rohkostqualität
- 155 g Agavendicksaft
- 365 g Wasser

Cashews und Kerne zerkleinern (8 Sek./Stufe 8). Restliche Zutaten hinzufügen und 3 Min./Stufe 10 rühren lassen.

11734. Kakao aus dem Thermomix, Juni 2018

- 60 g Nussschokocremesoße z. B. 11733
- 10 g Kakaonibs (2 TL)
- 18 g Nackthafer (3 TL)
- 12 g Cashewnüsse (2 TL)
- 5 g Ingwer
- 15 g Agavendicksaft
- mit kochenden Wasser auffüllen auf 500 g

Alle Zutaten in den TM geben. 3 Min/Stufe 10 laufen lassen.

11735. Hummusmilch, Juni 2018

- 40 g Hummus z. B. 11732
- 240 g Kichererbsenkochwasser

Im TM schlagen 30 Sek./Stufe 10.

Tipp: *Ich habe Nudeln darin gekocht, schmeckte gut.*

11736. Sauerteigbrot Wildstaudenroggen, Juni 2018

Vorläufer 11718

Stufe 1 (12 Std. vorher):

Sauerteigansatz:

- 400 g Wildstaudenroggen
- 425 g Wasser
- 150 g Sauerteig

Stufe 2 (Backen, bei mir am Morgen):

- 425 g Wildstaudenroggen
- 15 g Salz
- 325 g Wasser
- 1/4 Würfel frische Hefe (= 10 g)
- 100 g Sonnenblumenkerne
- ca. 800 g Sauerteigansatz
- 20 g Butter für die Form

Stufe 1: Roggen fein mahlen, mit Wasser und altem Sauerteig mischen. In einer Plastiktüte über Nacht stehen lassen. 150 g von der Stufe 1 abnehmen und in einem gut schließenden Schraubglas in den Kühlschrank stellen für das nächste Backen.

Stufe 2: Getreide mischen und mahlen. Hefe in einem Teil des Wassers auflösen Zutaten (außer der Butter) mit einem großen Löffel gründlich verrühren, bis kein Mehl mehr sichtbar ist. Eine 30-cm-Brotform, Profi-Email von Dr. Oetker, gut einfetten. Teig hineingeben, mit der nassen Hand herunterdrücken und glattstreichen. Mit einem scharfen Messer kreuzweise längs einschneiden. Form in eine Plastiktüte geben und etwa 90 Min. gehen lassen. Brot in den kalten Ofen schieben und 80 Min. bei 190 °C (Heißluft) backen.

11737. Cashewmilch aus dem TM II, Juni 2018

- 30 g Cashewnüsse
- 500 g Wasser

Cashewnüsse über Nacht im Wasser einweichen. Morgens im TM pürieren (2 Min./Stufe 10).

11738. Cashewmilchreis VIII, Juni 2018

- 100 g Rundkorn-Naturreis
- 1 x Cashewmilch aus dem Thermomix II 11737 (530 g)

Die Cashewmilch aus dem TM wird komplett verwendet. Mit dem Reis in einen kleinen Topf geben. Aufkochen und 40 Min. auf kleiner Flamme kochen/quellen lassen.

11739. Milchreis mit Erdbeerhäubchen, Juni 2018

2 Desserts

- 215 g gekochter Milchreis z. B. 11738
- 10 g Agavendicksaft
- 1 Prise Zimt
- 110 g kleine bis mittelgroße Erdbeeren

Reis, Süßungsmittel und Zimt mit einem Löffel verrühren. Auf zwei Schüsselchen verteilen. Die dicksten Erdbeeren jeweils in die Mitte, die anderen als Ring um die Mitte setzen.

11740. Hummus sonnig „Jumbo", Juni 2018

Vorläufer 11734

- 100 g gekochte Jumbobohnen
- 20 g Sonnenblumenkerne
- 13 g Sonnenblumenöl
- 10 g Zitronensaft
- 1/2 TL Salz
- 1 Prise Pfeffer
- 30 g Wasser

Mit einem kleinen Mixer glatt schlagen.

11741. Nussschokocremesoße aus dem TM IV, Juni 2018

2 Honiggläser: Vorläufer 11732

- 200 g Macadamianüsse, geröstet und gesalzen
- 50 g Sonnenblumenkerne
- 30 g Kakaopulver
- 20 g Carob Rohkostqualität
- 5 g Macapulver
- 155 g Agavendicksaft
- 375 g Wasser

Nüsse und Kerne zerkleinern (8 Sek./Stufe 8). Restliche Zutaten hinzufügen und 3 Min./Stufe 10 rühren lassen.

11742. Karamellsoße XVII „mehr", Juni 2018

1 Honigglas; Vorläufer 11703

- 370 g Wasser
- 245 g Sahne (250 g-Packung)
- 1/4 TL Salz
- 190 g Agavendicksaft

Zutaten in den Mixtopf geben und erhitzen (30 Min./Varoma/Stufe 5). Garkörbchen bis zum Ende als Spritzschutz verwenden. Küchentuch um den Deckel legen. In ein leeres Schraubglas füllen und gut zudrehen.

11743. Brownies à la Lebkuchenteig 29, Juni 2018

Vorläufer: 11729; Springform 26 cm

- 125 g Datteln (weiche aus dem Iran), ohne Kerne
- 125 g Sultaninen
- 200 g Feigen
- 50 g grüne Rosinen
- 110 g Cointreau
- 390 g Wasser
- 40 g Agavendicksaft
- 1 Prise Salz
- 40 g Kakaopulver schwach entölt
- 10 g Carobpulver Rohkostqualität
- 250 g Dinkel, gemahlen (Mühle)
- 50 g Nackthafer, mit Dinkel gemahlen
- 200 g Haselnüsse, gemahlen (TM, 8 Sek./Stufe 8)
- 2 bittere Aprikosenkerne, mit den Nüssen gemahlen
- 1 Päckchen Weinsteinbackpulver
- 1 TL Natron
- 35 g geh. Haselnüsse

Glasur:

- 50 g Kakaobutter
- 35 g Agavendicksaft
- 1 EL Kakao
- 1 TL Macapulver, Rohkostqualität
- 2 EL geh. Haselnüsse

Trockenfrüchte in einer Pengdose mit der Likör-Wassermischung übergießen und etwa 12 Std. gut verschlossen stehen lassen. Die Fruchtmasse mit der Flüssigkeit im Thermomix (3 Min./Stufe 10, im 10-20-Sekundentakt hochdrehen). Ohne starken Mixer Feigenstielchen vorher entfernen. Die trockenen Zutaten mischen. Fruchtgemisch und Agavendicksaft hinzugeben und mit den Rührhaken eines Handrührgeräts gut vermischen. In eine mit Backpapier überspannte Springform geben (vorzugsweise viereckig). In den auf 160 °C (Heißluft) Ofen einschieben und 44 Min. bei 160 °C backen, 10 Min. im ausgeschalteten Ofen nachbacken.

Für die Glasur Kakaobutter bei niedriger Temperatur in einer kleinen Keramikpfanne zerlassen (Stufe 3/14 Induktion), ab und an mit einem Schneebesen rühren, Agavendicksaft, Macapulver und Kakao einarbeiten. Browniekuchen mit Guss bepinseln. Gehackte Nüsse auf die noch feuchte Glasur streuen.

11744. Brownies à la Lebkuchenteig 30, Juni 2018

Vorläufer: 11702; Springform 26 cm

- 90 g Datteln (weiche aus dem Iran), ohne Kerne
- 160 g Sultaninen
- 200 g Feigen
- 50 g grüne Rosinen
- 500 g Wasser
- 2 EL Rum
- 1 Prise Salz
- 40 g Kakaopulver schwach entölt
- 15 g Carobpulver Rohkostqualität
- 5 g Macapulver
- 120 g Dinkel, gemahlen (Mühle)
- 80 g Nackthafer, mit Dinkel gemahlen
- 130 g Haselnüsse, gemahlen (TM, 8 Sek./Stufe 8)
- 2 bittere Aprikosenkerne, mit den Nüssen gemahlen
- 70 g Sonnenblumenkerne (mit den Haselnüssen gemahlen)
- 1 Päckchen Weinsteinbackpulver
- 1 TL Natron
- 35 g geh. Haselnüsse

Glasur:
- 50 g Kakaobutter
- 35 g Agavendicksaft
- 1 geh. EL Kakao
- 1 TL Macapulver
- 1-2 EL geh. Haselnüsse

Trockenfrüchte in einer Pengdose mit der Flüssigkeit übergießen und etwa 12 Std. gut verschlossen stehen lassen. Die Fruchtmasse mit der Flüssigkeit im TM (3 Min./Stufe 10, im 10-20-Sekundentakt hochdrehen) homogen mischen. Wer keinen Hochleistungsmixer hat, sollte die Stielchen von den Feigen vorher entfernen.

Die trockenen Zutaten mischen. Fruchtgemisch und Agavendicksaft hinzugeben und mit den Rührhaken eines Handrührgeräts gut vermischen. In eine mit Backpapier überspannte Springform geben (vorzugsweise viereckig). In den auf 160 °C (Heißluft) vorgeheizten Ofen einschieben und 44 Min. bei 160 °C backen, 10 Min. im ausgeschalteten Ofen nachbacken.

Für die Glasur Kakaobutter bei niedriger Temperatur in einer kleinen Keramikpfanne zerlassen (Stufe 3/14 Induktion), ab und an mit einem Schneebesen rühren, Agavendicksaft, Macapulver und Kakao einarbeiten. Browniekuchen mit Guss bepinseln. Gehackte Nüsse auf die noch feuchte Glasur streuen.

11745. Flageolet-Bohnen im Schnellkochtopf, Juni 2018
- 250 g Flageolet-Bohnen
- Wasser
- Bohnen über Nacht in Wasser einweichen. Im Schnellkochtopf auf Stufe II: 30 Min.

Hinweis: Ich habe sie bei Freunden in einem Salat gegessen, da fand ich sehr lecker. Das muss am Salat gelegen haben - so für sich finde ich sie nicht besonders lecker. Die grünlich-weiße Farbe ist auch nicht so mein Ding.

11746. Sauerteigbrot Wildstaudenroggen Hafer, Juni 2018
Vorläufer 11736
Stufe 1 (12 Std. vorher):
Sauerteigansatz:
- 400 g Wildstaudenroggen
- 425 g Wasser
- 150 g Sauerteig

Stufe 2 (Backen, bei mir am Morgen):
- 325 g Wildstaudenroggen
- 100 g Nackthafer
- 15 g Salz
- 325 g Wasser
- 1/4 Würfel frische Hefe (= 10 g)
- 100 g Sonnenblumenkerne
- ca. 800 g Sauerteigansatz
- 20 g Butter für die Form

Stufe 1: Roggen fein mahlen, mit Wasser und altem Sauerteig mischen. In einer Plastiktüte über Nacht stehen lassen. 150 g von der Stufe 1 abnehmen und in einem gut schließenden Schraubglas in den Kühlschrank stellen für das nächste Backen.

Stufe 2: Getreide mischen und mahlen. Hefe in einem Teil des Wassers auflösen Zutaten (außer der Butter) mit einem großen Löffel gründlich verrühren, bis kein Mehl mehr sichtbar ist. Eine 30-cm-Brotform, Profi-Email von Dr. Oetker, gut einfetten. Teig hineingeben, mit der nassen Hand herunterdrücken und glattstreichen. Mit einem scharfen Messer kreuzweise einschneiden. Form in eine Plastiktüte geben und etwa 90 Min. gehen lassen. Brot in den kalten Ofen schieben und 80 Min. bei 190 °C (Heißluft) backen.

11747. Brechbohnenauflauf mit Kartoffeln, Juni 2018

2 Portionen; Vorläufer 11711

Gemüse:
- 90 g Bohnenkochwasser
- 345 g Kartoffelscheiben
- 450 g TK-Brechbohnen

Fertigstellung:
- 150 g ger. Mozzarella

Soße:
- 30 g Sonnenblumenkerne
- 1 TL Salz
- 20 g Limettensaft
- 5 g Senf
- 5 g Agavendicksaft
- 80 g Wasser
- 1 Prise Pfeffer
- 1 Prise gem. Kümmel

Gemüse in einer 20-cm-Alugusspfanne 15 Min. als Gemüse-pfanne dünsten, dabei das Gemüse schichten. Sobald noch 10 Min. übrig sind für die Gemüsepfanne, Ofen vor-heizen auf 200 °C (Heißluft). Im kleinen Mixer, hochstehendes Messer, Zutaten 1 Min. pürieren. Gemüsepfanne mit Soße begießen. Mit Käse abdecken, in den vorgeheizten Ofen schieben und 15 Min. bei 200 °C backen. 5 Min. im ausgestellten Ofen nachbacken.

11748. Tomatenketchup, Juni 2018

TM; nach einem Rezept aus der www.rezeptwelt.de; 3 Honig-gläser

- 2 Dosen Tomaten inklusive Saft (800 g)
- 200 g getrocknete Datteln, Deglet Nour
- 10 g Knoblauchzehen
- 150 g Apfelessig
- 1 TL Salz
- 1/4 TL Pfeffer
- 1 TL Paprika
- 500 g Wasser

Alle Zutaten außer dem Wasser in den Mixtopf geben. 30 Sek. auf Stufe 6-10 zerkleinern, dabei den Messbecher fest andrücken. Gareinsatz als Spritzschutz aufsetzen und garen (40 Min./Varoma/Stufe 2).

Nach Ende der Garzeit fein pürieren (1 Min./Stufe 10), noch heiß in Schraubgläser füllen. So lautete das Rezept. Aber: Das war Tomatenmark, keinesfalls Ketchup. Ich habe nach und nach Wasser zugegeben. Erst bei 500 g war die Konsistenz befriedigend. Daraufhin habe ich es noch einmal aufkochen lassen.

Außerdem ist es viel zu süß. Das Originalrezept verwendet 200 g getrocknete Aprikosen. Gut, die sind nicht so süß wie Datteln, aber selbst dann wäre mir das viel zu süß.

Geöffnete Gläser gehören in den Kühlschrank. Ich bewahre auch die ungeöffneten dort auf.

Auf jeden Fall ist dieses Rezept ein guter Ausgangspunkt. Ich würde ein nächstes Mal nicht mehr 40 Min. kochen, warum? Selbst Karamellsoße köchelt nur 30 Min.. Deutlich weniger Süße und Messbecher aufsetzen.

11749. Nussschokocremesoße aus dem TM V, Juni 2018

2 Honiggläser; Vorläufer 11733

- 150 g Cashewnussbruch
- 50 g Sonnenblumenkerne
- 50 g Haselnüsse
- 30 g Kakaopulver
- 20 g Carob Rohkostqualität
- 150 g Agavendicksaft
- 375 g Wasser
- 1 Prise Salz

Nüsse und Kerne zerkleinern (8 Sek./Stufe 8). Restliche Zutaten hinzufügen und 3 Min./Stufe 10 rühren lassen.

11750. Butterfladen, Juni 2018

- 350 g Dinkel
- 20 g Nackthafer
- 40 g Butter
- 1/2 Würfel Biohefe (20 g)
- 250 g Cashewmilch z. B. 11737
- 1/2 TL Salz
- Salz zum Bestreuen

Getreide fein mahlen. Butter in Flöckchen zufügen. Zerbröselte Hefe, warme Milch und Salz zugeben und zu einem glatten Teig verarbeiten (TM: 3 Min./Knetstufe). Auf Dauerbackfolie mit nassen Händen zu einem Kreis von ca. 25 cm Durchmesser auseinanderdrücken. Mit dem Messerrücken in acht Tortenstücke teilen. Bei 35 °C Ober- und Unterhitze 15 Min. im Ofen rufen lassen. Auf 190 °C (Heißluft) hochstellen und 30 Min. backen. 10 Min. im ausgestellten Backofen nachbacken lassen. Lauwarm in Stücke brechen.

11751. Zucchiniauflauf mit Kartoffeln, Juni 2018

2 Portionen; Vorläufer 1746

Gemüse:

- 95 g Kichererbsenkochwasser
- 1 Prise Salz
- 275 g Kartoffeln, in Scheiben
- 55 g Frühlingszwiebeln, klein geschnitten
- 375 g Zucchini, in Scheiben dicker als die von Kartoffeln

Soße:

- 95 g gekochte Kichererbsen
- 1 TL Salz
- 25 g Cashewnüsse
- 15 g Sonnenblumenöl
- 15 g Limettensaft
- 1 Prise Pfeffer
- 1 Prise gem. Gewürznelken
- 125 g Kichererbsenkochwasser

Fertigstellung:

- 150 g Mozzarella gerieben

Gemüse in einer 20-cm-Alugusspfanne 15 Min. als Gemüsepfanne dünsten, dabei das Gemüse schichten. Sobald noch 10 Min. übrig sind für die Gemüsepfanne, Ofen vorheizen auf 190 °C (Heißluft). Im kleinen Mixer, hochstehendes Messer, Zutaten 1 Min, pürieren. Gemüsepfanne mit Soße begießen. Mit Käse abdecken, in den vorgeheizten Ofen schieben und 15 Min. bei 190 °C backen. 5 Min. im ausgestellten Ofen nachbacken.

11752. Cashewaufstrich, Juni 2018

- 60 g Sesamöl
- 20 g Tamari
- 20 g Knoblauchzehen (in Essig eingelegt)
- 20 g Ingwer, ungeschält
- 150 g geröstete, gesalzene Bio-Cashewnüsse
- 200 g Cashewnussbruch oder Cashewnusskerne

Die Zutaten in dieser Reihenfolge in den Vitamix o. Ä. Gerät geben und mit Hilfe des Stopfers pürieren. Dabei auf geringer Geschwindigkeit beginnen, damit alle Nüsse vom Öl benetzt sind, und dann auf die höchste Stufe gehen. Der Stopfer muss sich frei im Mus drehen. Wer es gerne mit Stückchen mag, hört auf, bevor alles superglatt ist. – Gute Grundlage für Soßen, Dressings und auch als Aufstrich. Aufbewahrung besser im Kühlschrank.

11752. Muttis Nusskuchen als Fladen, Juni 2018

Vorlage 11625; Gugelhupfform

- 200 g Haselnüsse
- 100 g Sonnenblumenkerne
- 2 bittere Aprikosenkerne
- 250 g Dinkel
- 190 g Agavendicksaft
- 1 Prise Salz
- 1 P Weinstein-Backpulver
- Cashewmilch

Glasur:

- 50 g Kakaobutter
- 35 g Agavendicksaft
- 1 EL Kakao

Haselnüsse mit Sonnenblumenkernen und bitteren Aprikosenkernen im Thermomix mahlen (9 Sek./Stufe 8). Dinkel zu den gemahlenen Kernen geben und in zwei Portionen mit mahlen (2 x 10 Sek./Stufe 10). Achtung: Das war ein Versehen, eigentlich sollte der Dinkel in der Mühle gemahlen werden- Agavendicksaft, Salz, Backpulver, Cashewmilch zugeben und mit einem Handrührgerät mischen. Teig in eine PerfectClean-Pizzaform (28 cm) geben und gleichmäßig verteilen. In den auf 175 °C (Heißluft) vorgeheizten Ofen schieben und 30 Min. bei 175 °C backen. 10 Min. nachbacken. Geht leider nicht freiwillig aus der Form. Wenn der Kuchen abgekühlt ist, in 8-12 Tortenstücke schneiden.

Kakaobutter schmelzen, mit Agavendicksaft und Kakao verquirlen, etwas abkühlen lassen und auftragen.

11753. Tomatenketchup II, Juni 2018

Vorläufer 11748; 3 Honiggläser

- 2 Dosen Tomaten inklusive Saft (800 g)
- 200 g getr. Aprikosen
- 35 g Datteln Deglet Nour
- 11 g Knoblauchzehen
- 160 g Apfelessig
- 1 TL Salz
- 1/4 TL Pfeffer
- 1 TL Paprika
- 200 g Wasser
- 50 g Agavendicksaft

Alle Zutaten bis auf Wasser und Agavendicksaft in den Mixtopf geben. 30 Sek./Stufe 6-10 zerkleinern, dabei den Messbecher fest andrücken, anschließend garen (30 Min./Varoma/Stufe 3). Nach Ende der Garzeit fein pürieren (1 Min./Stufe 10), Wasser und Agavendicksaft zugeben und nochmals pürieren. Direkt in Schraubgläser füllen.

Nur mit Aprikosen fand selbst ich es viel zu sauer. Daher das Nachsüßen mit Datteln und Agavendicksaft. Beim nächsten Mal werde ich es mit 190 g Datteln (statt 200 g) probieren.

Geöffnete Gläser gehören in den Kühlschrank. Ich bewahre auch die ungeöffneten dort auf.

11754. Kidneybohnensalat in scharf-süßer Soße, Juni 2018

Hauptmahlzeit

- 95 g Möhren, in Halbscheiben
- 110 g Salatgurke, in Halbscheiben
- 1 Tomate (125 g), gewürfelt
- 170 g gekochte Kidneybohnen (23 Min. im Schnellkochtopf nach 12 Std. Einweichzeit)

Dressing (Mixer, hoch stehendes Messer):

- 20 g Sonnenblumenöl
- 15 g Cashewnüsse
- 15 g Zitronensaft
- 4 g Essigpeperoni 7/4753
- 1 Dattel, scharf eingelegt
- 5 g Agavendicksaft
- 45 g Wasser

Dressing mit den festen Zutaten mischen.

11755. Brownies à la Lebkuchenteig 31, Juni 2018

Vorläufer: 11744; Springform 26 cm

- 100 g Datteln (weiche aus dem Iran), ohne Kerne
- 150 g Sultaninen
- 190 g Feigen
- 60 g grüne Rosinen
- 500 g Wasser
- 2 EL Rum
- 1 Prise Salz
- 40 g Kakaopulver schwach entölt
- 15 g Carobpulver Rohkostqualität
- 5 g Macapulver
- 110 g Dinkel, gemahlen (Mühle)
- 90 g Nackthafer, mit Dinkel gemahlen
- 120 g Haselnüsse, gemahlen (TM, 8 Sek./Stufe 8)
- 2 bittere Aprikosenkerne, mit den Nüssen gemahlen
- 0 g Sonnenblumenkerne (mit den Haselnüssen gemahlen)
- 1 Päckchen Weinsteinbackpulver
- 1 TL Natron
- 35 g geh. Haselnüsse

Für die Glasur:

- 50 g Kakaobutter
- 35 g Agavendicksaft
- 1 EL Kakao
- 2 EL geh. Haselnüsse

Trockenfrüchte in einer Pengdose mit der Flüssigkeit übergießen und etwa 12 Std. gut verschlossen stehen lassen. Die Fruchtmasse mit der Flüssigkeit im Thermomix homogen mischen (3 Mi./Stufe 10, im 10-20-Sekundentakt hochdrehen). Wer keinen starken Mixer hat, sollte die Stielchen von den Feigen vorher entfernen.

Die trockenen Zutaten mischen. Fruchtgemisch und Agavendicksaft hinzugeben und mit den Rührhaken eines Handrührgeräts gut vermischen. In eine mit Backpapier überspannte Springform geben. In den auf 160 °C (Heißluft) vorgeheizten Ofen einschieben und 44 Min. bei 160 °C backen, 10 Min. im ausgeschalteten Ofen nachbacken.

Für die Glasur Kakaobutter bei niedriger Temperatur in einer kleinen Keramikpfanne zerlassen (Stufe 3/14 Induktion), ab und an mit einem Schneebesen rühren, Agavendicksaft und Kakao einarbeiten. Browniekuchen mit Guss bepinseln. Gehackte Nüsse auf die noch feuchte Glasur streuen.

11756. Sauerteigbrot Wildstaudenroggen Dinkel/Hafer, Juni 2018

Vorläufer 11746

Stufe 1 (12 Std. vorher):

Sauerteigansatz:

- 400 g Wildstaudenroggen
- 425 g Wasser
- 150 g Sauerteig

Stufe 2 (Backen, bei mir am Morgen):

- 225 g Wildstaudenroggen
- 100 g Dinkel
- 100 g Nackthafer
- 15 g Salz
- 325 g Wasser
- 1/4 Würfel frische Hefe (= 10 g)
- 100 g Sonnenblumenkerne
- ca. 800 g Sauerteigansatz
- 20 g Butter für die Form

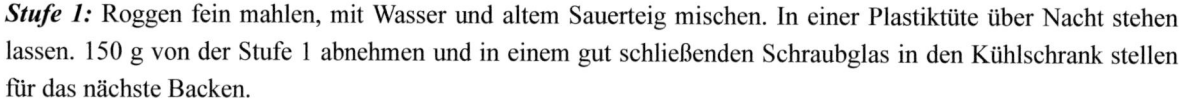

Stufe 1: Roggen fein mahlen, mit Wasser und altem Sauerteig mischen. In einer Plastiktüte über Nacht stehen lassen. 150 g von der Stufe 1 abnehmen und in einem gut schließenden Schraubglas in den Kühlschrank stellen für das nächste Backen.

Stufe 2: Getreide mischen und mahlen. Hefe in einem Teil des Wassers auflösen Zutaten (außer der Butter) mit einem großen Löffel gründlich verrühren, bis kein Mehl mehr sichtbar ist. Eine 30-cm-Brotform, Profi-Email von Dr. Oetker, gut einfetten. Teig hineingeben, mit der nassen Hand herunterdrücken und glattstreichen. Mit einem scharfen Messer kreuzweise einschneiden. Form in eine Plastiktüte geben und etwa 90 Min. gehen lassen. Brot in den kalten Ofen schieben und 80 Min. bei 190 °C (Heißluft) backen.

11757. Batatensalaten, Juni 2018

Hauptmahlzeit; TM

Dressing

- 17 g Sonnenblumenöl
- 12 g Essig
- 1/2 TL Salz

Gemüse

- 1 großes Blatt Chinakohl (45 g)
- 1 große Aprikose (75 g)
- 200 g Süßkartoffel, vorgeschnitten
- 15 g Cashewnüsse

Deko

- 1-2 TL Linsensprossen

Dressingzutaten auf Stufe 2 laufen lassen, bis die Soße milchig ist. Gemüse zum Dressing geben und 6 Sek. auf Stufe 5 zerkleinern. Auf einen Teller häufeln und mit Sprossen dekorieren.

11758. Süßkartoffel mit Kartoffeln im Auflauf 2, Juli 2018

2 Portionen; 11704

Gemüse:

- 90 g Kichererbsenkochwasser
- 340 g Kartoffeln, in Scheiben
- 290 g Süßkartoffeln, in Stiften

Soße:

- 100 g gekochte Kichererbsen
- 115 g Kichererbsenkochwasser
- 1 TL Salz
- 1 MS gem. Kümmel
- 15 g Sonnenblumenöl

- 15 g Zitronensaft

Fertigstellung:

- 150 g Mozzarella gerieben

Gemüse in einer 20-cm-Alugusspfanne 15 Min. als Gemüsepfanne dünsten. Sobald die Gemüsepfanne noch ca. 12 Min. hat, Ofen vorheizen auf 190 °C (Heißluft). Im kleinen Mixer, hochstehendes Messer, Zutaten 1 Min. pürieren. Gemüsepfanne mit Soße begießen. Mit Käse abdecken, in den vorgeheizten Ofen schieben und 15 Min. bei 190 °C backen. 5 Min. im ausgestellten Ofen nachbacken.

11759. Nudeln und Bataten All-In-One, Juli 2018

Als Gemüsepfanne 15 Min.:

- 90 g Vollkorn-Spiralnudeln
- 1 Prise Salz
- 25 g getr. Tomaten, in Streifen
- 55 g Fenchel, gewürfelt
- 185 g Süßkartoffel, gewürfelt
- 210 g Wasser

Soße im kleinen Mixer, unterziehen, miterhitzen:

- 50 g Kichererbsen
- 1 scharf eingelegte Dattel
- 1 Stück Essigpeperoni 7/4573 (ca. 4 g)
- 1 gestr. TL Salz
- 1 Prise Pfeffer
- 1 kleine Knoblauchzehe (3 g)
- 45 g Ketchup (aus eigener Herstellung z. B. 11753)
- 10 g Zitronensaft
- 15 g Sonnenblumenöl
- 70 g Wasser

11760. Körnerecken mit Chia, Juli 2018

Nach einem Rezept von einem Blog, den es leider nicht mehr gibt. Vorläufer 11/8767

- 450 g Dinkel
- 50 g Nackthafer
- 275 g Kichererbsenkochwasser
- 25 g Wasser
- 30 g Sonnenblumenöl
- 8 g Honig (1 TL)
- 1 gestr. TL Salz
- 20 g frische Bio-Hefe (1/2 Würfel)
- 2 TL Sonnenblumenöl
- ca. 2-3 TL Chiasamen

Wichtig ist, dass die Brötchen auf das heiße Blech kommen.

Dinkel und Nackthafer fein mahlen. Kichererbsenkochwasser, Wasser, Honig und Hefe im TM erwärmen (2 Min./37 °C/Stufe 2). Mehl, Öl und Salz hinzufügen und 3 Min. im TM kneten. In eine Pengschüssel geben. Gehen lassen, bis der Deckel zweimal abgesprungen ist (ca. 30-45 Min.). 2 TL Sonnenblumenöl hinzufügen und mit der Hand durchkneten. Auf Backpapier mit den Händen zu einem Kreis mit einem Durchmesser von 20-22 cm auseinanderdrücken. Mit Chiasamen bestreuen und in acht bis zehn Tortenstücke schneiden. Mit Gärfolie abdecken und ruhen lassen, bis der Ofen vorgeheizt ist. Blech in den Ofen (Heißluft) geben und auf 200 °C vorheizen. Backpapier auf das Blech geben. 20 Min. bei 200 °C backen. 5 Min. im ausgeschalteten Ofen nachbacken lassen. Auf einem Gitterrost geben, mit Wasser einsprühen und abkühlen lassen.

11761. Milchkaffee pseudo aus dem Vitamix, Juli 2018

- 15 g Cashewnüsse
- 4 Kaffeebohnen
- 350 g kochendes Wasser

Im Vitamix 2 1/2 Min. pürieren.

Hinweis: Heißes Wasser hätte gereicht, so wie beim Kakao. Cashewnüsse schmeckten mir zu stark durch, dafür fand ich den Kaffeegeschmack zu schwach. Aber es war ja auch nur ein erster Versuch.

11762. Milchkaffee pseudo aus dem Vitamix II, Juli 2018

Vorläufer 11761

- 10 g Cashewnüsse
- 6 Kaffeebohnen
- 350 g Wasser, halb kalt, halb kochend

Im Vitamix 2 1/2 Min. pürieren.

Hinweis: Cashewnüsse schmeckten immer noch durch, das Ganze ist aber eher wässrig. Kaffeegeschmack immer noch zu schwach.

11763. Paprika-Tomaten-Gemüse für Reis, Juli 2018

Reis: 90 g Jasmin-Vollkornreis + 180 g Wasser
Gemüsepfanne (20-cm-Keramikpfanne) 15 Min.:

- 20 g Sonnenblumenöl
- 145 g rote Paprika, gewürfelt
- 200 g Tomate, gewürfelt

Soße (Mixer, unter Gemüse rühren, aufkochen):

- 50 g selbstgemachter Ketchup z. B. 11753
- 20 g Sahne
- 30 g gekochte Kichererbsen
- 1 TL Salz
- 1 TL Paprika edelsüß
- 1 Prise Pfeffer
- 4-5 g Essigpeperoni 7/4573
- 20 g Apfelessig
- 55 g Wasser

11764. Milchkaffee pseudo aus dem Vitamix III, Juli 2018

Vorläufer 11762

- 20 g Nackthafer
- 7 Kaffeebohnen
- 365 g Wasser, halb kochend, halb kalt

Im Vitamix 2 1/2 Min. pürieren.

Hinweis: Hafer schmeckt nicht gut und dickt.

11765. Milchkaffee pseudo aus dem Vitamix IV, Juli 2018

- 15 g ungeschälte Mandeln
- 8 Kaffeebohnen
- 350 g Wasser, halb kochend, halb kalt
- Im Vitamix 2 1/2 Min. pürieren.

Hinweis: Bester so weit.

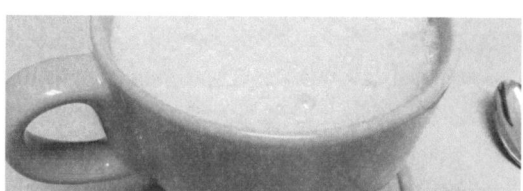

11766. Nussschokocremesoße aus dem TM VI, Juli 2018

2 Honiggläser; Vorläufer 11749

- 150 g Cashewnüsse
- 50 g Sonnenblumenkerne
- 50 g Mandeln
- 30 g Kakaopulver
- 20 g Carob Rohkostqualität
- 150 g Agavendicksaft
- 375 g Wasser
- 1 Prise Salz

Im Vitamix mit dem Stößel gut durcharbeiten, bis es wirklich glatt ist. Dann ist die Masse leicht warm. In Gläser füllen und im Kühlschrank aufbewahren.

11767. Milchkaffee pseudo aus dem Vitamix V, Juli 2018

- 20 g ungeschälte Mandeln
- 8 Kaffeebohnen
- 350 g Wasser, halb kochend, halb kalt

Im Vitamix 2 1/2 Min. pürieren.

Hinweis: *Noch optimierbar. Vielleicht Cashew und Mandeln mischen?*

11768. Flammkuchen mit Paprika, Juli 2018

Teig:

- 125 g Dinkel, fein gemahlen
- 1 Prise Salz
- 1 Prise Pfeffer
- 1 Prise Muskatnuss
- 3-4 g Honig
- ca. 75 g Wasser

Belag:

- 100 g gekochte Kichererbsen
- 60 g Schmand
- 25 g Wasser
- 1 Prise Salz
- 35 g rote Paprika, sehr dünn geschnitten
- 1 Scheibe Butterkäse, in Quadraten (40 g)

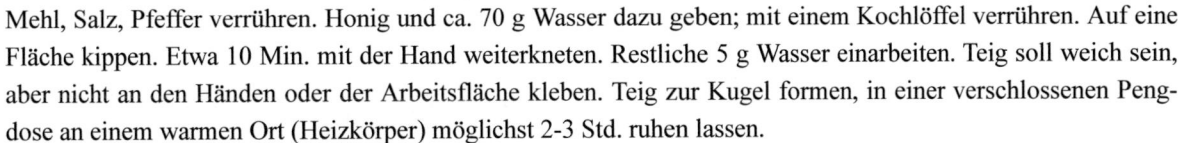

Mehl, Salz, Pfeffer verrühren. Honig und ca. 70 g Wasser dazu geben; mit einem Kochlöffel verrühren. Auf eine Fläche kippen. Etwa 10 Min. mit der Hand weiterkneten. Restliche 5 g Wasser einarbeiten. Teig soll weich sein, aber nicht an den Händen oder der Arbeitsfläche kleben. Teig zur Kugel formen, in einer verschlossenen Pengdose an einem warmen Ort (Heizkörper) möglichst 2-3 Std. ruhen lassen.

Für den Belag Kichererbsen, Schmand, Wasser und Salz mit einem kleinen Mixer pürieren (besser 75 g Kichererbsen und kein oder wenig Wasser). Ofen (Ober- und Unterhitze) auf 250 °C vorheizen, das Blech ist auf der untersten Schiene im Ofen. Teig auf Backpapier möglichst dünn ausrollen. Kichererbsenbelag darauf verteilen. Paprika und Käse darüber streuen. Wenn der Ofen heiß ist, das Backpapier aufs Blech ziehen und 10 Min. backen (nach 11 Min. war mir der Rand etwas zu dunkel).

Löst sich leicht vom Papier; n drei Streifen schneiden.

11769. Milchkaffee pseudo aus dem TM I, Juli 2018

- 10 g ungeschälte Mandeln
- 5 g Cashewnüsse
- 8 Kaffeebohnen
- 350 g Wasser, kochend

Im Thermomix 3 Min./Stufe 10.

11770. Tomatenketchup aus frischen Tomaten, Juli 2018

Vorläufer 11753; 2 Gläser

- 800 g frische Tomaten
- 190 g Datteln Deglet Nour
- 10 g Knoblauchzehen
- 150 g Apfelessig
- 1 TL Salz
- 1/4 TL Pfeffer
- 2 TL Paprika
- 200 g Wasser

Alle Zutaten bis auf Wasser in den Mixtopf geben. Zerkleinern 30 Sek./Stufe 6-10, dabei den Messbecher fest andrücken, anschließend garen (30 Min./Varoma/Stufe 2). Nach Ende der Garzeit fein pürieren (1 Min./Stufe 10), Wasser zugeben und nochmals pürieren. Direkt in Schraubgläser füllen.

11771. Pizza Batata, Juli 2018

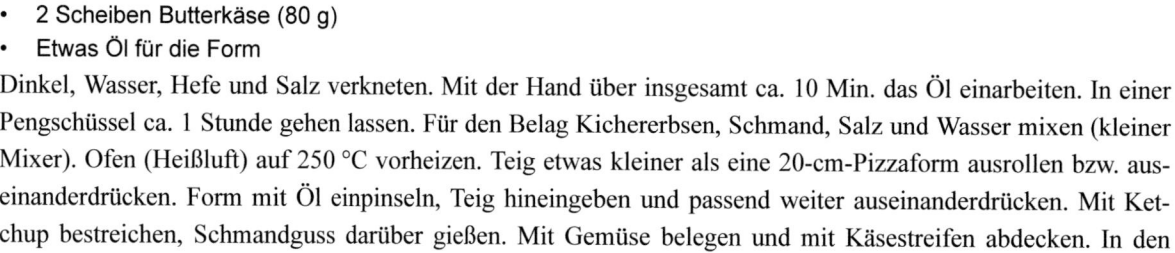

Teig:
- 120 g Dinkel
- 65 g Wasser
- 2 Prisen Salz
- 1/2 Beutel Trockenhefe (4-5 g)
- 10 g Sonnenblumenöl

Belag:
- 75 g gekochte Kichererbsen
- 50 g Schmand
- 1 Prise Salz
- 10 g Wasser
- 25 g Ketchup selbstgemacht z. B. 11770
- 50 g Süßkartoffel in dünnen Scheiben
- 50 g Tomate in Spalten
- 2 Scheiben Butterkäse (80 g)
- Etwas Öl für die Form

Dinkel, Wasser, Hefe und Salz verkneten. Mit der Hand über insgesamt ca. 10 Min. das Öl einarbeiten. In einer Pengschüssel ca. 1 Stunde gehen lassen. Für den Belag Kichererbsen, Schmand, Salz und Wasser mixen (kleiner Mixer). Ofen (Heißluft) auf 250 °C vorheizen. Teig etwas kleiner als eine 20-cm-Pizzaform ausrollen bzw. auseinanderdrücken. Form mit Öl einpinseln, Teig hineingeben und passend weiter auseinanderdrücken. Mit Ketchup bestreichen, Schmandguss darüber gießen. Mit Gemüse belegen und mit Käsestreifen abdecken. In den heißen Ofen auf einen Gitterrost geben und 10 Min. bei 250 °C backen.

11772. Milchkaffee pseudo aus dem TM II, Juli 2018

- 10 g ungeschälte Mandeln
- 5 g Cashewnüsse
- 5 g Nackthafer
- 8 Kaffeebohnen
- 490 g Wasser, kochend

Im Thermomix 3 Min./Stufe 10.

11773. Brownies à la Lebkuchenteig 32, Juli 2018

Vorläufer: 11755; Springform 26 cm

- 100 g Datteln (Deglet Nour, ohne Kerne)
- 150 g Sultaninen
- 190 g Feigen
- 60 g grüne Rosinen
- 500 g Wasser
- 2 EL Rum

- 1 Prise Salz
- 40 g Kakaopulver schwach entölt
- 15 g Carobpulver Rohkostqualität
- 5 g Macapulver
- 100 g Dinkel, gemahlen (Mühle)
- 100 g Nackthafer, mit Dinkel gemahlen
- 110 g Haselnüsse, gemahlen (TM, 8 Sek./Stufe 8)
- 2 bittere Aprikosenkerne, mit den Nüssen gemahlen
- 0 g Sonnenblumenkerne (mit den Haselnüssen gemahlen)
- 1 Päckchen Weinsteinbackpulver
- 1 TL Natron
- 35 g Sonnenblumenkerne

Für die Glasur siehe Vorläufer 11755.

Herstellung siehe Vorläufer 11755.

11774. Karamellsoße XVIII „mehr", Juli 2018

1 Honigglas; Vorläufer 11703

- 375 g Wasser
- 245 g Sahne (250 g-Packung)
- 1/4 TL Salz
- 185 g Agavendicksaft

Alle Zutaten in den Mixtopf geben und erhitzen (30 Min./Varoma/Stufe 5), dabei das Garkörbchen bis zum Ende als Spritzschutz verwenden und ein Küchentuch um den Deckel legen. In ein leeres Schraubglas füllen (etwa 1 Honigglas) und gut zudrehen.

11775. Schneller Fladen, Juli 2018

- 50 g Dinkel, fein gemahlen
- 25 g Nackthafer, mit dem Dinkel gemahlen
- 10 g Chiasamen
- 1 Prise Salz
- 4 g Trockenhefe (1/2 Päckchen)
- 100 g Kichererbsenkochwasser
- 1 TL Apfelessig
- 5 g kleinen Cashewstückchen

Zutaten außer den Nüssen mit einem Löffel verrühren. Eine kleine Pizzaform (20 cm) mit Backpapier auslegen. Teig mit einem nassen Löffel darauf verstreichen. Mit Cashewstückchen bestreuen. 5 Min. ruhen lassen. In den kalten Ofen (Heißluft) stellen und 25 Min. bei 200 °C backen, 5 Min. im ausgestellten Ofen nachbacken.

Hinweis: *Ich hatte keine Lust zu kochen und keine Bäckerei hatte Vollkornbrötchen. Vom Anfang der Arbeit bis zum Essen hat es eine Stunde gedauert, die Arbeit war wesentlich weniger. Der Fladen hatte auch noch genug Zeit, in dieser Stunde auszukühlen.*

11776. Milchkaffee pseudo ohne Kaffee, Juli 2018

- 10 g ungeschälte Mandeln
- 5 g Cashewnüsse
- 5 g Nackthafer
- 1 EL Kichererbsenkochwasser
- auffüllen auf 450 g mit kochendem Wasser

Im TM 3 Min./Stufe 10.

Hinweis: *Nachdem ich ein Drittel getrunken hatte, dachte ich, beim nächsten Mal sollte ich aber vielleicht doch 10 Bohnen nehmen. Der Kaffee schmeckte kaum nach Kaffee. Geschmeckt hat's aber lustigerweise trotzdem, sonst wäre dieses Rezept nicht in die Sammlung gekommen.*

11777. Käsesalat, Juli 2018

2 Portionen

Dressing (in einem Dressingshaker o. Ä.):

- 20 g Sonnenblumenöl
- 15 g Apfelessig
- 10 g Agavendicksaft
- 3 g Salz
- 1 Prise Pfeffer
- 55 g Wasser

Feste Zutaten:

- 1 Tomate (160 g), gewürfelt
- 1/2 rote Paprika (110 g), gewürfelt
- Salatgurke (150 g), in Halbscheiben
- 1 Möhre (80 g), in Halbscheiben
- 3 Blätter Chinakohl (115 g), in Streifen
- Butterkäse am Stück (120 g), gewürfelt

Miteinander mischen und auf zwei Schüsseln verteilen. Ein Brötchen oder ein kleines Fladenbrot passt gut dazu.

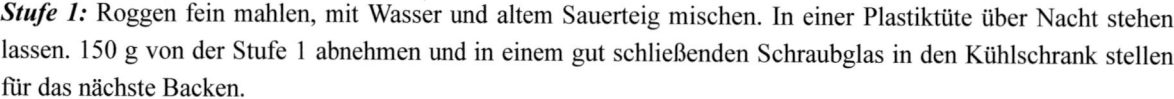

11778. Sauerteigbrot Roggen Dinkel/Hafer, Juli 2018

Vorläufer 11756

Stufe 1 (12 Std. vorher):

Sauerteigansatz:

- 400 g Roggen
- 425 g Wasser
- 150 g Sauerteig

Stufe 2 (Backen, bei mir am Morgen):

- 225 g Roggen
- 100 g Dinkel
- 100 g Nackthafer
- 15 g Salz
- 325 g Wasser
- 1/4 Würfel frische Hefe (= 10 g)
- 100 g Sesamsaat ungeschält
- ca. 800 g Sauerteigansatz
- 20 g Butter für die Form

Stufe 1: Roggen fein mahlen, mit Wasser und altem Sauerteig mischen. In einer Plastiktüte über Nacht stehen lassen. 150 g von der Stufe 1 abnehmen und in einem gut schließenden Schraubglas in den Kühlschrank stellen für das nächste Backen.

Stufe 2: Getreide mischen und mahlen. Hefe in einem Teil des Wassers auflösen Zutaten (außer der Butter) mit einem großen Löffel gründlich verrühren, bis kein Mehl mehr sichtbar ist. Eine 30-cm-Brotform, Profi-Email von Dr. Oetker, gut einfetten. Teig hineingeben, mit der nassen Hand herunterdrücken und glattstreichen. Mit einem scharfen Messer kreuzweise einschneiden. Form in eine Plastiktüte geben und etwa 90 Min. gehen lassen. Brot in den kalten Ofen schieben und 80 Min. bei 190 °C (Heißluft) backen.

11779. Milchkaffee pseudo aus dem TM III, Juli 2018

- 10 g ungeschälte Mandeln
- 5 g Cashewnüsse
- 5 g Nackthafer
- 8 Kaffeebohnen
- 1 EL Kichererbsenkochwasser
- Auffüllen auf 450 g mit kochendem Wasser

Im TM 3 Min./Stufe 10.

11780. Schnelle Brotpizza, Juli 2018

- Zwei Scheiben Brot
- Butter nach Geschmack
- 1 Scheibe Butterkäse
- 1 mittelgroße Tomate
- 1-2 Prisen Pizzagewürz
- ger. Mozzarella

Eine ausreichend große Form mit Backpapier auslegen. Brot längs hintereinanderlegen. Mit Butter bestreichen, Käse darauf legen. Tomatenscheiben auf dem Käse verteilen, mit Gewürz bestreuen. Mit reichlich geriebenem Mozzarella bestrichen. Ofen auf 220 °C (Heißluft) vorheizen und 15-20 Min. backen.

11781. Tomatenketchup III, Juli 2018

Vorläufer 11753; 3 Honiggläser

- 2 Dosen Tomaten inklusive Saft (800 g)
- 180 g Datteln Deglet Nour
- 11 g Knoblauchzehen
- 155 g Apfelessig
- 100 g Wasser
- 1 TL Salz
- 1/4 TL Pfeffer
- 1 TL Paprika
- 150 g Wasser

Alle Zutaten bis auf 150 g Wasser in den Mixtopf geben. 30 Sek./Stufe 6-10 zerkleinern, dabei den Messbecher fest andrücken, anschließend garen (30 Min./Varoma/Stufe 3). Nach Ende der Garzeit fein pürieren (1 Min./Stufe 10), 150 g Wasser zugeben und nochmals pürieren. Direkt in Schraubgläser füllen.

11782. Milchkaffee pseudo aus dem TM IV, Juli 2018

- 5 g Cashewnüsse
- 5 g Sonnenblumenkerne
- 8 Kaffeebohnen
- 1 EL Kichererbsenkochwasser
- auffüllen auf 445 g mit kochendem Wasser

Im Thermomix 3 Min./Stufe 10.

11783. Milchkaffee pseudo aus dem TM V, Juli 2018

- 5 g Cashewnüsse
- 5 g Sonnenblumenkerne
- 10 Kaffeebohnen
- 1 EL Kichererbsenkochwasser
- 1 g Kakaonibs
- auffüllen auf 445 g mit kochendem Wasser

Im Thermomix 3 Min./Stufe 10.

11784. Milchkaffee pseudo aus dem TM VI, Juli 2018

- 5 g Cashewnüsse
- 10 g Sonnenblumenkerne
- 12 Kaffeebohnen
- 2 gekochte Jumbobohnen (5 g)
- auffüllen auf 475 g mit kochendem Wasser

Im Thermomix 3 Min./Stufe 10.

11785. Nussschokocremesoße aus dem Vitamix, Juli 2018

2 Honiggläser; Vorläufer 11766

- 150 g Cashewnüsse
- 50 g Sonnenblumenkerne
- 50 g Mandeln
- 30 g Kakaopulver
- 20 g Carob Rohkostqualität
- 150 g Agavendicksaft
- 375 g Wasser
- 1 Prise Salz

Im Vitamix mit dem Stößel gut durcharbeiten, bis es wirklich glatt ist. Dann ist die Masse leicht warm. In Gläser füllen und im Kühlschrank aufbewahren.

11786. Brownies à la Lebkuchenteig 33, Juli 2018

Vorläufer: 11755; Springform 26 cm

- 125 g Datteln (weiche aus dem Iran), ohne Kerne
- 125 g Sultaninen
- 200 g Feigen
- 50 g grüne Rosinen
- 500 g Wasser
- 2 EL Rum
- 1 Prise Salz
- 40 g Kakaopulver schwach entölt
- 15 g Carobpulver Rohkostqualität
- 100 g Dinkel, gemahlen (Mühle)
- 100 g Nackthafer, mit Dinkel gemahlen
- 100 g Haselnüsse, gemahlen (TM, 8 Sek./Stufe 8)
- 90 g Sonnenblumenkerne (mit den Nüssen gemahlen)
- 2 bittere Aprikosenkerne, mit den Nüssen gemahlen
- 0 g Sonnenblumenkerne (mit den Haselnüssen gemahlen)
- 1 Päckchen Weinsteinbackpulver
- 1 TL Natron
- 35 g Sonnenblumenkerne

Für die Glasur:
- 50 g Kakaobutter
- 40 g Agavendicksaft
- 1 EL Kakao
- 2 EL geh. Haselnüsse

Trockenfrüchte in einer Pengdose mit der Flüssigkeit übergießen und etwa 12 Std. gut verschlossen stehen lassen. Die Fruchtmasse mit der Flüssigkeit im Thermomix homogen mischen (3 Mi./Stufe 10, im 10-20-Sekundentakt hochdrehen). Wer keinen starken Mixer hat, sollte die Stielchen von den Feigen vorher entfernen.

Die trockenen Zutaten mischen. Fruchtgemisch und Agavendicksaft hinzugeben und mit den Rührhaken eines Handrührgeräts gut vermischen. In eine mit Backpapier überspannte Springform geben. In den auf 160 °C (Heißluft) Ofen einschieben und 44 Min. bei 160 °C backen, 10 Min. im ausgeschalteten Ofen nachbacken.

Glasur herstellen, we

11787. Milchkaffee pseudo aus dem TM VII, Juli 2018

- 15 g Sonnenblumenkerne
- 12 Kaffeebohnen
- 2 gekochte Jumbobohnen (7 g)
- 1 EL Sahne (10 g)
- auffüllen auf 490 g mit kochendem Wasser

Im Thermomix 2,5 Min./Stufe 10.

11788. Kohlrabi-Bataten-Salat, Juli 2018

2 Portionen

Dressing (TM 1-2 Min./Stufe 2):

- 20 g Öl
- 15 g Zitronensaft
- 10 g Honig
- 2 Prisen Salz
- 1 Prise Pfeffer

Feste Zutaten (zum Dressing und 5 Sek./Stufe 5):

- 110 g Kohlrabi
- 460 g Süßkartoffeln
- 30 g Mandeln ungeschält

11789. Sauerteigbrot Roggen Dinkel/Hafer II, Juli 2018

Vorläufer 11778

Stufe 1 (12 Std. vorher):

Sauerteigansatz:

- 400 g Roggen
- 425 g Wasser
- 150 g Sauerteig

Stufe 2 (Backen, bei mir am Morgen):

- 225 g Waldstauden-Roggen
- 100 g Dinkel
- 100 g Nackthafer
- 15 g Salz
- 325 g Wasser
- 1/4 Würfel frische Hefe (= 10 g)
- 50 g Sesamsaat ungeschält
- 50 g Sonnenblumenkerne
- ca. 800 g Sauerteigansatz
- 20 g Butter für die Form

Stufe 1: Roggen fein mahlen, mit Wasser und altem Sauerteig mischen. In einer Plastiktüte über Nacht stehen lassen. 150 g von der Stufe 1 abnehmen und in einem gut schließenden Schraubglas in den Kühlschrank stellen für das nächste Backen.

Stufe 2: Getreide mischen und mahlen. Hefe in einem Teil des Wassers auflösen Zutaten (außer der Butter) mit einem großen Löffel gründlich verrühren, bis kein Mehl mehr sichtbar ist. Eine 30-cm-Brotform, Profi-Email von Dr. Oetker, gut einfetten. Teig hineingeben, mit der nassen Hand herunterdrücken und glattstreichen. Mit einem scharfen Messer kreuzweise einschneiden. Form in eine Plastiktüte geben und etwa 90 Min. gehen lassen. Brot in den kalten Ofen schieben und 80 Min. bei 190 °C (Heißluft) backen.

11790. Chapati (2013-008)

- 50 g Dinkel mahlen, mit
- 1 Prise Salz
- 1 Prise gem. Kreuzkümmel (kann auch wegfallen),
- 1 TL Sonnenblumenöl und
- 25 g Wasser zu einem festen, elastischen Teig verkneten. Abgedeckt mind. 15 Min. ruhen lassen

Teig in zwei Teile teilen und jeden Teil zu einem dünnen Fladen (ca. 1 mm dick) ausrollen. Eine Keramik- oder beschichtete Pfanne erhitzen, ggf. leicht mit Öl einreiben. Fladen in die heiße Pfanne geben. Nach einer Weile dünn mit Öl bestreichen, umdrehen, Ränder nach unten drücken. Andere Seite ebenfalls dünn mit Öl bestreichen und nochmals drehen. Wenn beide Seiten dunkelbraune Flecken haben, sind die Fladen gar.

11790. Brownies à la Lebkuchenteig 34, Juli 2018

Vorläufer: 11755; Springform 26 cm

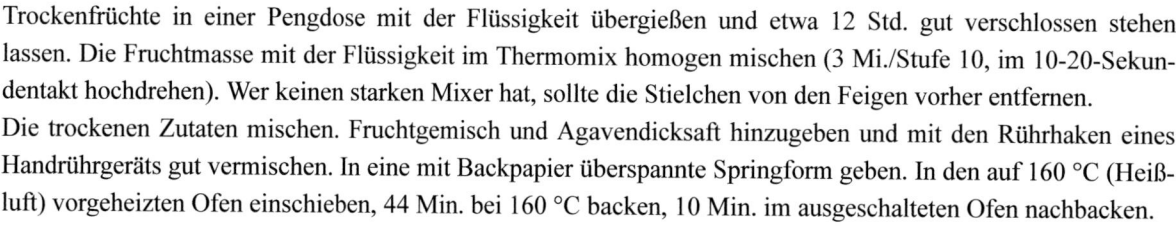

- 125 g Datteln (Deglet Nour), ohne Kerne
- 125 g Sultaninen
- 200 g Feigen
- 50 g grüne Rosinen
- 500 g Wasser
- 2 EL Rum
- 1 Prise Salz
- 40 g Kakaopulver schwach entölt
- 15 g Carobpulver Rohkostqualität
- 100 g Dinkel, gemahlen (Mühle)
- 100 g Nackthafer, mit dem Dinkel gemahlen
- 100 g Haselnüsse, gemahlen (TM, 8 Sek./Stufe 8)
- 100 g Sonnenblumenkerne (mit den Haselnüssen gemahlen)
- 2 bittere Aprikosenkerne (mit den Nüssen gemahlen)
- 1 Päckchen Weinsteinbackpulver
- 1 TL Natron
- 35 g Sonnenblumenkerne
- Glasur: siehe 11755

Trockenfrüchte in einer Pengdose mit der Flüssigkeit übergießen und etwa 12 Std. gut verschlossen stehen lassen. Die Fruchtmasse mit der Flüssigkeit im Thermomix homogen mischen (3 Mi./Stufe 10, im 10-20-Sekundentakt hochdrehen). Wer keinen starken Mixer hat, sollte die Stielchen von den Feigen vorher entfernen.

Die trockenen Zutaten mischen. Fruchtgemisch und Agavendicksaft hinzugeben und mit den Rührhaken eines Handrührgeräts gut vermischen. In eine mit Backpapier überspannte Springform geben. In den auf 160 °C (Heißluft) vorgeheizten Ofen einschieben, 44 Min. bei 160 °C backen, 10 Min. im ausgeschalteten Ofen nachbacken. Herstellung Glasur siehe 11755.

11791. Tomatenketchup IV, Juli 2018

Vorläufer 11781; 2 leere größere Cashewnussmus-Gläser

- 2 Dosen Tomaten inklusive Saft (800 g)
- 175 g Datteln Deglet Nour
- 13 g Knoblauchzehen
- 155 g Apfelessig
- 100 g Wasser
- 1 TL Salz
- 1/4 TL Pfeffer
- 2 TL Paprika
- 150 g Wasser
- 10 g Tomatenmark

Alle Zutaten bis auf 150 g Wasser in den Mixtopf geben. 30 Sek./Stufe 6-10 zerkleinern, dabei den Messbecher fest andrücken, anschließend garen (30 Min./Varoma/Stufe 3). Nach Ende der Garzeit fein pürieren (1 Min./Stufe 10), 150 g Wasser zugeben und nochmals pürieren. Direkt in Schraubgläser füllen.

11792. Milchkaffee, Juli 2018

- 14 Kaffeebohnen
- 300 g Wasser
- 185 g Pflanzenmilch für Kaffee I; 11793

Bohnen mit einer kleinen Handmühle (Tchibo) mahlen. Mit 300 g kochendem Wasser durch einen Filter laufen lassen. Derweil die Pflanzenmilch in einem Milchaufschäumer erwärmen. Milch zum Kaffee gießen.

Hinweis: *Beste Version bisher!*

11793. Pflanzenmilch für Kaffee I, Juli 2018

- 25 g Sonnenblumenkerne
- 425 g Wasser

Im Vitamix 3 Min.. Ergibt 450 g.

Hinweis: *Geschmacklich recht gut, Schaum wegen der Sonnenblumenkerne etwas grau.*

11794. Pflanzenmilch für Kaffee II, Juli 2018

- 20 g Sonnenblumenkerne
- 5 g Cashewnussbruch
- 700 g Wasser

Im Vitamix 2,5 Min.. Ergibt 700 g.

Hinweis: *Geschmacklich recht gut, Schaum okay.*

11795. Milchkaffee II, Juli 2018

Vorläufer 11793

- 16 Kaffeebohnen
- 260 g kochendes Wasser
- 245 g Pflanzenmilch für Kaffee II 11794

Bohnen mit einer kleinen Handmühle (Tchibo) mahlen. Mit 250 g kochendem Wasser durch einen Filter laufen lassen. Frische, noch heiße Milch zum Kaffee gießen.

11796. Nussschokocremesoße Vitamix II, Juli 2018

2 Honiggläser; Vorläufer 11785

- 150 g Cashewnüsse
- 80 g Sonnenblumenkerne
- 20 g Haselnüsse
- 30 g Kakaopulver
- 20 g Carob Rohkostqualität
- 150 g Ahornsirup
- 385 g Wasser
- 1 Prise Salz

Im Vitamix mit dem Stößel gut durcharbeiten, bis es wirklich glatt ist. Dann ist die Masse warm bis heiß. In Gläser füllen.

11797. Sauerteigbrot Roggen Dinkel/Hafer III, Juli 2018

Vorläufer 11789

Stufe 1 (12 Std. vorher):

Sauerteigansatz:

- 400 g Roggen
- 425 g Wasser
- 150 g Sauerteig

Stufe 2 (Backen, bei mir am Morgen):

- 225 g Waldstauden-Roggen
- 100 g Dinkel
- 100 g Nackthafer
- 15 g Salz
- 325 g Wasser
- 1/4 Würfel frische Hefe (= 10 g)
- 100 g Chiasamen
- ca. 800 g Sauerteigansatz
- 20 g Butter für die Form

Herstellung siehe Vorläufer 11789.

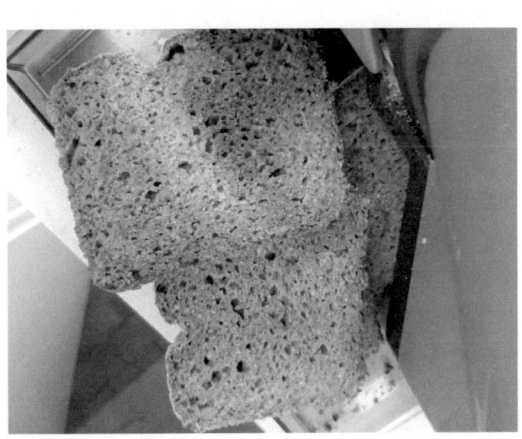

11798. Milchkaffee II, Juli 2018

- 18 Kaffeebohnen
- 255 g Wasser
- 225 g Pflanzenmilch für Kaffee II 11794

Bohnen mit einer kleinen Handmühle (Tchibo) mahlen. Mit kochendem Wasser durch einen Filter laufen lassen. Derweil die Pflanzenmilch in einem Milchaufschäumer erwärmen. Milch zum Kaffee gießen.

11799. Milchkaffee III, Juli 2018

- 20 Kaffeebohnen
- 250 g Wasser
- 225 g Pflanzenmilch für Kaffee II
- 1 TL Sahne

Bohnen mit einer kleinen Handmühle (Tchibo) mahlen. Mit 250 g kochendem Wasser durch einen Filter laufen lassen. Derweil die Pflanzenmilch in einem Milchaufschäumer erwärmen. Milch und Sahne zum Kaffee gießen.

11800. Sauerteigbrot Roggen Dinkel/Hafer IV, August 2018

Vorläufer 11789

Stufe 1 (12 Std. vorher):

Sauerteigansatz:
- 400 g Roggen
- 425 g Wasser
- 150 g Sauerteig

Stufe 2 (Backen, bei mir am Morgen):
- 225 g Waldstauden-Roggen
- 100 g Dinkel
- 100 g Nackthafer
- 15 g Salz
- 325 g Wasser
- 1/4 Würfel frische Hefe (= 10 g)
- 75 g Sonnenblumenkerne
- 25 g Sesamsamen ungeschält
- ca. 800 g Sauerteigansatz
- 20 g Butter für die Form

Stufe 1: Roggen fein mahlen, mit Wasser und altem Sauerteig mischen. In einer Plastiktüte über Nacht stehen lassen. 150 g von der Stufe 1 abnehmen und in einem gut schließenden Schraubglas in den Kühlschrank stellen für das nächste Backen.

Stufe 2: Getreide mischen und mahlen. Hefe in einem Teil des Wassers auflösen Zutaten (außer der Butter) mit einem großen Löffel gründlich verrühren, bis kein Mehl mehr sichtbar ist. Eine 30-cm-Brotform, Profi-Email von Dr. Oetker, gut einfetten. Teig hineingeben, mit der nassen Hand herunterdrücken und glattstreichen. Mit einem scharfen Messer kreuzweise einschneiden. Form in eine Plastiktüte geben und etwa 90 Min. gehen lassen. Brot in den kalten Ofen schieben und 80 Min. bei 190 °C (Heißluft) backen.

11801. Milchkaffee tiereiweißfrei, Aug. 2018

- 3 g Kaffeebohnen
- 250 g + 215 g kochendes Wasser
- 35 g Sahne

Bohnen mahlen, mit 250 g Wasser filtern. Sahne + Wasser aufschäumen, zum Kaffee.

11802. Milchkaffee tiereiweißfrei II, August 2018

- 4 g Kaffeebohnen
- 250 g kochendes Wasser
- 30 g Sahne
- 1 EL Kichererbsenkochwasser (15 g)
- 205 g Wasser

Kaffeebohnen mahlen und mit dem kochenden Wasser filtern. Sahne, Kochwasser und Wasser im Milchaufschäumer erhitzen, in den Kaffee gießen.

11803. Pflanzenmilch für Kaffee III, August 2018

- 15 g Rundkorn-Naturreis
- 10 g Cashewnussbruch
- 2 EL Kichererbsenkochwasser (15 g)
- 500 g Wasser, halb kochend

Im Vitamix 2,5 Min.

Hinweis: Schäumt im Milchaufschäumer sehr gut!

11804. Milchkaffee IV, August 2018

- 5 g Kaffeebohnen
- 150 g Wasser
- 350 g Pflanzenmilch für Kaffee III 11803 (frisch)

Bohnen mit einer kleinen Handmühle (Tchibo) mahlen. Mit 150 g kochendem Wasser durch einen Filter laufen lassen. Frische, noch heiße Pflanzenmilch zum Kaffee gießen.

11805. Tomatenketchup V, August 2018

Vorläufer 11791; zwei 500-g-Gläser

- 2 Dosen Tomaten inklusive Saft (800 g)
- 175 g Soft-Datteln
- 11 g Knoblauchzehen (eingelegt)
- 150 g Apfelessig
- 100 g Wasser
- 1 TL Salz
- 1/4 TL Pfeffer
- 2 TL Paprika
- 10 g Tomatenmark
- 150 g Wasser

Alle Zutaten bis auf 150 g Wasser in den TM-Mixtopf geben. 30 Sek. auf Stufe 6-10 zerkleinern, dabei den Messbecher fest andrücken, anschließend garen (30 Min./Varoma/Stufe 3). Nach Ende der Garzeit 150 g Wasser zugeben und fein pürieren (1 Min./Stufe 10). Direkt in Schraubgläser füllen.

11806. Milchkaffee V, August 2018

- 5 g Kaffeebohnen
- 150 g Wasser
- 185 g Pflanzenmilch für Kaffee III 11803
- 15 g Sahne
- 140 g Wasser

Bohnen mit einer kleinen Handmühle (Tchibo) mahlen. Mit 150 g kochendem Wasser durch einen Filter laufen lassen. Derweil die Pflanzenmilch in einem Milchaufschäumer erwärmen. Geschäumte Milch zum Kaffee geben. Sahne und 140 g Wasser anschließend in den Milchaufschäumer geben und ebenfalls aufschäumen. Zum Kaffee geben.

11807. Brownies à la Lebkuchenteig 35

Vorläufer: 11790; Springform 26 cm

- 125 g Datteln (Deglet Nour), ohne Kerne
- 125 g Sultaninen
- 200 g Feigen
- 50 g grüne Rosinen
- 500 g Wasser
- 2 EL Rum
- 1 Prise Salz
- 45 g Kakaopulver schwach entölt
- 15 g Carobpulver Rohkostqualität
- 100 g Dinkel, gemahlen (Mühle)
- 100 g Nackthafer, mit dem Dinkel gemahlen
- 90 g Haselnüsse, gemahlen (TM, 8 Sek./Stufe 8)
- 110 g Sonnenblumenkerne (mit den Nüssen gemahlen)
- 2 bittere Aprikosenkerne (mit den Nüssen gemahlen)
- 1 Päckchen Weinsteinbackpulver
- 1 TL Natron
- 35 g Sonnenblumenkerne

Für die Glasur:

- 50 g Kakaobutter
- 35 g Agavendicksaft
- 1 EL Kakao
- 2 EL geh. Haselnüsse

Trockenfrüchte in einer Pengdose mit der Flüssigkeit übergießen und etwa 12 Std. gut verschlossen stehen lassen. Die Fruchtmasse mit der Flüssigkeit im Thermomix homogen mischen (3 Mi./Stufe 10, im 10-20-Sekundentakt hochdrehen). Wer keinen starken Mixer hat, sollte die Stielchen von den Feigen vorher entfernen.

Die trockenen Zutaten mischen. Fruchtgemisch und Agavendicksaft hinzugeben und mit den Rührhaken eines Handrührgeräts gut vermischen. In eine mit Backpapier überspannte Springform geben. In den auf 160 °C (Heißluft) vorgeheizten Ofen einschieben, 44 Min. bei 160 °C backen, 10 Min. im ausgeschalteten Ofen nachbacken. Herstellung Glasur siehe 11755.

11808. Pflanzenmilch für Kaffee IV, August 2018

- 30 g Rundkorn-Naturreis
- 30 g Cashewnussbruch
- 40 g Kichererbsenkochwasser
- 1000 g Wasser, Hälfte kochend

Im Vitamix (2-Liter-Becher) 3 Min.

Hinweise: *Schmeckt lecker, scheint aber in der Konsistenz etwas zu dick; wenn sie kalt ist, ist das Dickflüssige verschwunden. – Auch vom Kalorienvergleich her schneidet sie gut ab: 1 Liter = 322 kcal; 1 Liter Milch 1,5 % Fett = 470 kcal und 3,5 % Fett = 650 kcal.*

11809. Milchkaffee VI, August 2018

- 5 g Kaffeebohnen
- 150 g Wasser
- 2 x 170 g Pflanzenmilch für Kaffee IV 11808

Bohnen mit einer kleinen Handmühle (Tchibo) mahlen. Mit 150 g kochendem Wasser durch einen Filter laufen lassen. Derweil die Pflanzenmilch in zwei Portionen in einem Milchaufschäumer erwärmen. Erste geschäumte Milch in die Tasse geben, Kaffee hinzugießen, nächste Milch aufschäumen.

Hinweis: *Sehr schön geworden! Allerdings zu viel Pflanzenmilch, weil es so schäumt.*

11810. Karamellsoße IXX „mehr", August 2018

1 Honigglas; Vorläufer 11773

- 375 g Wasser
- 249 g Sahne (250 g-Packung)
- 1/4 TL Salz
- 75 g Agavendicksaft
- 50 g Honig
- 60 g Ahornsirup

Alle Zutaten in den Mixtopf geben und erhitzen (30 Min./Varoma/Stufe 5), dabei das Garkörbchen bis zum Ende als Spritzschutz verwenden. In ein leeres Schraubglas füllen (etwa 1 Honigglas) und gut zudrehen.

11811. Milchkaffee VII, August 2018

1 große Tasse

- 6 g Kaffeebohnen
- 150 g Wasser
- 2 x 150 g Pflanzenmilch für Kaffee IV

Bohnen mit einer kleinen Handmühle (Tchibo) mahlen. Mit 150 g kochendem Wasser durch einen Filter laufen lassen. Derweil die Pflanzenmilch in zwei Portionen in einem Milchaufschäumer erwärmen. Erst die beiden Portionen geschäumte Milch in die Tasse geben, Kaffee hinzugießen.

Hinweis: Sehr schön geworden!

11812. Sauerteigbrot Roggen Dinkel/Hafer V, August 2018

Vorläufer 11800

Stufe 1 (12 Std. vorher):
Sauerteigansatz:

- 400 g Roggen
- 425 g Wasser
- 150 g Sauerteig

Stufe 2 (Backen, bei mir am Morgen):

- 100 g Waldstauden-Roggen
- 125 g Roggen
- 100 g Dinkel
- 100 g Nackthafer
- 15 g Salz
- 325 g Wasser
- 1/4 Würfel frische Hefe (= 10 g)
- 90 g Kürbiskerne
- ca. 800 g Sauerteigansatz
- 20 g Butter für die Form

Stufe 1: Roggen fein mahlen, mit Wasser und altem Sauerteig mischen. In einer Plastiktüte über Nacht stehen lassen. 150 g von der Stufe 1 abnehmen und in einem gut schließenden Schraubglas in den Kühlschrank stellen für das nächste Backen.

Stufe 2: Getreide mischen und mahlen (Vorabend). Hefe in einem Teil des Wassers auflösen Zutaten (außer der Butter) mit einem großen Löffel gründlich verrühren, bis kein Mehl mehr sichtbar ist. Eine 30-cm-Brotform, Profi-Email von Dr. Oetker, gut einfetten. Teig hineingeben, mit der nassen Hand herunterdrücken und glattstreichen. Mit einem scharfen Messer kreuzweise einschneiden. Form in eine Plastiktüte geben und etwa 120 Min. (sic) gehen lassen. Brot in den kalten Ofen schieben und 80 Min. bei 190 °C (Heißluft) backen.

Hinweis: Das Brot schmeckt prima wie immer, ist nur, weil zu lange gegangen, oben über die Ränder getreten = lästig.

11813. Latte macchiato I, August 2018

1 große Tasse

- 7 g Kaffeebohnen (Espresso, Tchibo „Barrista")
- 110 g Wasser
- 2 x 150 g Pflanzenmilch für Kaffee IV 11808

Bohnen mit einer kleinen Handmühle mahlen. Mit 110 g kochendem Wasser durch einen Filter laufen lassen. Derweil die Pflanzenmilch in zwei Portionen in einem Milchaufschäumer erwärmen. Erst die beiden Portionen geschäumte Milch in die Tasse geben, Kaffee hinzugießen.

11814. Pflanzenmilch für Kaffee V, August 2018

- 30 g Rundkorn-Naturreis
- 30 g Cashewnussbruch
- 30 g Kichererbsenkochwasser (vorher 40 g)
- 1000 g Wasser, die Hälfte kochend

Im Vitamix (2-Liter-Becher) 3 Min.

11815. Latte cacchiato, August 2018

1 Becher

- 4 g Kakaopulver
- 4 g Carobpulver Rohkostqualität
- 20 g Ahornsirup
- 50 g Pflanzenmilch für Kaffee IV 11808

In einer Tasse mit einem Löffel verrühren.

- 100 g Pflanzenmilch für Kaffee IV 11808
- 30 g Wasser
- 90 g Pflanzenmilch für Kaffee V 11814

Im Milchaufschäumer (Tchibo) schäumen lassen und in die Tasse geben.

11816. Latte macchiato II, August 2018

1 große Tasse

- 7 g Kaffeebohnen (Nicht-Espresso)
- 100 g Wasser
- 2 x 150 g Pflanzenmilch für Kaffee V

Bohnen mit einer kleinen Handmühle (Tchibo) mahlen. Mit 100 g kochendem Wasser durch einen Filter laufen lassen. Derweil die Pflanzenmilch in zwei Portionen in zwei Milchaufschäumern erwärmen: ein kleiner aus einem Sonderangebot und ein großer von Tchibo (Induktion). Erst die beiden Portionen geschäumte Milch in die Tasse geben, Kaffee hinzugießen.

Links: Tchibo
Rechts: Kodi

Hinweis: *Schmeckt mir mit Espresso-Bohnen deutlich besser. – Die Milch schäumt nicht so phantastisch wie der Vorgänger. Beide Geräte brauchen etwa gleichlang. Das Tchibogerät ist leider ein Rechtshänderschäumer und der Schaum scheint mir grober, das werde ich aber noch weiter austesten.*

11817. Latte cacchiato II, August 2018

1 Becher

- 4 g Kakaopulver
- 4 g Carobpulver Rohkostqualität
- 10 g Ahornsirup
- 1 EL Wasser
- 2 x 150 g Pflanzenmilch für Kaffee V 11814

Ohne Milch in einer Tasse mit einem Löffel verrühren. In zwei Milchaufschäumern (Tchibo & Kodi) schäumen lassen und in die Tasse geben.

11818. Latte macchiato III, August 2018

1 große Tasse

- 7 g Kaffeebohnen (Tchibo „Schattenwald")
- 100 g Wasser
- 260 g Pflanzenmilch für Kaffee V 11814

Bohnen mit einer kleinen Handmühle (Tchibo) mahlen. Mit 100 g kochendem Wasser durch einen Filter laufen lassen. Derweil die Pflanzenmilch im Milchaufschäumer erwärmen. Geschäumte Milch in die Tasse geben, Kaffee hinzugießen.

Hinweis: *Schattenwald schmeckt mir!*

11819. Pflanzenmilch für Kaffee VI, August 2018

- 30 g Rundkorn-Naturreis
- 30 g Cashewnussbruch
- 40 g Kichererbsenkochwasser
- 1 Prise Salz
- 1000 g Wasser, Hälfte kochend

Im Vitamix (2-Liter-Becher) 3 Min..

11820. Latte macchiato IV, August 2018

1 Latte macchiato Glas

- 7 g Kaffeebohnen (Tchibo „Barista")
- 100 g Wasser
- 260 g Pflanzenmilch für Kaffee VI 11819

Bohnen mit einer kleinen Handmühle (Tchibo) mahlen. Mit 100 g kochendem Wasser durch einen Filter laufen lassen. Derweil die Pflanzenmilch im Milchaufschäumer erwärmen. Geschäumte Milch in die Tasse geben, Kaffee hinzugießen.

11821. Tomatenketchup VI, August 2018

Vorläufer 11805; zwei 500-g-Gläser

- 2 Dosen Tomaten inklusive Saft (800 g)
- 140 g Datteln Deglet nour
- 30 g Soft-Datteln (Rossmann)
- 11 g Knoblauchzehen (frisch)
- 150 g Apfelessig
- 100 g Wasser
- 1 TL Salz
- 1/4 TL Pfeffer
- 2 TL Paprika
- 10 g Tomatenmark
- 150 g Wasser

Herstellung siehe Vorläufer 11805.

11822. Nussschokocremesoße aus dem Vitamix III, August 2018

2 Honiggläser sehr voll; Vorläufer 11796

- 125 g Cashewnüsse
- 75 g Sonnenblumenkerne
- 50 g Mandeln
- 25 g Kakaopulver
- 25 g Carob Rohkostqualität
- 150 g Ahornsirup
- 385 g Wasser
- 1 Prise Salz

Im Vitamix mit dem Stößel gut durcharbeiten, bis es wirklich glatt ist. Dann ist die Masse warm bis heiß. In Gläser füllen und im Kühlschrank aufbewahren.

11823. Brownies à la Lebkuchenteig 36, August 2018

Vorläufer: 11807; Springform 26 cm

- 125 g Softdatteln
- 125 g Soft-Pflaumen
- 200 g Feigen
- 50 g grüne Rosinen
- 500 g Wasser
- 2 EL Rum
- 1 Prise Salz
- 45 g Kakaopulver schwach entölt
- 15 g Carobpulver Rohkostqualität
- 100 g Dinkel, gemahlen (Mühle)
- 100 g Nackthafer, mit dem Dinkel gemahlen
- 80 g Haselnüsse, gemahlen (TM, 8 Sek./Stufe 8)
- 120 g Sonnenblumenkerne (mit den Nüssen gemahlen)
- 2 bittere Aprikosenkerne (mit den Nüssen gemahlen)
- 1 Päckchen Weinsteinbackpulver
- 1 TL Natron
- 35 g Sonnenblumenkerne

Für die Glasur:
- 50 g Kakaobutter
- 35 g Agavendicksaft
- 1 EL Kakao
- 2 EL geh. Haselnüsse

Trockenfrüchte in einer Pengdose mit der Flüssigkeit übergießen und etwa 12 Std. gut verschlossen stehen lassen. Die Fruchtmasse mit der Flüssigkeit im Thermomix homogen mischen (3 Mi./Stufe 10, im 10-20-Sekundentakt hochdrehen). Wer keinen starken Mixer hat, sollte die Stielchen von den Feigen vorher entfernen.

Die trockenen Zutaten mischen. Fruchtgemisch und Agavendicksaft hinzugeben und mit den Rührhaken eines Handrührgeräts gut vermischen. In eine mit Backpapier überspannte Springform geben. In den auf 160 °C (Heißluft) Ofen einschieben und 44 Min. bei 160 °C backen, 10 Min. im ausgeschalteten Ofen nachbacken.

Für die Glasur Kakaobutter bei niedriger Temperatur in einer kleinen Keramikpfanne zerlassen (Stufe 3/14 Induktion), ab und an mit einem Schneebesen rühren, Agavendicksaft und Kakao einarbeiten. Browniekuchen mit Guss bepinseln. Gehackte Nüsse auf die noch feuchte Glasur streuen.

11824. Milchkaffee mit Kaffee, August 2018

1 Latte-Glas

- 8 g Kaffeebohnen
- 170 g Wasser
- 170 g Pflanzenmilch für Kaffee VI 11819

Bohnen mahlen, mit 170 g Wasser filtern. Milch erhitzen. Im Glas mischen.

11825. Pflanzenmilch für Kaffee VII, August 2018

- 30 g Cashewkerne
- 10 g Kichererbsenkochwasser
- 1 Prise Salz
- 500 g Wasser

Im Vitamix 3 Min..

Auf der Suche nach einer Pflanzenmilch, die noch besser schäumt, habe ich mich ein wenig umgelesen: Der Proteingehalt ist wichtig. Nach Kalorienumrechnerei kam ich darauf, dass 30 g Cashewnüsse auf 500 g Wasser reichen sollten. – Schäumt im Aufschäumer praktisch gar nicht!

11826. Filterkakao, ein Versuch, August 2018

Übrigens: Fehlgeschlagen, das Pulver ist zu fein.

- 7 g Kakaopulver
- 100 g Wasser
- 250 g Pflanzenmilch für Kaffee VII 11825
- 2 TL Ahornsirup

Kakao in ein Filterpapier geben, kochendes Wasser darüber gießen. Milch im Aufschäumer erhitzen, schäumt leider kaum. Schließlich Filterinhalt zu dem bisschen Gefilterten geben, mit Ahornsirup verrühren und mit geschäumter Milch aufgießen.

11827. Eier im Thermomix, hartgekocht, 2018

Rezept von der Thermomix-Rezeptentwicklung

- 500 g Wasser
- 4 Eier

Wasser in den Mixtopf geben, Eier in den Gareinsatz legen. Laut Tabelle sollen mittelgroße Eier bei 14 Min. Varoma/ Stufe 1 mit aufgelegtem Deckel und Messbecher hart gekocht sein. Meine Eier waren eher klein. Sie sind schön geworden, aber für einen Salat könnten sie etwas härter sein.

Auszug aus der Tabelle:

12 Min.: weichgekochte Eier; 14 Min.: hartgekocht; 15 Min.: sehr hart gekocht

11828. Latte macchiato V, August 2018

1 Glas

- 7 g Kaffeebohnen (Tchibo „Schattenwald")
- 100 g Wasser
- 295 g Pflanzenmilch für Kaffee VII 11825

Bohnen mit einer kleinen Handmühle (Tchibo) mahlen. Mit 100 g kochendem Wasser durch einen Filter laufen lassen. Derweil die Pflanzenmilch im Milchaufschäumer erwärmen. Geschäumte Milch in das Glas geben, Kaffee hinzugießen.

Hinweis: *Geschmacklich prima, Schaum mickrig.*

11829. Pflanzenmilch für Kaffee VIII, August 2018

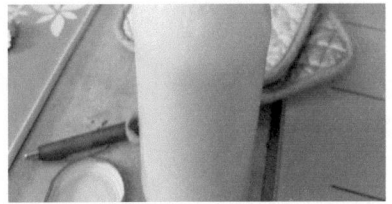

- 25 g Rundkornnaturreis
- 15 g Kichererbsenkochwasser
- 500 g Wasser

Im Vitamix 2,5 Min.

Schäumt im Aufschäumer praktisch gar nicht.

11830. Pflanzenmilch für Kaffee IX, August 2018

- 25 g Rundkorn-Naturreis
- 25 g Cashewnussbruch
- 10 g Sonnenblumenkerne
- 1000 g Wasser, die Hälfte kochend

Im Vitamix (2-Liter-Becher) 3 Min.

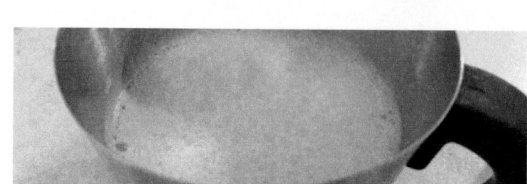

11831. Pflanzenmilch für Kaffee X, August 2018

- 670-680 g von Pflanzenmilch für Kaffee IX
- 20 g Kichererbsenkochwasser

Im Vitamix (2-Liter-Becher) 3 Min. Wenn die Pflanzenmilch
für Kaffee IX noch heiß ist, eine weitere Min. mixen.

11832. Sauerteigbrot Roggen Dinkel/Hafer VI, August 2018

Vorläufer 11812

Stufe 1 (12 Std. vorher):
Sauerteigansatz:

- 400 g Roggen
- 425 g Wasser
- 150 g Sauerteig

Stufe 2 (Backen, bei mir am Morgen):

- 225 g Roggen
- 75 g Dinkel
- 125 g Nackthafer
- 15 g Salz
- 325 g Wasser
- 1/4 Würfel frische Hefe (= 10 g)
- 50 g Kürbiskerne
- 50 g Sonnenblumenkerne
- ca. 800 g Sauerteigansatz
- 20 g Butter für die Form

Stufe 1: Roggen fein mahlen, mit Wasser und altem Sauerteig mischen. In einer Plastiktüte über Nacht stehen lassen. 150 g von der Stufe 1 abnehmen und in einem gut schließenden Schraubglas in den Kühlschrank stellen für das nächste Backen.

Stufe 2: Getreide mischen und mahlen (mache ich immer am Vorabend). Hefe in einem Teil des Wassers auflösen Zutaten (außer der Butter) mit einem großen Löffel gründlich verrühren, bis kein Mehl mehr sichtbar ist. Eine 30-cm-Brotform, Profi-Email von Dr. Oetker, gut einfetten. Teig hineingeben, mit der nassen Hand herunterdrücken und glattstreichen. Mit einem scharfen Messer kreuzweise einschneiden. Form in eine Plastiktüte geben und etwa 90 Min. gehen lassen. Brot in den kalten Ofen schieben und 80 Min. bei 190 °C (Heißluft) backen.

11833. Latte macchiato VI, August 2018

1 Glas

- 7 g Kaffeebohnen (Tchibo „Schattenwald")
- 100 g Wasser
- 150 + 200 g Pflanzenmilch für Kaffee IX 11831

Bohnen mit einer kleinen Handmühle (Tchibo) mahlen. Mit 100 g kochendem Wasser durch einen Filter laufen lassen. Derweil die Pflanzenmilch in zwei Milchaufschäumern erwärmen. Geschäumte Milch in das Glas geben, Kaffee hinzugießen.

Hinweis: Es schäumt vor allem im Billigschäumer gut, auch ohne Kichererbsenkochwasser!

11834. Latte macchiato VII, August 2018

1 Glas

- 8 g Kaffeebohnen (Tchibo „Schattenwald") (Eric mag den Kaffee stärker)
- 100 g Wasser
- 150 + 190 g Pflanzenmilch für Kaffee X

Bohnen mit einer kleinen Handmühle (Tchibo) mahlen. Mit 100 g kochendem Wasser durch einen Filter laufen lassen. Derweil die Pflanzenmilch in zwei Milchaufschäumern erwärmen. Geschäumte Milch in das Glas geben, Kaffee hinzugießen.

Hinweis: Das schäumt vor allem im Billigschäumer fantastisch!

11835. Schaumkakao, August 2018

Mit WMF-Aufschäumer

- 300 g Pflanzenmilch für Kaffee X 11831
- 2 TL Kakao
- 3-4 TL Ahornsirup

Je 1 TL Kakao mit 1-2 TL Ahornsirup in einer Tasse verrühren. Milch aufschäumen und auf den Kakao gießen.

Hinweis: Eric findet es toll, aber ich war vom Schaum nicht so recht begeistert. Ich werde also neue Pflanzenmilch herstellen und morgen in allen drei Aufschäumern parallel zubereiten.

11836. Pflanzenmilch für Kaffee XI, August 2018

- 25 g Cashewkerne
- 25 g Rundkorn-Naturreis
- 10 g Sonnenblumenkerne
- 25 g Kichererbsenkochwasser
- 1 Liter Wasser

Im Vitamix (2-Liter-Becher) 3 Min.

11837. Pflanzenmilch für Kaffee XII (TM), August 2018

- 40 g Cashewkerne
- 40 g Rundkorn-Naturreis
- 15 g Sonnenblumenkerne
- 45 g Kichererbsenkochwasser
- 1500 g Wasser

Ergibt 1,5 Liter; das könnte man bis auf 2 Liter hochschrauben, wenn es klappt.

Die trockenen Zutaten mahlen (10 Sek./Stufe 10). Flüssigkeiten zugeben und nochmals mixen (10 Sek./Stufe 10). Zum Kochen bringen (6 Min./100 °C/Stufe 6; 3-4 Min./100 °C/Stufe 3). Nochmals durchmixen (10 Sek./Stufe 10).

Hinweis: Es bleiben Rückstände im Topf!

11838. Latte macchiato VII, Maschinentest, August 2018

3 Gläser

- 10 g Kaffeebohnen (Tchibo „Espresso Mailand")
- 150 g Wasser
- 3 x 150 Pflanzenmilch für Kaffee XI 11836

Bohnen mit einer kleinen Handmühle (Tchibo) mahlen. Mit 150 g kochendem Wasser durch einen Filter laufen lassen. Derweil die Pflanzenmilch in drei Milchaufschäumern erwärmen. Geschäumte Milch jeweils in ein Glas geben, je 50 g Kaffee hinzugießen.

WMF (rechts) ist Sieger, Tchibo (Mitte) und Kodi rechts liegen gleichauf.

11839. Schaumkakao II, August 2018

- 2 x 290 g Pflanzenmilch für Kaffee XII (TM)
- 2 TL Kakao
- 2 TL Carob
- 3-4 TL Ahornsirup
- 2 EL Pflanzenmilch für Kaffee XII (TM)

Je 1 TL Kakao und Carob mit 1-2 TL Ahornsirup und 1 EL Pflanzenmilch in einer Tasse verrühren. Milch aufschäumen (ist etwas zu viel) und auf den Kakao gießen.

Hinweis: Eric findet es noch leckerer als den ersten Versuch.

11840. Latte macchiato VIII, August 2018

1 Glas

- 7 g Kaffeebohnen (Tchibo „Espresso Mailand")
- 100 g Wasser
- 270 g Pflanzenmilch für Kaffee XII (TM)

Bohnen mit einer kleinen Handmühle (Tchibo) mahlen. Mit 100 g kochendem Wasser durch einen Filter laufen lassen. Derweil die Pflanzenmilch im Milchaufschäumer erwärmen. Geschäumte Milch in ein Glas geben, Kaffee hinzugießen.

Hinweis: Es war zu viel Schaum. Für Kakao toll geeignet, Kaffee wäre nochmals mit einer geringeren Menge (250 g Pflanzenmilch) zu testen.

11841. Latte macchiato IX für zwei, August 2018

2 Gläser (nur eins zu sehen).

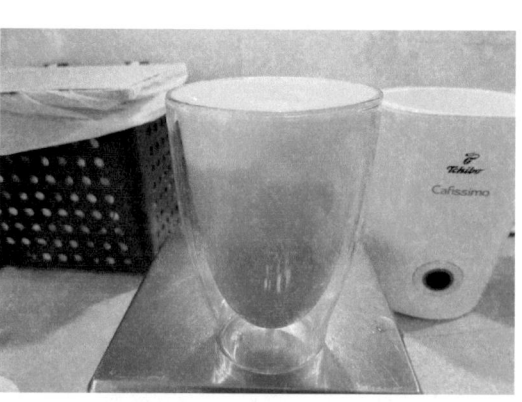

- 15 g Kaffeebohnen (Tchibo „Barisa Espresso")
- 200 g Wasser (170)
- 2 x 250 (2 x 230) g Pflanzenmilch für Kaffee XII (TM)

Bohnen mit einer kleinen Handmühle (Tchibo) mahlen. Mit 200 g kochendem Wasser durch einen Filter laufen lassen. Derweil die Pflanzenmilch in zwei Milchaufschäumern erwärmen. Geschäumte Milch in das Glas geben, Kaffee hinzugießen.

Hinweis: 250 g Pflanzenmilch sind pro Glas immer noch zu viel. Der Schaum ist prima, aber wie aller Pflanzenmilchschaum schrumpft er etwas schneller als von Milch.

11842. Pflanzenmilch für Kaffee XIII (ohne Ki-H2O), August 2018

- 13 g Cashewkerne
- 13 g Rundkorn-Naturreis
- 5 g Sonnenblumenkerne
- 7 g rohe Kichererbsen
- 500 g Wasser (Hälfte kochend)

Im Vitamix (0,9-Liter-Becher) 3 Min.

11843. Schaumcarob, August 2018

Mit WMF-Aufschäumer

- 230 g + 2 TL Pflanzenmilch für Kaffee XIII (ohne Ki-H2O) 11842
- 1 TL Carob
- 1 Prise Vanillepulver
- 1 TL Ahornsirup

Carob mit Ahornsirup, Vanille und 2 TL Pflanzenmilch in einem Glas verrühren. Milch aufschäumen (ist etwas zu viel) und auf den Carob gießen.

11844. Latte macchiato X, August 2018

1 Glas

- 7 g Kaffeebohnen (Tchibo „Espresso Mailand")
- 100 g Wasser
- 250 g Pflanzenmilch für Kaffee XIII (ohne Ki-H2O) 11842

Bohnen mit einer kleinen Handmühle (Tchibo) mahlen. Mit 100 g kochendem Wasser durch einen Filter laufen lassen. Derweil die Pflanzenmilch im Milchaufschäumer (WMF) erwärmen. Geschäumte Milch in ein Glas geben, Kaffee hinzugießen.

Hinweis: Es schäumt sehr gut! Der Schaum ist allerdings anders: cremiger, weicher. Aber wenn gerade keine Kichererbsenkochflüssigkeit im Haus ist, eine Superalternative.

11845. Latte macchiato XI, August 2018

1 Glas

- 7 g Kaffeebohnen (Tchibo „Schattenwald")
- 100 g Wasser
- 220 g Pflanzenmilch für Kaffee XIV 11846 (ideal)
- Etwas Zimt (nach Belieben).

Bohnen mit einer kleinen elektrischen Mühle (Kodi) mahlen. Mit 100 g kochendem Wasser durch einen Filter laufen lassen. Derweil die Pflanzenmilch im Milchaufschäumer erwärmen. Geschäumte Milch in ein Glas geben, Kaffee hinzugießen.

Hinweis: *Es ist immer noch Schaum übrig! Von dieser Milch dürften 200 g reichen. Die klassische Dreiteilung wird mit dieser Milch deutlich erreicht. Ich finde den Kaffee bitterer als mit der Hand gemahlen.*

11846. Pflanzenmilch für Kaffee XIV (ideal), August 2018

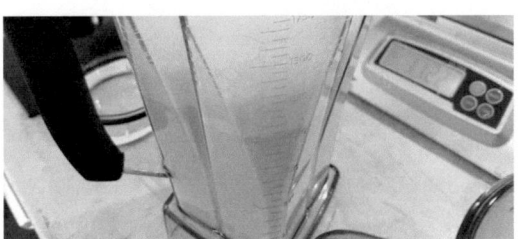

- 25 g Cashewkerne
- 25 g Rundkorn-Naturreis
- 10 g Sonnenblumenkerne
- 35 g Kichererbsenkochwasser
- 1 Liter Wasser (Hälfte kochend)

Im Vitamix (2-Liter-Becher) 3 Min.

11847. Geeister Latte macchiato, August 2018

Für zwei Personen

- 15 g Kaffeebohnen (Tchibo „Schattenwald")
- 200 g Wasser
- 270 g Pflanzenmilch für Kaffee XIV (ideal) 11846
- 3-4 g Agavendicksaft

Kaffee in der Mühle (Kodi) mahlen und mit 200 g Wasser filtern. Mit Agavendicksaft verrühren und in den Kühlschrank stellen. Pflanzenmilch kalt aufschäumen (WMF). Kaffee auf zwei Gläser verteilen, mit Milchschaum auffüllen. 250 g Milch würden für normale Trinkgläser reichen. Oder 300 g für Latte macchiato-Gläser.

11848. Pflanzensahne, 1. Versuch, August 2018

1 Honigglas

- 30 g Rundkorn-Naturreis
- 50 g Cashewnüsse
- 30 g Kichererbsenkochwasser
- 250 g Wasser

Die trockenen Zutaten im Vitamix (0,9 Liter) mahlen. Mit einem Löffel verdickte Masse ablösen. Flüssigkeiten hinzugeben und mixen, bis die Masse stockt (3,5 Min.).

Anmerkung: *Schmeckt lecker, ist etwas fest. Ob die sich noch schlagen lässt?*

Kaloriengehalt auf 360 g:

106 (Reis) + 275 (Cashew) + 10 (Kichererbsenkochwasser = 391 kcal.

Das sind umgerechnet auf 100 g: 109 kcal. Sahne hat in gleicher Menge 268 kcal!

Auch im Fettgehalt liegt die Pflanzensahne mit 22 g Fett/100 g unter Schlagsahne mit 44 g/100 g.

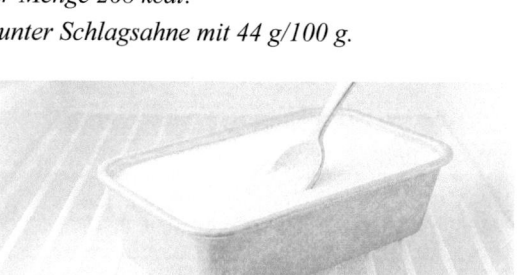

11849. Vanilleeis-Test, August 2018

1 Testportion

45 g Pflanzensahne, 1. Versuch

10 g Ahornsirup (sollten 5 g werden, lief zu schnell)

Mit dem Löffel verrühren und ins Tiefkühlfach stellen.

Fehlschlag: *Ist knochenhart, wenn tiefgekühlt.*

11850. Sahnecreme Pflanze, August 2018

Reicht für 2 Stück Kuchen.

Mit dem kleinen Mixer schlagen (bleibt flüssig):

- 95 g Pflanzensahne, 1. Versuch 11848
- 20 g einer Pflanzenmilch
- 10 g Agavendicksaft

11851. Schaumzitrone, August 2018

1 Tasse zu 220 ml

- 10 g Zitronensaft
- 10 g Agavendicksaft
- 150 g Pflanzenmilch für Kaffee XIV (ideal) 11846

Zitronen- und Agavendicksaft in einer Tasse verrühren. Milch kalt aufschäumen, hinzufügen.

11852. Cappuccino I, August 2018

1 Tasse zu 220 ml

- 6 g Kaffeebohnen (Espresso)
- 75 g Wasser
- 150 g Pflanzenmilch für Kaffee XIV 11846

Kaffeebohnen mit der Handmühle mahlen. Mit dem kochenden Wasser in eine Tasse aufgießen. Pflanzenmilch aufschäumen. Milchschaum zum Kaffee geben.

Hinweis: *Leider kein Cappuccino-Muster.*

11853. Cappuccino II (für zwei), August 2018

2 Tassen zu 220 ml

- 14 g Kaffeebohnen (Espresso)
- 175 g Wasser
- 250 g Pflanzenmilch für Kaffee XIV 11846

Tassen zum Vorwärmen mit kochendem Wasser füllen. Kaffeebohnen mahlen (15 Sek.). Mit dem kochenden Wasser aufgießen. Pflanzenmilch aufschäumen. Kaffee auf die geleerten und getrockneten Tassen verteilen, Milchschaum hinzufügen.

Hinweis: *Immer noch kein Cappuccino-Muster. Schmeckt aber. ;-)*

11854. Kaffeebasis für Eiskaffee, August 2018

Füllt bei mir eine Eiswürfelform (hab's vorher mit Wasser ausprobiert). Ich habe im Internet ein Video gesehen, wie man mit solchen Kaffeewürfeln rasch einen Eiskaffee macht. Dort wird mit Milch aufgegossen, ich werde kalt aufgeschäumte Milch nehmen.

- 14 g Kaffee, in der Maschine gemahlen (12 Sek.)
- 165 g Wasser
- 20 g Agavendicksaft

Kaffee 12 Min. in der Maschine mahlen. Mit Wasser filtern und Agavendicksaft verrühren. In die Form füllen, abkühlen lassen und einfrieren.

11855. Latte macchiato crema XII (für zwei), August 2018

2 Gläser

- 15 g Kaffeebohnen (Tchibo „Schattenwald")
- 200 g Wasser
- 5 g Ahornsirup
- 2 x 200 g Pflanzenmilch für Kaffee XIV (ideal) 11846

Bohnen mahlen. Mit kochendem Wasser durch einen Filter in ein Gefäß laufen lassen, in dem der Ahornsirup vorgelegt ist. Derweil die Pflanzenmilch in zwei Milchaufschäumer erwärmen. Geschäumte Milch in ein Glas geben, Kaffee hinzugießen.

Hinweis: *Hier zeigt sich wieder die Überlegenheit des WMF-Aufschäumers, der Latte war perfekt wie in den letzten Tagen. Auf dem Foto ist der Latte mit der Milch aus dem Tchibo-Gerät zu sehen: keine Dreiteilung, wenig Schaum. Das bisschen süß macht sich sehr gut! 200 g sind für den WMF-Aufschäumer reichlich, für den Tchibo knapp, da müsste man wohl 220 g nehmen.*

11856. Pflanzensahne, 2. Versuch, August 2018

1 Honigglas

- 15 g Rundkorn-Naturreis
- 30 g Cashewnüsse
- 13 g Kichererbsenkochwasser
- 250 g Wasser

Im Vitamix mixen, bis die Masse deutlich weniger wird (etwa 3,5 Min).

Hinweis: *In schwarzem Tee geht die Sahne gut und löst sich, ohne auszuflocken, der Tee wird allerdings nicht so hell wie mit Sahne.*

11857. Pflanzenmilch für Kaffee XV, August 2018

- 30 g Cashewkerne
- 20 g Rundkorn-Naturreis
- 10 g Sonnenblumenkerne
- 35 g Kichererbsenkochwasser
- 1 Liter Wasser (Hälfte kochend)

Im Vitamix (2-Liter-Becher) 3 Min.

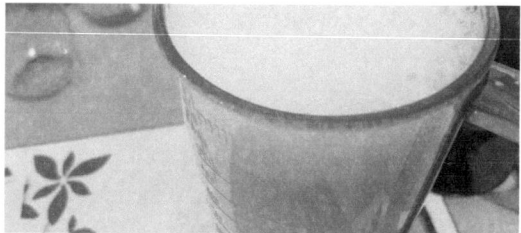

11858. Schokoladen-Chia-Pudding, August 2018

Vorläufer: 9/7299; 2 Desserts

- 80 g Pflanzensahne, 1. Versuch 11849
- 170 g Wasser
- 90 g entsteinte Datteln
- 30 g Chiasamen
- 15 g Kakaopulver
- 5 g Carob (Rohkostqualität)
- 1 Prise Salz
- 2 TL Kakaonibs
- Etwa 125 g Ananas (185 g brutto)

Sahne, Wasser, Datteln, Samen, Kakaopulver, Carob und Salz etwa 1 Min. im Hochleistungsmixer pürieren, bis die Samen nicht mehr erkennbar sind. Auf zwei Schüsselchen verteilen. Ananas in Stücke schneiden, auf den Pudding legen. Mit Kakaonibs bestreuen.

11859. Tomatenketchup VII, August 2018

Vorläufer 11821; 2 Cashewnussmus-Gläser

- 2 Dosen Tomaten inklusive Saft (800 g)
- 165 g Soft-Datteln
- 13 g Knoblauchzehen (frisch)
- 150 g Apfelessig
- 100 g Wasser
- 1 TL Salz
- 1/4 TL Pfeffer
- 2 TL Paprika
- 10 g Tomatenmark
- 150 g Wasser

Alle Zutaten bis auf 150 g Wasser in den Mixtopf geben. 30 Sek. auf Stufe 6-10 zerkleinern, dabei den Messbecher fest andrücken, anschließend garen (30 Min./Varoma/Stufe 3). Nach Ende der Garzeit 150 g Wasser zugeben und fein pürieren (1 Min./Stufe 10). Direkt in Schraubgläser füllen.

Hinweis: *Einziger echter Unterschied: 5 g weniger Datteln. Immerhin schon runter von 200 g!*

11860. Brownies à la Lebkuchenteig 37, August 2018

Vorläufer: 11807; Springform 26 cm

- 125 g Datteln (Deglet Nour), ohne Kerne
- 50 g Soft-Pflaumen
- 75 g Sultaninen
- 200 g Feigen
- 50 g grüne Rosinen
- 500 g Wasser
- 2 EL Rum
- 1 Prise Salz
- 45 g Kakaopulver schwach entölt
- 15 g Carobpulver Rohkostqualität
- 100 g Dinkel, gemahlen (Mühle)
- 100 g Nackthafer, mit dem Dinkel gemahlen
- 70 g Haselnüsse, gemahlen (TM, 8 Sek./Stufe 8)
- 130 g Sonnenblumenkerne (mit den Nüssen gemahlen)
- 2 bittere Aprikosenkerne (mit den Nüssen gemahlen)
- 1 Päckchen Weinsteinbackpulver
- 1 TL Natron
- 35 g Sonnenblumenkerne

Für die Glasur:

- 50 g Kakaobutter
- 40 g Agavendicksaft
- 1 EL Kakao
- 2 EL geh. Haselnüsse
- 1 EL Kakaonibs

Trockenfrüchte in einer Pengdose mit der Flüssigkeit übergießen und etwa 12 Std. gut verschlossen stehen lassen. Die Fruchtmasse mit der Flüssigkeit im Thermomix homogen mischen (3 Mi./Stufe 10, im 10-20-Sekundentakt hochdrehen). Wer keinen starken Mixer hat, sollte die Stielchen von den Feigen vorher entfernen.

Die trockenen Zutaten mischen. Fruchtgemisch und Agavendicksaft hinzugeben und mit den Rührhaken eines Handrührgeräts gut vermischen. In eine mit Backpapier überspannte Springform geben. In den auf 160 °C (Heißluft) vorgeheizten Ofen einschieben, 44 Min. bei 160 °C backen, 10 Min. im ausgeschalteten Ofen nachbacken.

Für die Glasur Kakaobutter bei niedriger Temperatur in einer kleinen Keramikpfanne zerlassen (Stufe 3/14 Induktion), ab und an mit einem Schneebesen rühren, Agavendicksaft und Kakao einarbeiten. Browniekuchen mit Guss bepinseln. Gehackte Nüsse auf die noch feuchte Glasur streuen.

11861. Cappuccino III, August 2018

1 Tasse für 220 ml; Vorläufer 11852

6 g Kaffeebohnen (Espresso Milano)

75 g Wasser

135 g Pflanzenmilch für Kaffee XV 11857

Kaffeebohnen mit der Handmühle mahlen. Mit dem kochenden Wasser in eine Tasse aufgießen. Pflanzenmilch aufschäumen. Milchschaum zum Kaffee geben.

Hinweis: *Leider noch immer kein Cappuccino-Muster. Mir scheint der Schaum zu grob für das „Muster".*

11862. Cappuccino IV (für zwei), August 2018

2 Tassen zu 220 ml; Vorläufer 11853

- 14 g Kaffeebohnen (Espresso)
- 200 g Wasser
- 200 g Pflanzenmilch für Kaffee XIV 11857

Kaffeebohnen mahlen, mit kochendem Wasser aufgießen. Pflanzenmilch schäumen. Kaffee in die Tassen, Milchschaum dazu.

11863. Latte cacchiato III, August 2018

2 Thermogläser zu je 310 ml

- 2 TL Kakaopulver
- 2 TL Carobpulver Rohkostqualität
- 30 g Ahornsirup
- 100 g kochendes Wasser
- 210 g Pflanzenmilch für Kaffee XV 11857

Kakaopulver, Carobpulver und Ahornsirup verrühren. Kochendes Wasser hinzugießen, bis zum Auflösen rühren. In dieser Zeit die Milch aufschäumen, auf zwei Gläser verteilen. Den heißen Kakao von oben in den Milchschaum gießen.

Tipp: *Die Milchmenge hätte 20-30 g mehr sein dürfen.*

11864. Latte Crema, August 2018

Zwei 400-ml-Gläser. Eric ist total begeistert.

- 50 g Pflanzensahne, 2. Versuch 11856
- 20 g Agavendicksaft
- 14 g Kaffeemehl (frisch gemahlen, Maschine, 10 Sek.)
- 200 g Wasser
- 335 g Pflanzenmilch für Kaffee XV 11857

Sahne und Agavendicksaft verrühren, in die Gläser verteilen (ich habe die Zutaten in den Gläsern verrührt). Kaffeemehl mit 200 g Wasser aufbrühen und auf die Gläser verteilen (Achtung, es gibt Schwund, ich hatte merkwürdigerweise nur 175 g. Pflanzenmilch aufschäumen (WMF). Schaum auf den Kaffee geben.

11865. Latte crema II, August 2018

Weil Eric so begeistert war, mit nur kleinen Unterschieden wiederholt; zwei 400-ml-Gläser.

- 50 g Pflanzensahne, 2. Versuch
- 20 g Ahornsirup
- 14 g Kaffeemehl (frisch gemahlen, Maschine, 10 Sek.)
- 200 g Wasser
- 340 g Pflanzenmilch (hier: Pflanzenmilch für Kaffee XV 11857 + Pflanzenmilch für Kaffee XIV (ideal) 11846)
- Etwas Carobpulver

Sahne und Ahornsirup verrühren, in die Gläser verteilen (ich habe die Zutaten in den Gläsern verrührt). Kaffeemehl mit 200 g Wasser aufbrühen und auf die Gläser verteilen. Pflanzenmilch aufschäumen (WMF). Schaum auf den Kaffee geben. Carob auf den Schaum sieben.

11866. Pflanzenmilch für Kaffee XVI (TM), August 2018

Vorläufer 11837; 1,5 Liter.

- 50 g Cashewkerne
- 30 g Rundkorn-Naturreis
- 10 g Sonnenblumenkerne
- 35 g Kichererbsenkochwasser
- 1500 g Wasser

Die trockenen Zutaten mahlen (10 Sek./Stufe 10). Flüssigkeiten zugeben und nochmals mixen (10 Sek./Stufe 10). Zum Kochen bringen (12 Min./100 °C/Stufe 5). Nochmals durchmixen (10 Sek./Stufe 10). Keine Rückstände im Topf.

11867. Cappuccino V, August 2018

1 Tasse für 220 ml; Vorläufer 11861

- 6 g Kaffeebohnen (Espresso Barista)
- 75 g Wasser
- 155 g Pflanzenmilch für Kaffee XIV 11857

Kaffeebohnen mit der Handmühle mahlen. Mit dem kochenden Wasser in eine Tasse aufgießen. Pflanzenmilch aufschäumen (Tchibo-Gerät). Milchschaum zum Kaffee geben.

Hinweis: Immer noch kein Muster, obwohl ich mir ein Video angeschaut habe. Ich halte die Tasse auch erst schräg, aber sobald der Schaum dazukommt, tut sich wieder nichts.

11868. Cappuccino VI (für zwei), August 2018

2 Tassen zu 220 ml; Vorläufer 11862

- 13 g Kaffeebohnen (Espresso)
- 165 g Wasser
- 300 g Pflanzenmilch für Kaffee XIV 11857

Tassen zum Vorwärmen mit kochendem Wasser füllen. Kaffeebohnen mahlen (mit der Hand). Mit dem kochenden Wasser aufgießen. Pflanzenmilch aufschäumen. Kaffee auf die Tassen verteilen, Milchschaum hinzufügen.

Hinweis: Ich wollte 75 g Kaffee pro Tasse, aber es fehlten dafür 15 g Kaffee. Da ist also schon ordentlicher Schwund, vermutlich quillt der Kaffee auf und bindet das Wasser.

11869. Kafka I, August 2018

Für 2 Personen

Kakao
- 2 TL Kakao
- 4 TL Ahornsirup
- 210 g Milch erhitzt

Kaffee
- 14 g gemahlener Kaffee (Handmühle)
- 215 g kochendes Wasser

Fertigstellung
- 205 g Pflanzenmilch für Kaffee XV

Kakaozutaten verrühren, auf zwei Gläser (310 ml) verteilen.

Für den Kaffee Filterkaffee herstellen, zum Kakao geben. Milch aufschäumen (WMF) und in die Gläser füllen.

Fazit: Lecker, der Kaffeeanteil könnte jedoch höher sein.

11870. Nussschokocremesoße aus dem Vitamix IV

1 Honigglas + 1 Cashewmusglas; Vorläufer 11822.

- 125 g Cashewnüsse
- 75 g Sonnenblumenkerne
- 50 g Haselnüsse
- 30 g Kakaopulver
- 25 g Carob Rohkostqualität
- 75 g Ahornsirup
- 75 g Agavendicksaft
- 390 g Wasser
- 1 Prise Salz

Im Vitamix mit dem Stößel gut durcharbeiten, bis es wirklich glatt ist. Dann ist die Masse warm bis heiß. In Gläser füllen und im Kühlschrank aufbewahren.

11871. Cappuccino VII, August 2018

1 Tasse für 220 ml

- 6 g Kaffeebohnen („Perle")
- 80 g Wasser
- 130 g Pflanzenmilch für Kaffee XVI (TM) 11866

Kaffeebohnen mit der Handmühle mahlen. Mit dem kochenden Wasser in eine Tasse aufgießen. Pflanzenmilch aufschäumen (Tchibo-Gerät). Milchschaum zum Kaffee geben.

Hinweis: In der Flasche sieht die TM-Milch nicht ansprechend aus, aber sie ergibt sehr schönen Schaum!

11872. Chia-Sonnen-Dreiecke, August 2018

8 Brötchen

- 500 g Dinkel, fein gemahlen
- 50 g Sonnenblumenkerne
- 2 gestr. TL Salz
- 2 P Trockenhefe (entspricht 1 Würfel)
- 300 g + 10 g Kichererbseneinweichwasser (nicht Kochwasser)
- 1-2 EL Chiasamen (Deko)

Alle Zutaten außer den Chiasamen im TM kneten (2,5 Min. Knetstufe). Mein erster Fehler: Ich unterlag dem Wahn, ich müsste noch Flüssigkeit einarbeiten. Ich habe also noch 10 g Flüssigkeit mit der Hand eingeknetet. Ein zweites Mal würde ich das lassen. In einer Pengdose 45-50 Min. gehen lassen. Der Teig ist jetzt sehr klebrig! Mit Hilfe der nassen Hände nochmals durchkneten, eine Scheibe von ca. 20 cm Durchmesser aus dem Teig drücken und mit einem Teigschaber in acht Ecken schneiden. Zweiter Fehler: Teigecken auf Backpapier geben. Mit Gärfolie abdecken und ruhen lassen, bis der Ofen vorgeheizt ist (Heißluft, 200 °C). Das Backblech ist im Ofen. Sobald die Hitze erreicht ist, die Brötchen einsprühen und mit dem Papier auf das Backblech ziehen. Das Papier war aber vom Einsprühen und den Brötchen aufgeweicht und drohte zu reißen. 20 Min. bei 200 °C backen. Auf einem Gitterrost auskühlen lassen.

11873. Cappuccino VIII (für zwei), August 2018

2 Tassen zu 220 ml; Vorläufer 11868.

- 13 g Kaffeebohnen („Perl")
- 180 g Wasser
- 260 g Pflanzenmilch für Kaffee XVI (TM) 18866

Tassen zum Vorwärmen mit kochendem Wasser füllen. Kaffeebohnen mahlen (mit der Hand). Mit kochendem Wasser aufgießen. Pflanzenmilch aufschäumen (WMF). Kaffee auf die Tassen verteilen, Milchschaum hinzufügen.

Hinweis: Eric war sehr begeistert von diesem Schaum, weil er bis nach unten „reichte".

11874. Cappuccino crema I, August 2018

Vorläufer 11871; 1 Tasse für 220 ml

- 1 EL Pflanzensahne, 2. Versuch 11856
- 7 g Kaffeebohnen (Espresso)
- 80 g Wasser
- 130 g Pflanzenmilch für Kaffee XIV (ideal) 11866

Kaffeebohnen mit der Handmühle mahlen. Sahne in eine Tasse geben. Kaffee mit kochendem Wasser in die Tasse filtern. Pflanzenmilch aufschäumen (WMF) und m zum Kaffee geben.

11875. Stufen-Brötchen, August 2018

10 Brötchen

- 500 g Dinkel, fein gemahlen
- 50 g Sonnenblumenkerne
- 2 gestr. TL Salz
- 2 P Trockenhefe (entspricht 1 Würfel)
- 300 g Wasser
- 1-2 EL Sesam (Deko)

300 g Dinkel, 1 x Trockenhefe und Wasser im Thermomix kneten (1 Min./Knetstufe). 45 Min. im geschlossenen Thermomix gehen lassen. Restliches Mehl, Salz, Kerne und 1 x Trockenhefe hinzufügen und kneten (2,5 Min./Knetstufe).

In eine Pengdose stürzen, mit der Hand durchkneten und eine Kugel unter Spannung formen. Mit dem Deckel verschließen und gehen lassen, bis der Deckel abspringt (bei mir 35 Min.). Mit Hilfe der nassen Hände nochmals durchkneten, wiegen (bei mir 880 g) und grob in 10 Stücke vorteilen. Brötchen zu 88 g Teig formen, mit der Oberfläche in Sesam drücken. Nebeneinander auf ein PerfectClean-Backblech legen und unter Gärfolie gehen lassen, bis der Ofen auf 200 °C (Heißluft) vorgeheizt ist. Das waren bei mir 10 Min.. Brötchen mit Wasser einsprühen, Blech einschieben und 25 Min. bei 200 °C backen. Auf einem Gitterrost auskühlen lassen.

Hinweis: Ein zweites Mal würde ich das gehen, bis der Deckel abspringt, lassen. In einer Pengdose 45-50 Min. gehen lassen. Der Teig ist jetzt sehr klebrig!

11876. Lattuccino (crema), August 2018

2 Gläser zu 410 ml (eins in „Crema"; rechts auf dem Bild)

- 14 g Kaffeebohnen (Tchibo „Barisa Espresso"), mit Maschine gemahlen (10 Sek.)
- 200 g Wasser
- (10 g Pflanzensahne, 2. Versuch 11856)
- (10 g Ahornsirup)
- 220 g Pflanzenmilch für Kaffee XIV (ideal) 11857/220 g Pflanzenmilch für Kaffee XVI (TM) 11866

In ein Latte-Glas Sahne und Ahornsirup geben. 200 g kochendes Wasser durch einen Filter laufen lassen und auf die beiden Gläser verteilen. Derweil die Pflanzenmilch in zwei Milchaufschäumern erwärmen (TM-Milch im Tchibo-Aufschäumer, für WMF ist sie zu dickflüssig). Geschäumte TM-Milch zur Sahne geben, die andere in das zweite Glas.

11877. Eiskaffee I, August 2018

2 Latte macchiato Gläser zu je 410 ml

- 1 x Kaffeebasis für Eiskaffee 11854
- 20 g Pflanzensahne, 2. Versuch 11856
- 2 x 250 g Pflanzenmilch für Kaffee

Kaffeewürfeleis aus dem Behälter nehmen und auf zwei Gläser verteilen, Sahne darüber gießen. Milch kalt schäumen und hinzufügen. Leider habe ich bei einem Gerät nicht aufgepasst, die Milch wurde heiß geschäumt (linkes Glas). Die „richtige" Version war sehr erfrischend!

11878. Pflanzenmilch für Kaffee XVII, August 2018

Vorläufer 11846 (ideal)

- 30 g Cashewkerne
- 25 g Rundkornnaturreis
- 10 g Sonnenblumenkerne
- 35 g Kichererbsenkochwasser
- 1 L Wasser (Hälfte kochend)

Im Vitamix (2-Liter-Becher) 3 Min.

11879. Pflanzenmilch für Kaffee XVIII (TM), August 2018

- 25 g Cashewkerne
- 25 g Rundkorn-Naturreis
- 10 g Sonnenblumenkerne
- 35 g Kichererbsenkochwasser
- 1 Liter Wasser

Trockene Zutaten im TM mahlen (7 Sek./Stufe 10). Flüssigkeiten hinzufügen und erhitzen auf 90 °C (8 Min./90 °C/Stufe 5). Nochmals mixen (1 Min./Stufe 10).

11880. Pflanzensahne, 3. Versuch, August 2018

1 Honigglas; Vorläufer 11856

- 15 g Rundkorn-Naturreis
- 30 g Cashewnüsse
- 5 g Sonnenblumenkerne
- 11 g Kichererbsenkochwasser
- 250 g Wasser

Im Vitamix mixen, bis die Masse deutlich weniger wird.

11881. Kafkabasis für Kafkaeske, August 2018

Füllt bei mir eine Eiswürfelform. Im Internet gesehen, wie man mit solchen Kaffeewürfeln rasch einen Eiskaffee macht. Statt Milch dort werde ich kalt aufgeschäumte Milch nehmen.

- 11 g Kaffee („Perl"), mit der Hand gemahlen
- 185 g Wasser
- 20 g Agavendicksaft.
- 20 g Pflanzensahne, 3. Versuch 11880
- 1 TL Kakao (5 g)

Kaffee mahlen. Mit dem Wasser filtern und einem Gemisch aus den restlichen Zutaten verrühren. In die Form füllen, abkühlen lassen und einfrieren.

11882. Latte macchiato XII, August 2018

Vorläufer 11845; 1 Cappuccino-Tasse

- 6 g Kaffeebohnen (Tchibo „Schattenwald")
- 80 g Wasser
- 150 g Pflanzenmilch für Kaffee XVIII (TM) 11879

Bohnen mit einer Handmühle mahlen. Mit 80 g kochendem Wasser durch einen Filter laufen lassen. Derweil die Pflanzenmilch im Milchaufschäumer erwärmen. Geschäumte Milch in die Tasse geben, Kaffee hinzugießen.

Hinweis: *Die TM-Milch ist im Tchibo-Gerät problemlos, der WMF-Aufschäumer bleibt abzuwarten.*

11883. Kafkaeiske, August 2018

Vorläufer 11877; 2 Latte macchiato Gläser zu je 410 ml

- 1 x Kafkabasis für Kafkaeske 11881
- 20 g Pflanzensahne, 3. Versuch 11880
- 2 x 250 g Pflanzenmilch für Kaffee XVII 11878 (240 g hätten pro Glas gereicht!)

Würfeleis aus dem Behälter nehmen und auf zwei Gläser verteilen, Sahne darüber gießen. Milch kalt schäumen und hinzufügen.

11884. Cappuccino crema II für zwei, August 2018

Vorläufer 11875; 2 Tassen für 220 ml

- 4 TL (20 g) Pflanzensahne, 2. Versuch, 11856
- 2 x 6 g Agavendicksaft
- 12 g Kaffeebohnen (Espresso)
- 160 g Wasser
- 300 g (ca. 30 g zu viel!) Pflanzenmilch für Kaffee TM

Kaffeebohnen mit der Handmühle mahlen. Sahne in die Tassen geben, mit Agavendicksaft verrühren. Kaffee filtern und auf die Tassen verteilen. Pflanzenmilch aufschäumen. Milchschaum zum Kaffee geben.

Hinweis: *Diese TM-Milch funktioniert auch im WMF! Der Trick ist wohl, nur auf 90 °C zu erhitzen.*

11885. Mokka I, August 2018

1 Mokkatasse

- 7 g Kaffee sehr fein gemahlen („Schattenwald", 20 Sek. in der Maschine)
- 7 g Ahornsirup
- 60 g Wasser (= 1 Mokkatasse voll)

Zutaten in einen kleinen Topf geben und unter Rühren erhitzen bis fast zum Kochen. In die Mokkatasse füllen.

Anmerkung: *Schaum gab es keinen, ich hatte Kaffeestückchen im Mund. 7 g Kaffee sind wohl zu wenig für die elektrische Mühle. Es war auch zu viel Kaffeesatz. Nochmal in YouTube geguckt: Ich kann den Kaffee ruhig „ankochen" lassen, habe die Hitze zu früh weggedreht. Geschmacklich fanden Eric und ich es schon mal lecker. Wenn ich einen Cezve habe für Induktionsplatten, folgen weitere Experimente!*

11886. Pflanzenmilch für Kaffee XIX (TM), August 2018

Vorläufer 11879

- 50 g Cashewkerne
- 50 g Rundkorn-Naturreis
- 20 g Sonnenblumenkerne
- 70 g Kichererbsenkochwasser
- 2 Liter Wasser

Trockene Zutaten im TM mahlen (7 Sek./Stufe 10). Flüssigkeiten hinzufügen und erhitzen auf 90 °C (13 Min./90 °C/ Stufe 5). Nochmals mixen (2 Min./Stufe 10).

11887. Milchkaffee VIII, August 2018

Vorläufer 11811; 1 Tasse

- 6 g Kaffeebohnen (Barista Espresso)
- 130 g Wasser
- 120 g Pflanzenmilch für Kaffee XVIII (TM) 11980

Bohnen mit einer kleinen Handmühle (Tchibo) mahlen. Mit 130 g kochendem Wasser durch einen Filter laufen lassen, sodass 100 g in die Tasse kommen. Derweil die Pflanzenmilch in einem Milchaufschäumer (Tchibo) erwärmen. Zum Kaffee geben.

11888. Milchkaffee IX, August 2018

Vorläufer 11887; 2 Gläser zu 310 ml

- 15 g Kaffeebohnen (Schattenwald)
- 330 g Wasser
- 320 g Pflanzenmilch für Kaffee XVIII (TM) 11879

Bohnen mit einer kleinen Handmühle mahlen. Mit 330 g kochendem Wasser durch einen Filter laufen lassen, sodass 300 g in eine Kanne kommen. Auf die Gläser verteilen. Derweil die Pflanzenmilch in einem Milchaufschäumer (WMF) erwärmen. Zum Kaffee geben.

11889. Latte crema III, August 2018

Vorläufer 11865; Latte Macchiato crema double; zwei 400-ml-Gläser.

- 20 g Pflanzensahne, 3. Versuch 11880
- 14 g Ahornsirup
- 40 g Nussschokocremesoße aus dem Vitamix IV 11870
- 14 g Kaffeemehl (frisch gemahlen, Maschine, 10 Sek.)
- 250 g Wasser
- 320 g Pflanzenmilch für Kaffee XVIII (TM) 11879

Sahne, Nussschokocreme und Ahornsirup in die Gläser verteilen. Kaffeemehl mit 250 g Wasser aufbrühen und auf die Gläser verteilen (je Glas 110 g Kaffee). Pflanzenmilch aufschäumen (WMF). Schaum auf den Kaffee geben.

11890. Tomatenketchup VIII, August 2018

Vorläufer 11859; 2 Cashewnussmus-Gläser

- 2 Dosen Tomaten inklusive Saft (800 g)
- 160 g Soft-Datteln
- 14 g Knoblauchzehen (frisch)
- 150 g Apfelessig
- 100 g Wasser
- 1 TL Salz
- 1/4 TL Pfeffer
- 2 TL Paprika
- 10 g Tomatenmark
- 150 g Wasser

Alle Zutaten bis auf 150 g Wasser in den Mixtopf geben. 30 Sek. auf Stufe 6-10 zerkleinern, dabei den Messbecher fest andrücken, anschließend garen (30 Min./Varoma/Stufe 3). Nach Ende der Garzeit 150 g Wasser zugeben und fein pürieren (1 Min./Stufe 10). Direkt in Schraubgläser füllen.

Hinweis: *Noch einmal 5 g weniger Datteln. Anfangs 200 g.*

11891. Latte macchiato XIII (Getreidekaffee), August 2018

1 Latte-Glas 310 ml

- 1 geh. TL Getreidekaffee (2 g) instant
- 45 g Wasser, kochend
- 210 g Pflanzenmilch für Kaffee XVIII (TM) 11879

Pflanzenmilch im Milchaufschäumer erwärmen. Getreidekaffee in kochendem Wasser auflösen. Milch aufschäumen (Tchibo) und in das Glas gießen. Kaffee zugeben.

11892. Latte macchiato crema IV für zwei, August 2018

Vorläufer 11865

- 2 EL Pflanzensahne, 3. Versuch 11880
- 2 TL Ahornsirup
- 14 g Kaffeemehl (frisch gemahlen, Maschine, 10 Sek.)
- 200 g Wasser
- 2 x 210 g Pflanzenmilch (Pflanzenmilch 11886 und Pflanzenmilch XX)

Sahne und Ahornsirup auf die Gläser verteilen, ich habe nicht verrührt. Kaffeemehl mit 200 g Wasser aufbrühen. Pflanzenmilch aufschäumen (WMF & Tchibo). Schaum in die Gläser gießen, mit Kaffee auffüllen.

11893. Cappuccino XIII (für zwei), August 2018

2 Tassen zu 220 ml; Vorläufer 11873

- 13 g Kaffeebohnen („Perl" und „Schattenwald")
- 200 g Wasser (ergibt 160 g Kaffee)
- 220 g Pflanzenmilch für Kaffee XIX (TM) 11886

Tassen und kleine Kanne zum Vorwärmen mit kochendem Wasser füllen. Kaffeebohnen mahlen (mit der Maschine 10 Sek.). Mit dem kochenden Wasser aufgießen: erst mit etwas von dem Wasser „befeuchten", 30 Sek. warten, mehr Wasser zugeben. Pflanzenmilch aufschäumen (Tchibo). Kaffee auf die Tassen verteilen, Milchschaum hinzufügen.

11894. Brownies à la Lebkuchenteig 38, August 2018

Vorläufer: 11860; Springform 26 cm; Unterschied: 10 g Haselnüsse weniger, 10 g Sonnenblumenkerne mehr.

- 125 g Datteln (Deglet Nour), ohne Kerne
- 50 g Soft-Pflaumen
- 75 g Sultaninen
- 200 g Feigen
- 50 g grüne Rosinen
- 500 g Wasser
- 2 EL Rum
- 1 Prise Salz
- 45 g Kakaopulver schwach entölt
- 15 g Carobpulver Rohkostqualität
- 100 g Dinkel, gemahlen (Mühle)
- 100 g Nackthafer, mit dem Dinkel gemahlen
- 60 g Haselnüsse, gemahlen (TM, 8 Sek./Stufe 8)
- 140 g Sonnenblumenkerne (mit den Nüssen gemahlen)
- 2 bittere Aprikosenkerne (mit den Nüssen gemahlen)
- 1 Päckchen Weinsteinbackpulver
- 1 TL Natron
- 35 g Sonnenblumenkerne
- Glasur siehe 11860.

Trockenfrüchte in einer Pengdose mit der Flüssigkeit übergießen und etwa 12 Std. gut verschlossen stehen lassen. Die Fruchtmasse mit der Flüssigkeit im Thermomix homogen mischen (3 Mi./Stufe 10, im 10-20-Sekundentakt hochdrehen). Wer keinen starken Mixer hat, sollte die Stielchen von den Feigen vorher entfernen.

Die trockenen Zutaten mischen. Fruchtgemisch und Agavendicksaft hinzugeben und mit den Rührhaken eines Handrührgeräts gut vermischen. In eine mit Backpapier überspannte Springform geben. In den auf 160 °C (Heißluft) Ofen einschieben und 44 Min. bei 160 °C backen, 10 Min. im ausgeschalteten Ofen nachbacken.

Herstellung Glasur siehe Vorläufer 11860.

11895. Latte Getreidiato Crema, August 2018

Vorläufer 11891; 1 Latte-Glas 310 ml

- 10 g Pflanzensahne, 3. Versuch 11880
- 4 g Agavendicksaft
- 1 geh. TL Getreidekaffee (2 g) instant
- 90 g Wasser, kochend
- 150 g Pflanzenmilch für Kaffee XVIII (TM) 11886

Sahne und Agavendicksaft in das Glas geben. Getreidekaffee hinzufügen, alles in kochendem Wasser auflösen. Milch aufschäumen (Tchibo) und in das Glas gießen.

11896. Kafka II, August 2018

Vorläufer 11869, zwei 310-ml-Gläser.

Kakao

- 2 x 1 TL Kakao
- 2 x 2 TL Ahornsirup
- 2 x 50 g kochendes Wasser

Kaffee

- 15 g gemahlener Kaffee („Schattenwald", 11 Sek.)
- 245 g Wasser 90-96°C

Fertigstellung

- 245 g Pflanzenmilch für Kaffee XIX (TM) 11886

Kakaozutaten jeweils in ein Glas geben und verrühren. Kaffee

filtern, zum Kakao geben. (Ich habe das Filterpapier vorher mit warmem Wasser befeuchtet, die Kanne mit heißem Wasser vorgewärmt. Dann habe ich etwas Wasser zum Kaffeemehl gegeben, 30 Sek. aufquellen lassen und dann das Restwasser hinzugefügt.) Milch aufschäumen (Tchibo) und in die Gläser füllen.

Fazit: *Ich find's perfekt.*

11897. Sauerteigbrot Roggen Dinkel/Hafer VII, Aug. 2018

Vorläufer 11832

Stufe 1 (12 Std. vorher):

Sauerteigansatz:

- 400 g Roggen
- 425 g Wasser
- 150 g Sauerteig

Stufe 2 (Backen, bei mir am Morgen):

- 225 g Roggen
- 75 g Dinkel
- 125 g Nackthafer
- 15 g Salz
- 325 g Wasser
- 1/4 Würfel frische Hefe (= 10 g)
- 60 g Kürbiskerne
- 40 g Haselnüsse
- ca. 800 g Sauerteigansatz
- 20 g Butter für die Form

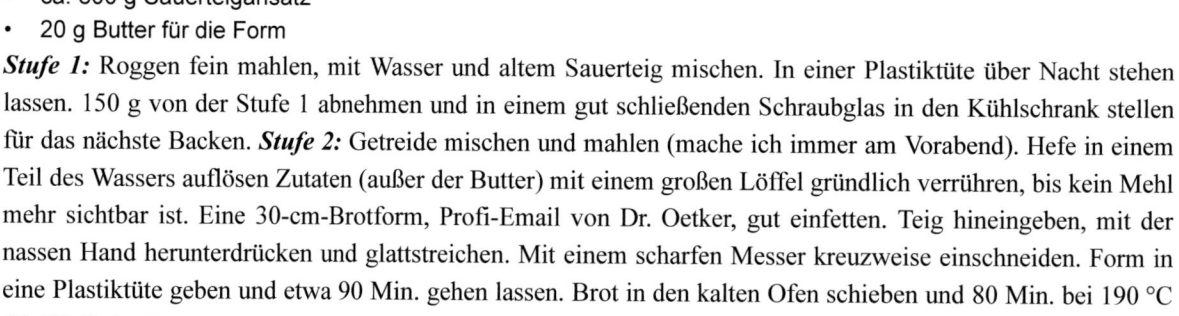

Stufe 1: Roggen fein mahlen, mit Wasser und altem Sauerteig mischen. In einer Plastiktüte über Nacht stehen lassen. 150 g von der Stufe 1 abnehmen und in einem gut schließenden Schraubglas in den Kühlschrank stellen für das nächste Backen. ***Stufe 2:*** Getreide mischen und mahlen (mache ich immer am Vorabend). Hefe in einem Teil des Wassers auflösen Zutaten (außer der Butter) mit einem großen Löffel gründlich verrühren, bis kein Mehl mehr sichtbar ist. Eine 30-cm-Brotform, Profi-Email von Dr. Oetker, gut einfetten. Teig hineingeben, mit der nassen Hand herunterdrücken und glattstreichen. Mit einem scharfen Messer kreuzweise einschneiden. Form in eine Plastiktüte geben und etwa 90 Min. gehen lassen. Brot in den kalten Ofen schieben und 80 Min. bei 190 °C (Heißluft) backen.

11898. Latte Caramelita I für zwei, August 2018

2 Gläser zu 310 ml

- 2 EL Karamellsoße IXX „mehr" 11810
- 15 g Kaffeemehl (frisch gemahlen, Maschine, 11 Sek.)
- 150 g Wasser
- 300 g Pflanzenmilch für Kaffee XIX (TM) 11886

Karamellsoße auf die Gläser verteilen, Kaffeemehl mit 150 g Wasser aufbrühen. Pflanzenmilch aufschäumen (WMF). Schaum in die Gläser gießen, mit Kaffee auffüllen.

11899. Pflanzenmilch für Kaffee XX (TM), August 2018

Vorläufer 11886

- 60 g Cashewkerne
- 50 g Rundkorn-Naturreis
- 20 g Sonnenblumenkerne
- 70 g Kichererbsenkochwasser
- 2 Liter Wasser

Trockene Zutaten im TM mahlen (7 Sek./Stufe 10). Flüssigkeiten hinzufügen und erhitzen auf 90 °C (14 Min./90 °C/Stufe 5). Nochmals mixen (1 Min./Stufe 10).

11900. Karamellsoße XX „mehr", August 2018

1 Honigglas; Vorläufer 11810

- 375 g Wasser
- 249 g Sahne (250 g-Packung)
- 1/4 TL Salz
- 60 g Agavendicksaft
- 50 g Honig
- 50 g Ahornsirup
- 25 g Vollrohr-Zucker

Alle Zutaten in den Mixtopf geben und erhitzen (30 Min./Varoma/Stufe 5), dabei das Garkörbchen bis zum Ende als Spritzschutz verwenden. In ein leeres Schraubglas füllen (etwa 1 Honigglas) und gut zudrehen.

11901. Pflanzensahne, 4. Versuch, August 2018

1 Honigglas; Vorläufer 11880

- 10 g Rundkorn-Naturreis
- 40 g Cashewnüsse
- 10 g Kichererbsenkochwasser
- 250 g Wasser

Im Vitamix mixen, bis die Masse deutlich weniger wird (etwa 4,5 Min., da Wasser nicht erhitzt).

11902. Caffè latte Crema, August 2018

1 x 400 ml; 2 Portionen

- 8 g Kaffeepulver (Arabica, mittelfein)
- 100 g Wasser
- 210 g Pflanzenmilch

Kaffee mit dem Wasser filtern, bleiben ca. 35 g pro Glas. Auf die Gläser verteilen. Milch aufschäumen und auf den Kaffee geben. (War zu viel Milch, 2 x 180-190 g würden mit meinen Aufschäumern reichen.)

11903. Kafka Crema, August 2018

Zwei 310-ml-Gläser; Vorläufer 11896

Kakao

- 2 x 1 TL Kakao
- 2 x 1 TL Vollrohr-Zucker
- 2 x 50 g kochendes Wasser

Kaffee

- 15 g gem. Kaffee („Wiener Melange", Handmühle)
- 230 g Wasser 90-96 °C

Fertigstellung

- 245 g Pflanzenmilch für Kaffee XIV (ideal) 11857

Kakaozutaten jeweils in ein Glas geben und verrühren. Filterkaffee herstellen, zum Kakao geben. (Ich habe das Filterpapier vorher mit warmem Wasser befeuchtet, die Kanne mit heißem Wasser vorgewärmt. Dann habe ich etwas Wasser zum Kaffeemehl gegeben, es 30 Sek. aufquellen lassen und dann das Restwasser hinzugefügt.) Milch aufschäumen (Tchibo) und in die Gläser füllen.

11904. Latte macchiato crema V für zwei, August 2018

Vorläufer 11892

- 2 EL Pflanzensahne, 4. Versuch
- 2 TL Rohrohrzucker
- 16 g Kaffeemehl (frisch gemahlen, Espresso Barista, Maschine, 12 Sek.)
- 200 g Wasser
- 2 x 210 g (190 g würden reichen!) Pflanzenmilch für Kaffee XX (TM) 11899

Sahne und Zucker auf die Gläser verteilen und verrühren. Kaffeemehl mit 200 g Wasser aufbrühen (ergibt 170 g Kaffee). Pflanzenmilch aufschäumen (WMF & Tchibo). Schaum in die Gläser gießen, mit Kaffee auffüllen.

11905. Caffè latte Rumantica, August 2018

11903; 2 Gläser zu 310 ml

- 16 g Kaffeepulver (Schattenwald, 11 Sek. Maschine)
- 180 g Wasser
- 2 TL Rum
- 2 x 190 g Pflanzenmilch für Kaffee XX (TM) 11899

Kaffee mit dem Wasser filtern, bleiben ca. 75 g pro Glas. Auf die Gläser verteilen. Milch aufschäumen, auf den Kaffee geben. (War zu viel Milch, 2 x 170 g würden mit meinen Aufschäumern reichen.)

Fazit: Den Rum schmeckte man gar nicht. Müsste etwas mehr sein und gesüßt werden.

11906. Pflanzenmilch für Kaffee XXI (Linsen), Aug. 2018

Vorläufer 11842

- 13 g Cashewkerne
- 15 g Rundkorn-Naturreis
- 5 g Sonnenblumenkerne
- 9 g rohe rote Linsen
- 500 g Wasser (Hälfte kochend)

Im Vitamix (0,9-Liter-Becher) 3 Min.

Fazit: Schäumt im Tchibo gut, feinporig. Schmeckt etwas anders, aber mit Kaffee okay.

11907. Pflanzenmilch für Kaffee XXII TM, August 2018

Ohne Kichererbsenkochwasser.

- 35 g Cashewkerne
- 25 g Rundkorn-Naturreis
- 10 g Sonnenblumenkerne
- 15 g rohe Kichererbsen
- 1000 g Wasser

Trockene Zutaten mahlen (7 Sek./Stufe 10). Wasser hinzufügen, auf 90 °C bringen (8 Min./90 °C/Stufe 5). Nochmals mixen (2 Min./Stufe 10).

11908. Latte caramellita I für zwei, August 2018

Vorläufer 11898; 2 Gläser zu 310 ml

- 2 EL Karamellsoße XX „mehr" 11900
- 2 EL Pflanzensahne, 4. Versuch 11901
- 14 g Kaffeemehl (frisch gemahlen, Mühle mittelfein)
- 150 g Wasser
- 300 g Pflanzenmilch für Kaffee XX (TM) 11899

Karamellsoße und Pflanzensahne auf die Gläser verteilen, Kaffeemehl mit 150 g Wasser aufbrühen. Pflanzenmilch aufschäumen (Tchibo). Schaum in die Gläser gießen, mit Kaffee auffüllen. Gab bei mir vier Schichten.

11909. Latte macchiato rumato Crema, August 2018

2 Gläser zu 310 ml

- 4 EL Flüssigkeit von Minirumtopf 13/10565
- 2 TL Pflanzensahne, 4. Versuch 11901
- 16 g Kaffee (Kenya Malazi), mittelfein gemahlen
- 230 g Wasser
- 330 g Pflanzenmilch für Kaffee XX (TM) 11899

Rum und Sahne in die Gläser geben. Kaffee mit dem Wasser aufbrühen, Milch aufschäumen. Schaum auf die Gläser verteilen, Kaffee (je 100 g) hinzufügen.

11910. Tomatenketchup IX, August 2018

Vorläufer 11890; 2 Cashewnussmus-Gläser

- 2 Dosen Tomaten inklusive Saft (800 g)
- 155 g Soft-Datteln
- 10 g Knoblauchzehen (frisch)
- 155 g Apfelessig
- 100 g Wasser
- 1 TL Salz
- 1/4 TL Pfeffer
- 2 TL Paprika
- 10 g Tomatenmark
- 150 g Wasser

Alle Zutaten bis auf 150 g Wasser in den Mixtopf geben. 30 Sek. auf Stufe 6-10 zerkleinern, dabei den Messbecher fest andrücken, anschließend garen (30 Min./Varoma/ Stufe 3). Nach Ende der Garzeit 150 g Wasser zugeben und fein pürieren (1 Min./Stufe 10). Direkt in Schraubgläser füllen.

Hinweis: *Nochmals 5 g weniger Datteln. Anfangs 200 g.*

11911. Sesamecken über Nacht, August 2018

10 Stück; wichtig ist, dass die Brötchen auf das heiße Blech kommen.

- 500 g Dinkel
- 280 g Pflanzenmilch
- 20 g Sonnenblumenöl
- 8 g Honig (1 TL)
- 1 gestr. TL Salz
- 10 g frische Bio-Hefe (1/4 Würfel)
- 2 TL Sonnenblumenöl
- 1-2 EL Sesamkörner ungeschält

Dinkel fein mahlen. Pflanzenmilch, Honig und Hefe im TM erwärmen (2 Min./37 °C/Stufe 2). Mehl, Öl und Salz hinzufügen und 3 Min. im TM kneten. In eine Pengschüssel geben. Über Nacht im Kühlschrank gehen lassen. Morgens aus dem Kühlschrank nehmen und 1,5-2 Std. stehen lassen. 2 TL Sonnenblumenöl hinzufügen und mit der Hand durchkneten. Auf Backpapier mit den Händen zu einem Kreis mit einem Durchmesser von 20-22 cm auseinanderdrücken. Mit Sesam bestreuen und in zehn Tortenstücke schneiden. Mit Gärfolie abdecken und ruhen lassen, bis der Ofen vorgeheizt ist. Blech in den Ofen (Heißluft) geben und auf 200 °C vorheizen. Backpapier auf das Blech geben. 20 Min. bei 200 °C backen. 5 Min. (zu viel, habe nach 2 Min. abgebrochen) im ausgeschalteten Ofen nachbacken lassen. Auf einem Gitterrost geben, mit Wasser einsprühen und abkühlen lassen.

11912. Mokka II für zwei, August 2018

Vorläufer 11885; 2 Mokkatassen

- 15 g Kaffee sehr fein gemahlen („Barista Espresso", feinste Einstellung in der Maschine)
- 2 geh. TL Rohrohrzucker
- 135 g Wasser (= etwas mehr als 2 Mokkatassen voll)

Wasser erhitzen, Zucker einrühren und auflösen. Kaffee hinzugeben und bis zum Siedepunkt erhitzen. Schaum (wenig) abschöpfen und auf die Tassen verteilen. 3-4 Mal wiederholen. Die Schaumausbeute war bei mir nicht umwerfend. Rest auf die zwei Tassen verteilen, möglichst Kaffeepulver im Topf lassen.

Hinweis: *Diesmal war mit der Menge des Kaffeesatzes in der Tasse besser.*

11913. Brownies à la Lebkuchenteig 39, August 2018

Vorläufer: 11860; Springform 26 cm; Unterschied: 10 g Haselnüsse weniger, 10 g Sonnenblumenkerne mehr.

- 125 g Datteln (Deglet Nour), ohne Kerne
- 50 g Soft-Pflaumen
- 75 g Sultaninen
- 200 g Feigen
- 50 g grüne Rosinen
- 500 g Wasser
- 2 EL Rum
- 1 Prise Salz
- 45 g Kakaopulver schwach entölt
- 15 g Carobpulver Rohkostqualität
- 100 g Dinkel, gemahlen (Mühle)
- 100 g Nackthafer, mit dem Dinkel gemahlen
- 50 g Haselnüsse, gemahlen (TM, 8 Sek./Stufe 8)
- 150 g Sonnenblumenkerne (mit den Nüssen gemahlen)
- 2 bittere Aprikosenkerne (mit den Nüssen gemahlen)
- 1 Päckchen Weinsteinbackpulver

- 1 TL Natron
- 35 g Sonnenblumenkerne

Für die Glasur:

- 50 g Kakaobutter
- 40 g Agavendicksaft
- 1 EL Kakao
- 2 EL geh. Haselnüsse
- ca. 2 EL Kakaonibs

Herstellung siehe Vorläufer 11860.

Für die Glasur Kakaobutter bei niedriger Temperatur in einer kleinen Keramikpfanne zerlassen (Stufe 3/14 Induktion), ab und an mit einem Schneebesen rühren, Agavendicksaft und Kakao einarbeiten. Browniekuchen mit Guss bepinseln. Gehackte Nüsse und Kakaonibs auf die noch feuchte Glasur streuen.

11914. Latte macchiato brünetti, September 2018

Vorläufer 11845; 1 Glas 410 ml

- 7 g Kaffeebohnen (Tchibo „Kenya Malazi")
- 100 g Wasser
- 220 g Mischung aus Pflanzenmilch 11907 und Pflanzenmilch für Kaffee XX 11899
- 3 g Carob

Bohnen mit einer elektrischen Mühle mittelfein mahlen. Mit 100 g kochendem Wasser durch einen Filter laufen lassen. Derweil die Pflanzenmilch mit dem Carob im Milchaufschäumer (Tchibo*) erwärmen. Geschäumte Milch in ein Glas geben, Kaffee hinzugießen.

Hinweise: *Achtung: Der teurere WMF-Aufschäumer würde weder die dickflüssige Milch noch die Carobbeimischung schaffen. Da muss man experimentieren.*

11915. Butternusskürbis sahnig-einfach, September 2018

Zu Reis.

- 140 g Butternusskürbis, in Würfeln
- 30 g Kichererbsenkochwasser
- 1 Prise Salz
- 40 g Pflanzensahne, 4. Versuch 11901
- 1/4 TL gem. schwarzer Pfeffer

Butternusskürbis mit etwas Salz im Wasser als Gemüsepfanne 15 Min. garen. Sahne und Pfeffer verrühren, unterziehen.

11916. Cappuccino caramelito Crema, September 2018

2 Gläser zu 310 ml

- 16 g gemahlener Kaffee (mittelfein, Kenya Malazi)
- 230 g Wasser
- 2 EL Pflanzensahne
- 2 TL Karamellsoße
- 300 g Pflanzenmilch

Kaffee mit dem Wasser aufbrühen. Sahne und Soße in den Gläsern verrühren. Kaffee hinzufügen. Mit aufgeschäumter Milch auffüllen.

11917. Reis digital, September 2018

1-2 Portionen – mein neuer „digitaler Reiskocher" (von Reishunger) funktioniert sehr gut. Die Zeiten für Vollkornreis sind etwas anders (kürzer), als die in der Gebrauchsanweisung angegebenen Zeiten. Da das Gerät über eine großzügige Warmhaltefunktion verügt, macht das praktisch keinen Unterschied.

- 1 Portion (Messbecher bis kurz unter den Rand) + 2 Portionen Wasser: ca. 45 Min.
- 2 Portionen (2 Messbecher bis kurz unter den Rand) + 4 Portionen Wasser: ca. 55 Min. (da hätte ich etwas weniger Wasser nehmen können)

11918. Latte macchiato brünetti cremi (für zwei), Sep. 2018

Vorläufer 11914; 2 Gläser 410 ml

- 15 g Kaffeebohnen (Tchibo „Kenya Malazi")
- 170 g Wasser
- 2 x 1 EL Pflanzensahne
- 2 x 3 g Ahornsirup
- 2 x 220 g Pflanzenmilch für Kaffee XX (TM) 11899 (im Tchibo-Aufschäumer war etwas mehr)
- 2 x 3 g Carob

Bohnen mit einer elektrischen Mühle mittelfein mahlen. Mit 170 g kochendem Wasser durch einen Filter laufen lassen. Sahne und Sirup jeweils im Glas verrühren. Derweil die Pflanzenmilch mit dem Carob im Milchaufschäumer (Tchibo und WMF) erwärmen. Geschäumte Milch in die Gläser geben, Kaffee hinzugießen.

Achtung: *Der teurere WMF-Aufschäumer hat die Milch mit Carobpulver nicht verkraftet! Das Gerät blieb stehen. Insoweit bin ich froh, dass ich das Tchibo-Gerät behalten habe. Schäumt zwar etwas weniger, aber ist robuster in Bezug auf die Zutaten. Da es im WMF nicht geklappt hat, hatte ich keinen Schaum im Glas. Schmeckte daher auch nicht ganz so lecker.*

11919. Pflanzenmilch für Kaffee XXIII (TM), Sep. 2018

Vorläufer 11886

- 50 g Cashewkerne
- 50 g Rundkorn-Naturreis
- 15 g Sonnenblumenkerne
- 70 g Kichererbsenkochwasser
- 2 Liter Wasser

Trockene Zutaten im TM mahlen (7 Sek./Stufe 10). Flüssigkeiten hinzufügen und erhitzen auf 90 °C (13 Min./90 °C/Stufe 5). Nochmals mixen (2 Min./Stufe 10).

Zweck der Übung: *Die bisherige Pflanzenmilch ist oft zu „schwer". Leichter, schäumt nicht so gut wie XX.*

11920. Sauerteigbrot Roggen Dinkel/Hafer VIII, Sep. 2018

Vorläufer 11897

Stufe 1 (12 Std. vorher):
Sauerteigansatz:
- 400 g Roggen
- 425 g Wasser
- 150 g Sauerteig

Stufe 2 (Backen, bei mir am Morgen):

- 225 g Roggen
- 50 g Dinkel
- 150 g Nackthafer
- 15 g Salz
- 325 g Wasser
- 1/4 Würfel frische Hefe (= 10 g)
- 100 g Sesamsamen
- ca. 800 g Sauerteigansatz
- 20 g Butter für die Form

Stufe 1: Roggen fein mahlen, mit Wasser und altem Sauerteig mischen. In einer Plastiktüte über Nacht stehen lassen. 150 g von der Stufe 1 abnehmen und in einem gut schließenden Schraubglas in den Kühlschrank stellen für das nächste Backen.

Stufe 2: Getreide mischen und mahlen (mache ich immer am Vorabend). Hefe in einem Teil des Wassers auflösen Zutaten (außer der Butter) mit einem großen Löffel gründlich verrühren, bis kein Mehl mehr sichtbar ist. Eine 30-cm-Brotform, Profi-Email von Dr. Oetker, gut einfetten. Teig hineingeben, mit der nassen Hand herunterdrücken und glattstreichen. Mit einem scharfen Messer kreuzweise einschneiden. Form in eine Plastiktüte geben und etwa 90 Min. gehen lassen. Brot in den kalten Ofen schieben und 80 Min. bei 190 °C (Heißluft) backen.

11921. Latte macchiato cream double II, September 2018

Vorläufer 11889; zwei 310-ml-Gläser

- 2 x 2 TL Pflanzensahne, 4. Versuch 11901
- 2 x 5 g Ahornsirup
- 2 x 10 g Nussschokocremesoße aus dem Vitamix IV 11870
- 14 g Kaffeemehl (frisch gemahlen, Maschine, mittelfein)
- 130 g Wasser
- 310 g Pflanzenmilch für Kaffee XVIII (TM) 11879

Sahne, Nussschokocreme und Ahornsirup in die Gläser verteilen. Kaffeemehl mit 130 g Wasser aufbrühen (je Glas 50 g Kaffee). Pflanzenmilch aufschäumen (Tchibo), in die Gläser geben. Kaffee auf den Schaum gießen.

11922. Cappuccino sahno, September 2018

2 x 310 ml

- 15 g Kaffeepulver (Kenya Malazi, mittelfein gemahlen)
- 230 g Wasser (ergibt 200 g Kaffee)
- 310 g Pflanzenmilch für Kaffee XXIII (TM) 11919
- 2 EL Sahne (Schlagsahne)

Kaffeepulver mit Wasser aufbrühen. Auf zwei Gläser verteilen. Milch aufschäumen (WMF) und zum Kaffee geben. Je einen Esslöffel Sahne hinzufügen.

11923. Pflanzensahne, 5. Versuch, September 2018

1 Honigglas; Vorläufer 11901

- 20 g Rundkorn-Naturreis
- 30 g Cashewnüsse
- 250 g Wasser, Hälfte kochend

Im Vitamix mixen, bis die Masse deutlich weniger wird (etwa 3 Min.).

11924. Nussschokocremesoße aus dem Vitamix V, September 2018

Vorläufer 11870; 1 Honigglas + 1 Cashewmusglas

- 150 g Cashewnüsse
- 100 g Sonnenblumenkerne
- 30 g Kakaopulver
- 25 g Carob Rohkostqualität
- 50 g Ahornsirup
- 50 g Agavendicksaft
- 50 g Rohrohrzucker
- 390 g Wasser
- 1 Prise Salz

Im Vitamix mit dem Stößel gut durcharbeiten, bis es wirklich glatt ist. Dann ist die Masse warm bis heiß. In Gläser füllen und im Kühlschrank aufbewahren.

11925. Cappucino Crema III, September 2018

- *Vorläufer 11875; 1 Tasse für 220 ml*
- 2 kleine TL Pflanzensahne, 5. Versuch 11923
- 8 g Kaffeepulver (gemahlen mittelfein, „Kenya Malazi")
- 100 g Wasser
- 115 g Pflanzenmilch für Kaffee XXIII (TM) 11919

Kaffee mit dem kochenden Wasser in die Tasse filtern. Pflanzenmilch aufschäumen (Tchibo-Gerät). Milchschaum zum Kaffee geben, Sahne hinzufügen.

11926. Cappucino grande chocolato, September 2018

Vorläufer 11925; für 310 ml

- 10 g Kaffeepulver (gemahlen mittelfein, „Kenya Malazi")
- 130 g Wasser (= 100 g Kaffee)
- 130 g Pflanzenmilch für Kaffee XXIII (TM) 11919
- 1 TL (7 g) Nussschokocremesoße aus dem Vitamix V 11924

Kaffee mit dem kochenden Wasser in die Tasse filtern. Pflanzenmilch aufschäumen (WMF-Gerät). Milchschaum zum Kaffee geben, Nussschokocremesoße hinzufügen.

11927. Latte macchiato caramelita crema double für zwei, September 2018

Vorläufer 11908; 2 Gläser zu 310 ml

- 2 EL Karamellsoße XX „mehr" 11900
- 2 EL Pflanzensahne, 5. Versuch 11923
- 2 TL Nussschokocremesoße aus dem Vitamix V 11924
- 15 g Kaffeemehl (Kenya Malazi, frisch gemahlen, Mühle mittelfein)
- 150 g Wasser
- 300 g Pflanzenmilch für Kaffee XXIII (TM) 11919

Karamellsoße, Pflanzensahne und Nussschokocreme auf die Gläser verteilen, Kaffeemehl mit 150 g Wasser aufbrühen.

Pflanzenmilch aufschäumen (WMF). Schaum in die Gläser gießen, mit Kaffee auffüllen.

11928. Tomatenketchup X, September 2018

Vorläufer 11910; 2 Cashewnussmus-Gläser

- 2 Dosen Tomaten inklusive Saft (800 g)
- 150 g Soft-Datteln
- 11 g Knoblauchzehen (in Essig eingelegt)
- 150 g Apfelessig
- 100 g Wasser
- 1 TL Salz
- 1/4 TL Pfeffer
- 2 TL Paprika edelsüß
- 10 g Tomatenmark
- 150 g Wasser

Alle Zutaten bis auf 150 g Wasser in den Mixtopf geben. 30 Sek. auf Stufe 6-10 zerkleinern, dabei den Messbecher fest andrücken, anschließend garen (30 Min./Varoma/Stufe 3). Nach Ende der Garzeit 150 g Wasser zugeben und fein pürieren (1 Min./Stufe 10). Direkt in Schraubgläser füllen.

11929. Brownies à la Lebkuchenteig 40, September 2018

Vorläufer: 11913; Springform 26 cm

- 125 g Datteln (Deglet Nour), ohne Kerne
- 50 g Soft-Pflaumen
- 75 g Sultaninen
- 200 g Soft-Feigen
- 50 g grüne Rosinen
- 500 g Wasser
- 2 EL Rum
- 1 Prise Salz
- 45 g Kakaopulver schwach entölt
- 15 g Carobpulver Rohkostqualität
- 100 g Dinkel, gemahlen (Mühle)
- 100 g Nackthafer, mit dem Dinkel gemahlen
- 40 g Haselnüsse, gemahlen (TM, 8 Sek./Stufe 8)
- 160 g Sonnenblumenkerne (mit den Nüssen gemahlen)
- 2 bittere Aprikosenkerne (mit den Nüssen gemahlen)
- 1 Päckchen Weinsteinbackpulver
- 1 TL Natron
- 35 g Sonnenblumenkerne

Für die Glasur:
- 50 g Kakaobutter
- 35 g Agavendicksaft
- 1 EL Kakao
- ca. 2 EL geh. Haselnüsse
- ca. 2 EL Kakaonibs

Trockenfrüchte in einer Pengdose mit dem Wasser übergießen und etwa 12 Std. gut verschlossen stehen lassen. Die Fruchtmasse mit der Flüssigkeit im Vitamix zu einer glatten Masse pürieren. Wer keinen starken Mixer hat, sollte die Stielchen von den Feigen vorher entfernen.

Die trockenen Zutaten mischen. Fruchtgemisch und Rum hinzugeben und mit den Rührhaken eines Handrührgeräts gut vermischen. In eine mit Backpapier überspannte Springform geben. In den auf 160 °C (Heißluft) vorgeheizten Ofen einschieben und 44 Min. bei 160 °C backen, 10 Min. im ausgeschalteten Ofen nachbacken.

Für die Glasur Kakaobutter bei niedriger Temperatur in einer kleinen Keramikpfanne zerlassen (Stufe 3/14 Induktion), ab und an mit einem Schneebesen rühren, Agavendicksaft und Kakao einarbeiten. Browniekuchen mit Guss bepinseln. Gehackte Nüsse und Kakaonibs auf die noch feuchte Glasur streuen.

11930. Karamellsoße XXI „mehr", September 2018

1 Honigglas; Vorläufer 11900

- 375 g Wasser
- 249 g Sahne (250 g-Packung)
- 1/4 TL Salz
- 50 g Agavendicksaft
- 45 g Honig
- 45 g Ahornsirup
- 45 g Vollrohr-Zucker

Alle Zutaten in den TM-Mixtopf geben und erhitzen (30 Min./Varoma/Stufe 5), dabei das Garkörbchen bis zum Ende als Spritzschutz verwenden. In ein leeres Schraubglas füllen (etwa 1 Honigglas) und gut zudrehen.

11931. Cappuccino caramellito (für zwei), Sep. 2018

2 Tassen zu 220 ml; Vorläufer 11893

- 16 g Kaffeebohnen (Kenya Malazi, mittelfein gemahlen)
- 170 g Wasser (ergibt 130 g Kaffee)
- 220 g Pflanzenmilch für Kaffee XXIII (TM) 11919
- 2 TL (14 g) Karamellsoße XX „mehr" 11930

Tassen und kleine Kanne zum Vorwärmen mit kochendem Wasser füllen. Kaffee mit dem kochenden Wasser aufgießen: erst mit etwas von dem Wasser „befeuchten", 30 Sek. warten, mehr Wasser zugeben. Pflanzenmilch aufschäumen (Tchibo). Kaffee auf die Tassen verteilen, Milchschaum hinzufügen. Je einen Teelöffel Karamellsoße in „Bahnen" hinzufügen, die Soße bleibt dann hauptsächlich im Schaum.

11932. Latte macchiato rumato crema caramelito, September 2018

2 Gläser zu 310 ml; Vorläufer 11909

- 4 EL Flüssigkeit von Minirumtopf 13/10565
- 2 TL Pflanzensahne, 5. Versuch
- 16 g Kaffee (Kenya Malazi), mittelfein gemahlen
- 230 g Wasser
- 325 g Pflanzenmilch für Kaffee XXIII (TM) 11919
- 2 TL Karamellsoße XXI „mehr" 11930

Rum und Sahne in die Gläser geben. Kaffee mit dem Wasser aufbrühen, Milch aufschäumen (Tchibo). Schaum auf die Gläser verteilen, Kaffee (je knapp 100 g) hinzufügen. In den Schaum eine kreisförmige Linie mit Karamellsoße ziehen.

11933. Kürbissoße, September 2018

- 190 g Butterkürbis grob vorgeschnitten
- 1 Knoblauchzehe in Essig eingelegt (3 g)
- 5 g Essigpeperoni 7/4573
- 5 g Sonnenblumenöl
- 2 Prisen Salz
- 200 g Wasser

Die festen Zutaten im TM zerkleinern (5 Sek./Stufe 5). Restliche Zutaten den TM geben und kochen (15 Min./100 °C/Stufe 2). Pürieren (10 Sek./Stufe 6).

11934. Milchkaffee grande Crema, September 2018

Vorläufer 11887; 1 Becher zu 500 ml

- 9 g Kaffeepulver (Kenya Malazi, mittelfein gemahlen)
- 230 g Wasser
- 250 g Pflanzenmilch für Kaffee XXIII (TM) 11919
- 10 g Pflanzensahne, 5. Versuch 11923

Bohnen mit einer kleinen Handmühle (Tchibo) mahlen. Mit 230 g kochendem Wasser durch einen Filter laufen lassen, sodass 200 g in die Tasse kommen. Derweil die Pflanzenmilch mit der Sahne in einem Milchaufschäumer (Tchibo) erwärmen. Zum Kaffee geben.

11935. Pflanzenmilch für Kaffee XXIV, September 2018

Vorläufer 11846 (ideal)

- 25 g Cashewkerne
- 25 g Rundkorn-Naturreis
- 10 g Sonnenblumenkerne
- 16 g Kichererbsenkochwasser
- 7 g rohe rote Linsen
- 1 Liter Wasser (Hälfte kochend)

Im Vitamix (2-Liter-Becher) 3 Min.

11936. Latte macchiato crema double sano, Sep. 2018

Vorläufer 11889; zwei 400-ml-Gläser

- 2 x 1 EL Sahne
- 2 x 15 g Nussschokocremesoße aus dem Vitamix V 11924
- 14 g Kaffeemehl (mittelfein gemahlen, Maschine)
- 170 g Wasser
- 2 x 230 g Pflanzenmilch für Kaffee XVIII (TM) 11906

Sahne und Nussschokocreme in die Gläser verteilen. Pflanzenmilch aufschäumen (WMF) und Tchibo). Kaffeemehl mit 170 g Wasser aufbrühen und auf die Gläser verteilen (je Glas 70 g Kaffee).

11937. Milchkaffee caramelita chocolatiera, Sep. 2018

2 Portionen zu 400 ml

- 20 g Kaffee, mittelfein gemahlen (Kenya malazi)
- 400 g Wasser
- 2 EL Karamellsoße XXI „mehr" 11930
- 2 TL Nussschokocremesoße aus dem Vitamix V 11924
- 400 g Pflanzenmilch für Kaffee XXIV 11935

Kaffee mit dem Wasser aufbrühen. Karamellsoße und Nussschokocremesoße in die Gläser geben. Milch erhitzen (WMF), ebenfalls in die Gläser geben. Den Kaffee zum Schluss hinzufügen.

11938. Pflanzenmilch für Kaffee XXV (Linsen II), Sep. 2018

Vorläufer 11906

- 25 g Cashewkerne
- 25 g Rundkorn-Naturreis
- 10 g Sonnenblumenkerne
- 10 g rohe rote Linsen
- 1000 g Wasser (Hälfte kochend)

Im Vitamix (2-Liter-Becher) 3 Min.

11939. Cappuccino caramelita chocolatiera, Sep. 2018

Vorläufer 11938; 2 Portionen zu 220 ml (Tassen)

- 14 g Kaffee, mittelfein gemahlen (Guatemala grande)
- 170 g Wasser
- 2 TL Karamellsoße XXI „mehr" 11930
- 2 Eierlöffel Nussschokocremesoße aus dem Vitamix V 11924
- 240 g Pflanzenmilch für Kaffee XXIV 11935

Kaffee mit dem Wasser aufbrühen. Nussschokocremesoße in die Tassen geben, Kaffee aufgießen. Milch aufschäumen (WMF), zugeben. Karamellsoße in Kreisen auftropfen lassen.

11940. Sauerteigbrot mit Roggen und Hafer, Sep. 2018

Vorläufer 11920

Stufe 1 (12 Std. vorher):
Sauerteigansatz:

- 400 g Roggen
- 425 g Wasser
- 150 g Sauerteig

Stufe 2 (Backen, bei mir am Morgen):

- 225 g Roggen
- 200 g Nackthafer
- 15 g Salz
- 325 g Wasser
- 1/4 Würfel frische Hefe (= 10 g)
- 100 g Kürbiskerne
- ca. 800 g Sauerteigansatz
- 20 g Butter für die Form

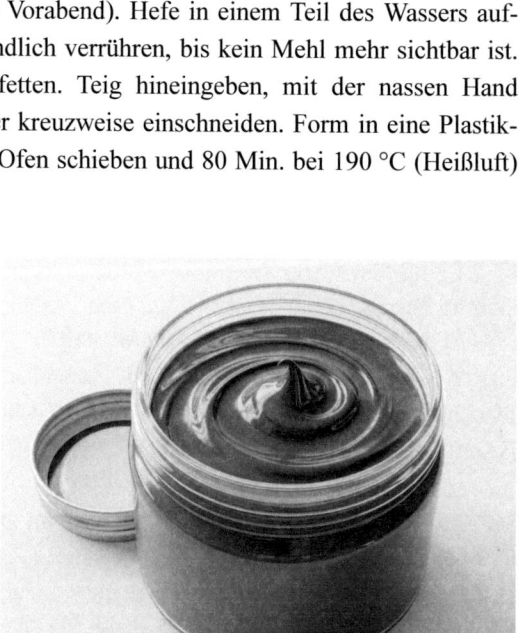

Stufe 1: Roggen fein mahlen, mit Wasser und altem Sauerteig mischen. In einer Plastiktüte über Nacht stehen lassen. 150 g von der Stufe 1 abnehmen und in einem gut schließenden Schraubglas in den Kühlschrank stellen für das nächste Backen.

Stufe 2: Getreide mischen und mahlen (mache ich immer am Vorabend). Hefe in einem Teil des Wassers auflösen Zutaten (außer der Butter) mit einem großen Löffel gründlich verrühren, bis kein Mehl mehr sichtbar ist. Eine 30-cm-Brotform, Profi-Email von Dr. Oetker, gut einfetten. Teig hineingeben, mit der nassen Hand herunterdrücken und glattstreichen. Mit einem scharfen Messer kreuzweise einschneiden. Form in eine Plastiktüte geben und etwa 90 Min. gehen lassen. Brot in den kalten Ofen schieben und 80 Min. bei 190 °C (Heißluft) backen.

11941. Nussschokocremesoße aus dem Vitamix VI, September 2018

Vorläufer 11923; 1 Honigglas + 1 Cashewmusglas

- 150 g Cashewnüsse
- 100 g Sonnenblumenkerne
- 30 g Kakaopulver
- 25 g Carob Rohkostqualität
- 50 g Ahornsirup
- 50 g Agavendicksaft
- 50 g Honig
- 400 g Wasser
- 1 Prise Salz

Im Vitamix mit dem Stößel gut durcharbeiten, bis es wirklich glatt ist. Dann ist die Masse warm bis heiß. In Gläser füllen und im Kühlschrank aufbewahren.

11942. Muttis Nusskuchen-Torte mit Sonne, Sep. 2018

Vorlage 11625; Springform

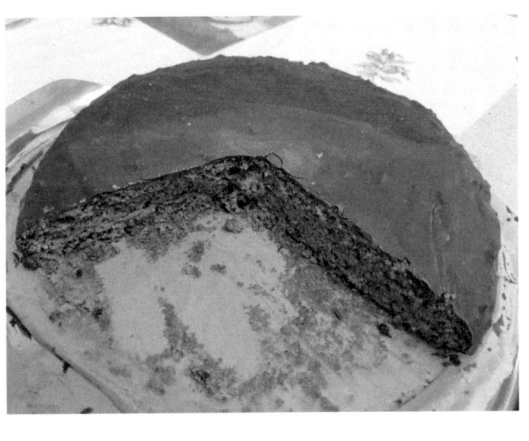

- 110 g Haselnüsse
- 190 g Sonnenblumenkerne
- 2 bittere Mandeln
- 250 g Dinkel, fein gemahlen
- 180 g Vollrohrzucker
- 1 Prise Salz
- 1 P Weinstein-Backpulver
- 250 g Pflanzenmilch

Glasur:

- 40 g Kakaobutter
- 30 g Agavendicksaft
- 1 EL Kakao

Haselnüsse mit Sonnenblumenkernen und bitteren Mandeln im TM mahlen (9 Sek./Stufe 8). Mehl, Vollrohrzucker, Salz, Backpulver und Pflanzenmilch zugeben. Mit dem Handrührgerät mixen. Teig in die mit Papier ausgelegte Form geben und gleichmäßig verteilen. In den auf 175 °C (Heißluft) vorgeheizten Ofen schieben und 40 Min. bei 175 °C backen, 10 Min. nachbacken. Auf einen Gitterrost stellen, abkühlen lassen und aus der Form nehmen.

Für die Glasur Kakaobutter schmelzen, mit Agavendicksaft und Kakao verquirlen, etwas abkühlen lassen und auftragen.

11943. Pflanzensahne, 6. Versuch (Mandel), Sep. 2018

1 Honigglas; Vorläufer 11924

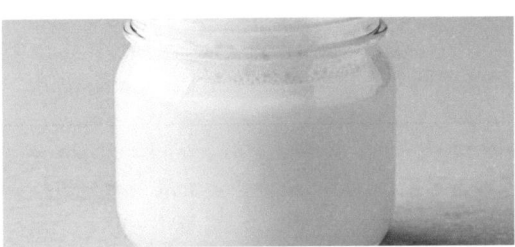

- 20 g Rundkorn-Naturreis
- 30 g geschälte Mandeln
- 250 g Wasser, halb kochend

Im Vitamix mixen, bis die Masse deutlich weniger wird (etwa 3 Min.).

11944. Latte macchiato caramelita crema II für zwei, September 2018

Vorläufer 11908; 2 Gläser zu 400 ml mit 1 cm Rand oben

- 2 EL Karamellsoße XXI „mehr" 11930
- 2 EL Pflanzensahne, 6. Versuch (Mandel) 11943
- 19 g Kaffeemehl (frisch gemahlen, Mühle mittelfein, Kenya Malazi)
- 180 g Wasser
- 300 g Pflanzenmilch für Kaffee XXV (Linsen) II 11938

Karamellsoße und Pflanzensahne auf die Gläser verteilen, Kaffeemehl mit 180 g Wasser aufbrühen. Pflanzenmilch aufschäumen (WMF). Schaum in die Gläser gießen, mit Kaffee auffüllen. Gab bei mir vier Schichten.

11945. Cappucino grande für zwei, September 2018

Vorläufer 11926; für 400 ml

- 20 g Kaffeepulver (gemahlen mittelfein, „Guatemala Grande")
- 330 g Wasser
- 320 g Pflanzenmilch für Kaffee XXV (Linsen) II 11938

Kaffee mit dem kochendem Wasser in das Glas filtern. Pflanzenmilch aufschäumen (WMF-Gerät). Milchschaum zum Kaffee geben.

11946. Mandeltartar, September 2018

Vorläufer 12/9813

- 100 g Mandeln
- 30 g getrocknete Tomaten
- 5 Lauchzwiebeln (135 g)
- 30 g Kichererbsenkochwasser
- 20 g Sonnenblumenöl
- 90 g Tomatenmark
- 1/2 TL Salz
- 1 Prise Pfeffer
- 1 TL Paprika edelsüß
- 2 MS Currypulver
- 15 g Essigpeperoni 7/4573
- 1 TL getr. Italienische Kräuter (zwischen den Händen verrieben)

Nüsse und Tomaten zerkleinern (6 Sek./Stufe 7), umfüllen. Lauchzwiebeln grob vorschneiden und zerkleinern (5 Sek./Stufe 5). Mit Wasser und Öl garen (5 Min./Varoma/Stufe 1). Restliche Zutaten hinzufügen und verrühren (20 Sek./Stufe 4 + 10 Sek./Stufe 5).

11947. Latte macchiato caramelita crema, Sep. 2018

Vorläufer 11927; 2 Gläser zu 400 ml

- 2 EL Karamellsoße XXI „mehr" 11930
- 2 EL Pflanzensahne, 6. Versuch (Mandel) 11943
- 2 TL Nussschokocremesoße aus dem Vitamix VI 11941
- 20 g Kaffeemehl (Kenya Malazi und Barista Espresso halb und halb, frisch gemahlen, Mühle mittelfein)
- 200 g Wasser
- 340 g Pflanzenmilch für Kaffee XXV (Linsen) II 11938

Karamellsoße, Pflanzensahne und Nussschokocreme auf die Gläser verteilen, Kaffeemehl mit 200 g Wasser aufbrühen. Pflanzenmilch aufschäumen (WMF). Schaum in die Gläser gießen, mit Kaffee auffüllen. Ergab 4 Schichten.

11948. Karamellsoße XXII „mehr", September 2018

1 Honigglas; Vorläufer 11930

- 380 g Wasser
- 253 g Sahne (250 g-Packung)
- 1/4 TL Salz
- 45 g Agavendicksaft
- 45 g Honig
- 45 g Ahornsirup
- 50 g Vollrohr-Zucker

Alle Zutaten in den Mixtopf geben und erhitzen (30 Min./Varoma/Stufe 5), dabei das Garkörbchen bis zum Ende als Spritzschutz verwenden. In ein leeres Schraubglas füllen (etwa 1 Honigglas) und gut zudrehen.

11949. Tomatenketchup XI, September 2018

Vorläufer 11928; 2 Cashewnussmus-Gläser

- 2 Dosen Tomaten inklusive Saft (800 g)
- 145 g Soft-Datteln
- 11 g Knoblauchzehen (in Essig eingelegt)
- 150 g Apfelessig
- 100 g Wasser
- 1 TL Salz
- 1/4 TL Pfeffer

- 2 TL Paprika edelsüß
- 10 g Tomatenmark
- 150 g Wasser

Alle Zutaten bis auf 150 g Wasser in den Mixtopf geben. 30 Sek. auf Stufe 6-10 zerkleinern, dabei den Messbecher fest andrücken, anschließend garen (30 Min./Varoma/Stufe 3). Nach Ende der Garzeit 150 g Wasser zugeben und fein pürieren (1 Min./Stufe 10). Direkt in Schraubgläser füllen.

11950. Kürbissoße II, September 2018

Vorläufer 11933; 1-2 Portionen

- 55 g Tomatenketchup, hier Tomatenketchup XI 11949 (Rest im Topf)
- 265 g Butterkürbis grob vorgeschnitten
- 1 Knoblauchzehe in Essig eingelegt (10 g)
- 10 g Essig vom Knoblauch
- 10 g Essigpeperoni 7/4573
- 1 Prise Salz
- 250 g Wasser
- 2 Prisen Salz
- 45 g Pflanzensahne, 6. Versuch (Mandel) 11943

Ohne Wasser im TM zerkleinern (10 Sek./Stufe 6). Wasser zugeben und kochen (15 Min./100 °C/Stufe 2). Mit Salz und Sahne abschmecken und pürieren (10 Sek./Stufe 7).

11951. Muttis Nusskuchen-Torte mit Sonne II, Sep. 2018

Vorlage 11942; Springform 26 cm

- 100 g Haselnüsse
- 200 g Sonnenblumenkerne
- 230 g Dinkel, fein gemahlen
- 20 g Nackthafer, mit dem Dinkel gemahlen
- 180 g Honig
- 1 Prise Salz
- 1 P Weinstein-Backpulver
- 250 g Pflanzenmilch

Glasur:
- 40 g Kakaobutter
- 30 g Honig
- 1 EL Kakao

Haselnüsse mit Sonnenblumenkernen (und bitteren Mandeln) im Thermomix mahlen (9 Sek./Stufe 8). Mehl, Honig, Salz, Backpulver und Pflanzenmilch zugeben, mixen (10 Sek./Stufe 3; 10 Sek./Stufe 4; 2 x 10 Sek./Stufe 5). Springform mit Papier oder Silicon auslegen, Teig in die Form geben und gleichmäßig verteilen. In den auf 175 °C (Heißluft) vorgeheizten Ofen schieben und 40 Min. bei 175 °C backen, 5 Min. nachbacken.

Für die Glasur Kakaobutter schmelzen, mit Honig und Kakao verquirlen, etwas abkühlen lassen und auftragen.

11952. Hokkaido mit Pilzen auf Reis, September 2018

Eine große Portion Jasmin-Vollkornreis habe ich programmiert im Reiskochtopf gekocht.

- 2 EL Bohnenkochwasser
- 10 g Sonnenblumenöl
- 145 g Steinchampignons, in Scheiben
- 1 Knoblauchzehe, frisch (5 g
- 130 g Hokkaido, gewürfelt
- 1 gute Prise Salz

Alle Zutaten als Gemüsepfanne 15 Min. dünsten. Eventuell nachsalzen.

Tipp: *„Obwohl" es so einfach ist, sehr lecker!*

11953. Roggen-Sauerteigbrot mit Dinkel, September 2018

Vorläufer 11940

Stufe 1 (12 Std. vorher):

Sauerteigansatz:

- 400 g Roggen
- 425 g Wasser
- 150 g Sauerteig

Stufe 2 (Backen, bei mir am Morgen):

- 225 g Roggen
- 200 g Dinkel
- 15 g Salz
- 325 g Wasser
- 1/4 Würfel frische Hefe (= 10 g)
- 100 g Sesam ungeschält
- ca. 800 g Sauerteigansatz
- 20 g Butter für die Form

Stufe 1: Roggen fein mahlen, mit Wasser und altem Sauerteig mischen. In einer Plastiktüte über Nacht stehen lassen. 150 g von der Stufe 1 abnehmen und in einem gut schließenden Schraubglas in den Kühlschrank stellen für das nächste Backen.

Stufe 2: Getreide mischen und mahlen (mache ich immer am Vorabend). Hefe in einem Teil des Wassers auflösen Zutaten (außer der Butter) mit einem großen Löffel gründlich verrühren, bis kein Mehl mehr sichtbar ist. Eine 30-cm-Brotform, Profi-Email von Dr. Oetker, gut einfetten. Teig hineingeben, mit der nassen Hand herunterdrücken und glattstreichen. Mit einem scharfen Messer kreuzweise einschneiden. Form in eine Plastiktüte geben und etwa 90 Min. gehen lassen. Brot in den kalten Ofen schieben und 80 Min. bei 190 °C (Heißluft) backen.

11954. Kürbissoße III, September 2018

4 Portionen

- 100 g Tomatenketchup, hier Tomatenketchup XI 11949
- 400 g Butterkürbis grob vorgeschnitten
- 1 Knoblauchzehe in Essig eingelegt (5 g)
- 20 g Essig vom Knoblauch
- 20 g Essigpeperoni 7/4573
- 1 gute Prise Salz
- 400 g Wasser
- 2 Prisen Salz
- 45 g Pflanzensahne, hier Pflanzensahne, 6. Versuch (Mandel) 11943

Zutaten bis zum Wasser ausschließlich im TM zerkleinern (10 Sek./Stufe 6). Wasser zugeben und kochen (18 Min./100 °C/Stufe 2). Mit Salz und Sahne abschmecken und pürieren.

11955. Schokoladen-Chia-Pudding auf Ananas, Sep. 2018

Vorläufer 11858; 4 Portionen

- 50 g Pflanzensahne, 6. Versuch (Mandel)
- 200 g Pflanzenmilch
- 90 g entsteinte Datteln
- 30 g Chiasamen
- 15 g Kakaopulver
- 5 g Carob (Rohkostqualität)
- 1 Prise Salz
- 2 TL Kakaonibs
- 4 x 80 g Ananas (4 dünnere Scheiben)
- 4 kleine Feigen getrocknet
- 4 Cashewnüsse

Sahne, Milch, Datteln, Samen, Kakaopulver, Carob und Salz etwa 1 Min. im Hochleistungsmixer pürieren, bis die Samen nicht mehr erkennbar sind. Ananas in Stücke schneiden, auf vier Schüsselchen verteilen. Pudding darauf geben. Mit Feigen und Cashewnüssen dekorieren.

11956. Möhren-Frucht-Rohkost, September 2018

3 Portionen
- 1 Apfel (95 g)
- 1 Nektarine (105 g)
- 400 g Möhre
- 20 g Sonnenblumenöl
- 20 g Knoblauchessig
- 1 gute Prise Salz (2 g)
- Etwas glatte Petersilie

Im Thermomix kurz mixen (8 Sek./Stufe 5).

11957. Latte macchiato rumato crema II, September 2018

Vorläufer 11909; 1 Glas 310 ml
- 2 EL Flüssigkeit von Minirumtopf 13/10565
- 2 TL Pflanzensahne, 6. Versuch 11943
- 7 g Kaffee (Barista Espresso), mittelfein gemahlen
- 130 g Wasser
- 160 g Pflanzenmilch für Kaffee XX (TM) 11899

Rum und Sahne in das Glas geben. Kaffee mit dem Wasser aufbrühen, Milch aufschäumen. Schaum ins Glas geben, Kaffee hinzufügen.

11958. Kafka III, September 2018

Vorläufer 11896; drei 310-ml-Gläser
Kakao
- 3 x 1 TL Kakao
- 1 geh. TL Honig
- 150 g kochendes Wasser

Kaffee
- 21 g gemahlener Kaffee („Schattenwald", mittelfein)
- 320 g Wasser 90-96°C

Fertigstellung
- 320 g Pflanzenmilch für Kaffee XIV (ideal)

Kakaozutaten in die Gläser geben und verrühren. – Filterkaffee herstellen, zum Kakao geben. (Ich habe das Filterpapier vorher mit warmem Wasser befeuchtet, die Kanne mit heißem Wasser vorgewärmt. Dann habe ich etwas Wasser zum Kaffeemehl gegeben, ihn 30 Sek. aufquellen lassen und dann das Restwasser hinzugefügt.). Milch aufschäumen (WMF) und in die Gläser füllen.

11959. Caffè latte Crema, September 2018

1 x 400 ml; Vorläufer 11903
- 1 EL Pflanzensahne
- 8 g Kaffeepulver (Arabica, mittelfein)
- 100 g Wasser
- 210 g Pflanzenmilch für Kaffee XXV (Linsen) II

Sahne ins Glas geben. Kaffee mit dem Wasser in das Glas filtern. Milch aufschäumen (Tchibo) und auf den Kaffee geben.

Hinweis: *War zu viel Milch, 190 g würden mit meinen Aufschäumern reichen.*

11960. Pflanzenmilch für Kaffee XXVI (Soja), Sep. 2018

Vorläufer 11907

- 25 g Cashewkerne
- 25 g Rundkorn-Naturreis
- 10 g Sonnenblumenkerne
- 8 g rohe Sojabohnen
- 1000 g Wasser (50 % Raumtemperatur, 50 % kochend)

Vitamix: 3 Min.

11961. Tomatenketchup XII, September 2018

Vorläufer 11949; 2 Cashewnussmus-Gläser

- 2 Dosen Tomaten inklusive Saft (800 g)
- 140 g Soft-Datteln
- 9 g Knoblauchzehen (eingelegt)
- 45 g Knoblauchessig
- 105 g Apfelessig
- 100 g Wasser
- 1 TL Salz
- 1/4 TL Pfeffer
- 2 TL Paprika
- 11 g Tomatenmark
- 150 g Wasser

Alle Zutaten bis auf 150 g Wasser in den TM-Mixtopf geben. 30 Sek. auf Stufe 6-10 zerkleinern, dabei den Messbecher fest andrücken, anschließend garen (30 Min./Varoma/Stufe 3). Nach Ende der Garzeit 150 g Wasser zugeben und fein pürieren (1 Min./Stufe 10). Direkt in Schraubgläser füllen.

11962. Kafka IV lau, September 2018

Vorläufer 11896; zwei 310-ml-Gläser

Kakao

- 2 x 1 TL Kakao
- 2 x 1 TL Vollrohrzucker
- 2 x 50 g kochendes Wasser

Kaffee

- 15 g gem. Kaffee („Schattenwald", mittelfein)
- 245 g Wasser 90-96°C
- 245 g Pflanzenmilch für Kaffee XXVI (Soja), 11959

Kakaozutaten in die Gläser geben und verrühren.

Aus Kaffee und Wasser Filterkaffee herstellen, zum Kakao geben. (Ich habe das Filterpapier vorher mit warmem Wasser befeuchtet, die Kanne mit heißem Wasser vorgewärmt. Dann habe ich etwas Wasser zum Kaffeemehl gegeben, ihn 30 Sek. aufquellen lassen und dann das Restwasser hinzugefügt.). Milch kalt aufschäumen (WMF) und in die Gläser füllen.

11963. Pflanzenmilch für Kaffee XXVII (TM Linsen), September 2018

Vorläufer 11907

- 50 g Cashewkerne
- 50 g Rundkorn-Naturreis
- 20 g Sonnenblumenkerne
- 20 g rohe rote Linsen
- 2000 g Wasser

Trockene Zutaten im TM: 1 Min./Stufe 10. Von Wand und Boden gut lösen. Wasser zugeben, erhitzen (14 Min./95 °C/Stufe 3). Nochmals mixen (2 Min./Stufe 10).

11964. Latte macchiato brünetti cremi carameliti (für zwei), September 2018

Vorläufer 11917; 2 Gläser 410 ml

- 16 g Kaffeebohnen (Espresso Cuxhavener Kaffeerösterei)
- 170 g Wasser
- 2 x 1 EL Pflanzensahne
- 2 x 1 TL Vollrohrzucker
- 2 x 1 TL Karamellsoße XXII „mehr" 11948
- 2 x 220 g Pflanzenmilch für Kaffee XX (TM) 11899
- 2 x 3 g Carob

Bohnen mit einer elektrischen Mühle mittelfein mahlen. Mit 170 g kochendem Wasser durch einen Filter laufen lassen. Sahne und Sirup jeweils im Glas verrühren. Derweil die Pflanzenmilch mit dem Carob im Milchaufschäumer (Tchibo und WMF) erwärmen. Geschäumte Milch in die Gläser geben, Kaffee hinzugießen.

* Achtung: Der teurere WMF-Aufschäumer hat die Milch mit Carobpulver nicht verkraftet! Das Gerät blieb stehen. Insoweit bin ich froh, dass ich das Tchibo-Gerät behalten habe. Schäumt zwar etwas weniger, aber ist robuster in Bezug auf die Zutaten. Da es im WMF nicht geklappt hat, hatte ich keinen Schaum im Glas. Schmeckte daher auch nicht ganz so lecker.

11965. Pflanzenmilch für Kaffee XXVIII (Soja +), Sep. 2018

Vorläufer 11959

- 25 g Cashewkerne
- 25 g Rundkorn-Naturreis
- 10 g Sonnenblumenkerne
- 8 g rohe Sojabohnen
- 1000 g Wasser (halb Raumtemperatur, halb kochend)
- 1 EL Kochwasser von Jumbobohnen

Vitamix: 3 Min.

11966. Muttis Nusskuchen-Torte mit Sonne III

Vorlage 11951; Springform

- 100 g Haselnüsse
- 200 g Sonnenblumenkerne
- 2 bittere Mandeln
- 250 g Dinkel, fein gemahlen
- 180 g Vollrohrzucker
- 1 Prise Salz
- 1 P Weinstein-Backpulver
- 250 g Pflanzenmilch

Glasur:
- 40 g Kakaobutter
- 30 g Honig
- 1 EL Kakao

Haselnüsse mit Sonnenblumenkernen (und bitteren Mandeln) im Thermomix mahlen (9 Sek./Stufe 8). Mehl, Honig, Salz, Backpulver und Pflanzenmilch zugeben, mixen (10 Sek./Stufe 3; 10 Sek./Stufe 4; 2 x 10 Sek./Stufe 5). Springform mit Papier oder Silicon auslegen, Teig in die Form geben und gleichmäßig verteilen. In den auf 175 °C (Heißluft) vorgeheizten Ofen schieben und 40 Min. bei 175 °C backen, 5 Min. nachbacken.

Für die Glasur Kakaobutter schmelzen, mit Agavendicksaft und Kakao verquirlen, etwas abkühlen lassen und auftragen.

Tipp: Da der Vorläufer mit Honig recht trocken war, ist dies ein Test, ob es wirklich am Honig liegt.

11967. Karamellsoße XXIII „mehr", September 2018

1 Honigglas; Vorläufer 11948

- 380 g Wasser
- 250 g Sahne
- 1/4 TL Salz
- 40 g Agavendicksaft
- 55 g Ahornsirup
- 85 g Vollrohr-Zucker

Alle Zutaten in den Mixtopf geben und erhitzen (30 Min./Varoma/Stufe 5), dabei das Garkörbchen bis zum Ende als Spritzschutz verwenden. In ein leeres Schraubglas füllen (etwa 1 Honigglas) und gut zudrehen.

11968. Caffè latte für zwei, September 2018

Vorläufer 11903; 2 x 400 ml

- 24 g Kaffeepulver (Kaffeerösterei Cuxhaven Columbia, mittelfein)
- 330 g Wasser
- 305 g Pflanzenmilch für Kaffee XXVIII (Soja +) 11965

Kaffee mit dem Wasser filtern, auf die Gläser verteilen (ca. 135 g/Glas). Milch aufschäumen und auf den Kaffee geben. Nach Belieben noch mit etwas Karamellsoße begießen.

11969. Nussschokocremesoße Vitamix VII, Sep. 2018

Vorläufer 11941; 1 Honigglas + 1 Cashewmusglas

- 130 g Cashewnüsse
- 120 g Sonnenblumenkerne
- 30 g Kakaopulver
- 25 g Carob Rohkostqualität
- 75 g Ahornsirup
- 75 g Vollrohrzucker
- 410 g Wasser
- 1 Prise Salz

Im Vitamix mit dem Stößel gut durcharbeiten, bis es wirklich glatt ist. Dann ist die Masse warm bis heiß. In Gläser füllen und im Kühlschrank aufbewahren.

11970. Programmiertes Roggen-Sauerteigbrot, Sep. 2018

11952; nach dem Backen hat das Brot noch 7,5 Std. im Ofen gestanden. Ging auch! :-)

Stufe 1 (12 Std. vorher):
Sauerteigansatz:

- 400 g Roggen
- 425 g Wasser
- 150 g Sauerteig

Stufe 2 (Backen, bei mir am Morgen):

- 225 g Roggen
- 200 g Nackthafer
- 15 g Salz
- 325 g Wasser
- 1/4 Würfel frische Hefe (= 10 g)
- 50 g Kürbiskerne
- 50 g Walnüsse, grob zerteilt
- ca. 800 g Sauerteigansatz
- 20 g Butter für die Form

Stufe 1: Roggen fein mahlen, mit Wasser und altem Sauerteig mischen. In einer Plastiktüte über Nacht stehen lassen. 150 g von der Stufe 1 abnehmen und in einem gut schließenden Schraubglas in den Kühlschrank stellen für das nächste Backen.

Stufe 2: Getreide mischen und mahlen (mache ich immer am Vorabend). Hefe in einem Teil des Wassers auflösen Zutaten (außer der Butter) mit einem großen Löffel gründlich verrühren, bis kein Mehl mehr sichtbar ist. Eine 30-cm-Brotform, Profi-Email von Dr. Oetker, gut einfetten. Teig hineingeben, mit der nassen Hand herunterdrücken und glattstreichen. Mit einem scharfen Messer kreuzweise einschneiden. Form in eine Plastiktüte geben und etwa 90 Min. gehen lassen. Brot in den kalten Ofen schieben und Ofen so programmieren, dass das Brot 3 Std. später fertig ist (80 Min. bei 190 °C (Heißluft)).

11971. Brokkoli für zwei Tage, September 2018

2 x 1 Portion

- 2 Messbecher (Reiskocher) Jasmin-Vollkornreis
- 4 Messbecher Wasser

Nach Anleitung des Reiskochers kochen.

- 40 g Wasser
- 15 g Sonnenblumenöl
- 1 Prise Salz
- 225 g Brokkoli-Röschen (Strunk kommt in einen Salat)
- 170 g Pflanzensahne
- Eine Prise Pfeffer
- 100 g geriebener Gouda (zum Bestreuen)

Brokkoli in Wasser, Salz und Öl als Gemüsepfanne 15 Min. garen. Sahne und Pfeffer unterrühren.

Hälfte vom Reis in eine Schüssel/einen Suppenteller geben, Hälfte des Gemüses hinzufügen. Rest Reis in eine Auflaufform füllen, Rest Gemüse hinzufügen und bis zum nächsten Tag im Kühlschrank aufbewahren. Mit Käse bestreuen und im vorgeheizten Ofen (Heißluft) 35 Min. bei 190 °C backen.

11972. Hokkaido halbgeröstet mit Reis, Oktober 2018

- 20 g Sonnenblumenöl
- 240 g Kürbis in Stücken
- Salz
- 1 Messbecher Jasmin-Vollkornreis + 2 Messbecher Wasser; nach Anweisung kochen

Öl erhitzen, nicht zu stark. Kürbis und Salz zugeben, kurz anrösten. Deckel auflegen und wie eine Gemüsepfanne weiter garen (10 Min.). Reis in eine Schüssel geben, Kürbis hinzufügen.

11973. Mango-Bananeneis, Oktober 2018

- 1 Banane (125 g)
- 150 g Mango gewürfelt & tiefgefroren (fertig gekauft)
- 1-2 TL Kakaonibs

Banane in vier Teile teilen, mit den Mangowürfeln im Vitamix bis zur Raute mixen. In eine Müsli-Schüssel umfüllen und mit Kakaonibs bestreuen.

11974. Hokkaido mit Cashew, Oktober 2018

- 1 Messbecher Jasmin-Vollkornreis + 2 Messbecher Wasser im Reiskochtopf nach Anweisung
- 25 g Cashewkerne
- 15 g Sonnenblumenöl
- 190 g Kürbis, klein geschnitten
- 1 Prise Salz
- 10 g Wasser
- 1 EL geh. TK Petersilie

Kerne trocken in einer Keramikpfanne anrösten, bis sie dunkle Stellen haben. Öl hinzufügen, aufkochen lassen. Kürbis und Salz zugeben, umrühren. Deckel schließen und bei mittlerer Einstellung 30 Sek. im Öl dünsten. Wasser hinzufügen und auf kleiner Einstellung 10 Min. dünsten. Petersilie unterrühren. Reis in eine Schüssel geben, Gemüse auf dem Reis verteilen.

11975. Mediterranes Hokkaido-Gemüse, Oktober 2018

20 g Sonnenblumenöl

- 2 Tomaten (140 g), klein geschnitten
- 1 Knoblauchzehe (7 g)
- 100 g Hokkaido, klein geschnitten
- 1 Prise Salz
- 2 Prisen italienische Kräutermischung

Alle Zutaten bis auf die Kräuter als Gemüsepfanne 15 Min. garen. Evtl. nachsalzen und mit Kräutern (zwischen den Händen zerrieben) mischen.

11976. Hokkaido in käsiger Soße und Auflauf, Okt. 2018

2 x 1 Portion

Reis

- 2 Messbecher Jasmin-Vollkornreis
- 4 Messbecher Wasser

Gemüse

- 125 g Hokkaido
- 125 g Möhre
- 1 große Knoblauchzehe (10 g)
- 300 g + 200 Wasser
- Salz
- Pfeffer
- 50 g würziger Käse, klein geschnitten

Nach Anweisung programmiert im Reiskochtopf zubereiten. Gemüse im TM zerkleinern (7 Sek./Stufe 5), 300 g Wasser und 1 Prise Salz hinzufügen. Im TM garen (15 Min./ 100 °C/Stufe 2). Pürieren (10 Sek./Stufe 8). Käse, Pfeffer und 200 g Wasser zufügen und erhitzen (5 Min./95 °C/Stufe 2). Mit Salz abschmecken.

Etwa die halbe Reismenge in eine Schüssel geben und mit der Hälfte der Soße begießen. Rest Reis in eine Auflaufschüssel füllen, Rest Soße darüber gießen und bis zum nächsten Tag aufbewahren.

Auflauf

- Reis + Soße
- 50 g gekochte große weiße Bohnen
- 1 Tomate (65 g)
- 85 g geriebener Pizzakäse

Bohnen auf dem Auflauf verteilen, Tomate dünn schneiden und darüber geben. Mit Käse bestreuen. Ofen (Heißluft) auf 200 °C vorheizen und Auflauf 30 Min. backen.

11977. Brownies à la Lebkuchenteig 41, Oktober 2018

Vorläufer: 11929; Springform 26 cm

- 125 g Soft-Datteln
- 35 g Soft-Aprikosen
- 90 g Rosinen
- 200 g Soft-Feigen
- 50 g grüne Rosinen
- 500 g Wasser
- 2 EL Rum
- 1 Prise Salz
- 45 g Kakaopulver schwach entölt
- 15 g Carobpulver Rohkostqualität
- 100 g Dinkel, gemahlen (Mühle)
- 100 g Nackthafer, mit dem Dinkel gemahlen
- 30 g Haselnüsse, gemahlen (TM, 8 Sek./Stufe 8)
- 170 g Sonnenblumenkerne (mit den Nüssen gemahlen)
- 2 bittere Aprikosenkerne (mit den Nüssen gemahlen)
- 1 Päckchen Weinsteinbackpulver
- 1 TL Natron
- 35 g Sonnenblumenkerne

Für die Glasur:
- 50 g Kakaobutter
- 35 g Agavendicksaft
- 1 EL Kakao
- ca. 2 EL Kakaonibs

Trockenfrüchte in einer Pengdose mit dem Wasser übergießen und etwa 12 Std. gut verschlossen stehen lassen. Die Fruchtmasse mit der Flüssigkeit im Vitamix zu einer glatten Masse pürieren. Wer keinen starken Mixer hat, sollte die Stielchen von den Feigen vorher entfernen. Die trockenen Zutaten mischen. Fruchtgemisch und Rum hinzugeben und mit den Rührhaken eines Handrührgeräts gut vermischen. In eine mit Backpapier überspannte Springform geben. In den auf 160 °C (Heißluft) vorgeheizten Ofen einschieben und 44 Min. bei 160 °C backen, 10 Min. im ausgeschalteten Ofen nachbacken. Herstellung Glasur s. Vorläufer 11020. Browniekuchen mit Guss bepinseln. Kakaonibs auf die noch feuchte Glasur streuen.

11978. Pflanzenmilch für Kaffee XXIX (Soja +), Okt. 2018

Vorläufer 11964

- 25 g Cashewkerne
- 25 g Rundkorn-Naturreis
- 10 g Sonnenblumenkerne
- 8 g rohe Sojabohnen
- 1000 g Wasser (halb Raumtemperatur, halb kochend)
- 2 gekochte Jumbobohnen (8 g)

Vitamix: 3 Min.

11979. Pflanzensahne, 7. Versuch, Oktober 2018

1 Honigglas; Vorläufer 11924

- 20 g Rundkorn-Naturreis
- 20 g Cashewnüsse
- 10 g Sonnenblumenkerne
- 250 g Wasser, Hälfte kochend

Im Vitamix mixen, bis die Masse deutlich weniger wird (etwa 3 Min.).

11980. Hokkaido All-In-One, Oktober 2018

Als Gemüsepfanne (20 cm; 15 Min):

- 15 g Sonnenblumenöl
- 190 g Wasser
- 1 Prise Salz
- 1 Prise Pfeffer
- 170 g Hokkaido, gewürfelt
- 80 g Spaghetti, in Stücke gebrochen

Abschmecken mit:

- 15 g Sahne
- Salz

11981. Hokkaido-Brot-Pfanne, Oktober 2018

Als Gemüsepfanne (20 cm, 15 Min.):

- 20 g Sonnenblumenöl
- 50 g Wasser
- 1 Prise Salz
- 1 Knoblauchzehe in Scheiben (5 g)
- 185 g Kürbis, gewürfelt
- 1 dünne Scheibe Brot, gewürfelt (40 g)

Tipp: Reis passt dazu sehr gut.

11982. Tomatenketchup XIII, Oktober 2018

Vorläufer 11960; 2 Cashewnussmus-Gläser

- 2 Dosen Tomaten inklusive Saft (800 g)
- 135 g Soft-Datteln
- 15 g Knoblauchzehen (eingelegt)
- 155 g Apfelessig
- 05 g Wasser
- 1 TL Salz
- 1/4 TL Pfeffer
- 2 TL Paprika
- 10 g Tomatenmark
- 150 g Wasser

Herstellung siehe Vorläufer.

11983. Hokkaido-Reis-Auflauf, Oktober 2018

1-2 Portionen

Reis (im Reiskocher garen):

- 1 Messbecher Jasmin-Vollkornreis
- 1 3/4 Messbecher Wasser

Hokkaidosoße (Gemüsepfanne 15 Min.):

- 60 g Wasser
- 1 Prise Salz
- 20 g getr. Tomaten, in Streifen geschnitten
- 15 g Sonnenblumenkerne
- 250 g Hokkaido, gewürfelt

Fertigstellung:

- 70 g Pflanzensahne
- 75 g Wasser
- 1 Prise Salz
- 1 Prise Pfeffer
- 2 Scheiben Butterkäse (80 g)

Reis in eine Auflaufform geben, Gemüse mit Sahne, Wasser, Salz und Pfeffer verrühren, auf den Reis geben. Oberfläche mit Käse bedecken. Ofen (Heißluft) auf 200 °C vorheizen, 30 Min. bei 200 °C backen.

11984. Brownies à la Lebkuchenteig 42, Oktober 2018

Vorläufer: 11977; Springform 26 cm

- 125 g Soft-Datteln
- 35 g Soft-Aprikosen
- 90 g Rosinen
- 200 g Soft-Feigen
- 50 g grüne Rosinen
- 500 g Wasser
- 2 EL Rum
- 1 Prise Salz
- 45 g Kakaopulver schwach entölt
- 15 g Carobpulver Rohkostqualität
- 100 g Dinkel, gemahlen (Mühle)
- 100 g Nackthafer, mit dem Dinkel gemahlen
- 20 g Haselnüsse, gemahlen (TM, 8 Sek./Stufe 8)
- 180 g Sonnenblumenkerne (mit den Nüssen gemahlen)
- 2 bittere Aprikosenkerne (mit den Nüssen gemahlen)
- 1 Päckchen Weinsteinbackpulver
- 1 TL Natron
- 35 g Sonnenblumenkerne

Für die Glasur:
- 50 g Kakaobutter
- 35 g Agavendicksaft
- 1 EL Kakao
- ca. 2 EL Kakaonibs
- ca. 1-2 EL gehackte Haselnüsse

Trockenfrüchte in einer Pengdose mit dem Wasser übergießen und etwa 12 Std. gut verschlossen stehen lassen. Die Fruchtmasse mit der Flüssigkeit im Vitamix zu einer glatten Masse pürieren. Wer keinen starken Mixer hat, sollte die Stielchen von den Feigen vorher entfernen. Die trockenen Zutaten mischen. Fruchtgemisch und Rum hinzugeben und mit den Rührhaken eines Handrührgeräts gut vermischen. In eine mit Backpapier überspannte Springform geben. In den auf 160 °C (Heißluft) Ofen vorgeheizten einschieben und 44 Min. bei 160 °C backen, 10 Min. im ausgeschalteten Ofen nachbacken. Herstellung Glasur s. Vorläufer 11020. Browniekuchen mit Guss bepinseln. Kakaonibs auf die noch feuchte Glasur streuen.

Für die Glasur Kakaobutter bei niedriger Temperatur in einer kleinen Keramikpfanne zerlassen (Stufe 3/14 Induktion), ab und an mit einem Schneebesen rühren, Agavendicksaft und Kakao einarbeiten. Browniekuchen mit Guss bepinseln. Kakaonibs und gehackte Nüsse auf die noch feuchte Glasur streuen.

Anmerkung: *Der letzte Kuchen, der sich wirklich fast gar nicht von diesem Unterschied, war sehr locker. Dieser Kuchen ist wieder flach und fest. Leider habe ich keine Ahnung, woran das liegt.*

11985. Nussschokocremesoße Vitamix VIII, Okt. 2018

Vorläufer 11969; 1 Honigglas + 1 Cashewmusglas

- 120 g Cashewnüsse
- 130 g Sonnenblumenkerne
- 30 g Kakaopulver
- 25 g Carob Rohkostqualität
- 120 g Ahornsirup
- 30 g Vollrohrzucker
- 420 g Wasser
- 1 Prise Salz

Im Vitamix mit dem Stößel gut durcharbeiten, bis es wirklich glatt ist. Dann ist die Masse warm bis heiß. In Gläser füllen und im Kühlschrank aufbewahren.

11986. Programmiertes Roggen-Sauerteigbrot mit Dinkel, Oktober 2018

Vorläufer 11970

Stufe 1 (12 Std. vorher):

Sauerteigansatz:

- 400 g Roggen
- 425 g Wasser
- 150 g Sauerteig

Stufe 2 (Backen, bei mir am Morgen):

- 225 g Roggen
- 200 g Dinkel
- 15 g Salz
- 270 g Kichererbsenkochwasser
- 55 g Wasser
- 1/4 Würfel frische Hefe (= 10 g)
- 50 g Kürbiskerne
- 50 g Sesamsaat ungeschält
- ca. 800 g Sauerteigansatz
- 20 g Butter für die Form

Stufe 1: Roggen fein mahlen, mit Wasser und altem Sauerteig mischen. In einer Plastiktüte über Nacht stehen lassen. 150 g von der Stufe 1 abnehmen und in einem gut schließenden Schraubglas in den Kühlschrank stellen für das nächste Backen.

Stufe 2: Getreide mischen und mahlen (mache ich immer am Vorabend). Hefe in einem Teil des Wassers auflösen. Zutaten (außer der Butter) mit einem großen Löffel gründlich verrühren, bis kein Mehl mehr sichtbar ist. Eine 30-cm-Brotform, Profi-Email von Dr. Oetker, gut einfetten. Teig hineingeben, mit der nassen Hand herunterdrücken und glattstreichen. Mit einem scharfen Messer kreuzweise einschneiden. Form im kalten Ofen etwa 90 Min. gehen lassen. Ofen so programmieren, dass das Brot 3 Std. (80 Min. Backzeit, 190 °C Heißluft) später fertig ist.

11987. Porree-Möhren-Buttergemüse auf Reis, Okt. 2018

Reis (im Reiskocher):

- 1 Messbecher Jasmin-Vollkornreis
- 2 Messbecher Wasser

Gemüse:

- 40 g Wasser
- 145 g das Weiße vom Porree, in Ringen
- 60 g Möhre, in Scheiben
- 1 Prise Salz
- 20 g Butter

Ohne die Butter als Gemüsepfanne zubereiten (20 cm Keramikpfanne, 15 Min.), die Butter nach 10 Min. zugeben. Reis in eine Schüssel geben, Gemüse darüber laufen lassen.

11988. Porree-Tomaten-Gemüse mit Reis, Oktober 2018

- Reis siehe vorheriges Rezept.

Als Gemüsepfanne 15 Min.:

- 40 g Wasser
- 1 Tomate (115 g), in Stücken
- 170 g Porreestreifen (grüner und mittlerer Teil)
- 1 Prise Salz

Abschmecken mit:

- 40 g Sahne, verrührt mit
- 10 g Tomatenmark
- 1 EL Peperoniessig
- 1 Prise Salz

11989. Tomatenketchup XIV, Oktober 2018

Vorläufer 11982; 2 Cashewnussmus-Gläser

- 2 Dosen Tomaten inklusive Saft (800 g)
- 130 g Soft-Datteln (Rossmann)
- 10 g Knoblauchzehen (eingelegt)
- 150 g Apfelessig, davon 1 EL Essig mit eingelegter Zitrone
- 100 g Wasser
- 1 TL Salz
- 1/4 TL Pfeffer
- 2 TL Paprika edelsüß
- 10 g Tomatenmark
- 150 g Wasser

Alle Zutaten bis auf 150 g Wasser in den Mixtopf geben. 30 Sek. auf Stufe 6-10 zerkleinern, dabei den Messbecher fest andrücken, anschließend garen (30 Min./Varoma/ Stufe 3). Nach Ende der Garzeit 150 g Wasser zugeben und fein pürieren (1 Min./Stufe 10). Direkt in Schraubgläser füllen.

11990. Porree bisschen oriental, Oktober 2018

Als Gemüsepfanne (15 Min./20-cm-Keramikpfanne):

- 20 g Wasser
- 20 g Sonnenblumenöl
- 20 g Cashewkerne
- 15 g grüne Rosinen
- 160 g Porree aus der Stangenmitte in Halbringen
- Etwas Salz

Abschmecken mit:

- 1 EL Zitronensaft
- Salz

Hinweis: *Bei mir gab es dazu wie zurzeit meist Jasminvollkornreis. Zu Pasta schmeckt das aber sicher auch sehr gut!*

11991. Brokkoli in Käsesoße, Oktober 2018

Zu Reis

Gemüsepfanne (20 cm; 15 Min.):

- 30 g Wasser
- 230 g Brokkoli (Röschen und Strunk), zerteilt

Soße:

- 1 EL Hafer gemahlen (15 g)
- 1 TL Gemüsebrühe (9 g)
- 40 g Kräuterschmelzkäse (nicht vollwertig)
- 1/2 TL Salz
- 1 Prise Pfeffer
- 40 g Butterkäse, zerteilt
- 300 g Pflanzenmilch

Langsam erhitzen und unter Rühren aufkochen. Zum Brokkoli geben und vorsichtig unterziehen. Ich habe Reis in die Schüssel gegeben, darauf den Brokkoli und zum Schluss die Soße darübergegossen.

11992. Pflanzenmilch für Kaffee XXX (Soja TM), Okt. 2018

Vorgänger 11978

- 50 g Cashewkerne
- 50 g Rundkorn-Naturreis
- 20 g Sonnenblumenkerne
- 16 g rohe Sojabohnen
- 2000 g Wasser

Herstellung siehe Vorgänger.

11993. Aubergine mit Lauchzwiebeln, Oktober 2018

Als Gemüsepfanne 15 Min. (20-cm-Keramikpfanne):

- 20 g Sonnenblumenöl
- 20 g Kichererbsenkochwasser
- 90 g Lauchzwiebeln, klein geschnitten
- 150 g Aubergine, in Würfeln
- 1 Prise Salz

Abschmecken mit, bei mir Reis dazu:

- 1 Prise Salz
- 20 g Butter

11994. Karamellsoße XXIV „mehr", Oktober 2018

1 Honigglas; Vorläufer 11967

- 380 g Wasser
- 250 g Sahne
- 1/4 TL Salz
- 180 g Honig

Alle Zutaten in den Mixtopf geben und erhitzen (30 Min./Varoma/Stufe 5), dabei das Garkörbchen bis zum Ende als Spritzschutz verwenden. In ein leeres Schraubglas füllen (etwa 1 Honigglas) und gut zudrehen.

11995. Nussschokocremesoße Vitamix IX, Oktober 2018

Vorläufer 11941; 1 Honigglas + 1 Cashewmusglas

- 125 g Cashewnüsse
- 125 g Sonnenblumenkerne
- 30 g Kakaopulver
- 30 g Carob Rohkostqualität
- 150 g Honig
- 400 g Wasser
- 1 Prise Salz

Im Vitamix mit dem Stößel gut durcharbeiten, bis es wirklich glatt ist. Dann ist die Masse warm bis heiß. In Gläser füllen und im Kühlschrank aufbewahren.

11996. Muttis Nusskuchen-Torte mit Sonne IV, Okt. 2018

Vorlage 11966; Springform

- 90 g Haselnüsse
- 210 g Sonnenblumenkerne
- 2 bittere Mandeln
- 250 g Dinkel, fein gemahlen
- 145 g Vollrohrzucker
- 35 g Agavendicksaft
- 1 Prise Salz
- 1 P Weinstein-Backpulver
- 250 g Pflanzenmilch

Glasur:

- 40 g Kakaobutter
- 30 g Agavendicksaft
- 1 EL Kakao

Haselnüsse mit Sonnenblumenkernen und bitteren Mandeln im Thermomix mahlen (9 Sek./Stufe 8). Mehl, Vollrohrzucker, Salz, Backpulver und Pflanzenmilch zugeben. Mit dem Handrührgerät mixen. Teig in die mit Papier ausgelegte Form geben und gleichmäßig verteilen. In den auf 175 °C (Heißluft) vorgeheizten Ofen schieben und 35 Min. bei 175 °C backen, 5 Min. nachbacken. Auf einen Gitterrost stellen, abkühlen lassen und aus der Form nehmen. Glasur siehe Vorläufer.

11997. Programmiertes Roggen-Sauerteigbrot Dinkel II, Oktober 2018

Vorläufer 11970

Stufe 1 (12 Std. vorher):
Sauerteigansatz:
- 400 g Roggen
- 425 g Wasser
- 150 g Sauerteig

Stufe 2 (Backen, bei mir am Morgen):
- 225 g Roggen
- 200 g Dinkel
- 15 g Salz
- 325 g Kichererbsenkochwasser
- 1/4 Würfel frische Hefe (= 10 g)
- 90 g Kürbiskerne
- 10 g gepufferter Amaranth
- ca. 800 g Sauerteigansatz
- 20 g Butter für die Form

Stufe 1: Roggen fein mahlen, mit Wasser und altem Sauerteig mischen. In einer Plastiktüte über Nacht stehen lassen. 150 g von der Stufe 1 abnehmen und in einem gut schließenden Schraubglas in den Kühlschrank stellen für das nächste Backen.

Stufe 2: Getreide mischen und mahlen (mache ich immer am Vorabend). Hefe in einem Teil des Wassers auflösen. Zutaten (außer der Butter) mit einem großen Löffel gründlich verrühren, bis kein Mehl mehr sichtbar ist. Eine 30-cm-Brotform, Profi-Email von Dr. Oetker, gut einfetten. Teig hineingeben, mit der nassen Hand herunterdrücken und glattstreichen. Mit einem scharfen Messer kreuzweise einschneiden. Form im kalten Ofen etwa 90 Min. gehen lassen. Ofen so programmieren, dass das Brot 3 Std. (80 Min. Backzeit, 190 °C Heißluft) später fertig ist.

11998. Tomatenketchup XV, Oktober 2018

Vorläufer 11989; 2 Cashewnussmus-Gläser
- 2 Dosen Tomaten inklusive Saft (800 g)
- 125 g Soft-Datteln (Rossmann)
- 10 g Knoblauchzehen (frisch)
- 150 g Apfelessig, davon 1 EL Essig mit eingelegter Zitrone
- 100 g Wasser
- 1 TL Salz
- 1/4 TL Pfeffer (etwas mehr, dadurch recht scharf)
- 2 TL Paprika
- 10 g Tomatenmark
- 150 g Wasser

Alle Zutaten bis auf 150 g Wasser in den Mixtopf geben. 30 Sek. auf Stufe 6-10 zerkleinern, dabei den Messbecher fest andrücken, anschließend garen (30 Min./Varoma/Stufe 3). Nach Ende der Garzeit 150 g Wasser zugeben und fein pürieren (1 Min./Stufe 10). Direkt in Schraubgläser füllen.

11999. Bratreis aus Resten, Oktober 2018

Gemischt etwa eine kleine Tupperdose mit:
- Jasminvollkornreis gekocht
- Rest von Pastinakencreme für Auflauf 200

In einer 20-cm-Keramikpfanne
- 15-20 g Sonnenblumenöl

stark erhitzen (10/14, Induktion). Reis hineingeben und verteilen. Deckel auflegen. Etwa 3-4 min. anbraten, dann 15 Min. auf 5/14 erhitzen.

12000. Pastinakencreme pur und für Auflauf, Okt. 2018

1 Portion (für Reis) und 2 Portionen für Auflauf

- 415 g Pastinake, vorgeschnitten
- 1 Knoblauchzehe (6 g)
- 1 Prise Salz
- 1 TL Gemüsebrühe
- 20 g Sonnenblumenöl

Im Thermomix zerkleinern (6 Sek. Stufe 5). Hinzufügen:

- 70 g Kichererbsenkochwasser
- 150 g Wasser

und kochen (15 Min./100 °C/Stufe 2). Zugeben:

- 2 Scheiben Butterkäse (80 g)
- 110 g Pflanzenmilch

und zum Kochen bringen (2 Min./100 °C/Stufe 2.).

Creme zu Reis:

Die Hälfte der Creme auf Reis (hier die Hälfte von 2 Messbechern Jasminvollkornreis + 4 Messbechern Wasser im Reiskocher gekocht) geben.

Auflauf

Den Rest vom Reis in eine Auflaufform geben, die restliche Creme darüber geben. Bis zum nächsten Tag aufbewahren. Mit

- 2 Scheiben Gouda (80 g) und
- 20 g Butterflöckchen

belegen. In den auf 190 °C vorgeheizten Heißluftofen geben und 30 Min. backen.

12001. Muttis Nusskuchen-Torte mit Sonne V, Okt. 2018

Vorlage 11996; Springform

- 80 g Haselnüsse
- 220 g Sonnenblumenkerne
- 2 bittere Mandeln
- 250 g Dinkel, fein gemahlen
- 145 g Vollrohrzucker
- 35 g Agavendicksaft
- 1 Prise Salz
- 1 P Weinstein-Backpulver
- 10 g Bohnenkochwasser
- 240 g Pflanzenmilch

Glasur:

- 40 g Kakaobutter
- 30 g Agavendicksaft
- 1 EL Kakao

Haselnüsse mit Sonnenblumenkernen und bitteren Mandeln im Thermomix mahlen (9 Sek./Stufe 8). Mehl, Vollrohrzucker, Salz, Backpulver und Pflanzenmilch zugeben. Mit dem Handrührgerät mixen. Teig in die mit Papier ausgelegte Form geben und gleichmäßig verteilen. In den auf 175 °C (Heißluft) vorgeheizten Ofen schieben und 35 Min. bei 175 °C backen, 5 Min. nachbacken. Auf einen Gitterrost stellen, abkühlen lassen und aus der Form nehmen.

Glasur: Kakaobutter schmelzen, mit Agavendicksaft und Kakao verquirlen, etwas abkühlen lassen und auftragen.

Hinweis: *Perfekte Konsistenz.*

12002. Puff-Brötchen, November 2018

9 Brötchen/ein Backblech

- 450 g Dinkel
- 50 g Roggen
- 2 gestr. TL Salz
- 240 g Kichererbsenkochwasser

- 60 g + 15 g Wasser
- 50 g gepuffter Amaranth
- 1 Päckchen frische Bio-Hefe (42 g)

Dinkel und Roggen fein mahlen. Mit den anderen Zutaten (nur 60 g Wasser) im TM kneten (3 Min./Knetstufe). Mit der Hand noch 15 g Wasser einarbeiten. Zu einer Kugel unter Spannung formen, in einer Pengdose ca. 45 Min. gehen lassen (bis der Deckel abspringt). Teigrolle bilden, in drei Teile teilen, jeweils wieder in drei Teile teilen. Jeden Teigling einmal durchkneten, zu einer Kugel unter Spannung formen und nebeneinander auf ein Backblech (PerfectClean) setzen. Mit Gärfolie abdecken und insgesamt ca. 30 Min. gehen lassen (nach 15 Min. den Ofen (Heißluft) auf 190 °C vorheizen. Blech in den Ofen schieben, 20 Min. backen. Klopfprobe machen (die Brötchen müssen hohl klingen). Auf einen Gitterrost geben und abkühlen lassen.

12003. Honigkuchen-Würfel, November 2018

Ein Backblech; frei nach einem Rezept aus dem Internet; leider habe ich die Quelle verschusselt.

- 250 g Honig
- 150 g Vollrohrzucker
- 275 g Pflanzenmilch
- 450 g Dinkel
- 50 g Roggen
- 50 g Sonnenblumenkerne, im Mixer gemahlen
- 1 EL Lebkuchengewürz (Brecht)
- 1 TL Zimt
- 1 TL gem. Zitrusfruchtschalen
- 1 P Weinstein-Backpulver
- 1/2 TL Natron
- 1 Prise Salz
- 50 g Sultaninen

Honig, Zucker und Milch erhitzen, bis sich der Zucker gelöst hat (TM: 5 Min./40 °C/Stufe 1,5). Getreide mischen und mahlen. Alle Zutaten in eine Rührschüssel geben und mit den Rührhaken eines Handrührgeräts verrühren. Ich habe dann ein Backblech mit Backpapier, darauf Silikon ausgelegt und den Teig auf das Silikon gegeben (etwas schmaler als das Backblech). Ofen (Heißluft) auf 180 °C vorheizen. Blech in den Ofen schieben und 25 Min. backen, 5 Min. im ausgeschalteten Ofen nachbacken.

Noch heiß vorsichtig in Stücke der gewünschten Größe schneiden. Mit vorsichtig meine ich: Nicht bis in die Silikonfolie schneiden. Eventuell mit einer Schere nachschneiden. Auf zwei Gitterroste ablegen und auskühlen lassen.

Hinweis: *Ist mir deutlich zu süß. Aber lecker.*

12004. Tomatenketchup XVI, November 2018

Vorläufer 11998 (dort Herstellung); zwei 750-g-Gläser

- 2 Dosen Tomaten inklusive Saft (800 g)
- 115 g Soft-Datteln (Rossmann)
- 10 g Sultaninen
- 13 (10) g Knoblauchzehen (frisch)
- 150 g Apfelessig, davon 1 EL Essig mit eingelegter Zitrone
- 100 g Wasser
- 1 TL Salz
- 1/4 TL Pfeffer (etwas mehr, dadurch recht scharf)
- 2 TL Paprika
- 10 g Tomatenmark
- 150 g Wasser

12005. Muttis Nusskuchen-Torte Sonne VI, Nov. 2018

Vorlage 12000; Springform 26 cm

- 70 g Haselnüsse
- 230 g Sonnenblumenkerne
- 2 bittere Mandeln
- 250 g Dinkel, fein gemahlen
- 145 g Vollrohrzucker
- 35 g Agavendicksaft
- 1 Prise Salz
- 1 P Weinstein-Backpulver
- 250 g Pflanzenmilch

Glasur:

- 40 g Kakaobutter
- 30 g Agavendicksaft
- 1 EL Kakao

Haselnüsse mit Sonnenblumenkernen und bitteren Mandeln im Thermomix mahlen (9 Sek./Stufe 8). Mehl, Vollrohrzucker, Salz, Backpulver und Pflanzenmilch zugeben. Mit dem Handrührgerät mixen. Teig in die mit Papier ausgelegte Form geben und gleichmäßig verteilen. In den auf 175 °C (Heißluft) vorgeheizten Ofen schieben und 33 Min. bei 175 °C backen, 5 Min. nachbacken. Auf einen Gitterrost stellen, abkühlen lassen und aus der Form nehmen. Für den Guss die Kakaobutter schmelzen, mit Agavendicksaft und Kakao verquirlen, etwas abkühlen lassen und auftragen.

Hinweis: *Perfekte Konsistenz.*

12006. Rumtopf mit Orangenschale, November 2018

1 Glas mit ca. 600-700 ml Volumen; 13/10565

Start

- Ca. 40 g Orangenschale, in Stücke geschnitten
- 160 g Rum
- 50 g Honig

Orangenschale in das Glas geben. Mit Rum übergießen, bis etwa 1 Fingerbreit Rum übersteht (schwierig zu sehen, da die Schalen nach oben schwimmen). Honig zugeben. Schraubdeckel schließen und in den Kühlschrank geben. Bei jeder neuen Gabe wie folgt:

- x g Schale
- x g Rum
- x g Honig

Das heißt, immer dieselbe Menge zufügen.

12007. Hokkaido-Nudelauflauf, November 2018

Gemüsepfanne (20-cm-Alugusspfanne, 10 Min.):

- 1 TL Gemüsebrühe
- 200 g Wasser
- 100 g Vollkornspaghetti, in kleine Stücke gebrochen
- 225 g Hokkaido, gewürfelt
- 1 Tomate (65 g), gewürfelt

Dann:

- 45 g Hartkäse aus Schafsmilch
- 1 Scheibe Gouda (40 g)

Hartkäse fein würfeln und unter das Gemüse rühren. Gouda in Streifen schneiden und auf die Oberfläche legen. Im auf 190 °C vorgeheizten Ofen (Heißluft) 25 Min. backen.

Tipp: *Es bleibt keine Flüssigkeit übrig. Wer es soßiger möchte (ich fand's lecker, wie es war), muss mehr Wasser nehmen.*

12008. Ofen-Hokkaido (zu Reis), November 2018

Reis (im Reiskochtopf):

- 3/4 Messbecher Jasminvollkornreis
- 2 x 3/4 Messbecher Wasser

Kürbis

- 235 g Hokkaido, in Würfeln
- 15 g Sonnenblumenöl
- 40 g Kichererbsenkochwasser
- 1 Prise Salz
- 1 Scheibe Gouda (40 g)

Hokkaido in eine 20-cm-Pizzaform geben, mit Öl bepinseln. Kichererbsenkochwasser vorsichtig hinzugießen, mit Salz bestreuen. In den kalten Ofen (Heißluft) schieben. 30 Min. bei 200 °C backen, in den letzten 9-10 Min. Käse oben auf den Kürbis legen. Auf dem Reis servieren.

12009. Hokkaido mit Kräuterseitling auf Reis, Nov. 2018

Als Gemüsepfanne 15 Min.:

- 20 g Sonnenblumenöl
- 15 g Wasser
- 1 Prise Salz
- 175 g Hokkaido, gewürfelt
- 125 g Kräuterseitlinge, gewürfelt
- Reis nach Belieben

12010. Tomatenketchup XVII, November 2018

Vorläufer 12004; 2 Cashewnussmus-Gläser

- 2 Dosen Tomaten inklusive Saft (800 g)
- 105 g Soft-Datteln
- 20 g Sultaninen
- 10 g Knoblauchzehen (frisch)
- 150 g Apfelessig, davon 1 EL Essig mit eingelegter Zitrone
- 110 g Wasser
- 1 TL Salz
- 1/4 TL Pfeffer (etwas mehr, dadurch recht scharf)
- 2 TL Paprika
- 10 g Tomatenmark
- 140 g Wasser

Alle Zutaten bis auf die zweite Menge Wasser in den Mixtopf geben. 15 Sek. auf Stufe 10 zerkleinern, dabei den Messbecher fest andrücken, anschließend garen (30 Min./Varoma/Stufe 3). Nach Ende der Garzeit Rest Wasser zugeben und fein pürieren (30 Sek./Stufe 10). Direkt in Schraubgläser füllen.

12011. Muttis Nusskuchen-Torte Sonne VII, Nov. 2018

Vorläufer 12005; Springform

- 70 g Haselnüsse
- 230 g Sonnenblumenkerne
- 2 bittere Mandeln
- 250 g Dinkel, fein gemahlen
- 145 g Vollrohrzucker
- 35 g Agavendicksaft
- 1 Prise Salz
- 1 P Weinstein-Backpulver
- 250 g Pflanzenmilch
- Glasur: siehe Vorläufer 12005

Herstellung wie die Vorlage, aber Backzeit geändert 30 Min. bei 175 °C backen, 5 Min. nachbacken.

12012. Kräuterseitlinge in Tiereiweiß auf Reis, Nov. 2018

- Reis: 3/4 Messbecher Jasminvollkornreis + 2 x 3/4 Messbecher Wasser im Reiskocher programmieren

Pilze:

- 20 g Butter
- 150 g Kräuterseitlinge
- 2 Prisen Salz
- 125 g Pflanzenmilch
- 50 g Gouda, zerkleinert

Butter erhitzen (8/14), Seitlinge darin anbraten und dünsten, bis sie fast gar sind (5-7 Min.). Salz und Milch hinzufügen, aufkochen. Käse darin schmelzen lassen und mehrmals durchrühren. Auf den Reis geben.

12013. Honigkuchen-Würfel TM, November 2018

Vorläufer 12003; ein Backblech

- 250 g Honig
- 125 g Vollrohrzucker
- 275 g Pflanzenmilch
- 450 g Dinkel
- 50 g Roggen
- 50 g Sonnenblumenkerne, im kleinen Mixer gemahlen
- 1 EL Lebkuchengewürz (Brecht)
- 1 TL Zimt
- 1 TL gem. Zitrusfruchtschalen
- 1 P Weinstein-Backpulver
- 1 Prise Salz
- 50 g Sultaninen
- 15 g geh. Haselnüsse

Honig, Zucker und Milch erhitzen, bis sich der Zucker gelöst hat (TM: 5 Min./40 °C/Stufe 1,5). Getreide mischen und mahlen. Mit restlichen trockenen Zutaten mischen. Zum Honiggemisch geben und verarbeiten: 20 Sek./Stufe 3; 20 Sek./Stufe 4; 10 Sek./Stufe 4 rückwärts, 10 Sek./Stufe 5. Ich habe dann ein Backblech mit Backpapier, darauf Silikon ausgelegt und den Teig auf das Silikon gegeben (etwas schmaler als das Backblech). Ofen (Heißluft) auf 180 °C vorheizen. Blech in den Ofen schieben und 25 Min. backen, 5 Min. im ausgeschalteten Ofen nachbacken. – Noch heiß vorsichtig in Stücke der gewünschten Größe schneiden. Mit vorsichtig meine ich: Nicht bis in die Silikonfolie schneiden. Eventuell mit einer Schere nachschneiden. Auf zwei Gitterroste ablegen und auskühlen lassen.

12014. Programmiertes Sauerteigbrot III, Nov. 2018

Vorläufer 11997

Stufe 1 (12 Std. vorher):
Sauerteigansatz:

- 400 g Roggen
- 425 g Wasser
- 150 g Sauerteig

Stufe 2 (Backen, bei mir am Morgen):

- 225 g Roggen
- 200 g Dinkel
- 15 g Salz
- 325 g Wasser
- 1/4 Würfel frische Hefe (= 10 g)
- 100 g Sonnenblumenkerne
- 50 g gepuffter Amaranth
- ca. 800 g Sauerteigansatz
- 20 g Butter für die Form

Stufe 1: Roggen fein mahlen, mit Wasser und altem Sauerteig mischen. In einer Plastiktüte über Nacht stehen lassen. 150 g von der Stufe 1 abnehmen und in einem gut schließenden Schraubglas in den Kühlschrank stellen für das nächste Backen. *Stufe 2:* Getreide mischen und mahlen (mache ich immer am Vorabend). Hefe in einem Teil des Wassers auflösen. Zutaten (außer der Butter) mit einem großen Löffel gründlich verrühren, bis kein Mehl mehr sichtbar ist. Eine 30-cm-Brotform, Profi-Email von Dr. Oetker, gut einfetten. Teig hineingeben, mit der nassen Hand herunterdrücken und glattstreichen. Mit einem scharfen Messer kreuzweise einschneiden. Form im kalten Ofen etwa 90 Min. gehen lassen. Ofen so programmieren, dass das Brot 3 Std. (80 Min. Backzeit, 190 °C Heißluft) später fertig ist.

12015. Reisauflauf, November 2018

In eine Auflaufform schichten:

- 250 g gekochten Jasminvollkornreis
- 90 g gekochte Kichererbsen
- 40 g Hokkaido, in ganz feine Scheiben geschnitten
- 100 g Gouda, in Streifen

Ofen auf 190 °C (Heißluft) vorheizen und 30 Min. bei dieser Temperatur backen. Ofen ausschalten und 5 Min. nachbacken. War vielleicht ein wenig zu trocken.

12016. Pastinaken-Hokkaido-Gemüse, November 2018

Bei mir gab es Reis dazu

- 50 g Kichererbsenkochwasser
- 1 TL Gemüsebrühe
- 75 g Pastinaken, klein geschnitten
- 115 g Hokkaido, klein geschnitten
- 40 g Gouda, zerkleinert

Gemüse in Wasser und Gemüsebrühe als Gemüsepfanne 15 Min. dünsten (20-cm-Keramikpfanne). Käse zugeben und etwas köcheln lassen. Auf Reis servieren.

12017. Winterpesto, November 2018

Angelehnt an ein Rezept aus der Mixx 1/2019; 1 Honigglas.

- 100 g Mandeln
- 85 g getrocknete Tomaten
- 15 g Tomatenmark
- 3 Knoblauchzehen, geschält (15 g)
- 20 g tiefgekühlte Petersilie
- 70 g Zucchini
- 45 g Parmiagiano am Stück
- 120 g Sonnenblumenöl
- 2 Prisen Salz
- 1 Prise Pfeffer

Alle Zutaten bis auf Öl, Salz und Pfeffer in den Mixtopf geben und 10 Sek./Stufe 10 pürieren. Mit einem Schaber nach unten schieben. Auf Stufe 4 weiterlaufen und das Öl ca. 2 Min. durch die Messbecheröffnung einlaufen lassen, bis ein cremige Masse entsteht. Mit Salz und Pfeffer abschmecken. In ein leeres Glas umfüllen.

12018. Pestosoße (zu Reis), November 2018

- 200 g Pflanzenmilch
- 25 g Hartkäse (Parmegio)
- 70 g Winterpesto 12017
- 1-2 Prisen Salz

Pflanzenmilch und Käse aufkochen, warten bis der Käse weich ist oder sich aufgelöst hat. Pesto und Salz unterrühren, einige Min. auf kleiner Einstellung ziehen lassen. Auf Jasmin-Vollkornreis servieren.

12019. Kleine Nussbrote, November 2018

Sechs kleine Brote; nach einem Rezept aus der Mixx 01/2019 (Seite 20).

- 30 g frische Hefe (3/4 Würfel)
- 250 g Pflanzenmilch
- 10 g Vollrohrzucker
- 500 g Dinkel, fein gemahlen
- 1/4 TL Salz
- 1 TL Spekulatiusgewürz (im Rezept Anis, hatte ich nicht)
- 100 g weiche Butter
- 125 g Haselnüsse
- 125 g Mandeln (im Rezept: Paranüsse, hatte ich nicht)
- Ahornsirup zum Bestreichen

Hefe, Milch und Zucker im Thermomix verrühren (3 Min./37 °C/Stufe 2). (5 Min. ruhen lassen - habe ich nicht gemacht.) Mehl, Salz, Spekulatiusgewürz und Butter zugeben und kneten (5 Min./Teigknetstufe). Eine Pengschüssel mit Öl einreiben, Teig hineingeben und mit den nun leicht öligen Händen zu einer Kugel unter Spannung formen. Der Thermomix war dreckig mit klebrigem Teig! Pengdose schließen und zweimal den Deckel abspringen lassen, bis der Teig ordentlich groß war (ca. 20 Min.; vorgegeben: 30-45 Min.).

Die Nüsse im zweiten Mixtopf grob zerkleinern (5 Sek./Stufe 5,5).

Den Teig nochmals mit den Händen durchkneten und dabei die gehackten Nüsse unterarbeiten. Den Teig wiegen, bei mir waren es 1100 g, als bei sechs Broten etwa 180 g pro Portion. Portion abnehmen, kurz durchkneten. Zu einer länglichen Form unter Spannung formen. Nebeneinander auf ein mit Silikonfolie ausgelegtes Backblech legen. Die Brote auf dem Blech (warum nehmen sie im Original Backbleche? Die sechs Stück passen doch lecker nebeneinander auf ein Blech) nochmals etwa 60 Min. an einem warmen Ort (ich habe das Blech einfach auf der Arbeitsfläche stehen lassen, einen „warmen

Ort" hatte ich noch nie) gehen lassen, bis sie sichtbar aufgegangen sind.

Backofen (Heißluft) auf 180 °C vorheizen. Die kleinen Brote auf der Oberseite mit einem Messer scharf einschneiden und dünn mit Ahornsirup bestreichen. Etwa 20 Min. bei 180 °C backen. Klopfprobe machen und auf einem Kuchengitter abkühlen lassen.

Hinweis: Wieder einmal konnte ich sehen, dass selbst Profis Rezepte schlecht beschreiben. Der beschriebene Teig hätte sehr trocken sein müssen, um im TM direkt anschließend Nüsse darin zu hacken. Er war aber extrem klebrig - obwohl doch Vollkornmehl angeblich mehr Feuchtigkeit aufnimmt. Nüsse grob hacken geht wie in allen Küchenmaschinen, die ich kenne, nicht wirklich. Ja, gewünschte grobe Stücke, aber auch sehr viele kleine. Roh finde ich den Teig sehr fade, mehr Salz oder mehr Zucker wäre m. E. besser gewesen.

12020. Zucchini-Hokkaido-Gemüse, November 2018

- 60 g Kichererbsenkochwasser
- 125 g Zucchini in Halbscheiben
- 85 g Hokkaido in Würfeln
- 45 g Winterpesto (12018)
- 1 Prise Salz
- 1 Prise Pfeffer
- 1 Scheibe Gouda (40 g), in Stücken

Aus Wasser und Gemüse eine Gemüsepfanne zubereiten (20-cm-Keramikpfanne, 12 Min.). Pesto, Salz und Pfeffer unterrühren, zu einer glatten Soße rühren. Gouda auflegen und auf kleiner Einstellung 5-10 Min. schmelzen lassen. Auf Reis servieren.

12021. Tomatenketchup XVIII, November 2018

Vorläufer 12010, 2 Cashewnussmus-Gläser

- 2 Dosen Tomaten inklusive Saft (800 g)
- 100 g Soft-Datteln
- 25 g Sultaninen
- 9 g Knoblauchzehen (frisch)
- 150 g Apfelessig, davon 1 EL Essig mit eingelegter Zitrone
- 100 g Wasser
- 1 TL Salz
- 4 g Essigpeperoni 7/4573
- 1 Prise (1/4 TL) Pfeffer
- 2 TL Paprika
- 10 g Tomatenmark
- 150 g Wasser

Alle Zutaten bis auf die zweite Menge Wasser in den Mixtopf geben. 15 Sek. auf Stufe 10 zerkleinern, dabei den Messbecher fest andrücken, anschließend garen (30 Min./Varoma/Stufe 3). Nach Ende der Garzeit Rest Wasser zugeben und fein pürieren (30 Sek./Stufe 10). Direkt in Schraubgläser füllen.

12022. Muttis Nusskuchen-Torte Sonne VIII, Nov. 2018

Vorläufer 12011; Springform 26 cm, im TM

- 70 g Haselnüsse
- 230 g Sonnenblumenkerne
- 2 bittere Mandeln
- 250 g Dinkel, fein gemahlen
- 145 g Vollrohrzucker
- 35 g Agavendicksaft
- 1 Prise Salz
- 1 P Weinstein-Backpulver
- 250 g Pflanzenmilch

Glasur:
- 40 g Kakaobutter
- 30 g Agavendicksaft
- 1 EL Kakao

Haselnüsse mit Sonnenblumenkernen und bitteren Mandeln im TM mahlen (9 Sek./Stufe 8). Mehl, Vollrohrzucker, Salz, Backpulver und Pflanzenmilch zugeben und mixen (20 Sek./Stufe 3; 20 Sek./Stufe 4, 2 x 10 Sek./Stufe 5). Teig in die mit Backpapier ausgelegte Form geben und gleichmäßig verteilen. In den auf 180 °C (Heißluft) vorgeheizten Ofen schieben und 30 Min. bei 180 °C backen, 5 Min. nachbacken. Auf einen Gitterrost stellen, abkühlen lassen und aus der Form nehmen.

Für den Guss: Kakaobutter schmelzen, mit Agavendicksaft und Kakao verquirlen, etwas abkühlen lassen und auftragen.

12023. Pestosoße (zu Reis) II

- 125 g Kichererbsenkochwasser
- 45 g Winterpesto
- 90 g Kichererbsen
- 1-2 Prisen Salz
- 1 gute Prise Pfeffer
- 20 g Sahne

Zutaten bis auf die Sahne erhitzen und 3 Min. auf kleiner Einstellung kochen. Würzen, Sahne unterrühren und 5 Min. bei kleiner Einstellung stehen lassen.

12024. Honigkuchen-Würfel TM II, November 2018

Vorläufer 12013, ein Backblech

- 50 g Sonnenblumenkerne
- 250 g Honig
- 105 g (besser: wie vorher 125 g) Vollrohrzucker
- 275 g Pflanzenmilch
- 450 g Dinkel
- 50 g Roggen
- 1 EL Lebkuchengewürz (Brecht)
- 1 TL Zimt
- 1 TL gem. Zitrusfruchtschalen
- 1 P Weinstein-Backpulver
- 1/2 TL Natron
- 1 Prise Salz
- 50 g Sultaninen
- 50 g Mandelstifte

Sonnenblumenkerne mahlen (8 Sek./Stufe 9). Honig, Zucker und Milch zugeben und erhitzen, bis sich der Zucker gelöst hat (TM: 5 Min./40 °C/Stufe 1,5). Getreide mischen und mahlen. Mit restlichen trockenen Zutaten außer Sultaninen und Mandelstiften mischen. Zum Honiggemisch geben und verarbeiten: 20 Sek./Stufe 3; 20 Sek./Stufe 4; 10 Sek./Stufe 4 rückwärts, 10 Sek./Stufe 5. Sultaninen und Mandelstifte zugeben, 10 Sek./Stufe 4/rückwärts einarbeiten. Ich habe dann ein Backblech mit Backpapier, darauf Silikon ausgelegt und den Teig auf das Silikon gegeben (etwas schmaler als das Backblech). Ofen (Heißluft) auf 180 °C vorheizen. Blech in den Ofen schieben und 25 Min. backen, 5 Min. im ausgeschalteten Ofen nachbacken.

Noch heiß vorsichtig in Stücke der gewünschten Größe schneiden. Mit vorsichtig meine ich: Nicht bis in die Silikonfolie schneiden. Eventuell mit einer Schere nachschneiden. Auf zwei Gitterroste ablegen und auskühlen lassen.

12025. Porree-Hokkaido-Reisauflauf, November 2018

Gemüse

Als Gemüsepfanne, 12 Min., 20-cm-Keramikpfanne:

- 100 g Wasser
- 1 TL Gemüsebrühe
- 85 g Hokkaido, gewürfelt
- 115 g Porreeringe

Abschmecken mit:

- 55 g Winterpesto 12017
- 50 g Wasser
- 1 Prise Salz

Fertigstellung:

In eine Auflaufform schichten:

- 200 g gekochten Jasminvollkornreis
- 130 g gekochte Kichererbsen
- Gemüse (siehe unten)
- 100 g Mozzarella, in Scheiben

Ofen auf 190 °C (Heißluft) vorheizen und 30 Min bei dieser Temperatur backen. Ofen ausschalten und 5 Min. nachbacken.

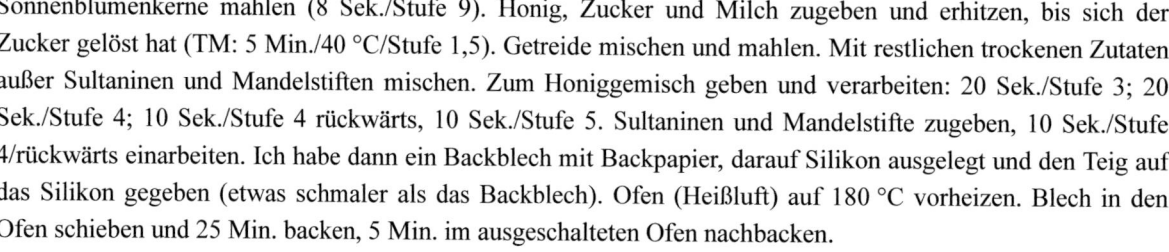

12026. Programmiertes Sauerteigbrot Mais

Vorläufer 12014

Stufe 1 (12 Std. vorher):

Sauerteigansatz:

- 400 g Roggen
- 425 g Wasser
- 150 g Sauerteig

Stufe 2 (Backen, bei mir am Morgen):

- 225 g Roggen
- 100 g Dinkel
- 100 g Mais (Körner)
- 15 g Salz
- 325 g Wasser
- 1/4 Würfel frische Hefe (= 10 g)
- 90 g Sonnenblumenkerne
- 10 g gepufferter Amaranth
- ca. 800 g Sauerteigansatz
- 20 g Butter für die Form

Stufe 1: Roggen fein mahlen, mit Wasser und altem Sauerteig mischen. In einer Plastiktüte über Nacht stehen lassen. 150 g von der Stufe 1 abnehmen und in einem gut schließenden Schraubglas in den Kühlschrank stellen für das nächste Backen.

Stufe 2: Getreide mischen und mahlen (mache ich immer am Vorabend). Mais im TM mahlen (1 Min./Stufe 10). Hefe in einem Teil des Wassers auflösen. Zutaten (außer der Butter) mit einem großen Löffel gründlich verrühren, bis kein Mehl mehr sichtbar ist. Eine 30-cm-Brotform, Profi-Email von Dr. Oetker, gut einfetten. Teig hineingeben, mit der nassen Hand herunterdrücken und glattstreichen. Mit einem scharfen Messer kreuzweise einschneiden. Form im kalten Ofen etwa 90 Min. gehen lassen. Ofen so programmieren, dass das Brot 3 Std. (80 Min. Backzeit, 190 °C Heißluft) später fertig ist.

12027. Muttis Nusskuchen-Torte Sonne IX, Nov. 2018

Vorläufer 12011; Springform

- 60 g Haselnüsse
- 240 g Sonnenblumenkerne
- 2 bittere Mandeln
- 200 g Dinkel, fein gemahlen
- 50 g Roggen
- 145 g Vollrohrzucker
- 35 g Agavendicksaft
- 1 Prise Salz
- 1 P Weinstein-Backpulver
- 250 g Pflanzenmilch

Glasur:

- 40 g Kakaobutter
- 35 g Agavendicksaft
- 1 EL Kakao

Haselnüsse mit Sonnenblumenkernen und bitteren Mandeln im TM mahlen (9 Sek./Stufe 8). Mehl, Vollrohrzucker, Salz, Backpulver und Pflanzenmilch zugeben. Mit dem Handrührgerät mixen. Teig in die mit Silicon ausgelegte Form geben und gleichmäßig verteilen. In den auf 175 °C (Heißluft) vorgeheizten Ofen schieben und 30 Min. bei 175 °C backen, 5 Min. nachbacken. Auf einen Gitterrost stellen, abkühlen lassen und aus der Form nehmen.

Für die Glasur Kakaobutter schmelzen, mit Agavendicksaft und Kakao verquirlen, etwas abkühlen lassen und auftragen.

12028. Reis-Jumbobohnenauflauf, November 2018

- 220 g gekochten Jasminvollkornreis
- 90 g gekochte Jumbobohnen (weiße Bohnen)
- 1 Tomate (110 g) in Scheiben
- 100 g Raclettekäse in Scheiben

Zutaten in eine Auflaufform schichten. Ofen auf 190 °C (Heißluft) vorheizen und 30 Min. bei dieser Temperatur backen. Ofen ausschalten und 5 Min. nachbacken.

12029. Winterpesto II, November 2018

Vorläufer 12018

- 50 g Mandeln
- 50 g Sonnenblumenkerne
- 70 g getrocknete Tomaten
- 15 g Tomatenmark
- 3 Knoblauchzehen, geschält (17 g)
- 45 g TK Petersilie
- 105 g Kohlrabi
- 120 g Sonnenblumenöl
- 2 Prisen Salz
- 1 Prise Pfeffer

Alle Zutaten in den Mixtopf geben und pürieren: 10 Sek./Stufe 4, 2 x 10 Sek./Stufe 10 + 30 Sek./Stufe 4. Zwischendurch mit einem Schaber nach unten schieben. Die Masse ist dann cremig. In ein leeres Honigglas umfüllen.

12030. Porree-Kohlrabi-Soße, November 2018

- 70 g Winterpesto II
- 95 g Kohlrabi, grob vorgeschnitten
- 75 g Porreegrün, grob vorgeschnitten
- 125 g Wasser

Im TM zerkleinern (5 Min./Stufe 5) und garen (15 Min./ 100 °C/Stufe 2).

- 120 g Wasser
- 10 g Sonnenblumenöl
- 1 Prise Salz

zugeben und weitere 5 Min. (100 °C/Stufe 2) kochen.

12031. Honigkuchen-Würfel TM III, November 2018

Vorläufer 12023, ein Backblech.

- 50 g Sonnenblumenkerne
- 250 g Honig
- 125 g Vollrohrzucker
- 275 g Pflanzenmilch
- 450 g Dinkel
- 50 g Roggen
- 1 EL Lebkuchengewürz (Brecht)
- 1 TL Zimt
- 1 TL gem. Zitrusfruchtschalen
- 1 P Weinstein-Backpulver
- 1 TL Natron
- 1 Prise Salz
- 60 g Sultaninen
- Ganze geschälte und ungeschälte Mandeln

Sonnenblumenkerne mahlen (8 Sek./Stufe 9). Honig, Zucker und Milch zugeben und erhitzen, bis sich der Zucker gelöst hat (TM: 5 Min./40 °C/Stufe 1,5). Getreide mischen und mahlen. Mit restlichen trockenen Zutaten außer Sultaninen mischen. Zum Honiggemisch geben und verarbeiten: 20 Sek./Stufe 3; 20 Sek./Stufe 4; 10 Sek./Stufe 4 rückwärts, 10 Sek./Stufe 5. Sultaninen zugeben, 10 Sek./Stufe 4/rückwärts einarbeiten. Ich habe dann ein Backblech mit Backpapier, darauf Silikon ausgelegt und den Teig auf das Silikon gegeben (etwas schmaler als das Backblech). Mit soviel Mandeln belegen, dass später jedes Stück eine Mandel trägt. Ofen (Heißluft) auf 180 °C vorheizen. Blech in den Ofen schieben und 25 Min. backen, 5 Min. im ausgeschalteten Ofen nachbacken.

Noch heiß vorsichtig in Stücke der gewünschten Größe schneiden. Mit vorsichtig meine ich: Nicht bis in die Silikonfolie schneiden. Evtl. mit Schere nachschneiden. Auf zwei Gitterroste ablegen und auskühlen lassen.

12032. Programmiertes Sauerteigbrot Mais II, Nov. 2018

Vorläufer 12026

Stufe 1 (12 Std. vorher):

Sauerteigansatz:

- 400 g Roggen
- 425 g Wasser
- 150 g Sauerteig

Stufe 2 (Backen, bei mir am Morgen):

- 200 g Roggen
- 100 g Dinkel
- 125 g Mais (Körner)
- 15 g Salz
- 325 g (Bohnenkoch-)Wasser
- 1/4 Würfel frische Hefe (= 10 g)
- 100 g Sonnenblumenkerne
- ca. 800 g Sauerteigansatz
- 20 g Butter für die Form

Stufe 1: Roggen fein mahlen, mit Wasser und altem Sauerteig mischen. In einer Plastiktüte über Nacht stehen lassen. 150 g von der Stufe 1 abnehmen und in einem gut schließenden Schraubglas in den Kühlschrank stellen für das nächste Backen.

Stufe 2: Getreide mischen und mahlen (mache ich immer am Vorabend). Mais im TM mahlen (1 Min./Stufe 10). Hefe in einem Teil des Wassers auflösen. Zutaten (außer der Butter) mit einem großen Löffel gründlich verrühren, bis kein Mehl mehr sichtbar ist. Eine 30-cm-Brotform, Profi-Email von Dr. Oetker, gut einfetten. Teig hineingeben, mit der nassen Hand herunterdrücken und glattstreichen. Mit einem scharfen Messer kreuzweise einschneiden. Form im kalten Ofen etwa 90 Min. gehen lassen. Ofen so programmieren, dass das Brot 3 Std. (80 Min. Backzeit, 190 °C Heißluft) später fertig ist.

12033. Tomatenketchup XIX, November 2018

Vorläufer 12020; 2 Cashewnussmus-Gläser

- 2 Dosen Tomaten inklusive Saft (800 g)
- 95 g iranische Datteln, ohne Kerne
- 30 g Sultaninen
- 11 g Knoblauchzehen (frisch)
- 150 g Apfelessig
- 100 g Wasser
- 1 TL Salz
- 4 g Essigpeperoni (7/4573)
- 1 Prise (1/4 TL) Pfeffer
- 2 TL Paprika
- 10 g Tomatenmark
- 150 g Wasser

Alle Zutaten bis auf die zweite Menge Wasser in den Mixtopf geben. 15 Sek. auf Stufe 10 zerkleinern, dabei den Messbecher fest andrücken, anschließend garen (30 Min./Varoma/Stufe 3). Nach Ende der Garzeit Rest Wasser zugeben und fein pürieren (30 Sek./Stufe 10). Direkt in Schraubgläser füllen.

12034. Nudelraclette, November 2018

- 100 g Vollkorn-Spaghetti
- 1 TL Gemüsebrühe
- 450 g Wasser
- 80 g Winterpesto IV
- 125 g Raclettekäse

Nudeln mit der Gemüsebrühe im Wasser 10 Min. garen. Pesto unterrühren, mit Käse (3 Scheiben) belegen und Ofen auf 190 °C vorheizen. 30 Min. bei 190 °C backen und 5 Min. im ausgeschalteten Ofen nachbacken.

12035. Winterpesto III, November 2018

Vorläufer 12029

- 50 g Mandeln
- 50 g Sonnenblumenkerne
- 85 g getrocknete Tomaten
- 15 g Tomatenmark
- 3 Knoblauchzehen, geschält (18 g)
- 50 g TK Petersilie
- 130 g Hokkaido
- 120 g Sonnenblumenöl
- 2 Prisen Salz
- 1 Prise Pfeffer

Alle Zutaten bis auf Öl, Salz und Pfeffer in den Mixtopf geben und 10 Sek./Stufe 10 pürieren. Auf Stufe 4 weiterlaufen und das Öl ca. 2 Min. durch die Messbecheröffnung einlaufen lassen, bis eine cremige Masse entsteht. Mit Salz und Pfeffer abschmecken und in ein leeres Honigglas umfüllen.

12036. Pestosoße (zu Reis) III, November 2018

- 110 g Kichererbsenkochwasser
- 45 g Winterpesto III
- 1 TL Gemüsebrühe
- 115 g Hokkaido, klein geschnitten
- 3 Scheiben Butterkäse (110 g)

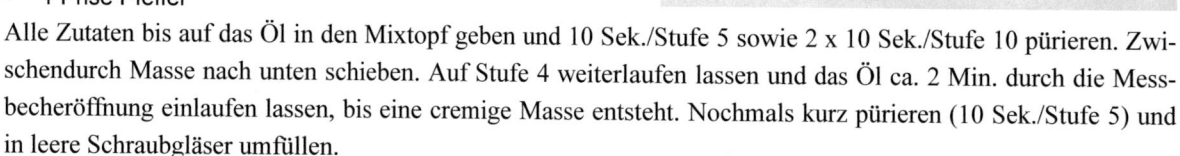

Ohne den Käse als Gemüsepfanne (20 cm) 15 Min. dünsten. Mit den Käsescheiben belegen und noch ein paar Min. schwitzen.

12037. Winterpesto IV, November 2018

Vorläufer 12034

- 35 g Mandeln
- 65 g Sonnenblumenkerne
- 85 g getrocknete Tomaten
- 15 g Tomatenmark
- 3 Knoblauchzehen, in Essig eingelegt (17 g)
- 50 g TK Petersilie
- 115 g Hokkaido
- 120 g Sonnenblumenöl
- 1 TL Salz
- 1 Prise Pfeffer

Alle Zutaten bis auf das Öl in den Mixtopf geben und 10 Sek./Stufe 5 sowie 2 x 10 Sek./Stufe 10 pürieren. Zwischendurch Masse nach unten schieben. Auf Stufe 4 weiterlaufen lassen und das Öl ca. 2 Min. durch die Messbecheröffnung einlaufen lassen, bis eine cremige Masse entsteht. Nochmals kurz pürieren (10 Sek./Stufe 5) und in leere Schraubgläser umfüllen.

Hinweis: Ständig neue Pestorezepte machte ich nicht, weil ich so viel Pesto esse. Besucher reißen ihn mir quasi begeistert aus der Hand.

12038. Honigkuchen-Würfel TM IV, November 2018

Vorläufer 12031, ein Backblech

- 60 g Sonnenblumenkerne
- 250 g Honig
- 125 g Vollrohrzucker
- 275 g Pflanzenmilch
- 440 g Dinkel
- 50 g Hafer
- 1 EL Lebkuchengewürz (Brecht)
- 1 TL Zimt

- 1 TL gem. Zitrusfruchtschalen
- 1 P Weinstein-Backpulver
- 1 TL Natron
- 1 Prise Salz
- 60 g Sultaninen
- 200 g ganze geschälte und ungeschälte Mandeln

Sonnenblumenkerne mahlen (8 Sek./Stufe 9). Honig, Zucker und Milch zugeben und erhitzen, bis sich der Zucker gelöst hat (TM: 5 Min./40 °C/Stufe 1,5). Getreide mischen und mahlen. Mit den restlichen trockenen Zutaten außer den Sultaninen mischen. Zum Honiggemisch geben und verarbeiten: 20 Sek./Stufe 3; 20 Sek./Stufe 4; 10 Sek./Stufe 4 rück-wärts, 10 Sek./Stufe 5. Sultaninen zugeben, 10 Sek./Stufe 4/rückwärts einarbeiten. Ich habe ein Backblech mit Backpapier, darauf Silikon ausgelegt und den Teig auf das Silikon gegeben (etwas schmaler als das Backblech). Mit soviel Mandeln belegen, dass später jedes Stück eine Mandel trägt. Ofen (Heißluft) auf 180 °C vorheizen. Blech in den Ofen schieben und 25 Min. backen, 5 Min. im ausgeschalteten Ofen nachbacken.

Noch heiß vorsichtig in Stücke der gewünschten Größe schneiden. Mit vorsichtig meine ich: Nicht bis in die Silikonfolie schneiden. Evtl. mit Schere nachschneiden. Auf zwei Gitterroste ablegen und auskühlen lassen.

12039. Muttis Nusskuchen-Torte Sonne X, Nov. 2018

Vorläufer 12027; Springform 26 cm

- 50 g Haselnüsse
- 250 g Sonnenblumenkerne
- 2 bittere Mandeln
- 250 g Dinkel, fein gemahlen
- 145 g Vollrohrzucker
- 35 g Agavendicksaft
- 1 Prise Salz
- 1 P Weinstein-Backpulver
- 250 g Pflanzenmilch

Glasur:
- 40 g Kakaobutter
- 35 g Agavendicksaft
- 1 EL Kakao

Haselnüsse mit Sonnenblumenkernen und bitteren Mandeln im TM mahlen (9 Sek./Stufe 8). Mehl, Vollrohr-zucker, Salz, Backpulver und Pflanzenmilch zugeben. Mit dem Handrührgerät mixen. Teig in die mit Silicon ausgelegte Form geben und gleichmäßig verteilen. In den auf 175 °C (Heißluft) vorgeheizten Ofen schieben und 30 Min. bei 175 °C backen, 5 Min. nachbacken. Auf einen Gitterrost stellen, abkühlen lassen und aus der Form nehmen.

Für die Glasur Kakaobutter schmelzen, mit Agavendicksaft und Kakao verquirlen, etwas abkühlen lassen und auftragen.

12040. Überbackener Ofenhokkaido, Dezember 2018

- 200 g Hokkaido, in 1-1,5 cm großen Streifen
- 90 g Käse, in Streifen
- 75 g Wasser

Hokkaido nebeneinander in eine 18-cm-Pizzaform legen, mit Käse abdecken. Wasser hinzugießen. In dem auf 190 °C vor-geheizten Backofen 25 Min. backen und 5 Min. im aus-geschalteten Ofen nachbacken (ich habe gleichzeitig etwas anderes zubereitet).

Tipp: *Gut dazu passt Jasmin-Vollkornreis.*

12041. Weißer Reis mit Hokkaido Reiskochtopf, Dez. 2018

- 1 Messbecher weißer Reis
- 1,75 Messbecher Wasser
- 1 TL Gemüsebrühe fertig gekauft
- 95 g Hokkaido in Würfeln
- 1 kleiner Apfel (90 g), geviertelt

Reis, Wasser und Gemüsebrühe in den Reiskocher geben. Hokkaido und Apfel und den Dampfaufsatz legen. Auf ca. 3 Stunden Endzeit programmieren für „Fein – weißer Reis".

Hinweis: Seit vielen Jahren (mindestens 4) steht bei mir ein Glas mit weißem Reis zum „Saubermahlen" der Mühle. Irgendwie brauche ich den nie. Nun wollte ich meinen Reis-kochtopf bei Gelegenheit im Test im Blog vorstellen und dachte mir, da sei es gut, auch einmal weißen Reis zu kochen. Das Ergebnis hat mich überrascht: In der Anleitung werden 1,25 Messbecher Wasser auf 1 Messbecher Reis empfohlen. Das ist mir zu hart. Dasselbe gilt für 1,5 und 1,75 Messbecher Wasser! Und wenn über mehrere Stunden programmiert bekommt er unten eine leichte Kruste. Was ich nicht schlimm finde, ich mag das, aber im Sinne des Erfinders kann das nicht sein.

12042. Programmiertes Sauerteigbrot Mais III, Dez. 2018

Vorläufer 12032

Stufe 1 (12 Std. vorher):
Sauerteigansatz:
- 400 g Roggen
- 425 g Wasser
- 150 g Sauerteig

Stufe 2 (Backen, bei mir am Morgen):
- 200 g Roggen
- 100 g Dinkel
- 125 g Mais (Körner)
- 15 g Salz
- 325 g Wasser
- 1/4 Würfel frische Hefe (= 10 g)
- 50 g Sesam ungeschält
- 50 g Leinsamen
- ca. 800 g Sauerteigansatz
- 20 g Butter für die Form

Stufe 1: Roggen fein mahlen, mit Wasser und altem Sauerteig mischen. In einer Plastiktüte über Nacht stehen lassen. 150 g von der Stufe 1 abnehmen und in einem gut schließenden Schraubglas in den Kühlschrank stellen für das nächste Backen.

Stufe 2: Getreide mischen und mahlen (mache ich immer am Vorabend). Mais im TM mahlen (1 Min./Stufe 10). Hefe in einem Teil des Wassers auflösen. Zutaten (außer der Butter) mit einem großen Löffel gründlich ver-rühren, bis kein Mehl mehr sichtbar ist. Eine 30-cm-Brotform, Profi-Email von Dr. Oetker, gut einfetten. Teig hineingeben, mit der nassen Hand herunterdrücken und glattstreichen. Mit einem scharfen Messer kreuzweise einschneiden. Form im kalten Ofen etwa 90 Min. gehen lassen. Ofen so programmieren, dass das Brot 3 Std. (80 Min. Backzeit, 190 °C Heißluft) später fertig ist.

12043. Tomatenketchup XX, Dezember 2018

Vorläufer 12033; 2 Cashewnussmus-Gläser

- 2 Dosen Tomaten inklusive Saft (800 g)
- 90 g iranische Datteln, ohne Kerne
- 35 g Sultaninen
- 14 g Knoblauchzehen (frisch)
- 150 g Apfelessig
- 100 g Wasser

- 1 TL Salz
- 5 g Essigpeperoni (7/4573)
- 1 Prise (1/4 TL) Pfeffer
- 2 TL Paprika edelsüß
- 10 g Tomatenmark
- 150 g Wasser

Alle Zutaten bis auf die zweite Menge Wasser in den Mixtopf geben. 15 Sek. auf Stufe 10 zerkleinern, dabei den Messbecher fest andrücken, anschließend garen (30 Min./Varoma/ Stufe 3). Nach Ende der Garzeit Rest Wasser zugeben und fein pürieren (30 Sek./Stufe 10). Direkt in Schraubgläser füllen.

12044. Berliner Brot, Dezember 2018

Nach einem Rezept aus 1998 (1/81), nicht vollwertig (auf Wunsch von Freunden gebacken).

- 2 Eier
- 2 EL Wasser
- 250 g Farinzucker
- 2 geh. EL Apfelkraut (125 g)
- 2 EL Rum
- 1 TL Spekulatiusgewürz (Brecht) (3 g)
- 1 geh. EL Zimt
- 1 geh. EL Kakaopulver (13 g)
- 250 g Dinkel, fein gemahlen
- 2 gestr. TL Weinstein-Backpulver
- 50 g bittere Schokolade 70 % (zerkleinert pulsierend im kleinen Mixer)
- 150 g ganze Haselnüsse
- Etwas Honigwasser (leeres Honigglas, ausgespült mit Wasser)

Eier mit Wasser schaumig schlagen, den Zucker hinzugeben und bis zu einer cremeartigen Masse schlagen. Apfelkraut, und Rum unterrühren, Gewürze mit Mehl, Kakaopulver und Backpulver sieben und ebenfalls unterrühren. Schokolade einmischen, Haselnüsse unterziehen und den Teig auf einem mit Backpapier ausgelegten Backblech glatt streichen (ca. 1/2 cm dick, das Blech ist nicht ganz bedeckt). Backofen auf 180 °C (Heißluft) vorheizen. Blech einschieben und 25 Min. bei 180 °C backen, 5 Min. im ausgeschalteten Ofen nachbacken. Auf einem Gitterrost auskühlen lassen und in 2 x 5 cm-Streifen schneiden.

12045. Muttis Nusskuchen-Torte Sonne XII, Dez. 2018

Vorlage 12039; Springform

- 40 g Haselnüsse
- 260 g Sonnenblumenkerne
- 2 bittere Mandeln
- 250 g Dinkel, fein gemahlen
- 145 g Vollrohrzucker
- 35 g Agavendicksaft
- 1 Prise Salz
- 1 P Weinstein-Backpulver
- 250 g Pflanzenmilch

Glasur: siehe Vorläufer 12039, auch Herstellung.

Haselnüsse mit Sonnenblumenkernen und bitteren Mandeln im Thermomix mahlen (9 Sek./Stufe 8). Mehl, Süßmittel, Salz, Backpulver und Pflanzenmilch zugeben. Mit dem Handrührgerät mixen. Teig in die mit Silicon ausgelegte Form geben und gleichmäßig verteilen. In den auf 175 °C (Heißluft) vorgeheizten Ofen schieben und 30 Min. bei 175 °C backen, 5 Min. nachbacken. Auf einen Gitterrost stellen, abkühlen lassen und aus der Form nehmen.

12046. Honigkuchen-Würfel TM V, Dezember 2018

Vorläufer 12037; ein Backblech

- 70 g Sonnenblumenkerne
- 250 g Honig
- 125 g Vollrohrzucker
- 275 g Pflanzenmilch
- 430 g Dinkel
- 50 g Hafer
- 1 EL Lebkuchengewürz (Brecht)
- 1 TL Zimt
- 1 TL gem. Zitrusfruchtschalen
- 1 P Weinstein-Backpulver
- 1 TL Natron
- 1 Prise Salz
- 60 g Sultaninen
- 200 g ganze ungeschälte Mandeln

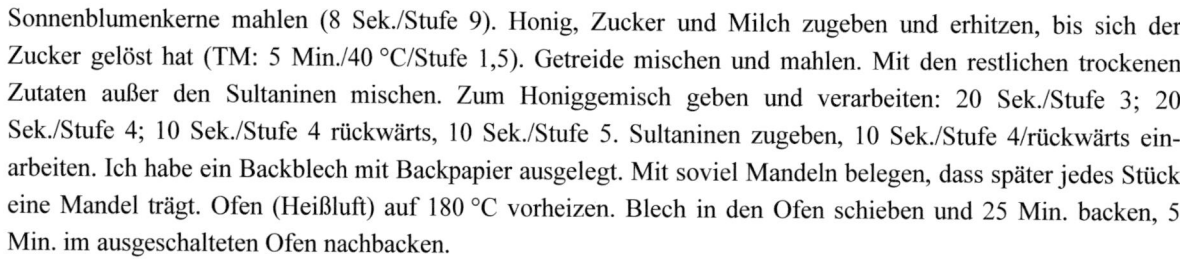

Sonnenblumenkerne mahlen (8 Sek./Stufe 9). Honig, Zucker und Milch zugeben und erhitzen, bis sich der Zucker gelöst hat (TM: 5 Min./40 °C/Stufe 1,5). Getreide mischen und mahlen. Mit den restlichen trockenen Zutaten außer den Sultaninen mischen. Zum Honiggemisch geben und verarbeiten: 20 Sek./Stufe 3; 20 Sek./Stufe 4; 10 Sek./Stufe 4 rückwärts, 10 Sek./Stufe 5. Sultaninen zugeben, 10 Sek./Stufe 4/rückwärts einarbeiten. Ich habe ein Backblech mit Backpapier ausgelegt. Mit soviel Mandeln belegen, dass später jedes Stück eine Mandel trägt. Ofen (Heißluft) auf 180 °C vorheizen. Blech in den Ofen schieben und 25 Min. backen, 5 Min. im ausgeschalteten Ofen nachbacken.

Noch heiß vorsichtig in Stücke der gewünschten Größe schneiden. Evtl. mit Schere nachschneiden. Auf zwei Gitterroste ablegen und auskühlen lassen.

12047. Tomatenketchup XXI, Dezember 2018

Vorläufer 12042, 2 Cashewnussmus-Gläser

- 2 Dosen Tomaten inklusive Saft (800 g)
- 85 g iranische Datteln, ohne Kerne
- 40 g Sultaninen
- 10 g Knoblauchzehen (frisch)
- 150 g Apfelessig, davon 10 g ‚Zitronenessig' (von einer Zitrone, in Essig eingelegt)
- 100 g Wasser
- 1 TL Salz
- 15 g scharfe Dattelpeperoni 13/11172
- 1 Prise (1/4 TL) Pfeffer
- 2 TL Paprika edelsüß
- 10 g Tomatenmark
- 150 g Wasser

Alle Zutaten bis auf die zweite Menge Wasser in den Mixtopf geben. 15 Sek. auf Stufe 10 zerkleinern, dabei den Messbecher fest andrücken, anschließend garen (30 Min./Varoma/Stufe 3). Nach Ende der Garzeit Rest Wasser zugeben und fein pürieren (30 Sek./Stufe 10). Direkt in Schraubgläser füllen.

12048. Nussschokocremesoße Vitamix X. Dez. 2018

Vorläufer 11995; 1 Honigglas + 1 Cashewmusglas

- 125 g Cashewnüsse
- 125 g Mandeln
- 30 g Kakaopulver
- 25 g Carob Rohkostqualität
- 150 g Ahornsirup
- 400 g Wasser
- 1 Prise Salz

Im Vitamix mit dem Stößel gut durcharbeiten, bis es wirklich glatt ist. Dann ist die Masse warm bis heiß. In Gläser füllen und im Kühlschrank aufbewahren.

Hinweis: *Die Variante mit nur Honig vom Vorläufer hat niemandem so richtig geschmeckt, der Honig schlug geschmacklich zu stark durch.*

12049. Süßkartoffel mit Zwiebel auf Reis, Dez. 2018

- Reis: 3/4 Messbecher im Reiskocher zubereitet.

Als Gemüsepfanne (15 Min./20-cm-Keramikpfanne):

- 100 g Wasser
- 1 TL Gemüsebrühe
- 60 g rote Zwiebel, klein geschnitten
- 145 g Süßkartoffeln, in Scheiben
- Gemüse auf dem Reis servieren.

12050. Muttis Nusskuchen-Torte Sonne XI, Dez. 2018

Vorlage 12045; Springform 26 cm.

- 30 g Haselnüsse
- 270 g Sonnenblumenkerne
- 2 bittere Mandeln
- 250 g Dinkel, fein gemahlen
- 145 g Vollrohrzucker
- 35 g Ahornsirup
- 1 Prise Salz
- 1 P Weinstein-Backpulver
- 250 g Pflanzenmilch

Glasur:

- 40 g Kakaobutter
- 35 g Agavendicksaft
- 1 EL Kakao

Haselnüsse mit Sonnenblumenkernen und bitteren Mandeln im Thermomix mahlen (9 Sek./Stufe 8). Mehl, Süß-mittel, Salz, Backpulver und Pflanzenmilch zugeben. Mit dem Handrührgerät mixen. Teig in die mit Silicon aus-gelegte Form geben und gleichmäßig verteilen. In den auf 175 °C (Heißluft) vorgeheizten Ofen schieben und 29 Min. bei 175 °C backen, 5 Min. nachbacken. Auf einen Gitterrost stellen, abkühlen lassen und aus der Form nehmen. Für die Glasur Kakaobutter schmelzen, mit Agavendicksaft und Kakao verquirlen, etwas abkühlen lassen und auftragen.

12051. Süßkartoffel-Spaghetti-Auflauf, Dezember 2018

Als Gemüsepfanne (20-cm-Alugusspfanne, 10 Min.):

- 80 g Vollkorn-Spaghetti
- 1 rote Zwiebel (70 g), gehackt
- 1 Knoblauchzehe (5 g), in dünnen Scheiben
- 130 g Süßkartoffel, gewürfelt
- 200 g Wasser

Soße:

- 245 g Pflanzenmilch
- 50 g Gouda klein geschnitten

Käse in der Milch erhitzen, bis er sich fast gelöst hat.

Fertigstellung:

- 65 g Gouda in Streifen

Soße über das Gemüse gießen, Käse auflegen. Ofen (Heißluft) auf 190 °C vorheizen und 30 Min. bei dieser Temperatur backen. 5 Min. im ausgestellten Ofen nachbacken.

12052. Programmiertes Roggen-Sauerteigbrot Plus, Dezember 2018

Vorläufer 12014; Bild mit Walnüssen

Stufe 1 (12 Std. vorher):

Sauerteigansatz:
- 400 g Roggen
- 425 g Wasser
- 150 g Sauerteig

Stufe 2 (Backen, bei mir am Morgen):
- 200 g Roggen
- 225 g Dinkel
- 15 g Salz
- 325 g Wasser
- 1/4 Würfel frische Hefe (= 10 g)
- 100 g Kerne, Nüsse oder Samen
- ca. 800 g Sauerteigansatz
- 20 g Butter für die Form

Stufe 1: Roggen fein mahlen, mit Wasser und altem Sauerteig mischen. In einer Plastiktüte über Nacht stehen lassen. 150 g von der Stufe 1 abnehmen und in einem gut schließenden Schraubglas in den Kühlschrank stellen für das nächste Backen.

Stufe 2: Getreide mischen und mahlen (mache ich immer am Vorabend). Hefe in einem Teil des Wassers auflösen. Zutaten (außer der Butter) mit einem großen Löffel gründlich verrühren, bis kein Mehl mehr sichtbar ist. Eine 30-cm-Brotform, Profi-Email von Dr. Oetker, gut einfetten. Teig hineingeben, mit der nassen Hand herunterdrücken und glattstreichen. Mit einem scharfen Messer kreuzweise einschneiden. Form im kalten Ofen etwa 90 Min. gehen lassen. Ofen so programmieren, dass das Brot 3 Std. (80 Min. Backzeit, 190 °C Heißluft) später fertig ist.

Hinweis: *Durch die leichte Gewichtsverschiebung (Roggen/Dinkel) geht das Brot noch schöner.*

12053. Tomatenketchup XXII, Dezember 2018

Vorläufer 12047; 2 Cashewnussmus-Gläser
- 2 Dosen Tomaten inklusive Saft (800 g)
- 80 g iranische Datteln, ohne Kerne
- 45 g Sultaninen
- 1 rote Zwiebel, geviertelt (80 g)
- 10 g Knoblauchzehen (frisch)
- 150 g Apfelessig, davon 10 g ‚Zitronenessig'
- 100 g Wasser
- 1 TL Salz
- 15 g scharfe Dattelpeperoni 13/11172
- 1 Prise (1/4 TL) Pfeffer
- 2 TL Paprika edelsüß
- 10 g Tomatenmark
- 150 g Wasser

Alle Zutaten bis auf die zweite Menge Wasser in den Mixtopf geben. 15 Sek. auf Stufe 10 zerkleinern, dabei den Messbecher fest andrücken, anschließend garen (30 Min./Varoma/Stufe 3). Nach Ende der Garzeit Rest Wasser zugeben und fein pürieren (30 Sek./Stufe 10). Direkt in Schraubgläser füllen.

12054. Muttis Nusskuchen-Torte Sonne XIII, Dez. 2018

Vorlage 12050; Springform
- 20 g Haselnüsse
- 280 g Sonnenblumenkerne
- 2 bittere Mandeln
- 250 g Dinkel, fein gemahlen
- 145 g Vollrohrzucker
- 35 g Ahornsirup

- 1 Prise Salz
- 1 P Weinstein-Backpulver
- 255 g Pflanzenmilch

Glasur:
- 40 g Kakaobutter
- 35 g Agavendicksaft
- 1 EL Kakao

Haselnüsse mit Sonnenblumenkernen und bitteren Mandeln im Thermomix mahlen (9 Sek./Stufe 8). Mehl, Süßmittel, Salz, Backpulver und Pflanzenmilch zugeben. Mit dem Handrührgerät mixen. Teig in die mit Silicon ausgelegte Form geben und gleichmäßig verteilen. In den auf 175 °C (Heißluft) vorgeheizten Ofen schieben und 28 Min. bei 175 °C

Vor Auftragen der Glasur

backen, 5 Min. nachbacken. Auf einen Gitterrost stellen, abkühlen lassen und aus der Form nehmen. Für die Glasur Kakaobutter schmelzen, mit Agavendicksaft und Kakao verquirlen, etwas abkühlen lassen und auftragen. Für die Glasur Kakaobutter schmelzen, mit Agavendicksaft und Kakao verquirlen, etwas abkühlen lassen und auftragen.

12055. Basmatireis mit Süßkartoffel. Dezember 2018

Kein Vollwertreis; im Reiskocher
- 100 g Basmatireis (= etwas weniger als 3/4 Messbecher)
- 180 g Süßkartoffel, in Stücken
- 2 x Volumen von Reis

Auf zwei Stunden programmieren, Gemüse in Dampfeinsatz legen.

Hinweis: *Reis ist wunderbar geworden mit deutlich mehr Wasser als in der Anleitung angegeben.*

12056. Austernpilze angesäuert, Dezember 2018
- 95 g Kichererbsenkochwasser
- 1 TL Gemüsebrühe
- 150 g Austernpilze, klein geschnitten
- 70 g Sauerkraut, klein geschnitten
- 20 g getrocknete Tomaten, in feinen Streifen

Als Gemüsepfanne (20-cm-Keramikpfanne, 15 Min.) dünsten und abschmecken mit:
- 50 g Sahne
- 1 Prise Salz

Tipp: *Gut dazu passt Jasmin-Vollkornreis.*

12057. Tomatensoße zu Reis, Dezember 2018
- 10 g Sonnenblumenöl
- 110 g Kichererbsenkochwasser
- 1 gestr. TL Gemüsebrühe
- 15 g Cashewnussbruch
- 2 Tomaten (250 g)
- 5 g Ahornsirup
- 1 TL Paprika edelsüß
- 1-2 Prisen Salz (zum Abschmecken)

Als Gemüsepfanne (20-cm-Keramikpfanne) 15 Min. dünsten Abschmecken mit Salz.

Tipp: *Bei mir gab es dazu Basmatireis.*

12058. Honigkuchen-Würfel TM VI, Dezember 2018

Vorläufer 12046; ein Backblech

- 80 g Sonnenblumenkerne
- 250 g Honig
- 125 g Vollrohrzucker
- 275 g Pflanzenmilch
- 420 g Dinkel
- 50 g Hafer
- 1 EL Lebkuchengewürz (Brecht)
- 1 TL Zimt
- 1 TL gem. Zitrusfruchtschalen
- 1 P Weinstein-Backpulver
- 1 TL Natron
- 1 Prise Salz
- 60 g Sultaninen
- 200 g ganze geschälte und ungeschälte Mandeln

Sonnenblumenkerne mahlen (8 Sek./Stufe 9). Honig, Zucker und Milch zugeben und erhitzen, bis sich der Zucker gelöst hat (TM: 5 Min./40 °C/Stufe 1,5). Getreide mischen und mahlen. Mit den restlichen trockenen Zutaten außer den Sultaninen mischen. Zum Honiggemisch geben und verarbeiten: 20 Sek./Stufe 3; 20 Sek./Stufe 4; 10 Sek./Stufe 4 rückwärts, 10 Sek./Stufe 5. Sultaninen zugeben, 10 Sek./Stufe 4/rückwärts einarbeiten. Ich habe ein Backblech mit Backpapier ausgelegt. Mit soviel Mandeln belegen, dass später jedes Stück eine Mandel trägt. Ofen (Heißluft) auf 180 °C vorheizen. Blech in den Ofen schieben und 24 Min. backen, 5 Min. im ausgeschalteten Ofen nachbacken. Schneiden etc. siehe Vorläufer.

12059. Hokkaido-Curry, Dezember 2018

- 100 g Kichererbsenkochwasser
- 1 TL Gemüsebrühe
- 20 g Sonnenblumenkerne
- 20 g Rosinen
- 1/2 TL Curry
- 1 Knoblauchzehe (2 g), klein geschnitten
- 225 g Hokkaido, gewürfelt
- 1-2 Prisen Salz

Als Gemüsepfanne (20-cm-Keramikpfanne) 15 Min. dünsten. Abschmecken mit Salz.

Tipp: Bei mir gab es dazu Basmatireis.

12060. Ananaseweiser Hokkaido, Dezember 2018

- 25 g Sonnenblumenöl
- 25 g Kichererbsenkochwasser
- 20 g ungeschälte Mandeln
- 130 g Hokkaido, gewürfelt
- 65 g Ananas, frisch, gewürfelt

Als Gemüsepfanne (20-cm-Keramikpfanne) 15 Min. dünsten.

Hinweis: Ich habe nicht mehr gesalzen, nur den Reis (Jasminvollkornreis) nach dem Kochen etwas.

12061. Apfel-Streuseldecker, Dezember 2018

Nach dem Rezept „Apfel-Crumble" auf der Vorwerk-Rezeptwelt-Seite

Teig:

- 200 g Butter, in Stücken
- 160 g Vollrohrzucker
- 300 g Dinkel, fein gemahlen
- 1 Prise Salz

Füllung:

- 650 g Äpfel, geviertelt
- 1 EL Zitronensaft
- 55 g Ahornsirup
- 1 TL Zimt

Teigzutaten in den Mixtopf geben und zu Streuseln verarbeiten (10 Sek./Stufe 6). 350 g des fertigen Teigs in eine gut gefettete oder mit Papier ausgelegte Springform (26 cm) geben und festdrücken. Den Rest umfüllen.

Äpfel in den Mixtopf geben und zerkleinern (2 Sek./Stufe 4; 2 Sek./Stufe 5). Erhitzen (5 Min. /100 °C/rückwärts Stufe 1).

Apfelmasse in der Springform auf dem Teig verteilen. Restliche Streusel darüber geben, mit den Händen zerdrücken. Ofen (Heißluft) auf 180 °C vorheizen und 20-25 Min. bei 180 °C backen, 5 Min. nachbacken im ausgeschalteten Ofen.

Tipp: *Schmeckt heiß, warm und kalt.*

12062. Pflanzenmilch für Kaffee XXX (Soja +), Dez. 2018

Vorläufer 11978

- 20 g Cashewkerne
- 25 g Rundkorn-Naturreis
- 5 g Sonnenblumenkerne
- 8 g rohe Sojabohnen
- 1000 g Wasser (RT : kochend 1:1)

Vitamix: 2,5 Min.

Hinweis: *Schäumt sehr gut, obwohl der Fettanteil geringer.*

12063. Hokkaido-Sauerkraut-Pfanne, Dez. 2018

- 10 g Sonnenblumenöl
- 15 g Mandeln, ungeschält
- 30 g Wasser
- 100 g Kürbis, gewürfelt
- 50 g Sauerkraut, klein geschnitten
- 50 g Sahne
- 1 Prise Salz

Zutaten ohne Sahne und Salz als Gemüsepfanne 15 Min. in einer 20-cm-Keramikpfanne dünsten. Mit Sahne und Salz abschmecken. *Bei mir gab es dazu Jasmin-Vollkornreis.*

12064. Tomatenketchup XXIII, Dezember 2018

Vorläufer 12053; 2 Cashewnussmus-Gläser

- 2 Dosen Tomaten inklusive Saft (800 g)
- 75 g iranische Datteln, ohne Kerne
- 50 g Sultaninen
- 13 g Knoblauchzehen (frisch)
- 150 g Apfelessig, davon 10 g ‚Zitronenessig‘
- 100 g Wasser
- 1 TL Salz
- 15 g scharfe Dattelpeperoni 13/11172
- 1 Prise (1/4 TL) Pfeffer
- 2 TL Paprika edelsüß
- 10 g Tomatenmark
- 150 g Wasser

Herstellung siehe Vorläufer 12053.

12065. Sauerkraut-Nudelauflauf mit Kürbis, Dez. 2018

500 g Wasser

- 1 TL Gemüsebrühe
- 100 g Lasagneplatten, in Stücke gebrochen
- 60 g Sauerkraut, klein geschnitten
- 40 g Linsensprossen
- 100 g Hokkaido, gewürfelt
- 100 g Raclette-Käse in Scheiben

Ohne den Käse als Gemüsepfanne 10 Min. in einer 20-cm-Keramikpfanne dünsten. Mit Käse abdecken und im auf 190 °C vorgeheizten Ofen (Heißluft) 30 Min. backen.

12066. Roggen-Sauerteigbrot mit Korn, Dezember 2018

12052; eine alte Idee mal wieder aufgegriffen.

Stufe 1 (12 Std. vorher):

Hafer:

- 75 g Hafer
- Wasser

Sauerteigansatz:

- 400 g Roggen
- 425 g Wasser
- 150 g Sauerteig

Stufe 2 (Backen, bei mir am Morgen):

- 200 g Roggen
- 225 g Dinkel
- 15 g Salz
- 325 g Wasser
- 1/4 Würfel frische Hefe (= 10 g)
- 100 g Kerne, Nüsse oder Samen
- ca. 800 g Sauerteigansatz
- 20 g Butter für die Form

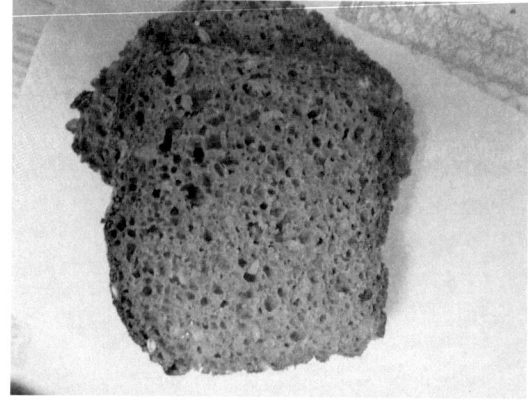

Stufe 1: Abends den Hafer reichlich mit Wasser bedeckt 12-14 Std. einweichen. Roggen fein mahlen, mit Wasser und altem Sauerteig mischen. In einer Plastiktüte über Nacht stehen lassen. 150 g von der Stufe 1 abnehmen und in einem gut schließenden Schraubglas in den Kühlschrank stellen für das nächste Backen.

Stufe 2: Getreide mischen und mahlen (mache ich immer am Vorabend). Hefe in einem Teil des Wassers auflösen. Zutaten (außer der Butter) mit einem großen Löffel gründlich verrühren, bis kein Mehl mehr sichtbar ist. Eine 30-cm-Brotform, Profi-Email von Dr. Oetker, gut einfetten. Teig hineingeben, mit der nassen Hand herunterdrücken und glattstreichen. Mit einem scharfen Messer kreuzweise einschneiden. Form im kalten Ofen etwa 90 Min. gehen lassen. Ofen so programmieren, dass das Brot 3 Std. (80 Min. Backzeit, 190 °C Heißluft) später fertig ist.

12067. Apfel-Streuseldecker 2, Januar 2019

Vorläufer 12061

Teig:

- 200 g Butter, in Stücken
- 160 g Vollrohrzucker
- 300 g Dinkel, fein gemahlen
- 1 Prise Salz
- 1 TL Zimt

Füllung:

- 650 g Äpfel, geviertelt
- 1 EL Zitronensaft
- 20 g Ahornsirup
- 1 TL Zimt

Teigzutaten in den Mixtopf geben und zu Streuseln verarbeiten (10 Sek./Stufe 6). 350 g des fertigen Teigs in eine gut gefettete oder mit Papier ausgelegte Springform (26 cm) geben und festdrücken. Den Rest umfüllen.

Äpfel in den Mixtopf geben und zerkleinern (2 Sek./Stufe 4; 2 Sek./Stufe 5). Erhitzen (5 Min. /100 °C/rückwärts Stufe 1). Apfelmasse in der Springform auf dem Teig verteilen. Restliche Streusel darüber geben, mit den Händen zerdrücken. Ofen (Heißluft) auf 180 °C vorheizen und 20-25 Min. bei 180 °C backen, 5 Min. nachbacken im ausgeschalteten Ofen.

12068. Fast-Lasagne, Januar 2019

- 500 g Wasser
- 1 TL Gemüsebrühe
- 4 Vollkornlasagne-Blätter (75 g)
- 150 g Hokkaido, gewürfelt
- 1 Tomate in groben Scheiben, 145 g
- 100 g Butterkäse

Ohne den Käse als Gemüsepfanne (20 cm, Aluguss-Pfanne) 8 Min. garen. Mit dem Käse belegen und im vorgeheizten Ofen (Heißluft) 30 Min. bei 190 °C backen.

Tipp: Es ist zu viel Flüssigkeit, aber ansonsten sehr lecker!

12069. Hokkainde Sprossen, Januar 2019

- 105 g Wasser
- 1 TL Gemüsebrühe
- 20 g Cashewnüsse
- 120 g Hokkaido, gewürfelt
- 40 g Linsensprossen
- 60 g rote Paprika, gewürfelt
- 1 TL Mandelmus

Ohne Mandelmus als Gemüsepfanne (20-cm-Keramik-Pfanne) 15 Min. dünsten. Mit dem Nussmus leicht andicken.

Tipp: Bei mir gab es dazu Jasminvollkornreis.

12070. Honigkuchen-Würfel TM VII, Januar 2019

Vorläufer 12058; ein Backblech

- 90 g Sonnenblumenkerne
- 250 g Honig
- 125 g Vollrohrzucker
- 275 g Pflanzenmilch
- 410 g Dinkel
- 50 g Hafer
- 1 EL Lebkuchengewürz (Brecht)
- 1 TL Zimt
- 1 TL gem. Zitrusfruchtschalen
- 1 P Weinstein-Backpulver
- 1 TL Natron
- 1 Prise Salz
- 60 g Sultaninen
- 200 ganze geschälte und ungeschälte Mandeln

Sonnenblumenkerne mahlen (8 Sek./Stufe 9). Honig, Zucker und Milch zugeben und erhitzen, bis sich der Zucker gelöst hat (TM: 5 Min./40 °C/Stufe 1,5). Getreide mischen und mahlen. Mit den restlichen trockenen Zutaten außer den Sultaninen mischen. Zum Honiggemisch geben und verarbeiten: 20 Sek./Stufe 3; 20 Sek./Stufe 4; 10 Sek./Stufe 4 rückwärts, 10 Sek./Stufe 5. Sultaninen zugeben, 10 Sek./Stufe 4/rückwärts einarbeiten. Ich habe ein Backblech mit Backpapier ausgelegt. Mit soviel Mandeln belegen, dass später jedes Stück eine Mandel trägt. Ofen (Heißluft) auf 180 °C vorheizen. Blech in den Ofen schieben und 23 Min. backen, 5 Min. im ausgeschalteten Ofen nachbacken. Schneiden etc. siehe Vorläufer 12046.

12071. Marmorkuchen aus der Springform, Jan. 2019

Nach einem Rezept von Dr. Oetker Marmorkuchen (Internet)

Rührteig:

- 250 g weiche Butter
- 190 g Vollrohrzucker
- 1 Prise Salz
- 4 Eier
- 325 g Dinkel, frisch gemahlen
- 1 Tüte Weinstein-Backpulver
- 3 EL Pflanzenmilch
- 1 EL Rum

Außerdem:

- 17 g Kakao
- 25 g Ahornsirup
- 4 EL Pflanzenmilch

Schokoladenguss:

- 50 g Kakaobutter
- 1 geh. EL Kakao
- 50 g Ahornsirup

Butter mit dem Handrührgerät (Rührstäbe) geschmeidig rühren. Zucker und Salz einrühren, bis eine gebundene Masse entsteht. Jedes Ei etwa 30 Sek. auf höchster Stufe einarbeiten. Mehl mit Backpulver und Salz mischen und abwechseln mit den Flüssigkeiten in zwei Portionen unterrühren.

Etwa zwei Drittel des Teigs in die mit Backpapier ausgelegte Springform geben und glatt streichen. (Jetzt den Heißluftofen auf 160 °C vorheizen.) Für den dunklen Teig Kakao, Ahornsirup und Milch unter den restlichen hellen Teig führen. Dunklen Teig auf dem hellen verteilen und eine Gabel spiralförmig durch die Teigschichten ziehen. Dadurch entsteht das Marmormuster.

Form in den heißen Ofen schieben und 45 Min. bei 180 °C backen, nach 15-20 Min. mit einem spitzen Messer kreuzweise der Länge nach etwa 1 cm tief einschneiden. Im ausgestellten Ofen 5 Min. nachbacken. Kuchen noch 10 Min. in der Form stehen lassen. Lösen und auf einem Kuchenrost erkalten lassen. Sobald er kalt ist, mit Schokoladenguss überziehen.

Anmerkung: Ich bin zu einem Fan der Springformen geworden. Ausgelegt mit Backpapier benötigen sie keine Butter zum Einfetten und es gibt keine Probleme beim Herauslösen aus der Form. Eier habe ich aus derselben Bequemlichkeit heraus gewählt. Es ist das durchaus im Rahmen der Vollwertigkeit, nur nicht tiereiweißfrei.

12072. Milchbrötchen, herzhaft, Januar 2019

10-12 Stück

- 450 g Dinkel
- 50 g Roggen
- 30 g Bio-Hefe (3/4 Würfel)
- 280 g Pflanzenmilch
- 1 geh. TL Salz
- 50 g Sonnenblumenkerne
- 10 g Wasser

Getreide zusammen mahlen. Hefe in der Pflanzenmilch auflösen (TM 2,5 Min./40 °C/Stufe 1). Trockene Zutaten mischen und in den TM geben. Kneten (3 Min./Knetstufe). Mit der Hand 10 g Wasser einarbeiten. Zu einer Kugel unter Spannung formen und in einer Pengdose gehen lassen. Nach dem ersten Aufspringen des Deckels (20 Min.) nochmals durchkneten. Weitere 20 Min. gehen lassen, durchkneten. Teig in 10 gleiche Teiglinge (bei mir je 86-87 g) teilen. Jeden Teigling zu einer kleinen Kugel unter Spannung formen. Nebeneinander auf ein Backblech setzen. Mit einem Messer ca. 1 cm tief einschneiden, mit Wasser besprühen. Gehfolie auflegen und gehen lassen, bis der Ofen auf 190 °C (Heißluft) aufgeheizt ist. 20-25 Min. bei 190 °C backen.

12073. Apfel-Streuseldecker 3, Januar 2019

Vorläufer 12067; 26-cm-Springform

Teig:
- 200 g Butter, in Stücken
- 160 g Vollrohrzucker
- 300 g Dinkel, fein gemahlen
- 1 Prise Salz
- 1 TL Zimt

Füllung:
- 650 g Äpfel, geviertelt
- 1 EL Zitronensaft
- 10 g Ahornsirup
- 1 TL Zimt

Teigzutaten in den Mixtopf geben und zu Streuseln verarbeiten (10 Sek./Stufe 6). 350 g des fertigen Teigs in eine gut gefettete oder mit Papier ausgelegte Springform (26 cm) geben und festdrücken. Den Rest umfüllen.

Äpfel in den Mixtopf geben und zerkleinern (2 Sek./Stufe 4; 2 Sek./Stufe 5). Erhitzen (5 Min. /100 °C/rückwärts Stufe 1). Apfelmasse in der Springform auf dem Teig verteilen. Restliche Streusel darüber geben, mit den Händen zerdrücken. Ofen (Heißluft) auf 180 °C vorheizen und 25 Min. bei 180 °C backen, 5 Min. nachbacken im ausgeschalteten Ofen.

12074. Linsen überbacken, Januar 2019

15 Min. kochen (20-cm-Wollpfanne):
- 75 g rote Linsen
- 15 g getr. Tomaten in Streifen
- 230 g Wasser

Zugeben:
- 50 g Wasser
- 100 g tiefgekühlte Erbsen

Ofen auf 190 °C (Heißluft) vorheizen. Gemüse mit
- 100 g Gouda in Scheiben

belegen und bei 190 °C 30 Min. backen.

***Hinweis:** War etwas trocken, ansonsten sehr lecker!*

12075. Tomatenketchup XXIV, Januar 2019

Vorläufer 12064; 2 Cashewnussmus-Gläser
- 2 Dosen Tomaten inklusive Saft (800 g)
- 70 g iranische Datteln, ohne Kerne
- 55 g Sultaninen
- 12 g Knoblauchzehen (frisch)
- 150 g Apfelessig, davon 10 g ‚Zitronenessig‘
- 100 g Wasser
- 1 TL Salz
- 8 g Essigpeperoni (7/4573)
- 1 Prise (1/4 TL) Pfeffer
- 2 TL Paprika edelsüß
- 10 g Tomatenmark
- 150 g Wasser

Alle Zutaten bis auf die zweite Menge Wasser in den Mixtopf geben. 15 Sek. auf Stufe 10 zerkleinern, dabei den Messbecher fest andrücken, anschließend garen (30 Min./Varoma/Stufe 3). Nach Ende der Garzeit Rest Wasser zugeben und fein pürieren (30 Sek./Stufe 10). Direkt in Schraubgläser füllen.

12076. Pflanzenmilch für Kaffee XXXI (Soja +), Januar 2019

Vorläufer 12062

- 15 g Cashewkerne
- 25 g Rundkorn-Naturreis
- 10 g Sonnenblumenkerne
- 8 g rohe Sojabohnen
- 1000 g Wasser (Raumtemperatur : kochend 1:1)

Vitamix: 2,5 Min.

12077. Reis mit Kohlrabi, Januar 2019

Im Reiskocher garen:

- 3/4 Messbecher Jasminvollkornreis
- 2 Messbecher Wasser
- 1/2 Kohlrabi geschält, in 1 cm Scheiben/Halbscheiben (im Dampfeinsatz)
- 1 Prise Salz (nach dem Kochen zu geben)
- 1 TL Butter (auf den Teller geben).

Tipp: *Superschlicht, einfach und lecker.*

12078. Roggen-Sauerteigbrot mit Korn 2, Januar 2019

Vorlage: 12066

Stufe 1 (12 Std. vorher):

Getreide:

- 50 g Roggen
- 50 g Dinkel
- 250 g Wasser

Sauerteigansatz:

- 400 g Roggen
- 425 g Wasser
- 150 g Sauerteig

Stufe 2 (Backen, bei mir am Morgen):

- 200 g Roggen
- 225 g Dinkel
- 15 g Salz
- 325 g Wasser *
- 1/4 Würfel frische Hefe (= 10 g)
- 100 g Kerne, Nüsse oder Samen
- ca. 800 g Sauerteigansatz
- 20 g Butter für die Form

Stufe 1: Abends Korn auf gröbster Einstellung schroten und über Nacht in 250 g Wasser einweichen. Roggen fein mahlen, mit Wasser und altem Sauerteig mischen. In einer Plastiktüte über Nacht stehen lassen. 150 g von der Stufe 1 abnehmen und in einem gut schließenden Schraubglas in den Kühlschrank stellen für das nächste Backen.

Stufe 2: * Eingeweichtes Getreide absieben und Restwasser auf 325 g auffüllen. Getreide mischen und mahlen (mache ich immer am Vorabend). Hefe in einem Teil des Wassers auflösen. Zutaten (außer der Butter) mit einem großen Löffel gründlich verrühren, bis kein Mehl mehr sichtbar ist. Eine 30-cm-Brotform, Profi-Email von Dr. Oetker, gut einfetten. Teig hineingeben, mit der nassen Hand herunterdrücken und glattstreichen. Mit einem scharfen Messer kreuzweise einschneiden. Form im kalten Ofen etwa 90 Min. gehen lassen. Ofen so programmieren, dass das Brot 3 Std. (80 Min. Backzeit, 190 °C Heißluft) später fertig ist.

12079. Sauerkraut zu Reis, Januar 2019

- Reis kochen aus 3/4 Messbecher Jasminvollkorn-reis und 2 Messbechern Wasser

Als Gemüsepfanne 15 Min.:

- 100 g Kichererbsenkochwasser
- 15 g getr. Tomaten in Streifen
- 20 g Rosinen
- 1 Knoblauchzehe (10 g) in dünnen Scheiben
- 100 g Sauerkraut, kleingeschnitten

Da ich den Reis nach dem Kochen leicht gesalzen habe, konnte das Gemüse so bleiben.

12080. Pflanzenmilch für Kaffee XXXII süßlich, Jan. 2019

Vorläufer 12076; 2 x 1 Liter

1. Liter:

- 20 g Cashewkerne
- 25 g Rundkorn-Naturreis
- 5 g Sonnenblumenkerne
- 8 g rohe Sojabohnen
- 1000 g Wasser (halb Raumtemperatur, halb kochend)
- 10 g Kichererbsenkochwasser

2. Liter:

- 20 g Cashewkerne
- 25 g Rundkorn-Naturreis
- 5 g Sonnenblumenkerne
- 8 g rohe Sojabohnen
- 1000 g Wasser (halb Raumtemperatur, halb kochend)
- 20 g Kichererbsenkochwasser
- 4 g Ahornsirup

Jeweils Vitamix 2.5 Min- und zusammengießen.

12081. Apfel-Streuseldecker 4, Januar 2019

Vorläufer 12073; 26-cm-Springform

Teig:

- 200 g Butter, in Stücken
- 160 g Vollrohrzucker
- 300 g Dinkel, fein gemahlen
- 1 Prise Salz
- 1 TL Zimt

Füllung:

- 650 g Äpfel, geviertelt
- 1 EL Zitronensaft
- 1 TL Zimt

Teigzutaten in den Mixtopf geben und zu Streuseln verarbeiten (10 Sek./Stufe 6). 350 g des fertigen Teigs in eine gut gefettete oder mit Papier ausgelegte Spring-form (26 cm) geben und festdrücken. Den Rest umfüllen.

Äpfel in den Mixtopf geben und zerkleinern (2 Sek./Stufe 4; 2 Sek./Stufe 5). Erhitzen (5 Min. /100 °C/rückwärts Stufe 1). Apfelmasse in der Springform auf dem Teig verteilen. Restliche Streusel darüber geben, mit den Händen zerdrücken. Ofen (Heißluft) auf 180 °C vorheizen und 25 Min. bei 180 °C backen, 5 Min. nachbacken im ausgeschalteten Ofen.

12082. Pflanzenmilch für Kaffee XXXIV, Januar 2019

Vorlage 12080

- 10 g Cashewkerne
- 25 g Rundkorn-Naturreis
- 15 g Sonnenblumenkerne
- 8 g rohe Sojabohnen
- 1000 g Wasser (halb Raumtemperatur, halb kochend)
- 10 g Kichererbsenkochwasser

Vitamix 2.5 Min.

12083. Spaghettisauerkraut, Januar 2019

Als Gemüsepfanne (20-cm-Keramikpfanne) 10 Min.:

- 75 g Vollkornspaghetti
- 1 Tomate, in Stücken (100 g)
- 100 g Sauerkraut
- 250 g Wasser
- 1 TL Gemüsebrühe

12084. Pflanzenmilch für Kaffee XXXV, Januar 2019

Vorläufer 12082

- 25 g Rundkorn-Naturreis
- 20 g Sonnenblumenkerne
- 8 g rohe Sojabohnen
- 1000 g Wasser (halb Raumtemperatur, halb kochend)
- 10 g Kichererbsenkochwasser

Vitamix 2.5 Min.

12085. Pflanzenmilch Trockenmischung, Januar 2019

16 Portionen; im Thermomix 1 Min./Stufe 10:

- 400 g Rundkorn-Naturreis
- 320 g Cashewnüsse
- 100 g Sonnenblumenkerne
- 120 g Sojabohnen
- 10 g Kichererbsen

Hinweis: *Es hätten rechnerisch sein sollen: 128 g Soja-bohnen, aber ich hatte keine mehr.*

12086. Apfel-Streuseldecker 5, Januar 2019

Vorläufer 12081

Teig:

- 200 g Butter, in Stücken
- 160 g Vollrohrzucker
- 300 g Dinkel, fein gemahlen
- 1 Prise Salz
- 1 TL Zimt

Füllung:

- 630 g Äpfel, geviertelt
- 1 EL Zitronensaft
- 1 TL Zimt
- 20 g Mandelstifte

Teigzutaten in den Mixtopf geben und zu Streuseln verarbeiten (10 Sek./Stufe 6). Etwa 350 g des fertigen Teigs in eine gut gefettete oder mit Papier ausgelegte Springform (26 cm) geben, einen kleinen Rand formen und festdrücken. Den Rest umfüllen. So ist die Vorgabe. Ich habe aber vergessen, das Mehl mit in den TM zu geben. Also habe ich nach Zugabe nochmals einige Sek. auf Stufe 6 laufen lassen.

Äpfel in den Mixtopf geben und zerkleinern (2 Sek./Stufe 4; 2 Sek./Stufe 5). Restliche Zutaten zufügen und erhitzen (5 Min. /100 °C/rückwärts Stufe 1). Apfelmasse in der Springform auf dem Teig verteilen. Restliche Streusel darüber geben, mit den Händen zerdrücken. Ofen (Heißluft) auf 180 °C vorheizen und 25 Min. bei 180 °C backen, 5 Min. nachbacken im ausgeschalteten Ofen.

12087. Marmorkuchen Formel Ad hoc, Januar 2019

Vorläufer 13/11247. Die Formelkuchen sind lecker, aber etwas umständlich - und dann müssen immer noch Reste von gekochten Linsen und Stützcreme verbraucht werden. Mein Gedanke: Linsen und Stützcreme in geplanter Menge herstellen.

Linsen:
- 77 g rote Linsen
- 170 g Wasser

Aufkochen, 20 Min. köcheln. Das nächste Mal würde ich 70 g Linsen und 160 g Wasser versuchen.

Stützcreme
- 25 g Rundkorn-Naturreis
- 5 g Cashewnüsse
- 180 g Wasser (Hälfte kochend)

Von der Berechnung her sind das 50 g Wasser zu viel, ich habe sie von der flüssigen Phase abgezogen. Mir erschien die Menge zum Mixen sonst zu gering. Im Vitamix bis zum „Stocken" auf höchster Stufe schlagen. Es wird deutlich weniger, aber wegen der größeren Wassermenge nicht wirklich Creme.

Trockene Phase (verrühren):
- 400 g Weizen
- 2 P. Weinstein-Backpulver
- 1 Prise Salz

Flüssige Phase (Vitamix):
- 210 g gekochte rote Linsen
- 250 g Honig
- Stützcreme (siehe oben)
- 85 g frischer Apfel
- 2 EL Rum (20 g)
- 100 g Wasser

Linsen, 250 g Honig, Stützcreme, Apfel, Rum und 100 g Wasser im Vitamix pürieren.

Fertigstellung
- 40 g Kakao
- 50 g Honig
- 50 g Pflanzenmilch

Getreide fein mahlen, mit Backpulver und Salz verrühren. Flüssige Phase hinzufügen und mit einem Handrührgerät (Rührbesen) gut mixen, bis der Teig „schaumig" ist. Zwei Drittel des Teigs (geschätzt) in eine mit Backpapier ausgelegte Springform (26 cm) geben (es wäre besser gewesen, den Rand einzufetten!). Unter den Rest des Teiges den Kakao mit 50 g Honig und 50 g Pflanzenmilch rühren. Den dunklen Teig auf dem hellen verteilen. Für das Marmormuster mit einer Gabel Spiralen durch die Teigschichten ziehen.

Ofen auf 180 °C (Heißluft) vorheizen und 45 Min. backen. 5 Min. im ausgestellten Ofen nachbacken lassen. Rand entfernen, abkühlen lassen und mit Schokolade überziehen.

12088. Linsen-Löffel-Aufstrich, Januar 2019

20 Min. kochen:
- 50 g rote Linsen
- 110 g Wasser

Dazu geben:
- 45 g Sauerkraut, klein geschnitten
- 2 TL Öl
- 1 Prise Salz
- 1 TL Peperoni-Essig 7/4573

Ein Aufstrich musste her, nicht zu viel, ohne großen Aufwand. Das geht mit Linsen prima! Wer das mit Sauerkraut nicht mag, kann frische Kräuter zugeben.

12089. Haselnuss-Kekse, Januar 2019

1 Backblech
- 100 g Butter
- 100 g Vollrohrzucker
- 100 g Vier-Nuss-Mus (oder anderes Nussmus)
- 1 Ei
- 150 g Dinkel, fein gemahlen
- 2 TL Weinsteinbackpulver
- 75 g Rosinen/Sultaninen
- 75 g gehackte Haselnüsse
- 50 g Sonnenblumenkerne

Butter, Zucker und Nussmus mit den Rührbesen des Handrührgeräts cremig rühren. Ei unterrühren. Mehl und Backpulver mischen und esslöffelweise über 30 Sek. zugeben. Rosinen und Haselnüsse unterheben.

Teig zu Kugeln formen. Kugeln auf ein mit Backpapier ausgelegtes Backblech legen und mit einer Gabel flach drücken. Blech im vorgeheizten Ofen (175 °C Umluft) 12 Min. backen und 5 Min. im ausgeschalteten Ofen nachbacken.

12090. Nussschokocremesoße Vitamix XI, Januar 2019

Vorläufer 12048; 1 Honigglas + 1 Cashewmusglas
- 125 g Haselnüsse
- 125 g Sonnenblumenkerne
- 30 g Kakaopulver
- 25 g Carob Rohkostqualität
- 150 g Agavendicksaft
- 430 g Wasser
- 1 Prise Salz

Im Vitamix mit dem Stößel gut durcharbeiten, bis es wirklich glatt ist. Dann ist die Masse warm bis heiß. In Gläser füllen und im Kühlschrank aufbewahren.

12091. Paprika-Sauerkrautpfanne, Januar 2019

Als Gemüsepfanne (15 Min, 20-cm-Keramikpfanne):
- 100 g Kichererbsenkochwasser
- 1 TL Gemüsebrühe
- 1 Spitzpaprika in Halbstreifen (110 g)
- 100 g Sauerkraut, klein gehackt

Unterrühren:
- 1 geh. TL Nussmus
- 75 g Wasser

Tipp: *Bei mir gab es dazu Jasmin-Vollkornreis.*

12092. Tomatenketchup XXV, Januar 2019

Vorläufer 12075; 2 Cashewnussmus-Gläser

- 2 Dosen Tomaten inklusive Saft (800 g)
- 60 g iranische Datteln, ohne Kerne
- 65 g Sultaninen
- 9 g Knoblauchzehen (frisch)
- 150 g Apfelessig, davon 10 g ‚Zitronenessig‘
- 100 g Wasser
- 1 TL Salz
- 12 g Essigpeperoni (7/4573)
- 1 Prise (1/4 TL) Pfeffer
- 2 TL Paprika edelsüß
- 10 g Tomatenmark
- 150 g Wasser

Alle Zutaten bis auf die zweite Menge Wasser in den Mixtopf geben. 15 Sek. auf Stufe 10 zerkleinern, dabei den Messbecher fest andrücken, anschließend garen (30 Min./Varoma/Stufe 3). Nach Ende der Garzeit Rest Wasser zugeben und fein pürieren (30 Sek./Stufe 10). Direkt in Schraubgläser füllen.

12093. Pflanzenmilch für Kaffee XXXVI (Linsen), Jan. 2019

Vorläufer 12082

- 20 g Cashewkerne
- 25 g Rundkorn-Naturreis
- 5 g Sonnenblumenkerne
- 10 g rote Linsen, roh
- 3 g Agavendicksaft
- 1000 g Wasser (halb Raumtemperatur, halb kochend)

Vitamix 2.5 Min.

12094. Apfel-Streuseldecker 6, Januar 2019

Vorläufer 12086

Teig:

- 200 g Butter, in Stücken
- 160 g Vollrohrzucker
- 300 g Dinkel, fein gemahlen
- 1 Prise Salz
- 1 TL Zimt

Füllung:

- 630 g Äpfel, geviertelt
- 1 EL Zitronensaft
- 1 TL Zimt
- 20 g Mandelstifte
- 30 g Rosinen

Teigzutaten in den Mixtopf geben und zu Streuseln verarbeiten (10 Sek./Stufe 6). Etwa 350 g des fertigen Teigs in eine gut gefettete oder mit Papier ausgelegte Springform (26 cm) geben, einen kleinen Rand formen und festdrücken. Den Rest umfüllen.

Äpfel in den Mixtopf geben und zerkleinern (2 Sek./Stufe 4; 2 Sek./Stufe 5). Restliche Zutaten zufügen und erhitzen (5 Min. /100 °C/rückwärts Stufe 1). Apfelmasse in der Springform auf dem Teig verteilen. Restliche Streusel darüber geben, mit den Händen zerdrücken. Ofen (Heißluft) auf 180 °C vorheizen und 25 Min. bei 180 °C backen, 5 Min. nachbacken im ausgeschalteten Ofen.

12095. Pflanzenmilch für Kaffee XXXVI, Januar 2019

Vorläufer 12082

- 25 g Cashewkerne
- 25 g Rundkorn-Naturreis
- 5 g Sonnenblumenkerne
- 15 g Kichererbsen, roh
- 3 g Agavendicksaft
- 1000 g Wasser (halb Raumtemperatur, halb kochend)

Vitamix 2.5 Min.

12096. Haselnuss-Kekse mit Ei II, Januar 2019

Vorläufer 12089; 1 Backblech; Zubereitung mit dem Handrührgerät

- 100 g Butter
- 100 g Vollrohrzucker
- 100 g Vier-Nuss-Mus (oder anderes Nussmus)
- 1 Ei
- 150 g Dinkel, fein gemahlen
- 2 TL Weinsteinbackpulver
- 75 g Rosinen/Sultaninen
- 25 g gehackte Haselnüsse
- 50 g Sonnenblumenkerne

Butter, Zucker und Nussmus mit den Rührbesen des Handrührgeräts cremig rühren. Ei unterrühren. Mehl und Backpulver mischen und esslöffelweise über 30 Sek. zugeben. Rosinen und Haselnüsse unterheben. Teig zu Kugeln formen. Kugeln auf ein mit Backpapier ausgelegtes Backblech legen und mit einer Gabel flach drücken. Blech im vorgeheizten Ofen (175 °C Umluft) 12 Min. backen und 5 Min. im ausgeschalteten Ofen nachbacken.

12097. Lauchzwiebeln mit Sauerkraut, Januar 2019

Als Gemüsepfanne (15 Min., 20-cm-Keramikpfanne):

- 105 g Kichererbsenkochwasser
- 140 g Lauchzwiebeln, in Ringen (6-8 mm)
- 25 g Erdnüsse, geröstet und gesalzen

Abschmecken mit:

- 1 Prise Salz
- 20 g Pflanzenmilch

12098. Erbsen mit Sauerkraut, Januar 2019

Als Gemüsepfanne 15 Min.:

- 100 g Kichererbsenkochwasser
- 125 g Tiefkühl-Erbsen
- 80 g Sauerkraut, klein geschnitten
- 1 TL Gemüsebrühe

Abschmecken mit:

- 50 g Sahne

12099. Nussschokocremesoße Vitamix XII, Februar 2019

Vorläufer 12090; 1 Honigglas + 1 Cashewmusglas

- 115 g Sonnenblumenkerne
- 135 g Cashewnüsse
- 30 g Kakaopulver
- 25 g Carob Rohkostqualität
- 150 g Agavendicksaft
- 435 g Wasser
- 1 Prise Salz

Herstellung siehe Vorläufer.

12100. Pflanzenmilch für Kaffee XXXVIII (final), Februar 2019

Vorläufer 12093

- 20 g Cashewkerne
- 25 g Rundkorn-Naturreis
- 5 g Sonnenblumenkerne
- 15 g rote Linsen, roh
- 1 Prise Salz
- 6 g Agavendicksaft
- 1000 g Wasser (halb Raumtemperatur, halb kochend)

Vitamix 2.5 Min.

Hinweis: Schäumt gut und schmeckte den Testern.

12101. Haselnuss-Kekse mit Ei ohne Ei, Februar 2019

Vorläufer 12096; 1 Backblech; Zubereitung mit dem Handrührgerät

- 100 g Butter
- 100 g Vollrohrzucker
- 100 g Vier-Nuss-Mus (oder anderes Nussmus)
- 60 g Pflanzenmilch
- 150 g Dinkel, fein gemahlen
- 2 TL (10 g) Weinsteinbackpulver
- 1 gestr. TL Natron
- 75 g Rosinen/Sultaninen
- 25 g gehackte Haselnüsse
- 50 g Sonnenblumenkerne

Butter, Zucker und Nussmus mit den Rührbesen cremig rühren. Ei unterrühren. Mehl und Backpulver mischen und esslöffelweise über 30 Sek. zugeben. Rosinen, Haselnüsse und Sonnenblumenkerne unterheben.

Teig zu Kugeln formen. Kugeln auf ein mit Backpapier ausgelegtes Backblech legen und mit einer Gabel flach drücken. Blech im vorgeheizten Ofen (175 °C Umluft) 12 Min. backen und 5 Min. im ausgeschalteten Ofen nachbacken.

Hinweis: Zwei Testesser mussten sich entscheiden: Mit oder ohne Ei? Es fiel beiden extrem schwer, schließlich gaben sie der Ei-Variante den Vorzug. Wobei ich beim nächsten Mal etwas weniger Pflanzenmilch zugeben werde, der Teig war zu flüssig.

12102. Tomatenketchup XXVII, Februar 2019

Vorläufer 12092; 2 Cashewnussmus-Gläser

- 2 Dosen Tomaten inklusive Saft (800 g)
- 55 g iranische Datteln, ohne Kerne
- 70 g Sultaninen
- 12 g Knoblauchzehen (frisch)
- 150 g Apfelessig, davon 10 g ‚Zitronenessig'
- 100 g Wasser
- 1 TL Salz
- 12 g Essigpeperoni (7/4573)
- 1 Prise (1/4 TL) Pfeffer
- 2 TL Paprika edelsüß
- 10 g Tomatenmark
- 150 g Wasser

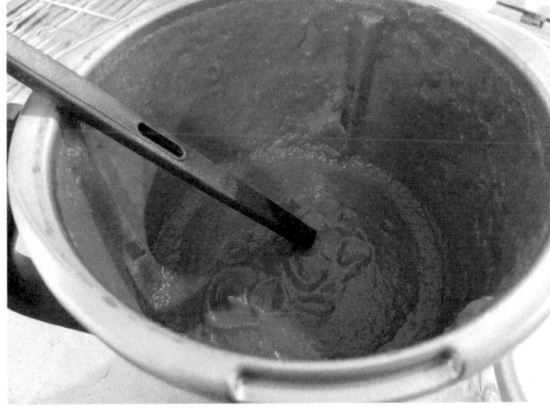

Alle Zutaten bis auf die zweite Menge Wasser in den Mixtopf geben. 15 Sek. auf Stufe 10 zerkleinern, dabei den Messbecher fest andrücken, anschließend garen (30 Min./Varoma/Stufe 3). Nach Ende der Garzeit Rest Wasser zugeben und fein pürieren (30 Sek./Stufe 10). Direkt in Schraubgläser füllen.

12103. Apfel-Streuseldecker 7, Februar 2019

Vorläufer 12094

Teig:

- 200 g Butter, in Stücken
- 160 g Vollrohrzucker
- 300 g Dinkel, fein gemahlen
- 1 Prise Salz
- 1 TL Zimt

Füllung:

- 650 g Äpfel, geviertelt
- 1 EL Zitronensaft
- 1 TL Zimt
- 20 g Mandelstifte
- 30 g Rosinen

Teigzutaten in den Mixtopf geben und zu Streuseln verarbeiten (10 Sek./Stufe 6). Etwa 350 g des fertigen Teigs in eine gut gefettete oder mit Papier ausgelegte Springform (26 cm) geben, einen kleinen Rand formen und festdrücken. Den Rest umfüllen.

Äpfel in den Mixtopf geben und zerkleinern (2 Sek./Stufe 4; 2 Sek./Stufe 5). Restliche Zutaten zufügen und erhitzen (5 Min. /100 °C/rückwärts Stufe 1). Apfelmasse in der Springform auf dem Teig verteilen. Restliche Streusel darüber geben, mit den Händen zerdrücken. Ofen (Heißluft) auf 180 °C vorheizen und 24 Min. bei 180 °C backen, 5 Min. nachbacken im ausgeschalteten Ofen.

12104. Tomatenketchup XXVI, Februar 2019

Vorläufer 12092

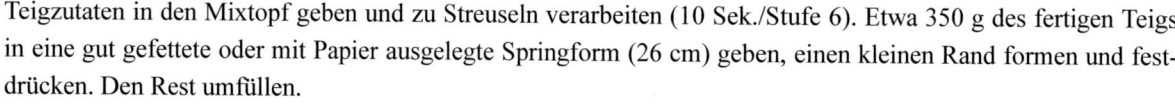

- 2 Dosen Tomaten inklusive Saft (800 g)
- 65 g iranische Datteln, ohne Kerne
- 60 g Sultaninen
- 12 g Knoblauchzehen (frisch)
- 150 g Apfelessig, davon 10 g ‚Zitronenessig'
- 100 g Wasser
- 1 TL Salz
- 8 g Essigpeperoni (7/4573)
- 1 Prise (1/4 TL) Pfeffer
- 2 TL Paprika edelsüß
- 10 g Tomatenmark
- 150 g Wasser

Alle Zutaten bis auf die zweite Menge Wasser in den Mixtopf geben. 15 Sek. auf Stufe 10 zerkleinern, dabei den Messbecher fest andrücken, anschließend garen (30 Min./Varoma/Stufe 3). Nach Ende der Garzeit Rest Wasser zugeben und fein pürieren (30 Sek./Stufe 10). Direkt in Schraubgläser füllen.

12105. Pflanzenmilch für Kaffee XXXIX (energiesparend), Februar 2019

Vorläufer 12099

Vorbereitet sind (bei mir) 16 Vorratsdosen je mit:

- 25 g Cashewkerne
- 25 g Rundkorn-Naturreis
- 10 g Sonnenblumenkerne
- 15 g rote Linsen, roh
- 1 Prise Salz

In den Vitamix:

- 2 Vorratsdosen-Inhalt wie beschrieben
- Ca. 6 g Agavendicksaft
- 1000 g Wasser (halb Raumtemperatur, halb kochend)

Vitamix 2.5 Min. In einen 2-Liter-Behälter umfüllen und 1 Liter heißes Wasser zufügen, umrühren.

12106. Roggen-Sauerteigbrot mit Pflanzenmilch, Februar 2019

Vorläufer 12078

Stufe 1 (12 Std. vorher):

Sauerteigansatz:

- 400 g Roggen
- 425 g Wasser
- 150 g Sauerteig

Stufe 2 (Backen, bei mir am Morgen):

- 200 g Roggen
- 225 g Dinkel
- 15 g Salz
- 325 g Pflanzenmilch
- 1/4 Würfel frische Hefe (= 10 g)
- 100 g Sonnenblumenkerne
- ca. 800 g Sauerteigansatz
- 20 g Butter für die Form

Stufe 1: Roggen fein mahlen, mit Wasser und altem Sauerteig mischen. In einer Plastiktüte über Nacht stehen lassen. 150 g von der Stufe 1 abnehmen und in einem gut schließenden Schraubglas in den Kühlschrank stellen für das nächste Backen.

Stufe 2: Getreide mischen und mahlen (mache ich immer am Vorabend). Backmorgen: Hefe in einem Teil des Wassers auflösen. Zutaten (außer der Butter) mit einem großen Löffel gründlich verrühren, bis kein Mehl mehr sichtbar ist. Eine 30-cm-Brotform, Profi-Email von Dr. Oetker, gut einfetten. Teig hineingeben, mit der nassen Hand herunterdrücken und glattstreichen. Mit einem scharfen Messer kreuzweise einschneiden. Form im kalten Ofen etwa 90 Min. gehen lassen. Ofen so programmieren, dass das Brot 3 Std. (80 Min. Backzeit, 190 °C Heißluft) später fertig ist, d. h. Endzeit 3 Std. minus 20 Min.

12107. Thermolinsenstreich, Februar 2019

Im TM 20 Min./100 °C/Stufe 1:

- 100 g rote Linsen
- 15 g getrocknete Tomaten, in Streifen
- 10 g Knoblauch (in Essig eingelegt), vorgeschnitten
- 260 g Wasser

Mit den weiteren Zugaben mixen 20 Sek./Stufe 5:

- 1/2 TL Salz
- 1 Prise Pfeffer
- 10 g Tomatenmark
- 25 g Butter
- 50 g Wasser

Fazit: *Lecker, könnte kürzer kochen, müsste mehr Flüssigkeit sein (damit es im TM nicht anbrennt).*

12108. Pflanzenmilch für Kaffee XXXX (KiH2O), Feb. 2019

Vorläufer 12104

- 25 g Cashewkerne
- 25 g Rundkorn-Naturreis
- 10 g Sonnenblumenkerne
- 35 g Kichererbsenkochwasser
- 3 g Vollrohrzucker
- 1 Prise Salz
- 1000 g Wasser (halb Raumtemperatur, halb kochend)

Vitamix 2.5 Min.

Hinweis: Ich wollte es noch einmal mit Kichererbsenkochwasser probieren. Schmeckt sehr lecker, schäumt schlecht. Starke Phasenbildung.

12109. Haselnuss-Kekse mit Ei III, Februar 2019

Vorläufer 12096; 1 Backblech; Zubereitung mit dem Handrührgerät

- 100 g Butter
- 100 g Vollrohrzucker
- 100 g Vier-Nuss-Mus (oder anderes Nussmus)
- 1 Ei
- 150 g Dinkel, fein gemahlen
- 2 TL Weinsteinbackpulver
- ½ TL Natron
- 75 g Rosinen/Sultaninen
- 25 g gehackte Haselnüsse
- 50 g Sonnenblumenkerne

Butter, Zucker und Nussmus mit den Rührbesen des Handrührgeräts cremig rühren. Ei unterrühren. Mehl und Backpulver mischen und esslöffelweise über 30 Sek. zugeben. Rosinen, Haselnüsse und Sonnenblumenkerne unterheben.

Teig zu Kugeln formen. Kugeln auf ein mit Backpapier ausgelegtes Backblech legen und mit einer Gabel flach drücken. Blech im vorgeheizten Ofen (175 °C Umluft) 12 Min. backen und 5 Min. im ausgeschalteten Ofen nachbacken.

12110. Aprikosenschnitten, Februar 2019

Nach einem Rezept aus der Thermomix-Rezeptsammlung.

- 150 g Soft-Aprikosen
- 90 g Rosinen
- 18 g Zitronensaft (2 EL)
- 40 g Wasser
- 2 EL Honig (95 g)
- 100 g Hafer, geflockt
- Ca. 40 Oblaten

Trockenfrüchte im TM zerkleinern (8 Sek./Stufe 8). Zitronensaft, Wasser, Honig und Haferflocken dazugeben und rühren (10 Sek./Stufe 4). Jeweils eine Oblate mit einem Teelöffel der Masse bestreichen, mit einer Oblate abdecken. Im Kühlschrank aufbewahren.

Hinweis: Die Masse ist mir zu flüssig, daher geht es ohne Oblaten gar nicht.

12111. Thermolinsenstreich Petersilie, Februar 2019

Vorläufer 12106

Im TM 20 Min./100 °C/Stufe 1:

- 100 g rote Linsen
- 7 g Knoblauch (in Essig eingelegt), vorgeschnitten
- 400 g Wasser

Mit den weiteren Zugaben mixen 7 Sek./Stufe 8:

- 1/2 TL Salz
- 1 Prise Pfeffer
- 10 g Tomatenmark
- 15 g tiefgekühlte Petersilie
- 30 g Butter

Fazit: Lecker, könnte länger kochen, diesmal etwas zu viel Flüssigkeit (daher auch die etwas größere Zugabe von Butter).

12112. Pflanzenmilch für Kaffee XXXIX (Linsen)

Vorläufer 12099; Test, ob auch mit Vollrohrzucker funktioniert.

- 25 g Cashewkerne
- 25 g Rundkorn-Naturreis
- 10 g Sonnenblumenkerne
- 15 g rote Linsen, roh
- 1 Prise Salz
- 3 g Vollrohrzucker
- 1000 g Wasser (halb Raumtemperatur, halb kochend)

Vitamix 2.5 Min.

12113. Tomatenketchup XXVIII, Februar 2019

Vorläufer 12102; 2 Cashewnussmus-Gläser

- 2 Dosen Tomaten inklusive Saft (800 g)
- 45 g iranische Datteln, ohne Kerne
- 80 g Sultaninen
- 8 g Knoblauchzehen (frisch)
- 150 g Apfelessig, davon 10 g ‚Zitronenessig'
- 100 g Wasser
- 1 TL Salz
- 4 g Essigpeperoni (7/4573)
- 1 Prise (1/4 TL) Pfeffer
- 2 TL Paprika edelsüß
- 10 g Tomatenmark
- 150 g Wasser

Alle Zutaten bis auf die zweite Menge Wasser in den Mixtopf geben. 15 Sek. auf Stufe 10 zerkleinern, dabei den Messbecher fest andrücken, anschließend garen (30 Min./Varoma/Stufe 3). Nach Ende der Garzeit Rest Wasser zugeben und fein pürieren (30 Sek./Stufe 10). Direkt in Schraubgläser füllen.

12114. Apfel-Streuseldecker 8, Februar 2019

Vorläufer 12103

Teig:

- 200 g Butter, in Stücken
- 160 g Vollrohrzucker
- 300 g Dinkel, fein gemahlen
- 1 Prise Salz
- 1 TL Zimt

Füllung:

- 650 g Äpfel, geviertelt
- 1 EL Zitronensaft
- 1 TL Zimt
- 30 g Mandelstifte
- 30 g Rosinen

Teigzutaten in den Mixtopf geben und zu Streuseln verarbeiten (10 Sek./Stufe 6). Etwa 350 g des fertigen Teigs in eine gut gefettete oder mit Papier ausgelegte Springform (26 cm) geben, einen kleinen Rand formen und festdrücken. Den Rest umfüllen.

Äpfel in den Mixtopf geben und zerkleinern (2 Sek./Stufe 4; 2 Sek./Stufe 5). Restliche Zutaten zufügen und erhitzen (5 Min. /100 °C/rückwärts Stufe 1). Apfelmasse in der Springform auf dem Teig verteilen. Restliche Streusel darüber geben, mit den Händen zerdrücken. Ofen (Heißluft) auf 180 °C vorheizen und 25 Min. bei 180 °C backen, 5 Min. nachbacken im ausgeschalteten Ofen.

12115. Brownies à la Lebkuchenteig 43, Februar 2019

Vorläufer: 11984; Springform 26 cm

- 125 g Soft-Datteln
- 125 g Rosinen
- 200 g Soft-Feigen
- 50 g grüne Rosinen
- 500 g Wasser
- 1 EL Rum
- 1 Prise Salz
- 45 g Kakaopulver schwach entölt
- 15 g Carobpulver Rohkostqualität
- 150 g Dinkel, gemahlen (Mühle)
- 50 g Nackthafer, mit dem Dinkel gemahlen
- 200 g Sonnenblumenkerne, gemahlen (TM, 8 Sek./Stufe 8)
- 2 bittere Aprikosenkerne (mit den Nüssen gemahlen)
- 2 Päckchen Weinsteinbackpulver
- 1 TL Natron

Für die Glasur:
- 50 g Kakaobutter
- 35 g Agavendicksaft
- 1 EL Kakao
- ca. 1-2 EL gehackten Cashewnussbruch

Trockenfrüchte in einer Pengdose mit dem Wasser übergießen und etwa 12 Std. gut verschlossen stehen lassen. Die Fruchtmasse mit der Flüssigkeit im Vitamix zu einer glatten Masse pürieren. Wer keinen starken Mixer hat, sollte die Stielchen von den Feigen vorher entfernen. Die trockenen Zutaten mischen. Fruchtgemisch und Rum hinzugeben und mit den Rührhaken eines Handrührgeräts gut vermischen. In eine mit Backpapier überspannte Springform geben. In den auf 160 °C (Heißluft) vorgeheizten Ofen einschieben und 44 Min. bei 160 °C backen, 10 Min. im ausgeschalteten Ofen nachbacken.

Für die Glasur Kakaobutter bei niedriger Temperatur in einer kleinen Keramikpfanne zerlassen (Stufe 3/14 Induktion), ab und an mit einem Schneebesen rühren, Agavendicksaft und Kakao einarbeiten. Browniekuchen mit Guss bepinseln. Gehackte Cashews auf die noch feuchte Glasur streuen.

12116. Aprikosenschnitten II, Februar 2018

Vorläufer 12110

- 150 g Soft-Aprikosen
- 90 g Rosinen
- 19 g Zitronensaft (2 EL)
- 2 EL Honig (80 g)
- 100 g Hafer, geflockt
- ca. 50 Oblaten

Trockenfrüchte im TM zerkleinern (8 Sek./Stufe 8). Zitronensaft, Wasser und Haferflocken dazugeben und rühren (10 Sek./Stufe 4). Jeweils eine Oblate mit einem Teelöffel der Masse bestreichen, mit einer Oblate abdecken. Im Kühlschrank aufbewahren, evtl. vorher einige Tage an der Luft trocknen.

12117. Petersilienwurzel mit Kichererbsen, Februar 2019

- 25 g Masse von Aprikosenschnitten II (1 gestr. TL Honig)
- 225 g Kichererbsenkochwasser
- 3 Tomaten (220 g)
- 1 Petersilienwurzel (200 g), grob vorgeschnitten
- 1 TL Gemüsebrühe
- 1 Prise Salz
- 1 gute Prise Pfeffer
- 190 g gekochte Kichererbsen

Wasser, Tomaten und Petersilienwurzel in den „ungereinigten" Mixtopf geben und zerkleinern (10 Sek./Stufe 5). Gemüsebrühe zufügen und garen (15 Min./100 °C/Stufe 2). Mit Salz und Pfeffer abschmecken. Kichererbsen zufügen und erhitzen (3 Min./80 °C/Linksdreh).

12118. Thermolinsenstreich II, Februar 2019

Im TM 20 Min./100 °C/Stufe 1:

- 100 g rote Linsen
- 300 g Wasser

Sobald Schaum hochsteigt, Temperatur absenken auf 90-95 °C. Mit den weiteren Zugaben mixen 8 Sek./Stufe 8:

- 1/2 TL Salz
- 1 TL Flohsamenschalen

12119. Steckrübe im Gulasch-Stil, Februar 2018

Bei mir gab es dazu Jasmin-Vollkornreis (1/2 Messbecher).

Als Gemüsepfanne 15 Min. (20-cm-Keramikpfanne):

- 85 g Wasser
- 1 TL Gemüsebrühe
- 210 g Steckrübe, gewürfelt
- 1 rote Zwiebel (75 g), gewürfelt
- 2 Tomaten (130 g), gewürfelt
- 1 Knoblauchzehe in Scheiben (ca. 7 g)

Nach dem Kochen die folgenden Zutaten in einer kleinen Schüssel verrühren und in das Gemüse einrühren:

- 10 g Sonnenblumenöl
- 20 g Tomatenmark
- 1 sehr kleine Prise Salz
- 1 gute Prise Pfeffer
- 1 gehäufter TL Paprika edelsüß
- 5 g Agavendicksaft (oder entsprechendes)

12120. Apfel-Streuseldecker 9, Februar 2019

Vorläufer 12114

Teig:

- 200 g Butter, in Stücken
- 160 g Vollrohrzucker
- 300 g gem. Dinkel
- 1 Prise Salz
- 1 TL Zimt

Füllung:

- 650 g Äpfel, geviertelt
- 1 EL Zitronensaft
- 1 TL Zimt
- 30 g Sonnenblumenkerne
- 30 g Rosinen

Teigzutaten in den Mixtopf geben und zu Streuseln verarbeiten (10 Sek./Stufe 6). Etwa 350 g des fertigen Teigs in eine gut gefettete oder mit Papier ausgelegte Springform (26 cm) geben, einen kleinen Rand formen und festdrücken. Den Rest umfüllen.

Äpfel in den Mixtopf geben und zerkleinern (2 Sek./Stufe 4; 2 Sek./Stufe 5). Restliche Zutaten zufügen und erhitzen (5 Min. /100 °C/rückwärts Stufe 1). Apfelmasse in der Springform auf dem Teig verteilen. Restliche Streusel darüber geben, mit den Händen zerdrücken. Ofen (Heißluft) auf 180 °C vorheizen und 25 Min. bei 180 °C backen, 5 Min. nachbacken im ausgeschalteten Ofen.

12121. Haselnuss-Kekse mit Ei ohne Ei 2, Februar 2019

Vorläufer 12101; 1 Backblech; Zubereitung mit dem TM

- 100 g Butter
- 100 g Vollrohrzucker
- 100 g Vier-Nuss-Mus (oder anderes Nussmus)
- 20 g Pflanzenmilch
- 150 g Dinkel, fein gemahlen
- 2 TL (10 g) Weinsteinbackpulver
- 1 gestr. TL Natron
- 75 g Rosinen/Sultaninen
- 40 g gehackte Haselnüsse
- 35 g Sonnenblumenkerne

Butter, Zucker, Nussmus und Pflanzenmilch cremig rühren (30 Sek./Stufe 4). Mehl, Natron und Backpulver mischen und zugeben (20 Sek./Stufe 3). Rosinen, Haselnüsse und Sonnenblumenkerne unterheben (30 Sek./Stufe 2/rückwärts).

Teig zu Kugeln formen. Kugeln auf ein mit Backpapier ausgelegtes Backblech legen und mit einer Gabel flach drücken. Blech im vorgeheizten Ofen (175 °C Umluft) 11 Min. backen und 5 Min. im ausgeschalteten Ofen nachbacken.

Hinweis: *Die Backzeit war zu lang, da ich vorher einen Kuchen gebacken hatte.*

12122. Pflanzenmilch für Kaffee XL (Linsen TM), Feb. 2019

Vorläufer 12099

- 2 Portionen Trockenmischung (Pflanzenmilch für Kaffee XXXIX (rote Linsen)
- 2 Liter Wasser

Ich hätte die Trockenmischung erst mahlen müssen, das habe ich vergessen. Ich habe einfach das Wasser aufgeschüttet. Da hätte ich stoppen und in den Vitamix umfüllen sollen.

1 Min./Stufe 10 - 15 Min./95 °C/Stufe 2; 1 Min./Stufe 10

Die Milch schmeckt anders und ist körnig, der Reis bleibt als Rest unten.

12123. Pflanzenmilch für Kaffee Trockenmischung, Februar 2019

Vorläufer 12085

16 kleine Behälter aufstellen und jeweils abwiegen:

- 25 g Rundkornreis
- 25 g Cashewnüsse
- 15 g rote Linsen
- 5 g Sonnenblumenkerne
- 1 Prise Salz (2 g auf 4 Portionen)
- 2 g Vollrohrzucker

12124. Rettungsmilchreisdessert, Februar 2019

- 300 g Bodensatz von Pflanzenmilch für Kaffee XL (rote Linsen TM) (wahlweise flüssig gekochter Milchreis)
- 15 g Agavendicksaft
- 30 g Apfel, klein geschnitten
- 10 g Rosinen
- 10 g Sonnenblumenkerne
- 1 TL Flohsamenschalen
- Deko: 2 TL Ahornsirup

Mit einem Löffel gut verrühren. Kalt stellen. Auf zwei Schüsselchen verteilen. Jeweils 1 TL Deko auf den Nachtisch geben.

12125. Tomatenketchup XXIX, Februar 2018

Vorläufer 12113; 2 Cashewnussmus-Gläser

- 2 Dosen Tomaten inklusive Saft (800 g)
- 35 g iranische Datteln, ohne Kerne
- 90 g Sultaninen
- 14 g Knoblauchzehen (frisch)
- 150 g Apfelessig, davon 10 g ‚Zitronenessig'
- 100 g Wasser
- 1 TL Salz
- 14 g scharf eingelegte Essigdattel
- 1 Prise (1/4 TL) Pfeffer
- 2 TL Paprika edelsüß
- 10 g Tomatenmark
- 150 g Wasser

Alle Zutaten bis auf die zweite Menge Wasser in den Mixtopf geben. 15 Sek. auf Stufe 10 zerkleinern, dabei den Messbecher fest andrücken, anschließend garen (30 Min./Varoma/Stufe 3). Nach Ende der Garzeit Rest Wasser zugeben und fein pürieren (30 Sek./Stufe 10). Direkt in Schraubgläser füllen.

12126. Pflanzenmilch für Kaffee XLI (rote Linsen), Februar 2019

Vorläufer 12122

- 2 Portionen Trockenmischung (Pflanzenmilch für Kaffee XXXIX (rote Linsen) 12123
- 2 Liter Wasser

Trockenmischung zusammen mahlen (10 Sek./Stufe 10). Wasser hinzufügen, erhitzen (15 Min./95 °C/Stufe 3) und nochmals schnell mixen (1 Min./Stufe 10).

Hinweis: Die Milch ist ebenfalls körnig. Nicht so schlimm wie die vorige Variante, aber deutlich nicht so gut. Ist es doch wichtig, besser fein zu mahlen?

12127. Haselnuss-Kekse mit Ei ohne Ei 3, Februar 2019

Vorläufer 12121; 1 Backblech; Zubereitung mit dem TM

- 100 g Butter
- 100 g Vollrohrzucker
- 100 g Vier-Nuss-Mus (oder anderes Nussmus)
- 10 g Pflanzenmilch
- 150 g Dinkel, fein gemahlen
- 2 TL (10 g) Weinsteinbackpulver
- 1 gestr. TL Natron
- 75 g Rosinen/Sultaninen
- 65 g Sonnenblumenkerne

Butter, Zucker, Nussmus und Pflanzenmilch cremig rühren (30 Sek./Stufe 4). Mehl, Natron und Backpulver mischen und zugeben (20 Sek./Stufe 3). Rosinen und Sonnenblumenkerne unterheben (30 Sek./Stufe 2/rückwärts).

Teig zu Kugeln formen. Kugeln auf ein mit Backpapier ausgelegtes Backblech legen und mit einer Gabel flach drücken. Blech im vorgeheizten Ofen (175 °C Umluft) 10 Min. backen und 5 Min. im ausgeschalteten Ofen nachbacken.

12128. Aprikosenschnitten III, Februar 2019

Vorläufer 12116

- 150 g Soft-Aprikosen
- 90 g Rosinen
- 10 g Zitronensaft (1 EL)
- 2 EL Honig (85 g)
- 100 g Hafer, geschrotet (Hawos Novum, 3/10)
- Ca. 50 Oblaten

Trockenfrüchte im TM zerkleinern (8 Sek./Stufe 8). Zitronensaft, Honig und Haferschrot dazugeben und rühren (10 Sek./Stufe 4). Jeweils eine Oblate mit einem Teelöffel der Masse bestreichen, mit einer Oblate abdecken. Im Kühlschrank aufbewahren, evtl. vorher einige Tage an der Luft trocknen. Größere Oblaten vor der Verwendung durchschneiden.

12129. Linsenstreich Petersilie, Februar 2019

Vorläufer 12110 (mit TM)

20 Min. im Topf kochen:

- 100 g rote Linsen
- 200 g Wasser

Mit den weiteren Zugaben im TM mixen 7 Sek./Stufe 6:

- 1/2 TL Salz
- 1 gute Prise Pfeffer
- 10 g Tomatenmark
- 10 g tiefgekühlte Petersilie

Hinweis: *Statt weiter zu experimentieren, habe ich die „normale" Variante gewählt.*

12130. Sauerkraut mit Pastinake, Februar 2019

Gemüsepfanne (15 Min./20-cm-Keramikpfanne):

- 50 g Wasser
- 1 TL Gemüsebrühe
- 80 g Pastinake, gewürfelt
- 1 Tomate (75 g), klein geschnitten
- 85 g Sauerkraut, klein geschnitten
- 10 g Cashewkerne

Abschmecken mit:

- schwarzem Pfeffer

Tipp: *Bei mir gab es dazu Jasminvollkornreis.*

12131. Steckrübe in Erdnusssoße, Februar 2019

Dazu passt Jasminvollkornreis.

Als Gemüsepfanne, 15 Min., 20-cm-Keramikpfanne:

- 120 g Wasser
- 1 TL Gemüsebrühe
- 15 g Sonnenblumenkerne
- 1 Tomate, gewürfelt (95 g)
- 1 Knoblauchzehe in Scheiben (6 g)
- 100 g Steckrübe, gewürfelt

Anschließend abschmecken mit:

- 40 g Erdnussmus (aus dem Glas)
- 2 TL Peperoniessig 7/4573
- 1 TL Agavendicksaft
- Schwarzer Pfeffer nach Geschmack
- Etwas Salz

12132. Apfel-Streuseldecker 10, Februar 2019

Vorläufer 12120

Teig:

- 200 g Butter, in Stücken
- 160 g Vollrohrzucker
- 300 g gem. Dinkel
- 1 Prise Salz
- 1 TL Zimt

Füllung:

- 650 g Äpfel, geviertelt
- 1 EL Zitronensaft
- 1 TL Zimt
- 20 g Sonnenblumenkerne
- 10 g geh. Haselnüsse
- 30 g Rosinen

Teigzutaten in den Mixtopf geben und zu Streuseln verarbeiten (10 Sek./Stufe 6). Etwa 350 g des fertigen Teigs in eine gut gefettete oder mit Papier ausgelegte Springform (26 cm) geben, einen kleinen Rand formen und fest-drücken. Den Rest umfüllen.

Äpfel in den Mixtopf geben und zerkleinern (2 Sek./Stufe 4; 2 Sek./Stufe 5). Restliche Zutaten zufügen und erhitzen (5 Min. /100 °C/rückwärts Stufe 1). Apfelmasse in der Springform auf dem Teig verteilen. Restliche Streusel darüber geben, mit den Händen zerdrücken. Ofen (Heißluft) auf 180 °C vorheizen und 24 Min. bei 180 °C backen, 5 Min. nachbacken im ausgeschalteten Ofen.

12133. Haselnuss-Kekse mit Ei ohne Ei 4, Februar 2019

Vorläufer 12127; 1 Backblech; Zubereitung mit dem TM.

- 100 g Butter
- 100 g Vollrohrzucker
- 100 g Vier-Nuss-Mus (oder anderes Nussmus)
- 10 g Pflanzenmilch
- 150 g Dinkel, fein gemahlen
- 2 TL (10 g) Weinsteinbackpulver
- 1 gestr. TL Natron
- 75 g Rosinen/Sultaninen
- 75 g Sonnenblumenkerne

Butter, Zucker, Nussmus und Pflanzenmilch cremig rühren (30 Sek./Stufe 4). Mehl, Natron und Backpulver mischen und zugeben (20 Sek./Stufe 3). Rosinen und Sonnenblumenkerne unterheben (45 Sek./Stufe 2/rückwärts, besser einrieseln lassen). Teig zu Kugeln formen. Kugeln auf ein mit Back-papier ausgelegtes Backblech legen und mit einer Gabel flach drücken. Blech im vorgeheizten Ofen (175 °C Umluft) 10 Min. backen und 5 Min. im ausgeschalteten Ofen nachbacken.

12134. Linsenstreich Rührstab, Februar 2019

Vorläufer 12129

20 Min. im Topf kochen:

- 100 g rote Linsen
- 200 g Wasser
- 20 g Sonnenblumenkerne
- 1 große Knoblauchzehe in Scheiben (10 g)
- 4 Stück getrocknete Tomaten (12 g)

Abschmecken mit:

- 1/2 TL Salz
- 1 EL Öl

Mit dem Rührstab glatt mixen.

12135. Steckrübe in Curry, Februar 2019

Als Gemüsepfanne (20-cm-Keramikpfanne, 15 Min.):

- 130 g Wasser
- 1 TL Gemüsebrühe
- 1 rote Zwiebel (95 g), klein geschnitten
- 145 g Steckrübe, klein geschnitten
- 15 g Rosinen

In einer kleinen Schüssel mit dem Löffel verrühren und unter das Essen rühren:

- 2 EL Öl
- 1/2 TL Salz
- 1/4 TL schwarzer Pfeffer
- 1/2 TL Currypulver

Das passt Jasmin-Vollkornreis.

12136. Karamellsoße XXV „mehr", Februar 2019

1 Honigglas; Vorläufer 11991

- 400 g Wasser
- 250 g Sahne
- 1/4 TL Salz
- 180 g Agavendicksaft

Alle Zutaten in den Mixtopf geben und erhitzen (30 Min./Varoma/Stufe 5), dabei das Garkörbchen bis zum Ende als Spritzschutz verwenden. In ein leeres Schraubglas füllen (etwa 1 Honigglas) und gut zudrehen.

12137. Tomatenketchup XXX, Februar 2019

Vorläufer 12125; 2 Cashewnussmus-Gläser

- 2 Dosen Tomaten inklusive Saft (800 g)
- 25 g Softdatteln
- 100 g Sultaninen
- 9 g Knoblauchzehen (eingelegt)
- 150 g Apfelessig
- 100 g Wasser
- 1 TL Salz
- 1 Stück Essigpeperoni (3 g) 7/4573
- 1 Prise (1/4 TL) Pfeffer
- 2 TL Paprika edelsüß
- 10 g Tomatenmark
- 150 g Wasser

Alle Zutaten bis auf die zweite Menge Wasser in den Mixtopf geben. 15 Sek. auf Stufe 10 zerkleinern, dabei den Messbecher fest andrücken, anschließend garen (30 Min./Varoma/Stufe 3). Nach Ende der Garzeit Rest Wasser zugeben und fein pürieren (30 Sek./Stufe 10). Direkt in Schraubgläser füllen.

12138. Pflanzenmilch Trockenmischung II, Februar 2019

Vorläufer 12085; 16 Portionen

- 400 g Rundkorn-Naturreis
- 400 g Cashewnüsse
- 240 g rote Linsen
- 8 g Salz
- 32 g Zucker

Im TM mahlen 1 Min./Stufe 10, mit dem Spatel durchrühren, und nochmals 30 Sek./Stufe 5,5 mahlen.

Hinweis: *Die Summe ist 1080 g, das ergibt rein rechnerisch bei 16 Portion 67,5 g/Portion.*

12139. Steckrübe in Tomatensoße, Februar 2019

Als Gemüsepfanne 15 min., 20-cm-Keramikpfanne:

- 110 g Wasser
- 1 TL Gemüsebrühe
- 125 g Steckrübe, gewürfelt
- 1 Tomate (150 g), gewürfelt

Für die Soße:

- 20 g Tomatenmark
- 20 g Sonnenblumenöl
- 5 g Agavendicksaft
- 1/2 TL Salz
- 1 gute Prise schwarzer Pfeffer
- 1 geh. TL Paprika
- 2 Prisen italienische Kräuter

Die Zutaten für die Soße in einer kleinen Schüssel mit einem Löffel gründlich verrühren, bis eine gleichmäßige, glatte Masse entsteht. Anschließend die Soße zum vorbereiteten Gemüse in die Pfanne oder den Topf geben und alles sorgfältig miteinander vermengen. Dabei unter Rühren kurz aufkochen lassen, sodass sich die Aromen gut verbinden und die Soße leicht eindickt.

12140. Linsenstreich mit Steckrübe, Februar 2019

- 100 g rote Linsen
- 1 große Knoblauchzehe, vorgeschnitten (Gewicht 6 g)
- 45 g Steckrübe, gewürfelt
- 220 g Wasser
- 1/2 TL Salz
- 1/4 TL schw. Pfeffer
- 2 EL Sonnenblumenöl

Linsen, Knoblauch, Steckrübe und Wasser aufkochen und 20 Min. auf kleiner Einstellung kochen bzw. quellen lassen. Die restlichen Zutaten zugeben und mit dem Pürierstab cremig rühren. Wird im Kühlschrank fester.

12141. Dattelkonfekt, Februar 2019

- 200 g Softdatteln
- 60 g Sonnenblumenkerne
- 60 g Cashewnüsse
- 30 g Hafer, geschrotet (3/9 Hawos Novum)
- 2 EL Kakao, schwach entölt (20 g)
- 1 Prise Salz
- 1 Prise gem. Vanille
- Kokosflocken

Alle Zutaten bis auf die Kokosflocken in den Mixtopf geben. Zerkleinern (10 Sek./Stufe 5,5; 1 Min./Stufe 8) und vermengen. Aus der Masse kleine Bällchen formen und in einer Tasse, die halb mit Kokosflocken gefüllt ist, schwenken oder in Kokosflocken auf einer Untertasse wälzen. In einer geschlossenen Dose im Kühlschrank aufbewahren.

12142. Apfel-Streuseldecker 11, März 2019

Vorläufer 12132

Teig:

- 200 g Butter, in Stücken
- 160 g Vollrohrzucker
- 300 g gem. Dinkel
- 1 Prise Salz
- 1 TL Zimt

Füllung:

- 650 g Äpfel, geviertelt
- 1 EL Zitronensaft
- 1 TL Zimt
- 15 g Sonnenblumenkerne
- 15 g geh. Haselnüsse
- 30 g Rosinen

Teigzutaten in den Mixtopf geben und zu Streuseln verarbeiten (10 Sek./Stufe 6). Etwa 350 g des fertigen Teigs in eine gut gefettete oder mit Papier ausgelegte Springform (26 cm) geben, einen kleinen Rand formen und fest-drücken. Den Rest umfüllen.

Äpfel in den Mixtopf geben und zerkleinern (2 Sek./Stufe 4; 2 Sek./Stufe 5). Restliche Zutaten zufügen und erhitzen (5 Min. /100 °C/rückwärts Stufe 1). Apfelmasse in der Springform auf dem Teig verteilen. Restliche Streusel darüber geben, mit den Händen zerdrücken. Ofen (Heißluft) auf 180 °C vorheizen und 24 Min. bei 180 °C backen, 5 Min. nachbacken im ausgeschalteten Ofen.

12143. Dattelkonfekt II, März 2019

Vorlage 12141

- 180 g Softdatteln
- 20 g Softfeigen
- 60 g Sonnenblumenkerne
- 60 g Haselnüsse
- 30 g Hafer, geschrotet (3/9 Hawos Novum)
- 2 EL Kakao, schwach entölt (20 g)
- 1 Prise Salz
- 1 Prise gem. Vanille
- Kokosflocken

Alle Zutaten bis auf die Kokosflocken in den Mixtopf geben. Zerkleinern (10 Sek./Stufe 5,5; 1 Min./Stufe 8) und ver-mengen. Aus der Masse kleine Bällchen formen und in einer Tasse, die halb mit Kokosflocken gefüllt ist, schwenken oder in Kokosflocken auf einer Untertasse wälzen. In einer geschlossenen Dose im Kühlschrank aufbewahren.

12144. Pak Choi superschlicht, März 2019

Ich hatte schon komplett vergessen, dass ich 2014 bereits ein-mal dieses Gemüse gegessen hatte und dachte, es sei eine Premiere.

Als Gemüsepfanne (20-cm-Keramikpfanne, 15 Min.):

- 95 g Wasser
- 235 g Pak Choi, klein geschnitten
- 1 TL Gemüsebrühe

Abschmecken mit:

- Etwas Butter (ca. 10 g bei mir)

Hinweis: *Reis passt gut zu.*

12145. Bananendessert für Vergessliche, März 2019

2 Portionen; ich hatte vergessen, mittags den geplanten Kuchen aus dem Tiefkühlfach zu nehmen.

- 2 Bananen (Gewicht egal)
- 3-4 EL Karamellsoße XXV „mehr" 12136
- 2 TL Kakaonibs
- 2 Softfeigen

Bananen in Scheiben schneiden und jeweils in eine kleine Schüssel geben. Karamellsoße darüber gießen, Kakaonibs in die Mitte streuen. Feigen klein schneiden und am Rand verteilen.

12146. Linsenstreich mit Kokos, März 2019

Vorläufer 12140

Aufkochen und 20 Min. auf kleiner Einstellung kochen bzw. quellen lassen:

- 100 g rote Linsen
- 1 große Knoblauchzehe, vorgeschnitten (6 g)
- 260 g Wasser

Zugeben nach dem Kochen:

- 1/2 TL Salz
- 1/4 TL schw. Pfeffer
- 1/2 TL Currypulver
- 40 g Kokosöl

Mit dem Pürierstab cremig rühren. Wird im Kühlschrank fest.

12147. Pak Choi in Erdnusssoße, März 2019

1 Portion; zusammen mit 1/2 Messbecher Jasminvollkornreis

Als Gemüsepfanne 15 Min.:

- 135 g Kichererbsenkochwasser
- 195 g Pak Choi, klein geschnitten
- 1 TL Gemüsebrühe

Einrühren, bis alles gelöst ist:

- 45 g Erdnussmus
- 1/2 TL Salz
- 1/4 TL Pfeffer
- 3 g Agavendicksaft
- 1 TL Zitronensaft

12148. Tomatenketchup XXXI, März 2019

Vorlage 12137; 2 Cashewnussmus-Gläser

- 2 Dosen Tomaten inklusive Saft (800 g)
- 15 g Softdatteln
- 110 g Sultaninen
- 9 g Knoblauchzehen (eingelegt)
- 150 g Apfelessig (davon 10 g Peperoniessig 76/4573)
- 100 g Wasser
- 1 TL Salz
- 1 Stück Essigpeperoni (5 g) 7/4573
- 1 Prise (1/4 TL) Pfeffer
- 2 TL Paprika edelsüß
- 10 g Tomatenmark
- 150 g Wasser

Herstellung siehe Vorläufer 12137.

12149. Dattelkonfekt III, März 2019

Vorläufer 12143

- 105 g Softdatteln
- 95 g Softfeigen
- 90 g Sonnenblumenkerne
- 30 g Mandeln
- 30 g Hafer, geschrotet (3/9 Hawos Novum)
- 2 EL Kakao, schwach entölt (20 g)
- 1 Prise Salz
- 1 Prise gem. Vanille
- Kokosflocken

Alle Zutaten bis auf die Kokosflocken in den Mixtopf geben. Zerkleinern (10 Sek./Stufe 5,5; 1 Min./Stufe 8) und vermengen. Aus der Masse kleine Bällchen formen und in einer Tasse, die halb mit Kokosflocken gefüllt ist, schwenken oder in Kokosflocken auf einer Untertasse wälzen. In einer geschlossenen Dose im Kühlschrank aufbewahren.

12150. Linsenstreich mit Kokos II, März 2019

Vorläufer 12146

Aufkochen und 20 Min. auf kleiner Einstellung kochen bzw. quellen lassen:

- 100 g rote Linsen
- 2 große Knoblauchzehe, vorgeschnitten (10 g)
- 280 g Wasser

Zugeben nach dem Kochen:

- 1/2 TL Salz
- 1/4 TL schw. Pfeffer
- 10 g TK Petersilie
- 45 g Kokosöl

Mit dem Pürierstab cremig rühren.

12151. Apfel-Streuseldecker 12, März 2019

Vorläufer 12142

Teig:

- 200 g Butter, in Stücken
- 160 g Vollrohrzucker
- 300 g gem. Dinkel
- 1 Prise Salz

Füllung:

- 650 g Äpfel, geviertelt
- 1 EL Zitronensaft
- 1 TL Zimt
- 30 g Sonnenblumenkerne
- 10 g grüne Rosinen
- 20 g Rosinen

Teigzutaten in den Mixtopf geben und zu Streuseln verarbeiten (10 Sek./Stufe 6). Etwa 350 g des fertigen Teigs in eine gut gefettete oder mit Papier ausgelegte Springform (26 cm) geben, einen kleinen Rand formen und festdrücken. Den Rest umfüllen.

Äpfel in den Mixtopf geben und zerkleinern (2 Sek./Stufe 4; 2 Sek./Stufe 5). Restliche Zutaten zufügen und erhitzen (5 Min. /100 °C/rückwärts Stufe 1). Apfelmasse in der Springform auf dem Teig verteilen. Restliche Streusel darüber geben, mit den Händen zerdrücken. Ofen (Heißluft) auf 180 °C vorheizen und 24 Min. bei 180 °C backen, 5 Min. nachbacken im ausgeschalteten Ofen.

12152. Kartoffeln mit Sauerkraut, März 2019

Als Gemüsepfanne 20 Min. (20-cm-Wollpfanne):

- 20 g Cashewkerne
- 20 g Sonnenblumenöl
- 1 TL Gemüsebrühe
- 85 g Wasser
- 275 g Kartoffeln in Scheiben
- 125 g Sauerkraut, klein geschnitten

Tipp: Nachsalzen fand ich nicht nötig.

12153. Notfall-Kakao, März 2019

Ich habe keinen frischen Ingwer im Haus, aber eine Erkältung.

Im Hochleistungsmixer, je nach Gerät, 2,5 bis 3 Min. auf höchster Stufe schlagen:

- 9 g Kakaonibs
- 3 g Kakaopulver
- 20 g Nackthafer
- 25 g Waldhonig
- 7 g Ingwerpulver (2 TL)
- auf 500 ml (Markierung im Becher) mit Wasser/kochendem Wasser 1:1 auffüllen.

12154. Pflanzenmilch Trockenmischung III, März 2019

Vorläufer 12138; 16 Portionen

- 400 g Rundkorn-Naturreis
- 400 g Cashewnüsse
- 220 g rote Linsen
- 8 g Salz
- 33 g Zucker

Im TM Reis und Linsen mahlen 1 Min./Stufe 10 mahlen, Rest dazu und 30 Sek./Stufe 10 mahlen. Ich habe 66 g/Behälter abgewogen.

12155. Tomatenketchup XXXII, März 2019

Vorläufer 12148; 2 Cashewnussmus-Gläser

- 2 Dosen Tomaten inklusive Saft (800 g)
- 10 g Softdatteln
- 115 g Sultaninen
- 8 g Knoblauchzehen (eingelegt)
- 150 g Apfelessig
- 100 g Wasser
- 1 TL Salz
- 1 Stück Essigpeperoni (5 g) 7/4573
- 1 Prise (1/4 TL) Pfeffer
- 2 TL Paprika edelsüß
- 10 g Tomatenmark
- 150 g Wasser

Alle Zutaten bis auf die zweite Menge Wasser in den Mixtopf geben. 15 Sek. auf Stufe 10 zerkleinern, dabei den Messbecher fest andrücken, anschließend garen (30 Min./Varoma/Stufe 3). Nach Ende der Garzeit Rest Wasser zugeben und fein pürieren (30 Sek./Stufe 10). Direkt in Schraubgläser füllen.

12156. Kohlrabisuppe mit Kartoffeln, März 2019

- 220 g Kohlrabi, in groben Stücken
- 90 g Kartoffel, vorgeschnitten
- 1 TL Gemüsebrühextrakt
- 425 g Wasser
- 1 gute Prise Pfeffer
- 1 EL Zitronensaft
- 1 TL Erdnussmus (10 g)

Gemüse im TM zerkleinern (6 Sek./Stufe 5). Gemüsebrühextrakt und Wasser zugeben und garen (20 Min./100 °C/Stufe 2). Pfeffer, Zitronensaft und Nussmus zugeben und pürieren (10 Sek./Stufe 10).

Tipp: Ich habe nicht dekoriert, aber etwas Petersilie sähe sicher hübsch aus.

12157. Dattelkonfekt IV, März 2019

Vorläufer 12149

- 125 g Softdatteln
- 75 g Softfeigen
- 90 g Sonnenblumenkerne
- 30 g Cashewkerne
- 30 g Hafer, geschrotet (3/9 Hawos Novum)
- 2 EL Kakao, schwach entölt (20 g)
- 1 Prise Salz
- 1 Prise gem. Vanille
- Kokosflocken

Alle Zutaten bis auf die Kokosflocken in den Mixtopf geben. Zerkleinern (10 Sek./Stufe 5,5; 1 Min./Stufe 8) und vermengen. Aus der Masse Rollen mit einem Durchmesser von etwas mehr als 1 cm formen. Kokosflocken auf einen Teller passender Größe streuen, die Rollen darin wälzen. Die Rollen in kleine Stücke schneiden und diese Stücke mit den unbedeckten Seiten in die Kokosflocken drücken. In einer geschlossenen Dose im Kühlschrank aufbewahren.

12158. Brownies à la Lebkuchenteig 44, März 2019

Vorläufer: 12115; Springform 26 cm

- 125 g Soft-Datteln
- 125 g Rosinen
- 200 g Soft-Feigen
- 50 g grüne Rosinen
- 500 g Wasser
- 1 EL Rum
- 1 Prise Salz
- 45 g Kakaopulver schwach entölt
- 15 g Carobpulver Rohkostqualität
- 175 g Dinkel, gemahlen (Mühle)
- 25 g Nackthafer, mit dem Dinkel gemahlen
- 200 g Sonnenblumenkerne, gemahlen (TM, 8 Sek./Stufe 8)
- 2 bittere Aprikosenkerne (mit den Nüssen gemahlen)
- 2 Päckchen Weinsteinbackpulver
- 1 TL Natron
- 30 g Sonnenblumenkerne

Für die Glasur:

- 50 g Kakaobutter
- 35 g Agavendicksaft
- 1 EL Kakao
- ca. 1-2 EL gehackten Cashewnussbruch

Trockenfrüchte in einer Pengdose mit dem Wasser übergießen und etwa 12 Std. gut verschlossen stehen lassen. Die Fruchtmasse mit der Flüssigkeit im Vitamix zu einer glatten Masse pürieren. Wer keinen starken Mixer hat, sollte die Stielchen von den Feigen vorher entfernen.

Die trockenen Zutaten mischen. Fruchtgemisch und Rum hinzugeben und mit den Rührhaken eines Handrührgeräts gut vermischen. In eine mit Backpapier überspannte Springform geben. In den auf 160 °C (Heißluft) vorgeheizten Ofen einschieben und 44 Min. bei 160 °C backen, 10 Min. im ausgeschalteten Ofen nachbacken.

Für die Glasur Kakaobutter bei niedriger Temperatur in einer kleinen Keramikpfanne zerlassen (Stufe 3/14 Induktion), ab und an mit einem Schneebesen rühren, Agavendicksaft und Kakao einarbeiten. Browniekuchen mit Guss bepinseln. Gehackte Cashews auf die noch feuchte Glasur streuen.

12159. Apfel-Streuseldecker 13, März 2019

Vorläufer 12151

Füllung:
- 630 g Äpfel, geviertelt
- 1 EL Zitronensaft
- 1 TL Zimt
- 30 g Mandelstifte
- 30 g grüne Rosinen

Teig:
- 200 g Butter, in Stücken
- 160 g Vollrohrzucker
- 300 g gem. Dinkel
- 1 Prise Salz

Zucker im TM mahlen (8 Sek./Stufe 8). Restliche Teigzutaten in den Mixtopf geben und zu Streuseln verarbeiten (11 Sek./Stufe 6). Etwa 350 g des fertigen Teigs in eine gut gefettete oder mit Papier ausgelegte Springform (26 cm) geben, einen kleinen Rand formen und festdrücken. Den Rest umfüllen.

Äpfel in den Mixtopf geben und zerkleinern (2 Sek./Stufe 4; 2 Sek./Stufe 5). Restliche Zutaten zufügen und erhitzen (5 Min. /100 °C/rückwärts Stufe 1). Apfelmasse in der Springform auf dem Teig verteilen. Restliche Streusel darüber geben, mit den Händen zerdrücken. Ofen (Heißluft) auf 180 °C vorheizen und 24 Min. bei 180 °C backen, 5 Min. nachbacken im ausgeschalteten Ofen.

12160. Kartoffel-Tomatensuppe mit Käse, März 2019

- 225 g Kartoffeln (geschält)
- 1 Tomate (145 g)
- 1 TL Gemüsebrühe
- 1 Knoblauchzehe (5 g)
- 375 g Wasser
- 80 g klein geschnittenen Gouda
- 1 Prise gem. Pfeffer

Gemüse im TM zerkleinern (6 Sek./Stufe 5). Wasser zugeben und kochen (20 Min./100 °C/Stufe 2). Käse zufügen, erhitzen (3 Min./100 °C/Stufe 1). Mit Pfeffer würzen und pürieren (10 Sek./Stufe 10).

12161. Pflanzenmilch Trockenmischung IV, März 2019

Vorläufer 12154; 16 Portionen

- 400 g Rundkorn-Naturreis
- 400 g Cashewnüsse
- 210 g rote Linsen
- 8 g Salz
- 35 g Zucker

Im TM Reis und Linsen mahlen 1 Min./Stufe 10 mahlen, Rest dazu und 30 Sek./Stufe 10 mahlen. Ich habe 65 g/Behälter abgewogen. Verarbeitung im Vitamix: 425 g Wasser kalt, Rest auf 1 Liter kochend, 2 Min. 15 Sek.

12162. Tomatenketchup XXXIII, März 2019

Vorläufer 12155; 2 Cashewnussmus-Gläser

- 2 Dosen Tomaten inklusive Saft (800 g)
- 10 g grüne Rosinen
- 115 g Sultaninen
- 10 g Knoblauchzehen (frisch)
- 150 g Apfelessig (davon 10 g Peperoniessig)
- 100 g Wasser
- 1 TL Salz
- 1 Stück Essigpeperoni (7 g) 7/4573
- 1 Prise (1/4 TL) Pfeffer
- 2 TL Paprika edelsüß
- 10 g Tomatenmark
- 150 g Wasser

Alle Zutaten bis auf die zweite Menge Wasser in den Mixtopf geben. 15 Sek. auf Stufe 10 zerkleinern, dabei den Messbecher fest andrücken, anschließend garen (30 Min./Varoma/Stufe 3). Nach Ende der Garzeit Rest Wasser zugeben und fein pürieren (30 Sek./Stufe 10). Direkt in Schraubgläser füllen.

12163. Dattelkonfekt V, März 2019

Vorläufer 12157

- 120 g Softdatteln
- 80 g Softfeigen
- 85 g Sonnenblumenkerne
- 35 g Cashewkerne
- 30 g Hafer, geschrotet (3/9 Hawos Novum)
- 2 EL Kakao, schwach entölt (20 g)
- 1 Prise Salz
- 1 Prise gem. Vanille
- Kokosflocken

Alle Zutaten bis auf die Kokosflocken in den Mixtopf geben. Zerkleinern (10 Sek./Stufe 5,5; 1 Min./Stufe 8) und vermengen. Die Masse lässt sich eingeschlagen in Haushaltsfolie eine Weile aufbewahren, wenn man nicht direkt Zeit zur Weiterverarbeitung hat und nicht möchte, dass sie austrocknet. Aus der Masse Rollen mit einem Durchmesser von etwas mehr als 1 cm formen. Kokosflocken auf einen Teller passender Größe streuen, die Rollen darin wälzen. Die Rollen in kleine Stücke schneiden und diese Stücke mit den unbedeckten Seiten in die Kokosflocken drücken. In einer geschlossenen Dose im Kühlschrank aufbewahren.

12164. Muttis Nusskuchen-Torte Sonne XXIXI, März 2019

Vorlage 12050; Springform 26 cm

- 300 g Sonnenblumenkerne
- 2 bittere Mandeln
- 250 g Dinkel, fein gemahlen
- 145 g Vollrohrzucker
- 35 g Ahornsirup
- 1 Prise Salz
- 1 P Weinstein-Backpulver
- 255 g Pflanzenmilch

Glasur:
- 40 g Kakaobutter
- 35 g Agavendicksaft
- 1 EL Kakao

Sonnenblumenkerne und bittere Mandeln im TM mahlen (9 Sek./Stufe 8). Mehl, Süßmittel, Salz, Backpulver und Pflanzenmilch zugeben. Mit dem Handrührgerät mixen. Teig in die mit Backpapier ausgelegte Form geben und gleichmäßig verteilen. In den auf 175 °C (Heißluft) vorgeheizten Ofen schieben und 27 Min. bei 175 °C backen, 5 Min. nachbacken. Auf einen Gitterrost stellen, abkühlen lassen und aus der Form nehmen. Für die Glasur Kakaobutter schmelzen, mit Agavendicksaft und Kakao verquirlen, etwas abkühlen lassen und auftragen.

12165. Brownies à la Lebkuchenteig 45, März 2019

Vorläufer: 12158; Springform 26 cm

- 125 g Soft-Datteln
- 125 g Rosinen
- 200 g Soft-Feigen
- 50 g grüne Rosinen
- 500 g Wasser
- 2 EL Rum
- 1 Prise Salz
- 45 g Kakaopulver schwach entölt
- 15 g Carobpulver Rohkostqualität
- 200 g Dinkel, gemahlen (Mühle)
- 200 g Sonnenblumenkerne, gemahlen (TM, 8 Sek./Stufe 8)
- 2 bittere Aprikosenkerne (mit den Nüssen gemahlen)
- 2 Päckchen Weinsteinbackpulver
- 1 TL Natron
- 30 g Sonnenblumenkerne

Für die Glasur:
- 50 g Kakaobutter
- 35 g Agavendicksaft
- 1 EL Kakao
- ca. 1-2 EL geh. Cashewnuss-bruch

Trockenfrüchte in einer Pengdose mit dem Wasser übergießen und etwa 12 Std. gut verschlossen stehen lassen. Die Fruchtmasse mit der Flüssigkeit im Vitamix zu einer glatten Masse pürieren. Wer keinen starken Mixer hat, sollte die Stielchen von den Feigen vorher entfernen.

Die trockenen Zutaten mischen. Fruchtgemisch und Rum hinzugeben und mit den Rührhaken eines Handrührgeräts gut vermischen. In eine mit Backpapier überspannte Springform geben. In den auf 160 °C (Heißluft) vorgeheizten Ofen einschieben und 42 Min. bei 160 °C backen, 10 Min. im ausgeschalteten Ofen nachbacken.

Für die Glasur Kakaobutter bei niedriger Temperatur in einer kleinen Keramikpfanne zerlassen (Stufe 3/14 Induktion), ab und an mit einem Schneebesen rühren, Agavendicksaft und Kakao einarbeiten. Browniekuchen mit Guss bepinseln. Gehackte Cashews auf die noch feuchte Glasur streuen.

12166. Roggen-Sauerteigbrot, mehr Dinkel, März 2019

Vorläufer 12106

Stufe 1 (12 Std. vorher):
Sauerteigansatz:
- 400 g Roggen
- 425 g Wasser
- 150 g Sauerteig

Stufe 2 (Backen, bei mir am Morgen):
- 130 g Roggen
- 295 g Dinkel
- 15 g Salz
- 335 g Wasser
- 1/4 Würfel frische Hefe (= 10 g)
- 100 g Leinsamen
- ca. 800 g Sauerteigansatz
- 20 g Butter für die Form

Stufe 1: Roggen fein mahlen, mit Wasser und altem Sauerteig mischen. In einer Plastiktüte über Nacht stehen lassen. 150 g von der Stufe 1 abnehmen und in einem gut schließenden Schraubglas in den Kühlschrank stellen für das nächste Backen.

Stufe 2: Getreide mischen und mahlen (Vorabend). Backmorgen: Hefe in einem Teil des Wassers auflösen. Zutaten (außer der Butter) mit einem großen Löffel gründlich verrühren, bis kein Mehl mehr sichtbar ist. Eine 30-cm-Brotform, Profi-Email von Dr. Oetker, gut einfetten. Teig hineingeben, mit der nassen Hand herunterdrücken und glattstreichen. Mit einem scharfen Messer kreuzweise einschneiden. Form im kalten Ofen etwa 90 Min. gehen lassen. Ofen so programmieren, dass das Brot 3 Std. (80 Min. Backzeit, 190 °C Heißluft) später fertig ist, d. h. Endzeit 3 Std. minus 20 Min.

12167. Marzipanhörnchen I, März 2019

Ca. 8 Stück; Thermomix

- 200 g Vollrohrzucker
- 400 g Honigmarzipan
- 1 TL Natron
- 60 g Pflanzenmilch
- Ca. 150 g gehobelte Mandeln

Glasur:

- 50 g Kakaobutter
- 35 g Agavendicksaft
- 1 EL Kakao

Zucker im Thermomix ganz fein mahlen (2 x 20 Sek./Stufe 10). Marzipan vorschneiden, mit Milch hinzufügen und verkneten (2 Min. Knetstufe; 10 Sek./Stufe 5).

Einen Teil der gehobelten Mandeln dick auf ein Stück Silikonfolie o. Ä. streuen. Einen Esslöffel der Marzipanmasse auf die Mandeln geben und mit Hilfe der Mandeln zu einem Hörnchen formen. Nebeneinander auf ein mit Backpapier ausgelegtes Backblech legen.

Für zwei der acht Stück brauchte ich ein zweites Backblech. Ofen (Heißluft) auf 160 °C vorheizen und 15 Min. bei 160 °C backen, dann Ofen auf 190 °C stellen und nochmals 10 Min. backen.

Hörnchen erst auf dem Blech abkühlen lassen, dann mit einem Pfannenwender vorsichtig auf ein Gitterrost legen.

Butter zerlassen, Süßungsmittel und Kakao einrühren. In eine Tasse geben und die ausgekühlten Hörnchen mit den Enden jeweils in die Schokolade tauchen. Auf einen mit Haushaltsfolie ausgelegten Teller legen, Schokolade im Kühlschrank fest werden lassen.

Fazit: Sie schmecken lecker, sind aber viel zu flach und verlieren die Form.

12168. Tomatenketchup XXXIV, März 2019

Vorläufer 12162; 2 Cashewnussmus-Gläser

- 2 Dosen Tomaten inklusive Saft (800 g)
- 50 g grüne Rosinen
- 75 g Sultaninen
- 10 g Knoblauchzehen (frisch)
- 150 g Apfelessig (davon 10 g Peperoniessig)
- 100 g Wasser
- 1 TL Salz
- 1 Stück Essigpeperoni (5 g) 7/4573
- 1 Prise (1/4 TL) Pfeffer
- 2 TL Paprika edelsüß
- 10 g Tomatenmark
- 150 g Wasser

Alle Zutaten bis auf die zweite Menge Wasser in den Mixtopf geben. 15 Sek. auf Stufe 10 zerkleinern, dabei den Messbecher fest andrücken, anschließend garen (30 Min./Varoma/Stufe 3). Nach Ende der Garzeit Rest Wasser zugeben und fein pürieren (30 Sek./Stufe 10). Direkt in Schraubgläser füllen.

12169. Dattelkonfekt VI, April 2019

Vorläufer 12163

- 120 g Datteln Deglet Nour
- 75 g Softfeigen
- 85 g Sonnenblumenkerne
- 35 g Cashewkerne
- 30 g Hafer, geschrotet (3/9 Hawos Novum)
- 2 EL Kakao, schwach entölt (20 g)
- 1 Prise Salz
- 1 Prise gem. Vanille
- Kokosflocken

Alle Zutaten bis auf die Kokosflocken in den Mixtopf geben. Zerkleinern (10 Sek./Stufe 6; 1 Min./Stufe 8) und vermengen. Die Masse lässt sich eingeschlagen in Haushaltsfolie eine Weile aufbewahren, wenn man nicht direkt Zeit zur Weiterverarbeitung hat und nicht möchte, dass sie austrocknet. Aus der Masse Rollen mit einem Durchmesser von etwas mehr als 1 cm formen. Kokosflocken auf einen Teller passender Größe streuen, die Rollen darin wälzen. Die Rollen in kleine Stücke schneiden und diese Stücke mit den unbedeckten Seiten in die Kokosflocken drücken. In einer geschlossenen Dose im Kühlschrank aufbewahren.

12170. German Potatoes, April 2019

Reis (im Reiskocher):

- 1/2 Messbecher Reis
- 2 x 3/4 Messbecher Wasser

Gemüsepfanne (20-cm-Keramikpfanne, 20 Min.):

- 50 g Wasser
- 20 g Sonnenblumenöl
- 1 TL Gemüsebrühe
- 1 mittelgroße Kartoffel (110 g), geschält, da aus konventionellem Anbau, in Halbscheiben
- 105 g Sauerkraut, klein geschnitten

Abschmecken mit, auf einen Teller:

- Etwas Salz
- 60 g Sahne

12171. Einfachstes Vorratsdressing, April 2019

Prinzipiell: 2 Teile Öl/1 Teil Zitronensaft oder Essig/1 Teil Süßungsmittel/1 TL Salz/1/4 TL gem. Pfeffer/5 Teile Wasser; am Beispiel:

- 80 g Sonnenblumenöl
- 40 g Zitronensaft
- 40 g Agavendicksaft
- 1 geh. TL Salz
- 1/4 TL gem. Pfeffer
- 200 g Wasser

Ohne Wasser verrühren, bis der Pfeffer nicht mehr klumpt. Dann Wasser einrühren. Im Kühlschrank aufbewahren.

12172. Kartoffeln mit Reis und so, April 2019

Reis (ohne Salz im Reiskocher, dann salzen):

- 1/2 Messbecher Reis
- 2 x 3/4 Messbecher Wasser
- 1 Prise Salz

Gemüsepfanne (25 Min., 20 cm-Woll-Pfanne):

- 25 g Sonnenblumenöl
- 40 g Wasser
- 1 TL Gemüsebrühe
- 20 g Cashewbruch
- 1 rote Zwiebel (80 g) in Würfeln
- 1 mittelgroße Kartoffel, geschält (125 g)

Beides zusammen auf einen Teller geben.

Hinweis: Nachsalzen des Gemüses fand ich nicht erforderlich.

12173. Marzipanhörnchen II, April 2019

Vorläufer 12167; ca. 11 Stück

- 200 g Vollrohrzucker
- 100 g Mandeln
- 100 g Dinkel, fein gemahlen
- 1 TL Backpulver
- 1 Prise Salz
- 200 g Honigmarzipan, vorgeschnitten
- 60 g Pflanzenmilch
- Ca. 100 g gehobelte Mandeln

Glasur:

- 50 g Kakaobutter
- 35 g Agavendicksaft
- 1 EL Kakao

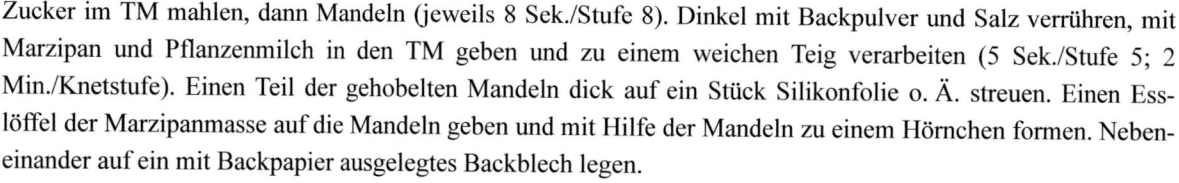

Zucker im TM mahlen, dann Mandeln (jeweils 8 Sek./Stufe 8). Dinkel mit Backpulver und Salz verrühren, mit Marzipan und Pflanzenmilch in den TM geben und zu einem weichen Teig verarbeiten (5 Sek./Stufe 5; 2 Min./Knetstufe). Einen Teil der gehobelten Mandeln dick auf ein Stück Silikonfolie o. Ä. streuen. Einen Esslöffel der Marzipanmasse auf die Mandeln geben und mit Hilfe der Mandeln zu einem Hörnchen formen. Nebeneinander auf ein mit Backpapier ausgelegtes Backblech legen.

Ofen (Heißluft) auf 190 °C vorheizen und 13 Min. backen. Hörnchen erst auf dem Blech abkühlen lassen, dann mit einem Pfannenwender vorsichtig auf ein Gitterrost legen.

Butter zerlassen, Süßungsmittel und Kakao einrühren. In eine Tasse geben und die ausgekühlten Hörnchen mit den Enden jeweils in die Schokolade tauchen. Auf einen mit Haushaltsfolie ausgelegten Teller legen, Schokolade im Kühlschrank fest werden lassen.

12174. Tomatenketchup XXXV, April 2019

Vorläufer 12168; 2 Cashewnussmus-Gläser

- 2 Dosen Tomaten inklusive Saft (800 g)
- 125 g Sultaninen
- 10 g Knoblauchzehen (frisch)
- 150 g Apfelessig (davon 10 g Peperoniessig)
- 100 g Wasser
- 1 TL Salz
- 1 Stück Essigpeperoni (5 g) 7/4573
- 1 Prise (1/4 TL) Pfeffer
- 2 TL Paprika edelsüß
- 10 g Tomatenmark
- 150 g Wasser

Alle Zutaten bis auf die zweite Menge Wasser in den Mixtopf geben. 15 Sek. auf Stufe 10 zerkleinern, dabei den Messbecher fest andrücken, anschließend garen (30 Min./Varoma/Stufe 3). Nach Ende der Garzeit Rest Wasser zugeben und fein pürieren (30 Sek./Stufe 10). Direkt in Schraubgläser füllen.

12175. Roggen-Sauerteigbrot, mit Altbrot, April 2019

Vorläufer 12166

Stufe 1 (12 Std. vorher):

Sauerteigansatz:

- 400 g Roggen
- 425 g Wasser
- 150 g Sauerteig

Brot:

- 90 g altes Brot, in kleinere Stücke geschnitten
- 370 g Wasser

Stufe 2 (Backen, bei mir am Morgen):

- 130 g Roggen
- 295 g Dinkel
- 15 g Salz
- eingeweichtes Brot
- 1/4 Würfel frische Hefe (= 10 g)
- 100 g Leinsamen
- ca. 800 g Sauerteigansatz
- 20 g Butter für die Form

Stufe 1: Brot über Nacht in einem geschlossenen Behälter im Wasser einweichen. Roggen fein mahlen, mit Wasser und altem Sauerteig mischen. In einer Plastiktüte über Nacht stehen lassen. 150 g von der Stufe 1 abnehmen und in einem gut schließenden Schraubglas in den Kühlschrank stellen für das nächste Backen.

Stufe 2: Getreide mischen und mahlen (Vorabend). Back-morgen: Brot mit einer Gabel im Wasser zerdrücken. Hefe darin auflösen. Zutaten (außer der Butter) mit einem großen Löffel gründlich verrühren, bis kein Mehl mehr sichtbar ist. Eine 30-cm-Brotform, Profi-Email von Dr. Oetker, gut ein-fetten. Teig hineingeben, mit der nassen Hand herunterdrü-cken und glattstreichen. Mit einem scharfen Messer kreuz-weise einschneiden. Form im kalten Ofen etwa 90 Min. gehen lassen. Ofen so programmieren, dass das Brot 3 Std. (80 Min. Backzeit, 190 °C Heißluft) später fertig ist, d. h. Endzeit 3 Std. minus 20 Min.

12176. Butterknoten ohne Knoten, April 2019

Ca. 10 Stück, 1 Backblech

- 25 g Butter
- 55 g Honig
- 30 g Bio-Hefe (3/4 Würfel)
- 230 g Pflanzenmilch
- 500 g Dinkel, fein gemahlen
- 1/2 TL Salz
- 3 EL Sahne (35 g)
- 4-5 EL Wasser
- Pflanzenmilch zum Bepinseln

Butter im TM zerlassen (2 Min./40 °C/Stufe 1). Honig zugeben und wiederholen (2 Min./40 °C/Stufe 1). Hefe in einem Teil der Pflanzenmilch auflösen. Mehl und Salz mischen, mit der aufgelösten Hefe und der restlichen Pflanzenmilch in den Mixtopf geben und kneten (2 Min./Knetstufe). Sahne hinzugeben und nochmals kneten (2 Min./Knetstufe). Aus dem TM nehmen und mit der Hand kneten, dabei das Wasser einarbeiten. In einer Peng-dose ca. 35 Min. gehen lassen (bis die Dose „ploppt"). Einmal durchkneten, nochmals gehen lassen (diesmal dauerte es 20 Min. bis zum Plopp). Teig nochmals durchkneten, in 10 Teile teilen und zu Strängen, dann zu Knoten formen. Nebeneinander auf ein mit Backpapier ausgelegtes Backblech legen. Mit Gärfolie abdecken und 30 Min. gehen lassen, in den letzten 10-15 Min. den Heißluftofen auf 190 °C vorheizen. Die Knoten mit Pflan-zenmilch bepinseln und 20 Min. bei 190 °C backen. Auf ein Gitterrost geben und noch heiß ein weiteres Mal mit Pflanzenmilch einpinseln.

Hinweis: Frisch sehr saftig und locker.

12177. Porridge aufgepimpt, April 2019

2 x Frühstück

- 6 EL Hafer, geflockt
- 1 Apfel (155 g), in kleinen Stücken
- 1 Prise Salz
- 645 g Wasser
- 2 EL Sahne
- 1 Banane (105 g), in Scheiben

Hafer mit Apfelstücken und Salz im Wasser aufkochen, 6 Min. kochen/quellen lassen. Auf zwei Schüsseln verteilen, Bananenscheiben darauf geben und die Sahne darüber-gießen.

12178. Haferbrei I, April 2019

2 Portionen

- 6 EL Hafer, geschrotet (Hawos Novum 3/9)
- 30 g Rosinen
- 500 g Wasser
- 1/2 TL Salz
- 2 EL Sahne
- 2 Bananen (200 g), in Scheiben

Alle Zutaten außer den Bananenscheiben mit dem Schneebesen verrühren und unter Rühren aufkochen. 5 Min. quellen lassen. Bananenscheiben auf zwei Schüsseln verteilen, mit dem Haferbrei übergießen. Wer es gern süß hat, gibt etwas Honig oben drauf.

12179. Haferbrei II, April 2019

2 Portionen

- 30 g grüne Rosinen
- 600 g Wasser
- 1/2 TL Salz
- 6 EL Hafer, geschrotet (Hawos Novum 3/9)
- 2 EL Sahne
- 2 Bananen (200 g), in Scheiben
- 1 TL Honig
- 95 g Erdbeeren in Stücken

Rosinen, Wasser und Salz aufkochen. Hafer unter Rühren mit dem Schneebesen einrieseln lassen und Sahne zugeben. 5 Min. quellen, dabei mit dem Schneebesen die Haferklumpen auflösen (d. h. die Methode ist nicht zu empfehlen), Alle Zutaten außer dem Obst mit dem Schneebesen verrühren und unter Rühren aufkochen. 5 Min. quellen lassen. Bananenscheiben auf zwei Schüsseln verteilen, mit dem Haferbrei übergießen. Wer es gern süß hat, gibt etwas Honig oben drauf. Bananenscheiben auf zwei Schüsseln verteilen, Brei darüber gießen. Auf eine Schüssel den Honig, auf die andere die Erdbeeren geben.

12180. Butterstuten, April 2019

Vorlage 12176; Thermomix

- 25 g Butter
- 55 g Honig
- 300 g Pflanzenmilch
- 2 EL Sahne
- 500 g Dinkel, fein gemahlen
- 1/2 TL Salz
- 30 g Bio-Hefe (3/4 Würfel)
- Butter für die Form, ca. 15 g

Butter und Honig im TM zerlassen (3 Min./40 °C/Stufe 1). Milch und Sahne in den Mixtopf geben. Mehl und Salz

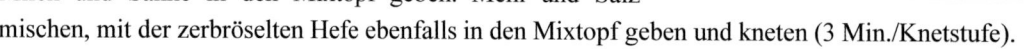

mischen, mit der zerbröselten Hefe ebenfalls in den Mixtopf geben und kneten (3 Min./Knetstufe).

Im geschlossenen TM 45 Min. gehen lassen, dann 1 Min./Knetstufe. Erneut gehen lassen, diesmal 30 Min. 30 Sek./Knetstufe.

Eine Kastenform (30-35 cm) mit der Butter einfetten. Teig in die Form geben, glattstreichen und mit Wasser einsprühen. In eine große Plastiktüte geben und insgesamt 30 Min. gehen lassen, in den letzten 10-15 Min. den Ofen (Heißluft) auf 190 °C vorheizen. 30 Min. bei 190 °C backen. Auf einen Gitterrost stürzen und auskühlen lassen.

Tipp: *Frisch sehr saftig und locker mit krosser Kruste. – Da der Stuten noch warm war, als wir ihn angeschnitten haben, ist die Schnittfläche etwas „unordentlich". Beim kalten Stuten war das anders.*

12181. Pflanzenmilch Trockenmischung V, April 2019

Vorläufer 12161

- 400 g Rundkorn-Naturreis
- 400 g Cashewnüsse
- 190 g rote Linsen
- 8 g Salz
- 35 g Zucker

Im TM Reis und Linsen mahlen 1 Min./Stufe 10 mahlen, Rest dazu und 30 Sek./Stufe 10 mahlen. Ich habe 65 g/Behälter abgewogen. Verarbeitung im Vitamix: 425 g Wasser kalt, Rest auf 1 Liter kochend, 2 Min. 15 Sek. 16 Portionen; im Thermomix Reis und Linsen 1 Min./Stufe 10, Rest dazu, 2 x 30 Sek./Stufe 10. Je Portion ca. 65 g.

Weiterverarbeitung im Vitamix: 425 g Wasser kalt, Rest auf 1 Liter kochend, 2 Min. 15 Sek.

12182. Butterstuten gepimpt, April 2019

Vorläufer 12180; Thermomix

- 25 g Butter
- 60 g Honig
- 300 g Pflanzenmilch
- 2 EL Sahne
- 500 g Dinkel, fein gemahlen
- 1/2 TL Salz
- 30 g Bio-Hefe (3/4 Würfel)
- 30 g gestiftelte Mandeln
- 50 g Rosinen
- Butter für die Form, ca. 15 g

Butter und Honig im TM zerlassen (3 Min./40 °C/Stufe 1). Milch und Sahne in den Mixtopf geben. Mehl und Salz mischen, mit der zerbröselten Hefe ebenfalls in den Mixtopf geben und kneten (1 Min./Knetstufe).

Im geschlossenen TM 45 Min. gehen lassen, dann 1 Min./Knetstufe. Erneut gehen lassen, diesmal 30 Min. 30 Sek./Knetstufe.

Eine Kastenform (30-35 cm) mit der Butter einfetten. Teig in die Form geben, glattstreichen und mit Wasser einsprühen. In eine große Plastiktüte geben und insgesamt 30 Min. gehen lassen, in den letzten 10-15 Min. den Ofen (Heißluft) auf 190 °C vorheizen. 30 Min. bei 190 °C backen. Auf einen Gitterrost stürzen und auskühlen lassen.

12183. Kräuterseitlinge in Erdnusssoße, April 2019

- 65 g Vollkornspaghetti
- 225 g Kräuterseitlinge, in grobe Scheiben geschnitten
- 20 g Sonnenblumenöl
- 200 g Wasser
- 30 g Erdnussmus
- 1 Spritzer Agavendicksaft
- 2 TL Peperoniessig (Essig von eingelegten Peperoni)

Spaghetti in Stücke brechen und in eine Pfanne geben (20-cm-Woll-Pfanne). Flüssigkeiten zugeben und als Gemüsepfanne 15 Min. dünsten. Restliche Zutaten unterrühren, evtl. mit Salz abschmecken.

12184. Marzipanhörnchen III, April 2019

Vorläufer 12173

- 200 g Vollrohrzucker
- 100 g Mandeln
- 125 g Dinkel, fein gemahlen
- 2 TL Backpulver
- 1 Prise Salz
- 175 g Honigmarzipan, vorgeschnitten
- 60 g Pflanzenmilch
- Ca. 100 g gehobelte Mandeln

Glasur:

- 50 g Kakaobutter
- 35 g Agavendicksaft
- 1 EL Kakao

Zucker im TM mahlen, dann Mandeln (jeweils 8 Sek./Stufe 10). Dinkel mit Backpulver und Salz verrühren, mit Marzipan und Pflanzenmilch in den TM geben und zu einem weichen Teig verarbeiten (5 Sek./Stufe 5; 2 Min./Knetstufe). Einen Teil der gehobelten Mandeln dick auf ein Stück Silikonfolie o. Ä. streuen. Einen Esslöffel der Marzipanmasse auf die Mandeln geben und mit Hilfe der Mandeln zu einem Hörnchen formen. Nebeneinander auf ein mit Backpapier ausgelegtes Backblech legen.

Ofen (Heißluft) auf 190 °C vorheizen und 13 Min. backen. Hörnchen erst auf dem Blech abkühlen lassen, dann mit einem Pfannenwender vorsichtig auf ein Gitterrost legen.

Für den Guss Butter zerlassen, Süßungsmittel und Kakao einrühren. In eine Tasse geben und die ausgekühlten Hörnchen mit den Enden jeweils in die Schokolade tauchen. Auf einen mit Haushaltsfolie ausgelegten Teller legen, Schokolade im Kühlschrank fest werden lassen.

12185. Sauerkraut-Erdnusssoße, April 2019

Zu Reis-Kartoffel gedünstet im Reiskocher.

- 110 g Wasser
- 75 g Sauerkraut, klein geschnitten
- 30 g Erdnussmus
- 10 g Sonnenblumenöl
- 1 Prise Salz
- 1 Prise Pfeffer
- 1/2 TL Agavendicksaft

In einer 20-cm-Keramikpfanne erhitzen und rühren, bis das Nussmus sich gelöst hat.

12186. Dattelkonfekt VII, April 2019

Vorläufer: 12169

- 130 g Datteln Deglet Nour
- 75 g Softfeigen
- 60 g Sonnenblumenkerne
- 60 g Mandeln
- 30 g Hafer, geschrotet (3/9 Hawos Novum)
- 2 EL Kakao, schwach entölt (20 g)
- 1 Prise Salz
- Kokosflocken

Alle Zutaten bis auf die Kokosflocken in den Mixtopf geben. Zerkleinern (10 Sek./Stufe 6; 1 Min./Stufe 8) und vermengen.

Die Masse lässt sich eingeschlagen in Haushaltsfolie eine Weile aufbewahren, wenn man nicht direkt Zeit zur Weiterverarbeitung hat und nicht möchte, dass sie austrocknet. Aus der Masse Rollen mit einem Durchmesser von etwas mehr als 1 cm formen. Kokosflocken auf einen Teller passender Größe streuen, die Rollen darin wälzen. Die Rollen in kleine Stücke schneiden und diese Stücke mit den unbedeckten Seiten in die Kokosflocken drücken. In einer geschlossenen Dose im Kühlschrank aufbewahren.

12187. Dattelkonfekt VIII, April 2019

Vorläufer 12186

- 135 g Datteln (Deglet Nour)
- 75 g Feigen (Softfeigen)
- 60 g Sonnenblumenkerne
- 60 g Cashewnüsse
- 30 g Hafer, geschrotet (3/9 Hawos Novum)
- 2 EL Kakao, schwach entölt (20 g)
- 20 g Kakaonibs
- 1 Prise Salz
- 1 Prise gem. Vanille
- Kokosflocken

Herstellung siehe 12186, Seite vorher.

Hinweis: *Mit der Zugabe von Kakaonibs schmecken sie Eric und mir noch besser.*

12188. Sonnige Sandkekse, April 2019

1 Backblech; nach einem Rezept von https://www.rezept-welt.de, „Mandel-Sand-Kekse-Sekundenschnell" (was natürlich Quatsch ist, sie gehen schnell, aber keineswegs in Sek.).

- 100 g Sonnenblumenkerne
- 100 g Vollrohrzucker
- 1 Prise Vanille
- 1 Prise Salz
- 125 g Butter, zimmerwarm
- 150 g Dinkel, fein gemahlen
- 2 EL Rum (15 g)

Sonnenblumenkerne mahlen (8 Sek./Stufe 8). Zucker zugeben und nochmals mahlen (5 Sek./Stufe 5). Restliche Zutaten zugeben und mischen (15 Sek./Stufe 5), im Anschluss kneten (20 Sek./Knetstufe).

Mit Hilfe von einer Haushaltsrolle zu einer Rolle o. Ä. formen und in die Folie gewickelt in den Kühlschrank legen. Mindestens 1 Stunde dort liegen lassen. *(In der Originalanleitung steht „Zu einer Rolle oder einem Block formen und in Folie gepackt für ca. 30 Min. kühl stellen". Viel zu kurz!, der Teig lässt sich nämlich überhaupt nicht formen, es sei denn mit Hilfe von Folie. Und nach einer halben Stunde ist der noch wabbelweich. Eine Stunde war schon nicht reichlich. Meint die Autorin vielleicht das Tiefkühlfach?).*

Aus der Folie wickeln und mit einem scharfen Messer in Scheiben schneiden. Nebeneinander auf ein mit Backpapier ausgelegtes Blech bei 180 °C etwa 10 Min. backen (im Original steht 190 °C, aber leider nicht, ob es sich um Heißluft handelt). Auf einem Gitterrost auskühlen lassen und in einer Dose aufbewahren.

Tipp: *Sie laufen sehr stark auseinander. Ich würde den Rum (im Original Amaretto) demnächst weglassen.*

12189. Tomaten serbische Art, Mai 2019

Dies ist einem serbischen Gericht, das ich vor vielen Jahren einmal gegessen habe, nachempfunden. Ich dachte, das hieße „Sarrasch". Aber dazu habe ich nichts Passendes gefunden.

- Reis und Kartoffeln (Jasminvollkornreis mit Kartoffeln im Reiskocher mit 2 x 3/4 Messbecher Wasser gegart).
- 20 g Sonnenblumenöl
- 2 Tomaten (210 g), klein geschnitten
- 75 g Spritzpaprika, in Halbringen
- 2 Eier (100 g netto)
- 1/2 TL Salz
- 1 gute Prise Pfeffer
- 1/2 TL Paprika edelsüß

Mit Öl, Tomaten und Paprika eine Gemüsepfanne zubereiten (15 Min., 20-cm-Keramikpfanne). Eier mit Salz und Gewürzen verquirlen, unterrühren und erhitzen, bis die Eier geflockt sind. Zum Reis servieren.

12190. Brownies ehemals Blondes, April 2019

1/2 Backblech; das Originalrezept steht auf dem Foto; die blauen Einträge sind Änderungen, so wie ich das gegessen habe.

- 150 g Butter
- 75 g Sonnenblumenkerne
- 225 g Dinkel, fein gemahlen
- 2 TL Backpulver
- 150 g Vollrohrzucker
- 1 Prise gem. Vanille
- 1 Prise Salz
- 75 g Apfelmus (reine Frucht)
- 3 x 50 g 99 % Schokolade Lindt

Butter zerlassen (Stufe 4/14 Induktion). Sonnenblumenkerne hinzufügen und etwas kochen lassen (das mit dem Rösten geht mit dieser Buttermenge nicht; beim nächsten Mal röste ich die „Nüsse" trocken und gebe dann die Butter hinzu). Dinkel, Backpulver, Zucker, Vanille und Salz in einer Rührschüssel verrühren. Apfelmus hinzufügen. Die leicht abgekühlte Butter zugeben und mit dem Rührbesen des Handrührgeräts rühren. Die Schokolade im Thermomix zerkleinern (7-8 Sek./Stufe 4), unter den Teig rühren.

Ofen auf 180 °C vorheizen. Teig auf ein Backpapier geben, etwa 1 cm hoch ausstreichen (Blech ist bei

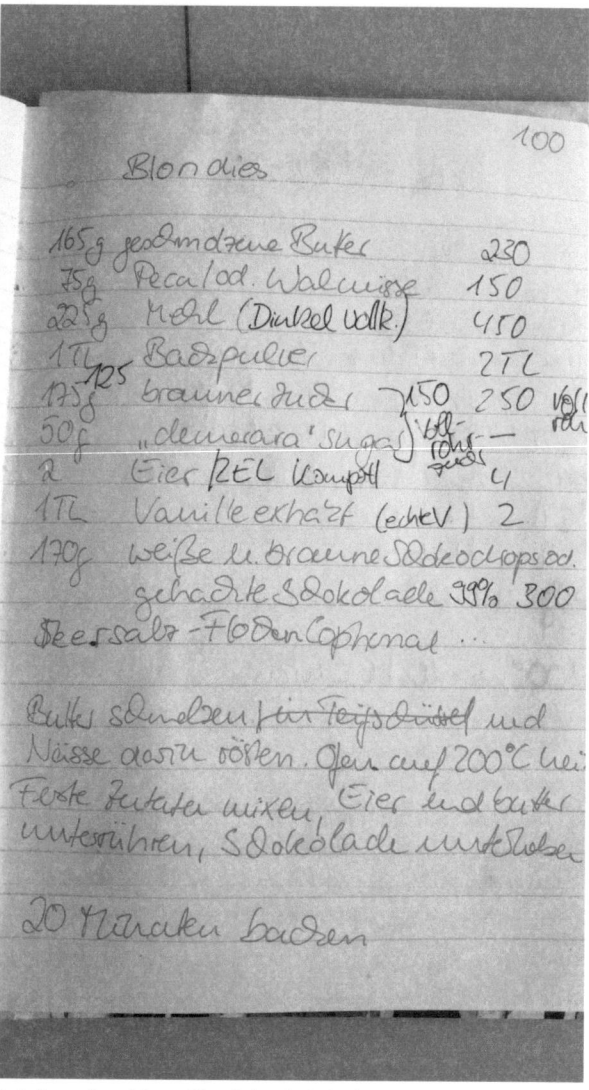

weitem nicht voll) und 20 Min. bei 180 °C backen. Auf dem Blech lauwarm werden lassen, erst dann in Stücke schneiden. Vorsicht, bricht leicht!

Hinweis: Ist lecker, aber wenn ich an die schweren Zutaten denke: Also der Browniekuchen ist genauso lecker und deutlich „verdaulicher".

12191. Fünf-Minuten-Brot mal wieder, Mai 2019

Vorläufer 11/8179; Kastenform 30 cm

- 500 g Dinkel, fein gemahlen
- 100 g Sonnenblumenkerne
- 2 knappe TL Salz (oder wer mag auch Kräutersalz)
- 2 EL Apfelessig
- 1 TL Honig
- 1 Würfel frische Bio-Hefe (42 g)
- 450 g handwarmes Wasser
- Butter für die Form

Mehl in den Mixtopf geben. Sonnenblumenkerne, Salz, Essig und Honig hinzufügen. Die Hefe auf die Oberfläche bröseln, das Wasser hinzugeben. Teig in der Maschine kneten (2 Min. 30 Sek./Knetstufe).

Brotform einfetten. Teig hineingeben und die Form auf dem Gitterrost in den kalten Backofen schieben. Den Ofen auf 200 °C (Umluft) aufheizen und das Brot darin 1 Std. backen. Das fertige Brot aus der Form stürzen, mit Wasser einsprühen (z. B. mit einer Blumenspritze) und auf einem Kuchengitter auskühlen lassen.

12192. Apfeltartes à la Frankfurt, Mai 2019

1 Porzellanform 24, eine 20 cm; Originalrezept siehe Foto.

Teig:
- 200 g Mandeln
- 175 g Butter
- 135 g Honig
- 15 g Vollrohrzucker
- 250 g Dinkel, fein gemahlen
- 100 g Apfelmus
- 1 Prise Salz
- Etwas Öl für die Formen

Belag:
- 500 g Äpfel
- 50 g Butter
- 50 g Mandelstifte
- 30 g Vollrohrzucker

Mandeln im TM fein mahlen (8 Sek./Stufe 8). Butter hinzufügen und zerlassen (2 Min./50 °C/Stufe 3). Mit dem Honig mischen (30 Sek./Stufe 3). Zucker, Mehl, Apfelmus und Salz zugeben und zu einem Teig verarbeiten (10 Sek./Stufe 5,;2 Min. Knetstufe). Formen

mit Öl einpinseln und den Teig darauf verteilen.

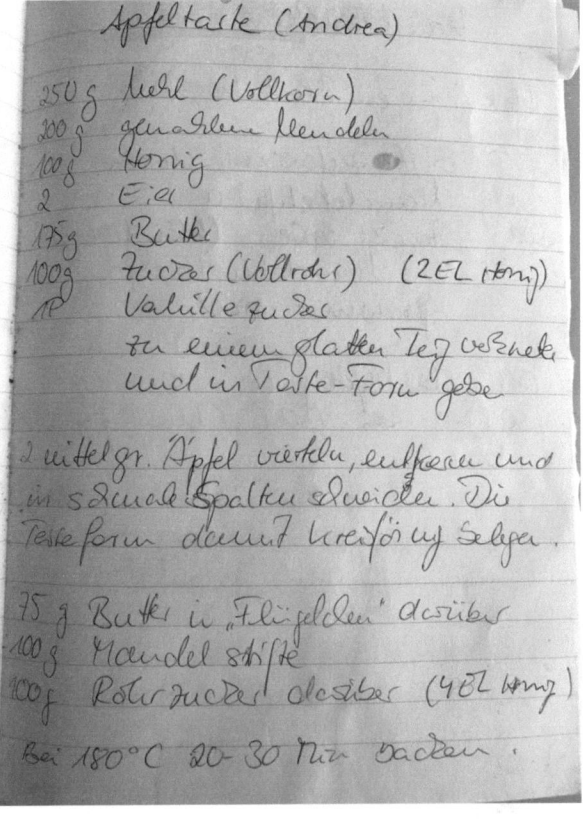

TM reinigen (d. h. Teig herauskratzen, aber nicht spülen). Äpfel vierteln oder halbieren, im Thermomix zerkleinern (5 Sek./Stufe 5). Apfelmasse auf dem Teig verteilen, mit Butterflöckchen belegen, mit Mandelstiften bestreuen und mit Zucker abschließen. In den auf 175 °C vorgeheizten Ofen schieben und 30 Min. backen, 5 Min. im ausgestellten Ofen nachbacken.

12193. Butterstuten gepimpt II, Mai 2019

Vorläufer 12182; TM.
- 25 g Butter
- 60 g Honig
- 300 g Pflanzenmilch
- 2 EL Sahne
- 500 g Dinkel, fein gemahlen
- 1/2 TL Salz
- 30 g Bio-Hefe (3/4 Würfel)
- 30 g Sonnenblumenkerne
- 55 g Rosinen
- Butter für die Form, ca. 15 g

Butter und Honig im TM zerlassen (3 Min./40 °C/ Stufe 1). Milch und Sahne in den Mixtopf geben. Mehl

und Salz mischen, mit der zerbröselten Hefe ebenfalls in den Mixtopf geben und kneten (1 Min./Knetstufe). Kerne und Rosinen einarbeiten (2 Min./Knetstufe).

Im geschlossenen TM 45 Min. gehen lassen, dann 1 Min./Knetstufe. Erneut gehen lassen, diesmal 30 Min. 30 Sek./Knetstufe.

Eine Kastenform (30-35 cm) mit der Butter einfetten. Teig in die Form geben, glattstreichen und mit Wasser einsprühen. In eine große Plastiktüte geben und insgesamt 30 Min. gehen lassen, in den letzten 10-15 Min. den Ofen (Heißluft) auf 190 °C vorheizen. 30 Min. bei 190 °C backen. Auf einen Gitterrost stürzen und auskühlen lassen.

12194. Sonnige Sandkekse II, Mai 2019

Vorläufer 12188; 1 Backblech.

- 50 g Sonnenblumenkerne
- 50 g Cashewkerne
- 100 g Vollrohrzucker
- 1 Prise Salz
- 125 g Butter, zimmerwarm
- 175 g Dinkel, fein gemahlen
- 2 EL Rum (15 g)

Sonnenblumen- und Cashewkerne mahlen (8 Sek./Stufe 8). Zucker zugeben und nochmals mahlen (5 Sek./Stufe 5). Restliche Zutaten zugeben und mischen (15 Sek./Stufe 5), im Anschluss kneten (20 Sek./Knetstufe).

Mit Hilfe von einer Haushaltsrolle zu einer Rolle o. Ä. formen und in die Folie gewickelt in den Kühlschrank legen. Mindestens 1 Stunde dort liegen lassen. Aus der Folie wickeln und mit einem scharfen Messer in Scheiben schneiden. Nebeneinander auf ein mit Backpapier ausgelegtes Blech legen, in dieser Zeit den Ofen auf 180 °C vorheizen. Bei 180 °C etwa 10 Min. backen. Auf einem Gitterrost auskühlen lassen und in einer Dose aufbewahren.

Hinweis: Ich habe den Rum aus dem Vorgängerrezept doch gelassen, weil das Eric so gut schmeckt. Dafür habe ich 25 g mehr Dinkelmehl genommen, das „Handling" des Teigs ist dadurch wirklich besser.

12195. Pflanzenmilch Trockenmischung VI, Mai 2019

Vorläufer 12181; 16 Portionen

- 400 g Rundkorn-Naturreis
- 200 g rote Linsen
- 400 g Cashewnüsse
- 10 g Salz
- 35 g Zucker

Im Thermomix Reis und Linsen 1 Min./Stufe 10, Rest dazu, 2 x 30 Sek./Stufe 10. Ich habe 65 g/Behälter abgewogen, das kam fast genau hin. Weiterverarbeitung im Vitamix: 425 g Wasser kalt, Rest auf 1 Liter kochend, 2 Min. 10 Sek.

12196. Brownies ehemals Blondies II, Mai 2019

Vorläufer 12189; 1/2 Backblech

- 150 g Butter
- 75 g Sonnenblumenkerne
- 75 g Apfelmus (reine Frucht)
- 225 g Dinkel, fein gemahlen
- 2 TL Backpulver
- 150 g Vollrohrzucker
- 1 Prise Salz
- 3 x 50 g 100 % Schokolade Lindt

Sonnenblumenkerne in einer Pfanne (20 cm, Keramik) unter gelegentlich Rühren erhitzen (Induktion 9/14), bis sie duften, knistern und einige beigefarben sind. Eine kleine Menge Butter (ca. 2 TL) hinzufügen, und weiter rösten. Rest Butter zugeben und auflösen. Vom Herd nehmen und leicht abkühlen lassen. Zum weiteren Abkühlen das Fruchtmus unterrühren. Dinkel, Backpulver, Zucker und Salz in einer Rührschüssel verrühren. Die leicht abgekühlte Buttermischung zugeben und mit dem Rührbesen des Handrührgeräts rühren. Die Schokolade im TM zerkleinern (7-8 Sek./Stufe 4; 4 Sek./Stufe 5), unter den Teig rühren.

Ofen auf 180 °C vorheizen. Teig auf ein mit Backpapier ausgelegtes Backblech geben, etwa 1 cm hoch mit den Händen auseinanderdrücken (Blech ist bei weitem nicht voll) und 20 Min. bei 180 °C backen. Auf dem Blech lauwarm werden lassen, erst dann in Stücke schneiden. Vorsicht, bricht leicht!

12197. Butterstuten gepimpt III; Mai 2019

Vorläufer 12193

- 25 g Butter
- 60 g Honig
- 300 g Pflanzenmilch
- 2 EL Sahne
- 475 g Dinkel, fein gemahlen
- 25 g Roggen, mit dem Dinkel gemahlen
- 1/2 TL Salz
- 30 g Bio-Hefe (3/4 Würfel)
- 50 g Orangeat
- 50 g Rosinen
- Butter für die Form, ca. 15 g

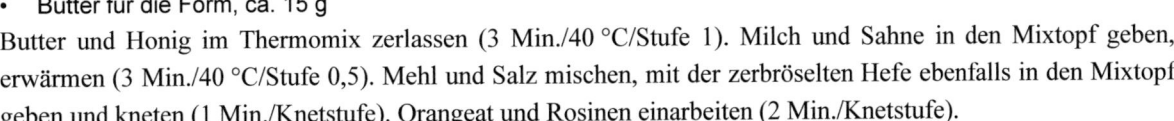

Butter und Honig im Thermomix zerlassen (3 Min./40 °C/Stufe 1). Milch und Sahne in den Mixtopf geben, erwärmen (3 Min./40 °C/Stufe 0,5). Mehl und Salz mischen, mit der zerbröselten Hefe ebenfalls in den Mixtopf geben und kneten (1 Min./Knetstufe). Orangeat und Rosinen einarbeiten (2 Min./Knetstufe).

Im geschlossenen TM 45 Min. gehen lassen, dann 1 Min./Knetstufe. Erneut gehen lassen, diesmal 30 Min. 30 Sek./Knetstufe. Eine Kastenform (30-35 cm) mit der Butter einfetten. Teig in die Form geben, glattstreichen und mit Wasser einsprühen. In eine große Plastiktüte geben und insgesamt 30 Min. gehen lassen, in den letzten 10-15 Min. den Ofen (Heißluft) auf 190 °C vorheizen. 30 Min. bei 190 °C backen. Auf einen Gitterrost stürzen und auskühlen lassen.

Hinweis: *Leider ist der Stuten an mehreren Stellen in der Form hängengeblieben, keine Ahnung wieso. An der Seite ließ sich schneiden, aber unten ist es dann herausgebrochen.*

12198. Fünf-Minuten-Brot mal wieder II, Mai 2019

Vorläufer 12191; Kastenform 30 cm.

- 500 g Dinkel
- 100 g Walnüsse, grob zerdrückt
- 2 knappe TL Salz (oder wer mag auch Kräutersalz)
- 450 g handwarmes Wasser
- 2 EL Apfelessig
- 1 TL Honig
- 1 Würfel frische Bio-Hefe (42 g)
- Butter für die Form

Abends vorbereiten: Dinkel fein mahlen, mit Walnüssen und Salz mischen. Wasser und Essig in einem entsprechenden Gefäß zusammen über Nacht aufbewahren.

Morgens: Mehlmischung in den Mixtopf geben. Honig hinzufügen und die Hefe auf die Oberfläche bröseln, die Wassermischung hinzugeben. Teig in der Maschine kneten (3 Min./Knetstufe). Brotform einfetten. Teig hineingeben, 10 Min. ruhen lassen und die Form auf dem Gitterrost in den kalten Backofen schieben. Den Ofen auf 200 °C (Umluft) aufheizen und das Brot darin 1 Std. backen. Das fertige Brot aus der Form stürzen, mit Wasser einsprühen (z. B. mit einer Blumenspritze) und auf einem Kuchengitter auskühlen lassen.

12199. Schnelles Cremedressing, Mai 2019

- 50 g Sonnenblumenkerne
- 25 g Sonnenblumenöl
- 25 g Zitronensaft
- 1/2 TL Salz
- 1 Prise gem. Pfeffer
- 130 g Wasser

Im Vitamix cremig schlagen. Wird mit Stehen fester. Für einen Salat für zwei Personen habe ich 75 g benötigt. Lässt sich auch für ein flüssiges Dressing noch nach Belieben verdünnen.

12200. Marzipanhörnchen IV, Mai 2019

Vorläufer 12184; ca. 12 Stück; TM

- 200 g Vollrohrzucker
- 90 g Mandeln
- 10 g Sonnenblumenkerne
- 150 g Dinkel, fein gemahlen
- 3 TL Backpulver
- 1 Prise Salz
- 175 g Honigmarzipan, vorgeschnitten
- 60 g Pflanzenmilch
- Ca. 100 g gehobelte Mandeln

Glasur:

- 50 g Kakaobutter
- 35 g Agavendicksaft
- 1 EL Kakao

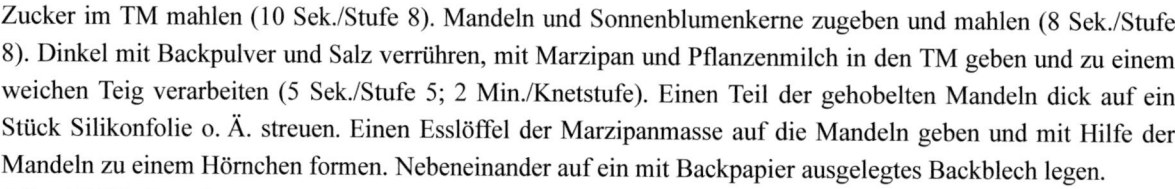

Zucker im TM mahlen (10 Sek./Stufe 8). Mandeln und Sonnenblumenkerne zugeben und mahlen (8 Sek./Stufe 8). Dinkel mit Backpulver und Salz verrühren, mit Marzipan und Pflanzenmilch in den TM geben und zu einem weichen Teig verarbeiten (5 Sek./Stufe 5; 2 Min./Knetstufe). Einen Teil der gehobelten Mandeln dick auf ein Stück Silikonfolie o. Ä. streuen. Einen Esslöffel der Marzipanmasse auf die Mandeln geben und mit Hilfe der Mandeln zu einem Hörnchen formen. Nebeneinander auf ein mit Backpapier ausgelegtes Backblech legen.

Ofen (Heißluft) auf 190 °C vorheizen und 13 Min. backen. Hörnchen erst auf dem Blech abkühlen lassen, dann mit einem Pfannenwender vorsichtig auf ein Gitterrost legen.

Für den Guss Butter zerlassen, Süßungsmittel und Kakao einrühren. In eine Tasse geben und die ausgekühlten Hörnchen mit den Enden jeweils in die Schokolade tauchen. Auf einen mit Haushaltsfolie ausgelegten Teller legen, Schokolade im Kühlschrank fest werden lassen.

12201. Rote Linsen mit grünem Spargel, Mai 2019

- 75 g rote Linsen
- 150 g Wasser
- 6 Stangen grüner Spargel (wiegen vergessen, ich schätze 200 g)
- 95 g Schnelles Cremedressing 12199

Linsen mit Wasser in eine 20-cm-Pfanne (hier: Wollpfanne) geben. Enden des Spargels abschneiden, Rest in 4-5 cm lange Stücke schneiden. Spargel in die Pfanne geben und als Gemüsepfanne 20 Min. dünsten. Darauf achten, dass es am Anfang noch leicht kocht, also nicht zu schnell herunterdrehen. Cremedressing unterrühren.

Tipp: Einen ähnlichen Effekt kann man vermutlich erreichen, wenn man das Cremedressing durch saure Sahne oder Crème fraîche ersetzt.

12202. Tomatenketchup XXXVI, Mai 2019

Vorläufer 12174; 2 Cashewnussmus-Gläser

- 2 Dosen Tomaten inklusive Saft (800 g)
- 135 g Sultaninen
- 10 g Knoblauchzehen (frisch)
- 150 g Apfelessig (davon 10 g Peperoniessig)
- 100 g Wasser
- 1 TL Salz
- 1 rote Zwiebel (110 g), geviertelt
- 1 Stück Essigpeperoni (5 g) 7/4573
- 1 Prise (1/4 TL) Pfeffer
- 2 TL Paprika edelsüß

- 10 g Tomatenmark
- 150 g Wasser

Alle Zutaten bis auf die zweite Menge Wasser in den Mixtopf geben. 15 Sek. auf Stufe 10 zerkleinern, dabei den Messbecher fest andrücken, anschließend garen (30 Min./Varoma/Stufe 3). Nach Ende der Garzeit Rest Wasser zugeben und fein pürieren (30 Sek./Stufe 10). Direkt in Schraubgläser füllen.

12203. Kräuterbrötchen in mini

1 Pizzablech 30 cm; TM; nach einem Rezept aus der Mixx, 04/2019, Seite 28.

- 290 g Wasser
- 1 Prise Vollrohrzucker oder 1/2 TL Honig
- 20 g frische Hefe
- 2 EL Sonnenblumenöl
- 500 g Dinkel, fein gemahlen
- 1 TL Salz

Kräuterbutter

- 100 g Butter
- 1 TL Salz
- 1 EL Petersilie, gehackt (TK), 15 g

Wasser, Zucker und Hefe im Mixtopf verrühren (2 Min./37°C/Stufe 2). 5 Min. stehen lassen. Restliche Teigzutaten zugeben und kneten (5 Min./Knetstufe). Eine Pengschüssel leicht einölen, Hände ebenfalls und so den Teig in die Pengschüssel geben. Zu einer Kugel unter Spannung formen, Deckel schließen. Insgesamt 1 Stunde gehen lassen, wenn der Deckel das erste Mal abspringt (nach ca. 25 Min.) einmal durchkneten, dann nur noch die Luft herauslassen.

Butter, Salz und Petersilie auf kleiner Einstellung erhitzen, bis die Butter fast geschmolzen ist. Sie wird dann etwas härter in der Wartezeit, was das Bestreichen erleichtert.

Pizzaform mit etwas Kräuterbutter einpinseln. Vom Teig kleine Teigportionen von ca. 15 g abnehmen, zu Kugeln formen und nebeneinander in die Pizzaform setzen. Wie dicht man das macht, muss man ein bisschen ausprobieren. *Ich habe die Kugeln erst zu eng aneinandergesetzt und hatte dann ein „Loch" in der Mitte. Das lässt sich natürlich relativ leicht beseitigen durch Umschieben von Kugeln und Auseinanderziehen der restlichen.*

Insgesamt 15 Min. abgedeckt stehen lassen, dabei den Ofen (Heißluft) auf 180 °C vorheizen, was bei mir allerdings nur 10 Min. dauert. *So etwas lässt sich bei einem zweiten Versuch optimieren.* 20-25 Min. bei 180 °C backen, bis die Brötchen goldbraun sind.

12204. Brownies aus dem TM, Mai 2019

Vorläufer 12189; 1/2 Backblech; im TM

- 3 x 50 g 99 % Schokolade Lindt
- 150 g Butter
- 75 g Sonnenblumenkerne
- 85 g Apfelmus (reine Frucht)
- 225 g Dinkel, fein gemahlen
- 2 TL Backpulver
- 150 g Vollrohrzucker
- 1 Prise Salz

Schokolade im TM zerkleinern (8 Sek./Stufe 4), umfüllen. Butter mit den Sonnenblumenkernen zerlassen, (7 Min./65 °C/1 rückwärts). Apfelmus und die trockenen Zutaten zugeben, mixen (20 Sek./Stufe 2; 2 Min. Knetstufe). Schokolade zugeben und unterheben (1 Min./Stufe 2 rückwärts).

Ofen auf 180 °C vorheizen. Teig auf ein Backpapier geben, etwa 1 cm hoch ausstreichen (Blech ist bei weitem nicht voll) und 20 Min. bei 180 °C backen. Auf dem Blech lauwarm werden lassen, erst dann in Stücke schneiden.

12205. Brownies aus dem TM II

Vorläufer 12204; 1/2 Backblech; im Thermomix; ich habe nicht genug 99 % Schokolade bekommen, da diese Brownies für Freunde sind, macht das nichts, sie leben nicht vollwertig.

- 3 x 50 g 90 % Schokolade Lindt
- 150 g Butter
- 75 g Sonnenblumenkerne
- 90 g Apfelmus (reine Frucht)
- 225 g Dinkel, fein gemahlen
- 2 TL Backpulver
- 150 g Vollrohrzucker
- 1 Prise Salz

Schokolade im TM zerkleinern (9 Sek./Stufe 4), umfüllen. Butter mit den Sonnenblumenkernen zerlassen, (7 Min./65 °C/1 rückwärts). Apfelmus und die trockenen Zutaten zugeben, mixen (20 Sek./Stufe 2; 3 Min. Knetstufe). Schokolade zugeben und unterheben (1 Min./Stufe 2 rückwärts).

Ofen auf 180 °C vorheizen. Teig auf ein Backpapier geben, etwa 1 cm hoch ausstreichen (Blech ist bei weitem nicht voll) und 20 Min. bei 180 °C backen. Auf dem Blech lauwarm werden lassen, erst dann in Stücke schneiden.

12206. Spaghetti in Tomaten-Frischkäse-Soße

- 80 g Spaghetti, in Stücke gebrochen
- 1 TL Gemüsebrühe
- 15 g Sonnenblumenöl
- 165 g Wasser
- 255 g Tomaten (2 größere), in Stücke geschnitten
- Eine gute Prise Pfeffer (1/4 TL)
- 50 g Frischkäse

Spaghetti, Gemüsebrühe, Öl, Wasser und Tomaten auf starker Hitze aufkochen. Allmählich die Hitze herunterdrehen, so dass es immer leicht kocht, sonst werden die Nudeln nicht gar. Insgesamt nach dem Aufkochen 15 Min.. Mit Pfeffer abschmecken, Frischkäse unter Rühren darin auflösen.

12207. Tomaten-Sauerkraut-Soße, Mai 2019

- 20 g Sonnenblumenöl
- 2 große Tomaten (265 g), in Stücke geschnitten
- 1 TL Gemüsebrühe
- 90 g Sauerkraut, klein geschnitten
- 50 g Frischkäse
- Salz
- Pfeffer

Öl, Tomaten, Gemüsebrühe und Sauerkraut als Gemüsepfanne garen. Frischkäse einrühren und mit Salz und Pfeffer abschmecken.

Hinweis: *Bei mir gab es dazu Reis aus dem Reiskocher.*

12208. Mangoeis mit kleinem Kick, Mai 2019

- 160 g Bananen (brutto!)
- 1 voller TL Erdnussmus (Glas von Rapunzel)
- 185 g Mangostücke, tiefgekühlt

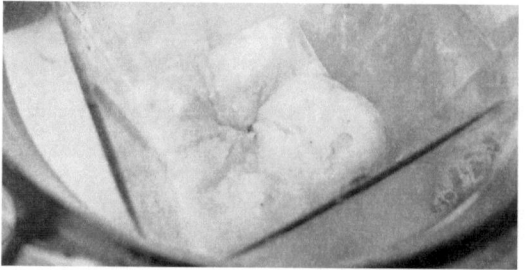

Bananen und Erdnussmus im Vitamix schaumig schlagen. Mangostücke hinzufügen und schlagen, bis sich die typische Raute ergibt.

12209. Softeis-FKG, Mai 2019

- 3 EL Hafer
- 100 g Wasser
- 1 Banane
- Exotische Früchte, tiefgekühlt (Bananengewicht aufgefüllt mit den Tiefkühlfrüchten auf 300 g)
- 1 Stück Schokolade 99% Kakao (Lindt)

Abends den Hafer flocken und das Wasser darüber gießen. Über Nacht abgedeckt einweichen lassen. Morgen mit der geschälten Banane und den Früchten im Vitamix mit Hilfe des Stampfers pürieren, bis die typische Raute entsteht. In eine Schüssel füllen und mit der Schokolade dekorieren.

12210. Zimtzucker, Mai 2019

1/2 Honigglas; nur für diejenigen, die Vollrohrzucker in der Vollwertkost akzeptieren. Das Rezept stammt ursprünglich aus dem Thermomixbuch mit türkischen Rezepten, wo die doppelte Menge verwendet und natürlich der Zucker im TM hergestellt wird (kein Vollrohrzucker).

- 3 Stangen Zimt
- 100 g Vollrohrzucker

Zimt im Vitamix 7 Sek. mahlen, Zucker hinzufügen und nochmals 10 Sek. mahlen. Wird sehr fein und schmeckt lecker z. B. auf Cappuccino oder Latte macchiato.

12211. Walnuss-Schafskäse-Reis, Mai 2019

- 1/2 Messbecher Jasminvollkornreis
- 2 x 3/4 Messbecher Wasser
- 35 g Walnüsse
- 65 g Feta
- 2 Prisen Thymian, zwischen den Fingern zerrieben
- 1 Prise Salz
- 2 Prisen Pfeffer

Reis im Reiskocher garen. Bevor der Reis fertig ist, lässt sich die Walnuss-Schafskäse-Mischung in Ruhe fertigstellen. Walnüsse im TM zerkleinern (6 Sek./Stufe 4). Schafskäse, Thymian, Pfeffer und Salz zugeben und untermischen (12 Sek./Stufe 3). Öl zugeben untermischen (10 Sek./Stufe 2). Auf einen Teller umfüllen, heißen Reis darüber geben und mischen.

12212. Brownies aus dem TM III, Mai 2019

Vorläufer 12205; 1/2 Backblech.

- 3 x 50 g 90 % Schokolade Lindt
- 140 g Butter
- 75 g Sonnenblumenkerne
- 100 g Apfelmus (reine Frucht)
- 225 g Dinkel, fein gemahlen
- 2 TL Backpulver
- 150 g Vollrohrzucker
- 1 Prise Salz

Herstellung siehe Vorläufer 12205.

12213. Schokomuffins, Juni 2019

1 Backblech voll Muffins; angelehnt an https://www.muffin-wunder.de/rezepte/schokoladen-muffins-ohne-ei/

- 300 g Dinkel, fein gemahlen
- 200 g Vollrohrzucker
- 1 Prise Salz
- 1 P Weinsteinbackpulver
- 20 g Kakao
- 100 g Schokolade 99 %
- 75 g Sonnenblumenöl
- 20 g Rum
- 300 g Mineralwasser (meines war allerdings praktisch ohne Kohlensäure)
- 50 g Apfelmus

Muffinförmchen nebeneinander auf ein Blech stellen. Schokolade im Thermomix zerkleinern (4 Sek./Stufe 5). Die trockenen Zutaten gut mischen. Öl, Rum und Wasser in einer anderen Schüssel mischen. Apfelmus zu den trockenen Zutaten geben, dann die Wassermischung und kurz, aber gründlich durchrühren. Auf kleinster Einstellung die Schokoladenstücke unterziehen. Ofen (Heißluft) auf 175 °C vorheizen. Je 2 EL Teig in die Förmchen füllen. In den heißen Ofen schieben und 20 Min. bei 175 °C backen. 5 Min. im ausgestellten Ofen nachbacken. Blech abstellen, bis man die Muffins anfassen kann. Auf einem Gitterrost auskühlen lassen.

12214. Pflanzenmilch Trockenmischung VII

Vorläufer 12195; 16 Portionen.

- 400 g Rundkornreis „normal"
- 200 g rote Linsen
- 400 g Cashewnüsse
- 8 g Salz
- 35 g Zucker

Im Thermomix Reis und Linsen 1 Min./Stufe 10, Rest dazu, 2 x 30 Sek./Stufe 10. Ich habe 65 g/Behälter abgewogen, das kam fast genau hin.

Weiterverarbeitung im Vitamix: 425 g Wasser kalt, Rest auf 1 Liter kochend, 2 Min. 15 Sek.

Hinweis: *Aufgrund einer falschen Lieferung, die ich nicht mehr umtauschen konnte, besitze ich 1 kg Rundkornreis „normal". 25 g Reis auf 1 Liter Pflanzenmilch halte ich das in diesem „Notfall" für vertretbar (1919!).*

12215. Rhabarbermuffins, Juni 2019

Vorläufer 12213; 1 Backblech voll Muffins (23 Stück).

- 300 g Dinkel, fein gemahlen
- 150 g Vollrohrzucker
- 1 Prise Salz
- 1 P Weinstein-Backpulver
- 125 g Rhabarber, in Scheiben
- 70 g Sonnenblumenöl
- 20 g Rum
- 250 g Mineralwasser (ohne Kohlensäure)
- 75 g Apfelmus

Muffinförmchen nebeneinander auf ein Blech stellen. Die trockenen Zutaten gut mischen. Öl, Rum und Wasser in einer anderen Schüssel mischen. Apfelmus zu den trockenen Zutaten geben, dann die Wassermischung und kurz, aber gründlich durchrühren. Auf kleinster Einstellung die Rhabarberstückchen unterziehen. Ofen (Heißluft) auf 175 °C vorheizen. Je 2 EL Teig in die Förmchen füllen. In den heißen Ofen schieben und 20 Min. bei 175 °C backen. 5 Min. im ausgestellten Ofen nachbacken. Blech abstellen, bis man die Muffins anfassen kann. Auf einem Gitterrost auskühlen lassen.

Tipp: Es könnte mehr Rhabarber sein.

12216. Porridge mit Frucht, Juni 2019

Vorläufer 12177; 2 x Frühstück

- 6 EL Hafer, geflockt
- 1 Prise Salz
- 1 Prise Vanille
- 510 g Wasser
- 3 kleine Bananen (450 g brutto), in Scheiben
- 2 EL Heidelbeeren
- 2 Erdbeeren

Hafer mit Salz und Vanille im Wasser aufkochen, 6 Min. kochen/quellen lassen. Die Stücke von zwei Bananen auf zwei Schüsseln verteilen, Porridge darauf geben und mit der dritten Banane, den Heidelbeeren und den Erdbeeren dekorieren.

12217. Hafersuppe, Juni 2019

2 Portionen

- 6 EL Haferflocken
- 1 Prise Salz
- 760 g Wasser
- 4 kleine Bananen (610 g brutto)
- 2 TL Honig

Haferflocken grob schroten (Hawos Novum 7/9 oder Flocken nehmen), mit Salz und Wasser zum Kochen bringen und eine Weile auf kleiner Flamme kochen (ca. 5 Min.). Bananen in Scheiben schneiden und auf zwei größere Schüsseln verteilen. Mit der Hafersuppe übergießen, mit Honig dekorieren.

12218. Porridge mit Frucht II, Juni 2019

Vorläufer 12216; 2 Portionen

- 2 kleine Bananen (260 g), in Scheiben
- 60 g Heidelbeeren
- 6 EL Hafer, geflockt
- 1 Prise Salz
- 510 g Wasser
- 1 große Aprikose (110 g), klein geschnitten
- 130 g Erdbeeren

Bananen und Heidelbeeren auf zwei Schüsseln verteilen. Hafer mit Salz und Aprikosenstücken im Wasser aufkochen und 10 Min. auf kleiner Einstellung kochen lassen. Porridge auf das Obst gießen und mit den Erdbeeren dekorieren.

12219. Das vermutlich einfachste Nudelgericht, Juni 2019

- 100 g Spiral-Vollkornnudeln
- 1-2 kleine Strauchtomaten (125 g), in Stücken
- 1 Prise Salz
- 250 g Wasser

Alle Zutaten in einen Topf geben und aufkochen lassen. Allmählich kleiner stellen, sodass es aber immer noch kocht. 5 Min. länger kochen als auf der Tüte angegeben (mir war das noch zu fest); die Tomaten verlängern die Kochzeit. Fertig.

12220. Porridge mit Frucht III, Juni 2019

Vorläufer 12218; 2 Portionen

- 6 EL Hafer, geflockt
- 2 Äpfel, klein geschnitten (205 g)
- 1 Prise Salz
- 570 g Wasser
- 2 Bananen (225 g), Stücke geschnitten
- 1-2 TL Zimtzucker 12210
- 125 g Erdbeeren

Hafer, Äpfel, Salz und Wasser zum Kochen bringen. Auf kleiner Einstellung unter Rühren 2-3 Min. kochen lassen. Deckel auflegen und auf kleinster Einstellung (Induktionsherd) noch 7-8 Min. quellen lassen. Bananen auf zwei Schüsseln verteilen, mit Porridge bedecken. Für Süßigkeitenliebhaber sonntags mit 1 TL Zimtzucker 12210 bestreuen. Mit Erdbeeren dekorieren.

12221. Porridge mit Fruchtbrei, Juni 2019

Vorlage: 12220; 2 Portionen

- 6 EL Hafer, geflockt
- 500 g Wasser
- 1 Prise Salz
- 3 Bananen (265 g)
- 1 Aprikose (120 g)
- 200 g Heidelbeeren

Hafer, Salz und Wasser zum Kochen bringen. Auf kleiner Einstellung unter Rühren 2-3 Min. kochen lassen. Deckel auflegen und auf kleinster Einstellung (Induktionsherd) noch 3-4 Min. quellen lassen. Zwei Bananen, die Aprikose und 100 g Heidelbeeren pürieren. Porridge auf zwei tiefere Teller gießen, Fruchtmischung in die Mitte geben. Mit 100 g Heidelbeeren und der dritten Banane dekorieren.

12222. Porridge mit Fruchtmus, Juni 2019

Vorlage 12221; 2 Portionen

- 6 EL Hafer, geflockt (= 110 g)
- 500 g Wasser
- 1 Prise Salz
- 200 g Erdbeeren
- 1 große Aprikose (100 g)
- 3 Bananen (295 g)
- 1 EL Zitronensaft
- 2 EL Sahne

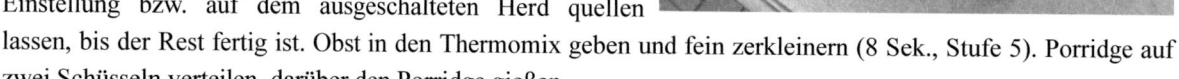

Hafer, Salz und Wasser zum Kochen bringen. Auf kleiner Einstellung bzw. auf dem ausgeschalteten Herd quellen lassen, bis der Rest fertig ist. Obst in den Thermomix geben und fein zerkleinern (8 Sek., Stufe 5). Porridge auf zwei Schüsseln verteilen, darüber den Porridge gießen.

12223. Der einfachste Salat, Juni 2019

- 200-300 g geputztes Gemüse bzw. Salat
- 2 EL Öl
- 1 TL Zitronensaft
- 1 Prise Salz

Das Gemüse bzw. die Salatblätter in eine gut bemessene Schüssel füllen. Andere Zutaten darüber geben und gut vermischen.

Tipp: *Nach Belieben lässt sich das mit Tomatenvierteln oder Mais ergänzen, ohne viel Mehrarbeit auszumachen.*

12224. Vermutlich einfachstes Nudelgericht II, Juni 2019

Vorläufer 12219

- 80 g Spiral-Vollkornnudeln
- 1 Prise Salz
- 165 g Wasser
- 125 g Tomate, klein geschnitten
- 1 Lauchzwiebel, ganz fein geschnitten.

Alle Zutaten in einen Topf geben und aufkochen lassen. Allmählich kleiner stellen, sodass es aber immer noch kocht. 10 Min. länger kochen als auf der Tüte angegeben; das Gemüse verlängert die Kochzeit. Fertig.

12225. Toastbrot mit Dinkel, Juni 2019

1 Kastenform 30 cm Länge; einfach; nach einem Rezept aus https://www.rezeptwelt.de „Toastbrot"

- 240 g Wasser
- 1/2 Würfel Hefe
- 30 g Honig
- 30 g Butter
- 500 g Dinkel, fein gemahlen
- 1 TL Salz
- Etwas Butter für die Form

Wasser, Hefe, Honig und Butter in den TM geben und erwärmen (1 Min./37 °C/Stufe 3). Mehl und Salz mischen, zugeben und kneten (3 Min./Knetstufe). Teig in eine große Schüssel umfüllen und zu einer Kugel unter Spannung formen. Mit einem feuchten Küchentuch abdecken und in den Ofen stellen. 30 Min. bei 30 °C gehen lassen.

Form einfetten. Teig in drei Teile teilen, Kugeln aus den einzelnen Teilen formen. Die Kugeln nebeneinander in die Kastenform setzen und mit Wasser einsprühen. Mit Gärfolie abdecken und etwa 30 Min. gehen lassen, der Teig hat sich dann deutlich vergrößert. Backofen (Heißluft) auf 180 °C vorheizen und 30 Min. bei 180 °C backen. Aus der Form auf ein Gitterrost stürzen und abkühlen lassen.

12226. Rhabarbermuffins mit Ei, Juni 2019

Vorläufer 12215; 1 Backblech voll Muffins (21 Stück)

- 300 g Dinkel, fein gemahlen
- 1 Prise Salz
- 1 P Weinstein-Backpulver
- 100 g Sonnenblumenöl
- 250 g Pflanzenmilch
- 150 g Rhabarber, in Scheiben
- 20 g Rosinen
- 2 Eier
- 150 g Vollrohrzucker

Muffinförmchen nebeneinander auf ein Blech stellen. Die trockenen Zutaten gut mischen. Öl und Pflanzenmilch in einer anderen Schüssel mischen. Den Rhabarber in feine Scheiben schneiden und mit den Rosinen mischen.

Backofen (Heißluft) auf 175 °C vorheizen. Eier einzeln in einen kleinen Behälter aufschlagen und in die Rührschüssel geben. Somit muss man, falls ein Ei einmal nicht in Ordnung ist, nur eines wegwerfen. Eier und Zucker mit den Rührhaken eines Handrührgeräts schaumig schlagen. Flüssigkeiten zugeben und unterschlagen. Trockene Zutaten auf einmal hinzugeben und kurz, aber gründlich durchrühren. Auf kleinster Einstellung die Rhabarberstückchen und die Rosinen unterziehen. Je 2 EL Teig in die Förmchen füllen. In den heißen Ofen schieben und 20 Min. bei 175 °C backen. 5 Min. im ausgestellten Ofen nachbacken. Blech abstellen, bis man die Muffins anfassen kann. Auf einem Gitterrost auskühlen lassen.

12227. Brownies aus dem TM IV, Juni 2019

Vorläufer 12205; 1/2 Backblech;

- 3 x 50 g 90 % Schokolade Lindt
- 135 g Butter
- 75 g Sonnenblumenkerne
- 100 g Apfelmus (reine Frucht)
- 225 g Dinkel, fein gemahlen
- 2 TL Backpulver
- 145 g Vollrohrzucker
- 1 Prise Salz

Schokolade im TM zerkleinern (8 Sek./Stufe 4), umfüllen. Butter mit den Sonnenblumenkernen zerlassen, (6 Min./ 65 °C/Stufe 1 rückwärts). Apfelmus und die trockenen Zutaten zugeben, mixen (20 Sek./Stufe 2; 3 Min. Knetstufe). Schokolade zugeben und unterheben (1 Min./Stufe 2 rückwärts).

Ofen auf 180 °C vorheizen. Teig auf ein Backpapier geben, etwa 1 cm hoch ausstreichen (Blech ist bei weitem nicht voll) und 20 Min. bei 180 °C backen. Auf dem Blech lauwarm werden lassen, erst dann in Stücke schneiden.

12228. Das einfachste Nudelgericht III, Juni 2019

Vorläufer 12224

- 80 g Spiral-Vollkornnudeln
- 1 Prise Salz
- 180 g Wasser
- 140 g Tomate, klein geschnitten
- 2 Lauchzwiebel (50 g), fein geschnitten.
- 2 große Knoblauchzehen (15 g), in Scheiben

Alle Zutaten in einen Topf geben und aufkochen lassen. Allmählich kleiner stellen, sodass es aber immer noch kocht. 10 Min. länger kochen als auf der Tüte angegeben; das Gemüse verlängert die Kochzeit. Fertig. Mir sind die Nudeln immer noch zu hart.

12229. Einfaches Nudelgericht, Juni 2019

Vorläufer 12224

- 80 g Spiral-Vollkornnudeln
- 180 g Wasser
- 3 Lauchzwiebel (50 g), fein geschnitten.
- 3 kleine Knoblauchzehen (7 g), in Scheiben
- 100 g rote Spitzpaprika, klein geschnitten
- 1 Tomate (90 g), klein geschnitten

Alle Zutaten in einen Topf geben und aufkochen lassen. Allmählich kleiner stellen, sodass es aber immer noch kocht. 10 Min. länger kochen als auf der Tüte angegeben; das Gemüse verlängert die Kochzeit. Bei mir waren das insgesamt 20 Min. Unterrühren, aufkochen und abschmecken mit:

- 30 g Mischnussmus
- 1/2 TL Salz
- 1 Prise Pfeffer
- 4 EL Wasser

Hinweis: Mir hat das Nussmus zu stark durchgeschmeckt. Diesmal waren die Nudeln wunderbar, ich hatte kein Salz ins Kochwasser gegeben!

12230. Scharf geplanter Linsenaufstrich, Juni 2019

- 150 g rote Linsen
- 10 g Knoblauch
- 2 Lauchzwiebeln (50 g), klein geschnitten
- 7 g Essigpeperoni (7/4573)
- 320 g Wasser
- 1 TL Salz
- 1-2 gute Prisen Pfeffer

Zusammen aufkochen und 20 Min. auf kleiner Einstellung kochen bzw. quellen lassen. In ein entsprechendes Gefäß umfüllen und mit dem Pürierstab pürieren.

Hinweis: Frisch war der Aufstrich scharf und superlecker. Nach einem Tag schon aber schmeckte er mehr oder weniger langweilig. Offenbar muss man kräftig würzen.

12231. Kinder-Cappuccino, Juni 2019

1 Cappuccino-Tasse

- Milchschaum aus Pflanzenmilch, z. B. Pflanzenmilch für Kaffee Trockenmischung vorgemahlen VI 12214
- 1 TL Zimtzucker 12210

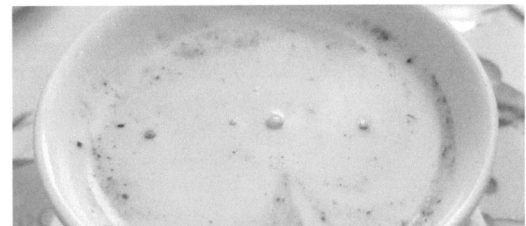

Zimtzucker in die vorgewärmte Tasse geben, mit heißem Milchschaum auffüllen.

12232. Latte macchiato koffeinfrei, Juni 2019

1 Latte-macchiato-Glas, 400 ml

- 70 g kochendes Wasser
- 2 TL Trinkschokolade (28 % Rohrzucker, 72 % Kakao, z. B. Rewe-Bio)
- Milchschaum aus 170 ml Pflanzenmilch: Pflanzenmilch für Kaffee Trockenmischung vorgemahlen VI

Trinkschokolade in einen kleinen Messbecher geben, mit kochendem Wasser verrühren. Milch im Milchschäumer aufschäumen, in das Glas gießen und die Trinkschokoladenmischung dazu gießen.

12233. Brownies aus dem TM V, Juni 2019

Vorläufer 12227; 1/2 Backblech

- 3 x 50 g 90 % Schokolade Lindt
- 130 g Butter
- 75 g Sonnenblumenkerne
- 110 g Apfelmus (reine Frucht)
- 225 g Dinkel, fein gemahlen
- 2 TL Backpulver
- 140 g Vollrohrzucker
- 20 g Trinkschokolade (72 % Kakao + Rohrzucker)
- 1 Prise Salz

Schokolade im TM zerkleinern (8 Sek./Stufe 4), umfüllen. Butter in Scheiben geschnitten, mit den Sonnenblumenkernen zerlassen, (6 Min./65 °C/Stufe 1 rückwärts). Apfelmus und die trockenen Zutaten zugeben, mixen (20 Sek./Stufe 2; 3 Min. Knetstufe). Schokolade zugeben und unterheben (1 Min./Stufe 1,5 rückwärts).

Ofen auf 180 °C vorheizen. Teig auf ein Backpapier geben, etwa 1 cm hoch ausstreichen (Blech ist bei weitem nicht voll) und 20 Min. bei 180 °C backen. Auf dem Blech lauwarm werden lassen, erst dann in Stücke schneiden.

12234. Roggen-Sauerteigbrot, bayrische Art, Juni 2019

Vorläufer 12166

Stufe 1 (12 Std. vorher):

Sauerteigansatz:

- 400 g Roggen
- 425 g Wasser
- 150 g Sauerteig

Stufe 2 (Backen, bei mir am Morgen):

- 425 g Dinkel
- 15 g Salz
- 1 EL Kümmel, ungemahlen
- 325 g Wasser
- 50 g (1 EL) Apfel-Birnen-Kraut (ohne weitere Zusätze)
- 1/4 Würfel frische Hefe (= 10 g)
- Ca. 800 g Sauerteigansatz
- 20 g Butter für die Form

Stufe 1: Roggen fein mahlen, mit Wasser und altem Sauerteig mischen. In einer Plastiktüte über Nacht stehen lassen. 150 g von der Stufe 1 abnehmen und in einem gut schließenden Schraubglas in den Kühlschrank stellen für das nächste Backen.

Stufe 2: Getreide mit dem Kümmel mahlen (Vorabend). Apfel-Birnenkraut im Wasser auflösen und über Nacht stehen lassen, damit es sich völlig löst. Backmorgen: Hefe in einem Teil des Wassers auflösen. Zutaten (außer der Butter) mit einem großen Löffel gründlich verrühren, bis kein Mehl mehr sichtbar ist. Eine 30-cm-Brotform, Profi-Email von Dr. Oetker, gut einfetten. Teig hineingeben, mit der nassen Hand herunterdrücken und glattstreichen. Mit einem scharfen Messer kreuzweise einschneiden. Form im kalten Ofen etwa 90 Min. gehen lassen. Ofen so programmieren, dass das Brot 3 Std. (80 Min. Backzeit, 190 °C Heißluft) später fertig ist, d. h. Endzeit 3 Std. minus 20 Min.

Hinweis: *Die Wassermenge war deutlich zu viel, leider habe ich sie auf einen Schwung in den Teig gegeben. Der ist über die Form auf den Ofenboden getropft, das Herauslösen des Brotes aus der Form glich eher einem Stemmen. Geschmacklich sehr lecker.*

12235. Marzipanhörnchen V, Juni 2019

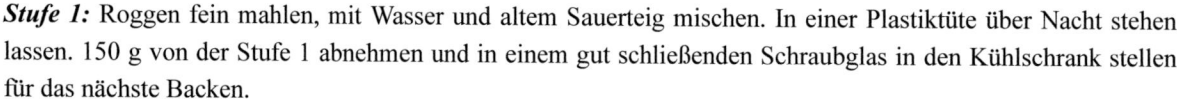

Vorläufer 12200; ca. 12 Stück; Thermomix

- 200 g Vollrohrzucker
- 90 g Mandeln
- 10 g Sonnenblumenkerne
- 150 g Dinkel, fein gemahlen
- 1 P Backpulver
- 1 Prise Salz
- 175 g Honigmarzipan, vorgeschnitten
- 60 g Apfelmark
- Ca. 100 g gehobelte Mandeln

Glasur siehe Vorläufer 12200.

Zucker im TM mahlen (10 Sek./Stufe 8). Mandeln und Sonnenblumenkerne zugeben und mahlen (8 Sek./Stufe 8). Dinkel mit Backpulver und Salz verrühren, mit Marzipan und Pflanzenmilch in den TM geben und zu einem weichen Teig verarbeiten (5 Sek./Stufe 5; 2 Min./Knetstufe). Einen Teil der gehobelten Mandeln dick auf ein Stück Silikonfolie o. Ä. streuen. Einen Esslöffel der Marzipanmasse auf die Mandeln geben und mit Hilfe der Mandeln zu einem Hörnchen formen. Nebeneinander auf ein mit Backpapier ausgelegtes Backblech legen.

Ofen (Heißluft) auf 190 °C vorheizen und 11 Min. backen. Hörnchen erst auf dem Blech abkühlen lassen, dann mit einem Pfannenwender vorsichtig auf ein Gitterrost legen. Glasur siehe Vorläufer 12200.

Hinweis: *Durch Verwendung von Apfelmus statt Pflanzenmilch und Verkürzung der Backzeit wollte ich die Hörnchen „dreidimensionaler" machen. Waren sie auch, als ich sie aus dem Ofen nahm, aber dann sind sie doch zusammengefallen. Geschmacklich sehr gut.*

12236. Sambal Oelek, Juni 2019

- 145 g rote Chili frisch
- 22 g Apfelessig
- 6 g Salz
- 32 g Honig
- 16 g Zitronensaft
- 1 gestr. TL Flohsamenschalen

Die Stile der Chili abschneiden, die Chilischoten in Stücke schneiden, am besten am spitzen Ende festhalten und von der anderen Seite schneiden, dann ist die Gefahr der Berührung recht klein. Alle Zutaten in einen hohen Becher geben (es spritzt sehr) und mit dem Pürierstab zu einem glatten Mus verarbeiten, die Kerne bleiben ganz. In ein Schraubgefäß umfüllen und im Kühlschrank aufbewahren.

Anmerkung: Nachahmung der Angaben in einem gekauften Sambal Oelek. Von der Umrechnung stammen auch die etwas krummen Zahlen. Ich könnte mir übrigens vorstellen, dass es mit eingelegten Peperoni nicht so scharf wird. Das kann man aber erst nach einem Vierteljahr Einlegezeit merken.

12237. Sambal Oelek etwas milder

- 95 g Sambal Oelek 12238
- 10 g Sonnenblumenöl
- 50 g Erdnussmus
- 40 g Vollrohrzucker

Zutaten mit Löffel verrühren, in ein Schraubglas umfüllen.

Will man gleich die mildere Version herstellen, hier die Mengen, die man für 145 g Chilischoten benötigt:

- *145 g rote Chili*
- *22 g Apfelessig*
- *6 g Salz*
- *32 g Honig*
- *16 g Zitronensaft*
- *1 gestr. TL Flohsamenschalen*
- *15 g Sonnenblumenöl*
- *75 g Erdnussmus*
- *60 g Vollrohrzucker (wird dann fester, als wenn man nur Honig nimmt)*

12238. Frühlingszwiebeln Nudeln scharf, Juni 2019

Gemüsepfanne (20 Min.; mit Umrühren):

- 80 g Vollkornspiralnudeln
- 1 Bund Frühlingszwiebeln, klein geschnitten (200 g)
- 205 g Wasser

Soße (mit Löffel verrühren, unterziehen und aufkochen):

- 13 g Sambal Oelek (gekauft)
- 10 g Tomatenmark
- 25 g Frischkäse
- 5 g Erdnussmus
- 1/2 TL Salz
- 30-40 g Wasser

12239. Kinder-Cappuccino II, Juni 2019

1 Cappuccino-Tasse; Vorläufer 12231

- Milchschaum aus Pflanzenmilch 12214
- 1 TL Trinkkakao
- 70 g kochendes Wasser

Kakao im Wasser auflösen und in eine vorgewärmte Tasse geben, mit heißem Milchschaum auffüllen.

12240. Scharf-süße Tomatensauce, Juni 2019

Gemüsepfanne:
- 1 mittelgroße Tomate (135 g), in Stücken
- 1 größere Knoblauchzehe (7 g), klein geschnitten
- 15 g Sambal oelek (gekauftes!)
- 100 g Wasser

Soßenanteil:
- 10 g Tomatenmark
- 15 g Frischkäse
- 1 gestr. TL Salz
- 10 g Agavendicksaft (oder anderes Süßungsmittel)
- 10 g Erdnussmuss
- 10 g Sonnenblumenöl
- 5 g Zitronensaft

Gemüsepfanne 15 Min. garen, dann die anderen Zutaten mit einem Löffel verrühren und unterziehen. Eventuell etwas einkochen lassen.

12241. Kinder-Capuccino III, Juni 2019

1 Cappuccino-Tasse; Vorläufer 12239

- Milchschaum aus Pflanzenmilch, z. B. Pflanzenmilch für Kaffee Trockenmischung vorgemahlen VI 12214
- 1 TL Trinkkakao
- 1 gestr. TL Kakaopulver
- 70 g kochendes Wasser

Kakao im Wasser auflösen und in eine vorgewärmte Tasse geben, mit heißem Milchschaum auffüllen.

12242. Hot Spinach, Juni 2019

(Deutsch: Scharfer Spinat)

- 145 g tiefgekühlter Spinat
- 100 g Wasser
- 1 gestr. TL Salz
- 17 g Sambal oelek (gekauft)
- 35 g Mischnussmus (schmeckt viel stärker durch als Erdnuss- oder Mandelmus)

Spinat in Wasser aufkochen und auf kleiner Einstellung auftauen, insgesamt 15 Min. erhitzen. Die anderen Zutaten unterrühren.

Hinweis: *Mischnussmus schmeckt viel stärker durch als Erdnuss- oder Mandelmus. – Bei mir gab es dazu Jasminvollkornreis.*

12243. Kinder-Cappuccino IV, Juni 2019

1 Cappuccino-Tasse; Vorläufer 12241

- Milchschaum aus Pflanzenmilch, z. B. Pflanzenmilch Trockenmischung vorgemahlen VI 12214
- 1 TL Zimtzucker 12210
- 1 gestr. TL Kakaopulver
- 70 g kochendes Wasser

Kakao mit Zimtzucker im Wasser auflösen und in eine vorgewärmte Tasse geben, mit heißem Milchschaum auffüllen.

12244. Latte macchiato koffeinfrei, kalt, Juni 2019

Vorläufer 12232; 1 Latte-Macchiato-Glas, 400 ml

- 70 g kaltes Wasser
- 1 EL +1 1 TL Trinkschokolade (28 % Rohrzucker, 72 % Kakao)
- Kalter Milchschaum aus 200 g Pflanzenmilch: Pflanzenmilch für Kaffee Trockenmischung vorgemahlen VI 12214

Trinkschokolade in einen kleinen Messbecher geben, mit dem Wasser verrühren. Milch im Milchschäumer kalt aufschäumen, in das Glas gießen und die Trinkschokoladenmischung dazu gießen (rechts).

Hinweis: *Ein Versuch für mich selbst (links) mit 2 TL Trinkschokolade und 1 TL Kakaopulver wurde nicht schön, einfach ein Kakao mit kleiner Schaumkrone.*

12245. Fünf-Minuten-Brot mal wieder III, Juli 2019

Vorläufer 12198; Kastenform 30 cm

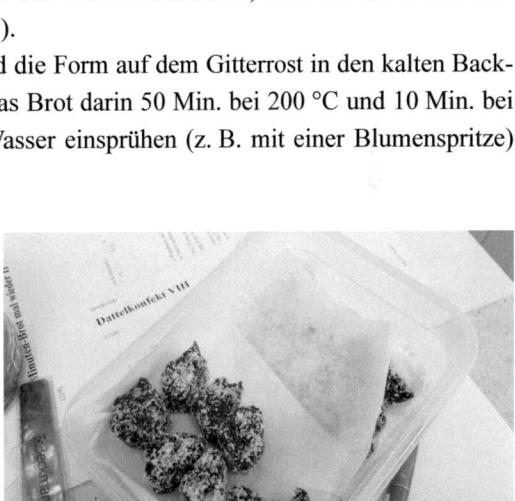

- 500 g Dinkel
- 100 g Sonnenblumenkerne
- 2 knappe TL Salz (oder wer mag auch Kräutersalz)
- 375 g Kichererbsenkochwasser
- 75 g handwarmes Wasser
- 2 EL Apfelessig
- 1 TL Honig
- 1 Würfel frische Bio-Hefe (42 g)
- Butter für die Form

Dinkel fein mahlen, mit Sonnenblumenkernen und Salz mischen. Dinkel fein mahlen, mit Sonnenblumenkernen und Salz mischen. Wasser und Kichererbsenwasser auf 40 °C bringen (TM 3 Min./40 °C/1). Essig und Mehlgemisch in den Thermomix füllen, Hefe auf die Oberfläche bröseln und den Teig in der Maschine kneten (3 Min./Knetstufe).

Brotform einfetten. Teig hineingeben, 15 Min. ruhen lassen und die Form auf dem Gitterrost in den kalten Backofen schieben. Den Ofen auf 200 °C (Umluft) aufheizen und das Brot darin 50 Min. bei 200 °C und 10 Min. bei 180 °C backen. Das fertige Brot aus der Form stürzen, mit Wasser einsprühen (z. B. mit einer Blumenspritze) und auf einem Kuchengitter auskühlen lassen.

12246. Dattelkonfekt mit Nussmus, Juli 2019

Vorläufer 12187

- 135 g Datteln (Deglet Nour)
- 75 g Feigen (Softfeigen)
- 60 g Sonnenblumenkerne
- 60 g Mischnussmus
- 60 g Hafer, geschrotet (3/9 Hawos Novum)
- 2 EL Kakao, schwach entölt (20 g)
- 20 g Kakaonibs
- 1 Prise Salz
- Kokosflocken

Alle Zutaten bis auf die Kokosflocken in den TM-Mixtopf geben. Zerkleinern (10 Sek./Stufe 6; 1 Min. 10 Sek./Stufe 8) und vermengen. Die Masse lässt sich eingeschlagen in Haushaltsfolie eine Weile aufbewahren, wenn man nicht direkt Zeit zur Weiterverarbeitung hat und nicht möchte, dass sie austrocknet. Aus der Masse Rollen mit einem Durchmesser von etwas mehr als 1 cm formen. Kokosflocken auf einen Teller passender Größe streuen, die Rollen darin wälzen. Die Rollen in kleine Stücke schneiden und diese Stücke mit den unbedeckten Seiten in die Kokosflocken drücken. In einer geschlossenen Dose im Kühlschrank aufbewahren.

12247. Brownies aus dem TM mit Nussmus, Juli 2019

Vorläufer 12233; 1/2 Backblech.

- 3 x 50 g 90 % Schokolade Lindt
- 135 g Butter
- 60 g Viernussmus
- 110 g Apfelmus (reine Frucht)
- 225 g Dinkel, fein gemahlen
- 2 TL Backpulver
- 140 g Vollrohrzucker
- 20 g Trinkschokolade (72 % Kakao + Rohrzucker)
- 1 Prise Salz

Schokolade im TM zerkleinern (8 Sek./Stufe 4), umfüllen. Butter in Scheiben geschnitten, zerlassen (3 Min./40 °C/Stufe 1). Apfelmus, Nussmus und die trockenen Zutaten zugeben, mixen (20 Sek./Stufe 2; 2 Min. Knetstufe). Schokolade zugeben und unterheben (1 Min./Stufe 1,5 rückwärts). Ofen auf 180 °C vorheizen. Teig auf ein Backpapier geben, etwa 1 cm hoch ausstreichen (Blech ist bei weitem nicht voll) und 20 Min. bei 180 °C backen. 3 Min. im ausgeschalteten Ofen nachbacken. Auf dem Blech lauwarm werden lassen, erst dann in Stücke schneiden.

12248. Tomatenchutney, Juli 2019

Vorläufer 12202; 2 Cashewnussmus-Gläser

- 2 Dosen Tomaten inklusive Saft (800 g)
- 135 g Sultaninen
- 10 g Knoblauchzehen (frisch)
- 150 g Apfelessig (davon 10 g Peperoniessig)
- 100 g Wasser
- 1 TL Salz
- 1 Gemüsezwiebel (165 g), geviertelt
- 1 Stück Essigpeperoni (5 g) 7/4573
- 1 Prise (1/4 TL) Pfeffer
- 2 TL Paprika edelsüß
- 10 g Tomatenmark

Alle Zutaten bis auf die zweite Menge Wasser in den Mixtopf geben. 15 Sek. auf Stufe 8 zerkleinern, dabei den Messbecher fest andrücken, anschließend garen (30 Min./Varoma/Stufe 3). Nach Ende der Garzeit mit einem Spatel umrühren. Direkt in Schraubgläser füllen.

12249. Rahmspinat gesambalt mit Nudeln, Juli 2019

Aufkochen und unter gelegentlichem Umrühren auf der kleinstmöglichen Einstellung kochen:

- 80 g Vollkornspiralnudeln bzw. in Stücke gebrochene Lasagneplatten
- 115 g Tiefkühlspinat
- 1 Tomate (115 g), klein geschnitten
- 5 g Knoblauch, in Scheiben
- 185 g Wasser

Unterrühren und kurz aufkochen:

- 1 gestr. TL Salz
- 60 g Sahne
- 15 g Sambal Oelek 12236

12250. Sambal Manis, 1. Versuch, Juli 2019

Vorläufer 12202; 2 Cashewnussmus-Gläser

- 30 g Öl
- 1 Gemüsezwiebel (210 g), geviertelt
- 8 g Knoblauch
- 175 g Peperonischoten, mittelscharf

- 150 g Sultaninen
- 100 g Apfelessig
- 50 g Wasser (besser: 100 g)
- 1 TL Salz
- 40 g Gerstenmalzextrakt (Bioladen)
- 10 g Tamari

Öl, Zwiebel und Knoblauch in den TM-Mixtopf geben. Zerkleinern (4 Sek./Stufe 5) und angaren (5 Min./100 °C/ Stufe 2). Die restlichen Zutaten zugeben, anschließend garen (30 Min./Varoma/Stufe 3). Pürieren (15 Sek./Stufe 10). (Besser: Hier nochmals mindestens 50 g Wasser zugeben).

Hinweis: In den Geschäften ringsum habe ich kein Sambal Manis gefunden. Rezepte im Internet fand ich schon beim Lesen sämtlich unbefriedigend. Also habe ich, den Tomatenchutney und meine „Geschmackserinnerungen" zu Hilfe genommen und davon leiten lassen. Das Ergebnis ist beachtlich, nur die Konsistenz ist noch etwas zu fest.

12251. Heidelbeer Lime, Juli 2019

Mehr als 1/2 Liter
- 100 g Honig
- 1 TL Zimtzucker 12210
- 250 g Heidelbeeren, tiefgefroren
- 100 g Rum
- 45 g Zitronensaft
- 150 g Agavendicksaft

Honig und Heidelbeeren in den Mixtopf geben und mischen (5 Sek./Stufe 5; 15 Sek./Stufe 8). Rum und Zitronensaft zufügen und mischen (15 Sek./Stufe 10). Agavendicksaft in Portionen zugeben und jeweils 15 Sek. auf Stufe 10 mischen, bis der gewünschte Geschmack erreicht ist.

Hinweis: Orientiert an einem Rezept Erdbeer Lime in der Thermomix-Rezeptwelt, das ich aber deutlich verändert habe. In einem nächsten Versuch würde ich den Vitamix bevorzugen, da kann ich quasi alles auf einmal zugeben und der Honig wird sich besser lösen.

Das Original war mir viel zu alkoholisch.

12252. Aubergine in Satesauce, Juli 2019

Gemüsepfanne:
- 10 g Sonnenblumenöl
- 40 g Wasser
- 1 kleine Aubergine in Stücken (265 g)
- 1/2 Tomate (60 g), klein geschnitten
- Eine Prise Salz
- 5 g Knoblauch, in Scheiben

Satésauce:
- 25 g Sambal Manis (Sambal Manis, erster Versuch 12250)
- 25 g Erdnussmus
- 100 g Wasser

Gemüsepfanne 15 Min. dünsten, zwischendurch umrühren, damit alle Auberginenscheiben garen.

Soßenzutaten mit einem Löffel verrühren, unter das Gemüse rühren und aufkochen. Eine Weile bei ausgeschaltetem Herd ziehen lassen.

12253. Ganache oder Pariser Creme, Juli 2019

Thermomix-Grundkochbuch Seite 75

- 100 g Schokolade 85 % (Lindt), in Stücken
- 60 g Sahne
- 60 g Agavendicksaft

Schokolade im TM zerkleinern (10 Sek./Stufe 8). Sahne und Agavendicksaft zugeben und schmelzen (2 Min./50 °C/Stufe 3). Creme abkühlen und etwas fester werden lassen. Dann weiterverwenden.

Hinweis: *Sicher geht das auch mit Honig, wenn man ihn von Anfang an zugibt. Eric ist es nicht süß genug. Ziel ist es für mich, dasselbe mit Kakaobutter, Kakaopulver, Sahne und Honig hinzubekommen.*

12254. Trüffel, Juli 2019

10-15 Stück

- 1 Portion Ganache oder Pariser Creme 12253
- Ca. 2 EL Trinkschokoladenpulver

Die Schokoladencreme gründlich fest werden lassen (im TM-Buch steht einfrieren, fand ich nicht nötig). Mit einem Teelöffel Portionen entnehmen, rasch zwischen den Händen zu Kugeln formen. Pulver in ein Glas oder eine Tasse geben. Kugeln vorsichtig hineingeben und den Behälter bewegen, bis die Kugel vom Pulver bedeckt sind. Im Original wurde Kakaopulver genommen, aber das war uns zu herb. Rasch in den Kühlschrank stellen, weil die Feuchtigkeit sonst durchschlägt. Im Kühlschrank aufbewahren und nur portionsweise kurz vor dem Verzehr entnehmen.

12255. Marmorkuchen TM, Juli 2019

Rezept aus dem TM-Grundkochbuch, Seite 316.

Linsengrundlage (20 Min. kochen, abkühlen):

- 100 g rote Linsen
- 235 g Wasser

Teig:

- 150 g Butter
- 150 g gekochte rote Linsen
- 200 + 30 g Vollrohrzucker
- 2 Eier
- 170 g Apfelmark
- 1 P Weinsteinbackpulver
- 370 + 30 g Dinkel, fein gemahlen
- 1 Prise Vanillepulver
- 1 Prise Salz
- 40 + 30 g Pflanzenmilch
- 1 EL (10 g) Rum
- 35 g Kakaopulver
- Butter für die Form

Butter und Linsen weich rühren (40 Sek./Stufe 5). 200 g Zucker hinzugeben und schlagen (40 Sek./Stufe 4). Eier und Apfelmark hinzufügen (30 Sek./Stufe 5). Mehl mit den restlichen trockenen Zutaten (außer dem Kakao) verrühren, mit 40 g Pflanzenmilch in den Mixtopf geben und rühren (30 Sek./Stufe 5). Zwischendurch die Masse immer mit einem Spatel herunterdrücken. Eine 30-cm-Kastenform mit Butter einfetten und einem Teil der 30 g Mehl ausstreuen.

Die Hälfte des hellen Teiges (ca. 650 g) in die Form geben und glattstreichen. Zum restlichen Teig 30 g Pflanzenmilch, Rum und Kakaopulver geben. 5 Sek./Stufe 5 mischen, mit dem Spatel nach unten schieben und weitere 5 Sek./Stufe 5 mischen. Den dunklen Teig in die Form auf den hellen Teig geben, mit der Gabel Spiralen durch die beiden Teigschichten ziehen. Den Ofen auf 180 °C vorheizen und 50 Min. bei 180 °C backen. Stäbchenprobe machen.

Kuchen 15 Min. in der Form abkühlen lassen, auf ein Gitterrost stürzen und komplett abkühlen lassen. Mit Schokoguss überziehen und diesen im Kühlschrank fest werden lassen. Gut „eingepackt" mindestens einen Tag im Kühlschrank ziehen lassen.

Schokoladenguss:

- 50 g Kakaobutter
- 35 g Agavendicksaft
- 10 g Sahne
- 1 EL Kakaopulver

Kakaobutter auf kleiner Einstellung schmelzen, restliche Zutaten unterrühren. Vom Herd nehmen und einige Min. warten, bis der Guss ein wenig dickflüssig geworden ist.

Hinweis: Mein Ziel war es auszuprobieren, ob Eier und Butter sich anders als durch die Wilkesmannsche Formel (die bekanntlich zu 95% aller Fälle funktioniert) ersetzen lassen. Das Zubereiten von Stützcreme ist lästig, die Reste kann ich heutzutage kaum verwerten. Im ersten Schritt habe ich in einem Rezept Eier und Butter halbiert. Bei den Eiern bin ich sogar noch stärker zurückgegangen, 5 waren vorgegeben, ich habe 2 genommen.

12256. Kindercappuccino für Erwachsene, Juli 2019

- 1-2 TL Trinkkakao
- Pflanzenmilch für eine Tasse
- 2 TL Heidelbeer Lime 12251

Trinkkakao in die Tasse geben. Milch aufschäumen, in die Taste gießen. Heidelbeer Lime über den Teelöffel auf die Oberfläche „spritzen".

12257. Milchreis Tondo Integrale (Bio), Juli 2019

Mit dem TM

- 200 g Natur Reis Tondo Integrales (Bio)
- 1000 g Pflanzenmilch
- 1 Prise Salz

In den Mixtopf geben. Deckel aufsetzen, aber ohne Messbecher kochen: 38 Min./90 °C/rückwärts/Stufe 1, gefolgt von 20 Min./95 °C/rückwärts/Stufe 1.

Hinweis: Gut geworden. Ein nächstes Mal würde ich gleich 50 Min./95 °C/rückwärts/Stufe 1 ansetzen. Wird mit Nachquellen weich und nicht zu flüssig. Hier Zimtzucker 12210.

12258. Möhren-Paprika-Gemüse mit Reis, Juli 2019

Als Gemüsepfanne:

- 85 g Spitzpaprika, in Streifen
- 120 g Möhren, in Halbscheiben
- 60 g Kartoffel, geschält und fein geschnitten
- 50 g Wasser

Vermischen, unter Gemüse rühren, aufkochen:

- Salz
- Pfeffer
- 2 Prisen getr. Oregano, zwischen den Fingern zerrieben
- 15 g Tomatenmark
- 10 g Tamari

12259. Nougatcreme, Juli 2019

- 50 g Kakaobutter
- 1 EL (15 g) Kakao
- 60 g Agavendicksaft
- 60 g Viernussmischmus (Rapunzel)

Kakaobutter im TM zerkleinern (5 Sek./Stufe 8). Kakao, Agavendicksaft und Nussmus zugeben und schmelzen (2 x 2 Min./50 °C/Stufe 3). Creme abkühlen und etwas fester werden lassen. Dann weiterverwenden.

12260. Nougattrüffel, Juli 2019

Etwa 10-15 Stück

- 1 Portion Nougatcreme
- Ca. 2 EL Trinkschokoladenpulver
- Evtl. Walnussstücke oder -hälften

Die Schokoladencreme gründlich fest werden lassen. Mit einem Teelöffel Portionen abstechen und kurz formen (wer Kugeln haben will, muss die Masse etwas stehen lassen, damit sie wärmer wird). Pulver in ein Glas oder eine Tasse geben. Kugeln vorsichtig hineingeben und den Behälter bewegen, bis die Kugel vom Pulver bedeckt sind. Je nach

Wunsch Walnussstücke auf die Oberfläche drücken. Im Kühlschrank aufbewahren und nur portionsweise kurz vor dem Verzehr entnehmen.

12261. Linsen-Kartoffel mit Sauerkraut, Juli 2019

In einer 20-cm-Wollpfanne 20 Min. als Gemüsepfanne:

- 50 g rote Linsen
- 200 g Kartoffeln, in Scheiben
- 75 g Sauerkraut, geschnitten
- 200 g Wasser

In einer kleinen Schüssel verrühren, zum Gemüse geben und kurz aufkochen:

- 30 g Sambal Manis, erster Versuch 12250
- 15 g Sahne
- 1/2 TL Salz
- 25 g Wasser

12262. Rote Linsen mit Austernpilzen, Juli 2019

- 80 g rote Linsen
- 100 g Austernpilze, in Streifen
- 250 g Wasser
- 2 Prisen Salz
- 1 Prise Pfeffer
- 20 g Butter

Linsen, Pilze und Wasser aufkochen und dann bei möglichst kleiner Einstellung kochen, bis die Linsen weich sind (bei mir ca. 20 Min.). Mit Salz, Pfeffer und Butter abschmecken.

12263. Zwiebel-Relish, Juli 2019

Aufgrund einer Anregung in der Mixx 5/2019, Seite 53

- 395 g große rote Zwiebeln
- 2 große Knoblauchzehen (15 g)
- 1 geh. TL Salz (10 g)
- 100 g Vollrohrzucker

- 45 g Honig
- 1 Prise getr. Thymian, zwischen den Händen verrieben
- 1 Prise getr. Rosmarin, zwischen den Händen verrieben
- 2 Lorbeerblätter
- 130 g Apfelessig

Herstellung im TM. Zwiebeln und Knoblauch zerkleinern (5 Sek./Stufe 5). Nach unten schieben und die restlichen Zutaten zugeben. 50 Min./100 °C/Linkslauf/Stufe 1 ohne Messbecher garen, sobald es kocht, Garkörbchen als Spritzschutz aufsetzen. Lorbeerblätter entfernen und Relish in ein leeres Honigglas füllen. Sofort verschließen und abgekühlt im Kühlschrank aufbewahren.

Hinweis: Schmeckt mir sehr gut, ich würde es beim nächsten Mal allerdings schärfer und etwas weniger süß machen.

12264. Karamellsoße XXVI „mehr", Juli 2019

1 Honigglas; Vorläufer 12136
- 400 g Wasser
- 250 g Sahne
- 1/4 TL Salz
- 180 g Vollrohrzucker

Alle Zutaten in den Mixtopf geben und erhitzen (30 Min./Varoma/Stufe 5), dabei das Garkörbchen bis zum Ende als Spritzschutz verwenden. In ein leeres Schraubglas füllen (etwa 1 Honigglas) und gut zudrehen.

12265. Tee-Latte mit Karamellnote, Juli 2019

2 Latte-Macchiato-Gläser à 400 ml
- 1 Beutel Schwarztee
- 350 g kochendes Wasser
- 30 g Agavendicksaft
- 70 g Schlagsahne
- 50 g Karamellsoße (Bioladen)
- 250 g Pflanzenmilch
- 1 Prise Zimt (gemahlen)

Tee mit dem Wasser aufkochen. Abkühlen lassen und im Kühlschrank kalt werden lassen. Agavendicksaft, Sahne und Karamellsoße unterrühren, auf zwei Gläser verteilen. Milch kalt aufschäumen auf den Tee gießen, mit Zimt bestreuen.

Hinweis: Die Fertigkaramellsoße taugt nix, ich mache gerade eigene, um das zu wiederholen. Mir ist das zu viel Sahne. Und der Tee ist zu schwach. Nicht schlecht, aber verbesserungsfähig. Ich denke, das geht auch ohne Sahne!

12266. Vanillepudding (Test), Juli 2019

- 1 Päckchen Vanillepuddingpulver zum Kochen
- 500 g Pflanzenmilch aus eigener Produktion
- 30 g Vollrohrzucker (weniger als auf dem Päckchen angegeben, ist mir immer zu süß gewesen, schon früher)

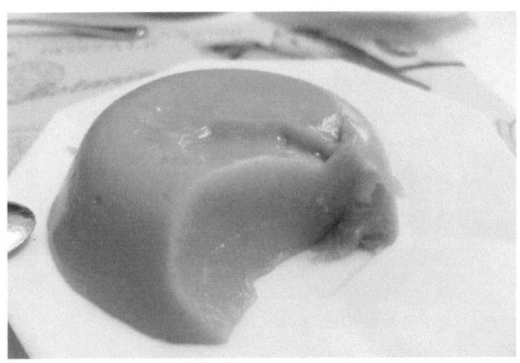

Puddingpulver mit 6 EL der Milch und dem Zucker verrühren. Restliche Milch aufkochen, vom Herd nehmen und angerührtes Puddingpulver einrühren. Unter Rühren aufkochen. *Hinweis: Die leicht karamellartige Farbe kommt vom Vollrohrzucker.*

12267. Tee-Latte mit Karamellnote II, Juli 2019

Vorläufer 12265; 2 Latte-Macchiato-Gläser à 400 ml

- 2 Beutel Schwarztee
- 315 g kochendes Wasser
- 30 g Agavendicksaft
- 10 g Schlagsahne
- 50 g Karamellsoße (z. B. 12264)
- 250 g Pflanzenmilch
- 1 Prise Zimt (gemahlen)

Tee mit dem Wasser aufkochen. Abkühlen lassen und im Kühlschrank kalt werden lassen. Agavendicksaft und Sahne in den Tee rühren. Je 25 g Karamellsoße in Latte-macchiato-Gläser füllen, den Tee darauf verteilen. Milch kalt aufschäumen auf den Tee gießen, mit Zimt bestreuen.

Hinweis: *Sehr lecker!*

12268. Nougatcreme II, Juli 2019

Vorläufer 12259

- 50 g Kakaobutter
- 20 g Kakao
- 60 g Agavendicksaft
- 80 g Viernussmischmus
- 1 Prise Salz

Kakaobutter im TM zerkleinern (5 Sek./Stufe 8). Kakao, Agavendicksaft, Salz und Nussmus zugeben und schmelzen (2 x 2 Min./50 °C/Stufe 3). Creme abkühlen und etwas fester werden lassen. Dann weiterverwenden.

12269. Nougattrüffel II, Juli 2019

Vorläufer 12260; ca. 10-15 Stück

- 1 Portion Nougatcreme II 12268
- Ca. 1 EL Trinkschokoladenpulver
- 2 TL Kakaopulver

Die Schokoladencreme gründlich fest werden lassen. Mit einem Teelöffel Portionen abstechen und kurz formen (wer Kugeln haben will, muss die Masse etwas stehen lassen, damit sie wärmer wird). Pulver in ein Glas oder eine Tasse geben. Kugeln vorsichtig hineingeben und den Behälter bewegen, bis die Kugel vom Pulver bedeckt sind. Je nach Wunsch Walnussstücke auf die Oberfläche drücken. Im Kühlschrank aufbewahren und nur portionsweise kurz vor dem Verzehr entnehmen.

12270. Rum-Törtchen, Juli 2019

- 150 g gekochte rote Linsen (s. 12255)
- 125 g Vollrohrzucker
- 170 g Apfelmark
- 1 P Weinsteinbackpulver
- 135 g Dinkel, fein gemahlen
- 1 Prise Salz
- 45 g Rum
- 25 g Kakaopulver

Schokoladenguss:

- 50 g Kakaobutter
- 35 g Agavendicksaft
- 1 EL Kakaopulver

Linsen mit Apfelmark und Rum weich rühren (20 Sek./Stufe 5). Mehl mit den restlichen trockenen Zutaten mischen und in den Mixtopf geben und rühren (10 Sek./Stufe 3; 10 Sek./Stufe 4; 20 Sek./Stufe 5). Zwischendurch die Masse immer mit einem Spatel herunterdrücken. 16 Silikon-Muffinförmchen auf ein Backblech geben und mit je 1 EL Teig füllen.

Den Ofen auf 175 °C vorheizen und 20 Min. bei 175 °C backen. Im ausgeschalteten Ofen bei offener Tür 4 Min. stehen lassen. Auf einem Gitterrost abkühlen lassen. Mit Schokoguss überziehen. Für den Guss die Kakaobutter auf kleiner Einstellung schmelzen, restliche Zutaten unterrühren. Vom Herd nehmen und einige Min. warten, bis der Guss ein wenig dickflüssig geworden ist. Die Törtchen damit bedecken (etwa 2 TL/Törtchen).

12271. Latte Teecchiato, Juli 2019

2 Latte-macchiato-Gläser zu je 400 ml

- 1 Teebeutel Roibos-Sahne-Karamell (oder andere Sorte)
- Ca. 190 ml kochendes Wasser
- 390 g Pflanzenmilch (selbstgemacht)

Teebeutel in einen kleinen Messbecher einhängen. Mit kochendem Wasser übergießen (bis auf den Strich für 200 ml auf dem Messbecher). 6 Min. ziehen lassen. In den letzten 2,5 Min. die Milch aufschäumen (je nach Aufschäumer sind andere Zeiten zu berücksichtigen). Milchschaum auf die Gläser verteilen. Tee hinzugießen.

12272. Hummus mit Industriehilfe, Juli 2019

Ca. 560 g

- 1 Dose Kichererbsen (415 ml), mit 265 g Kichererbseneinwaage
- 40 g Sonnenblumenöl
- 1 große Knoblauchzehe, in Scheiben (10 g)
- 20 g Zitronensaft
- 45 g Wasser
- 1 LS gem. Kreuzkümmel
- 1 gestr. TL Salz
- 15 g Tahini aus dem Glas (Inhaltsstoffe: nur Sesam)

Den gesamten Inhalt der Dose mit den restlichen Zutaten in ein hohes Gefäß geben und mit dem Pürierstab zu einer glatten Creme verarbeiten.

Hinweise: Vorsicht beim Salz, ich fand, es wurde (leider) später stärker. Daher besser nur einen gestrichenen Teelöffel nehmen. Ansonsten: Sehr lecker!

12273. Tee-Sirup, Juli 2019

Angeregt durch ein Rezept aus der Rezeptwelt.

- 1 kleiner Apfel (80 g), ohne Kerngehäuse, in Spalten
- 1/2 TL getr. Zitronenschale
- 25 g Zitronensaft
- 350 g Wasser
- 220 g Honig
- 3 Teebeutel schwarzer Tee
- 2 Teebeutel Pfefferminztee

Apfelspalten mit Zitronensaft, Zitronenschale und Wasser in den Mixtopf geben und köcheln (7 Min./100 °C/Rührstufe/Linkslauf). Honig hinzufügen und lösen (2 Min./100 °C/Rührstufe/Linkslauf). Papierenden von den Teebeuteln abschneiden, Teebeutel zugeben. Kochen: 5 Min./98°C/Rührstufe/Linkslauf. Teebeutel herausnehmen, den Inhalt des Mixtopfs durch ein Sieb in eine heiß ausgespülte Flasche gießen. Im Kühlschrank aufbewahren. Das Mischungsverhältnis habe ich noch nicht ausprobiert. *Hinweis: Übrig gebliebenen Äpfel mit Wasser auffüllen, als „alkohollosen Cocktail" trinken.*

12274. Latte Kakao-Karamell, Juli 2019

2 Gläser je 400 ml

- 2 TL Karamellsoße
- 2 gestr. EL Trinkkakaopulver
- 2 x 1/2 TL Kakaopulver
- 140 g kochendes Wasser
- 380 g Pflanzenmilch

Karamellsoße, Trinkkakao- und Kakaopulver auf die Gläser verteilen. Jeweils 70 g kochendes Wasser zugeben und umrühren. Pflanzenmilch aufschäumen und zugeben.

12275. Milchreis Naturreis aus dem TM, Juni 2019

Vorläufer 12257

- 100 g Natur Rundkornreis
- 550 g Pflanzenmilch
- 1 Prise Salz

In den Mixtopf geben. Deckel aufsetzen, aber ohne Messbecher kochen: 60 Min./95 °C/rückwärts/Stufe 1.

12276. Kokoscreme, Juni 2019

Vorläufer 12268; dies hier ist ein Reinfall.

- 60 g Kokosstreifen
- 50 g Kokosöl
- 20 g Kakao
- 60 g Agavendicksaft
- 20 g Kokosraspel
- 1 Prise Salz

Kokosstreifen zerkleinern (20 Sek./Stufe 10). Mit Kokosbutter, Kakao, Agavendicksaft und Salz schmelzen (2 x 2 Min./50 °C/Stufe 3). Creme abkühlen und etwas fester werden lassen. Dann weiterverwenden.

Hinweis: *Das Fett tritt aus und mischt sich nicht richtig.*

12277. Pflanzenmilch Trockenmischung VIII, Juli 2019

Vorläufer 12214; 16 Portionen

- 80 g Rundkornreis „normal"
- 320 g Tondo Integrale (Rundkorn-Naturreis)
- 200 g rote Linsen
- 400 g Cashewnüsse
- 8 g Salz
- 35 g Zucker

Im Thermomix Reis und Linsen 1 Min./Stufe 10, Rest dazu, 2 x 30 Sek./Stufe 10. Verarbeitung im Vitamix: 425 g Wasser kalt, Rest auf 1 Liter kochend, 2 Min. 10 Sek.

Hinweis: *Ich habe 65 g/Behälter abgewogen. Am Ende fehlten mir aber über 60 g. Ich vermute, ich habe mich beim Reis verwogen, durch die Mischung.*

12278. Brownies aus dem TM mit Nussmus II, Juli 2019

Vorläufer 12247; 1/2 Backblech; im Thermomix

- 3 x 50 g Schokolade 99 % Lindt
- 135 g Butter
- 60 g Viernussmus
- 120 g Apfelmus (reine Frucht)

- 225 g Dinkel, fein gemahlen
- 2 TL Backpulver
- 1 TL Natron
- 140 g Vollrohrzucker
- 1/2 Fläschchen Rumaroma
- 1 Prise Salz

Schokolade im TM zerkleinern (8 Sek./Stufe 4), umfüllen. Butter, in Scheiben geschnitten, zerlassen, (6 Min./40 °C/1). Apfelmus, Nussmus, Aroma und die trockenen Zutaten zugeben, mixen (20 Sek./Stufe 2, Knetstufe 2 Min. 30 Sek.). Schokolade zugeben und unterheben (1 Min./Stufe 1,5 rückwärts).

Ofen auf 180 °C vorheizen. Teig auf ein Backpapier geben, etwa 1 cm hoch ausstreichen (Blech ist bei weitem nicht voll) und 20 Min. bei 180 °C backen. 3 Min. im ausgeschalteten Ofen nachbacken. Auf dem Blech lauwarm werden lassen, erst dann in Stücke schneiden.

Hinweis: Der Teig schmeckte roh sehr lecker, aber gebacken einfach fader als sonst.

12279. Zwiebel-Relish II, Juli 2019

Vorläufer 12263

- 465 g Gemüsezwiebeln
- 3 große Knoblauchzehen (19 g)
- 1 geh. TL Salz (10 g)
- 100 g Vollrohrzucker
- 50 g Honig
- 1 Prise getr. Thymian, zwischen den Händen verrieben
- 1 Prise getr. Rosmarin, zwischen den Händen verrieben
- 130 g Apfelessig (davon 10 g Peperoniessig)
- 60 g Wasser

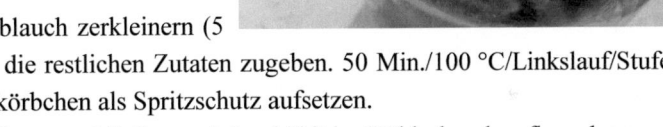

Herstellung im TM. Zwiebeln und Knoblauch zerkleinern (5 Sek./Stufe 5). Nach unten schieben und die restlichen Zutaten zugeben. 50 Min./100 °C/Linkslauf/Stufe 1 ohne Messbecher garen. Sobald es kocht, Garkörbchen als Spritzschutz aufsetzen.

Relish in ein leeres Honigglas füllen. Sofort verschließen und abgekühlt im Kühlschrank aufbewahren.

12280. Milchreis Naturreis aus dem TM II, Juli 2019

Vorläufer 12275

- 100 g Natur Rundkornreis
- 575 g Pflanzenmilch
- 1 Prise Salz
- 3-4 Tropfen Sonnenblumenöl
- 2 ganz dünne Scheiben Ingwer.

In den Mixtopf geben. Deckel aufsetzen, aber ohne Messbecher kochen: 60 + 10 Min./95 °C/rückwärts/Stufe 1.

12281. Ganache oder Pariser Creme II, Juli 2019

Vorläufer 12253

- 100 g Schokolade 85 % (Lindt), in Stücken
- 60 g Mandelmus
- 60 g Agavendicksaft

Schokolade im TM zerkleinern (10 Sek./Stufe 8). Mandelmus und Agavendicksaft zugeben und schmelzen (2 Min./50 °C/ Stufe 3). Creme abkühlen und etwas fester werden lassen. Dann weiterverwenden.

12282. Roggen-Sauerteigbrot, bayrische Art II, Juli 2019

Vorläufer 12234

Stufe 1 (12 Std. vorher):

Sauerteigansatz:

- 400 g Roggen
- 410 g Wasser
- 150 g Sauerteig

Stufe 2 (Backen, bei mir am Morgen):

- 425 g Dinkel
- 15 g Salz
- 1 EL Kümmel, ungemahlen
- 275 g Wasser
- 50 g Gerstenmalzextrakt
- 1/4 Würfel frische Hefe (= 10 g)
- Ca. 800 g Sauerteigansatz
- 20 g Butter für die Form

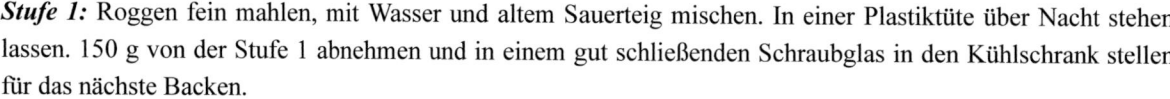

Stufe 1: Roggen fein mahlen, mit Wasser und altem Sauerteig mischen. In einer Plastiktüte über Nacht stehen lassen. 150 g von der Stufe 1 abnehmen und in einem gut schließenden Schraubglas in den Kühlschrank stellen für das nächste Backen.

Stufe 2: Getreide mit dem Kümmel mahlen (Vorabend). Gerstenmalzextrakt im Wasser auflösen und über Nacht stehen lassen, damit es sich völlig löst. Backmorgen: Hefe in einem Teil des Wassers auflösen. Zutaten (außer der Butter) mit einem großen Löffel gründlich verrühren, bis kein Mehl mehr sichtbar ist. Eine 30-cm-Brotform, Profi-Email von Dr. Oetker, gut einfetten. Teig hineingeben, mit der nassen Hand herunterdrücken und glattstreichen. Mit einem scharfen Messer kreuzweise einschneiden. Form im kalten Ofen etwa 90 Min. gehen lassen. Ofen so programmieren, dass das Brot 3 Std. (80 Min. Backzeit, 190 °C Heißluft) später fertig ist, d. h. Endzeit 3 Std. minus 20 Min.

12283. Nougatcreme III misslungen, Juli 2019

Vorläufer 12268

- 50 g Kakaobutter
- 20 g Kakao
- 65 g Agavendicksaft
- 85 g Mandelmus (Rapunzel)
- 1 Prise Salz

Kakaobutter im TM zerkleinern (5 Sek./Stufe 8). Kakao, Agavendicksaft, Salz und Nussmus zugeben und schmelzen (2 Min./50 °C/Stufe 3). Da ich dann einen Klumpen vorfand, habe ich nochmals gemischt mit 2 Min./50 °C/Stufe 5. Geholfen hat es nicht, das Fett hatte sich abgesondert.

Hinweis: *Was kann schiefgegangen sein? Die paar Gramm Unterschied in den Zutaten sicher nicht. Mittlerweile habe ich einen Verdacht. Der Thermomixbecher war relativ frisch aus der Spülmaschine, vermutlich war irgendwo noch etwas Wasser, und das ist Gift für diese Mischung. Denn mit einem trockenen Becher und einer neuen Mischung, wenn auch mit Schokolade, klappte es problemlos.*

12284. Fünf-Minuten-Brot mal wieder IV, Juli 2019

Vorläufer 12245, Kastenform 30 cm

- 500 g Dinkel
- 100 g Sonnenblumenkerne
- 2 knappe TL Salz (oder wer mag auch Kräutersalz)
- 75 g Kichererbsenkochwasser
- 20 g Gerstenmalzextrakt
- 355 g handwarmes Wasser
- 2 EL Apfelessig
- 1 Würfel frische Bio-Hefe (42 g)
- Butter für die Form

Dinkel fein mahlen, mit Sonnenblumenkernen und Salz mischen. Dinkel mit Gerstenmalzextrakt und Kicher-erbsenkochwasser auf 40 °C bringen (TM 3 Min./40 °C/1). Essig und Mehlgemisch in den Thermomix füllen, Hefe auf die Oberfläche bröseln und den Teig in der Maschine kneten (3 Min./Knetstufe).

Brotform einfetten. Teig hineingeben, 15 Min. ruhen lassen und die Form auf dem Gitterrost in den kalten Back-ofen schieben. Den Ofen auf 200 °C (Umluft) aufheizen und das Brot darin 60 Min. bei 200 °C bei 200 °C backen. Das fertige Brot aus der Form stürzen, mit Wasser einsprühen (z. B. mit einer Blumenspritze) und auf einem Kuchengitter auskühlen lassen.

Für 1 Brot-Kastenform von 30 cm:

12285. Sambal Oelek II, Juli 2019

Vorläufer 12236; 1 Honigglas voll

- 200 g rote Chili
- 35 g Apfelessig
- 8 g Salz
- 45 g Honig
- 16 g Zitronensaft
- 25 g Sonnenblumenöl
- 2 gestr. TL Flohsamenschalen

Die Stile der Chili abschneiden, die Chilischoten in Stücke schneiden, am besten am spitzen Ende festhalten und von der anderen Seite schneiden, dann ist die Gefahr der Berührung recht klein. Alle Zutaten in einen hohen Becher geben (es spritzt sehr) und mit dem Pürierstab zu einem glatten Mus verarbeiten, die Kerne bleiben ganz. In ein Schraubgefäß umfüllen und im Kühlschrank aufbewahren.

12286. Hummus als Soße, Juli 2019

Vorläufer 12272

- 1 Dose Kichererbsen (400 ml), 240 g Kichererbsenein-waage
- 30 g Sonnenblumenöl
- 3 Knoblauchzehen, in Scheiben (14 g)
- 20 g Zitronensaft
- 1 LS Kreuzkümmel
- 1/2 Salz
- 15 g Tahini aus dem Glas (Inhaltsstoffe: nur Sesam)

Den gesamten Inhalt der Dose mit den restlichen Zutaten in ein hohes Gefäß geben und mit dem Pürierstab zu einer glat-ten Creme verarbeiten.

Hinweis: Das Ganze ist viel zu dünnflüssig und auch der Geschmack ist mäßig. Kichererbsen? Sie schwammen in einer leicht milchigen Flüssigkeit. Das ist nur noch als Soßengrundlage oder für Salate nutzbar.

12287. Hummus mit Industriehilfe II, Juli 2019

Vorläufer 12272

- 1 Dose Kichererbsen (400 ml), 260 g Einwaage
- 40 g Flüssigkeit aus der Dose
- 30 g Sonnenblumenöl
- 1 große Knoblauchzehe, in Scheiben (7 g)
- 20 g Zitronensaft
- 45 g Wasser
- 1 LS gem. Kreuzkümmel
- 1 gestr. TL Salz
- 1 Prise Pfeffer
- 15 g Tahini aus dem Glas (Inhaltsstoffe: nur Sesam)

Den gesamten Inhalt der Dose mit den restlichen Zutaten in ein hohes Gefäß geben und mit dem Pürierstab zu einer glatten Creme verarbeiten.

12288. Zwiebel-Relish III, Juli 2019

Vorläufer 12263; falsche Zählung

- 530 g Gemüsezwiebeln
- 3 Knoblauchzehen (12 g)
- 1 geh. TL Salz (10 g)
- 100 g Vollrohrzucker
- 45 g Honig
- 10 g Ahornsirup
- 1 Prise getr. Thymian, zwischen den Händen verrieben
- 1 Prise getr. Rosmarin, zwischen den Händen verrieben
- 1 Prise getr. Oregano, zwischen den Händen verrieben
- 125 g Apfelessig
- 10 g Peperoniessig 7/4573
- 70 g Wasser

Herstellung im TM. Zwiebeln und Knoblauch zerkleinern (6 Sek./Stufe 5). Nach unten schieben und die restlichen Zutaten zugeben. 55 Min./100 °C/Linkslauf/Stufe 1 ohne Messbecher garen. Sobald es kocht, Garkörbchen als Spritzschutz aufsetzen.

Relish in ein leeres Honigglas füllen. Sofort verschließen und abgekühlt im Kühlschrank aufbewahren.

12289. Sambal Manis, 2. Versuch, Juli 2019

Vorläufer 12250

- 30 g Öl
- 1 Gemüsezwiebel (285 g), geviertelt
- 10 g Knoblauch
- 200 g Peperonischoten, mittelscharf
- 175 g Sultaninen
- 110 g Apfelessig
- 155 g Wasser
- 1 TL Salz
- 40 g Gerstenmalzextrakt
- 15 g Tamari
- 50 g Wasser

Öl, Zwiebel und Knoblauch in den TM-Mixtopf geben. Zerkleinern (5 Sek./Stufe 5) und angaren (5 Min./Varoma/Stufe 2). Die restlichen Zutaten zugeben, anschließend garen (30 Min./Varoma/Stufe 3; einmal kurz hochdrehen). 50 g Wasser zugeben und pürieren (5 Sek./Stufe 8; besser: 10 Sek.).

12290. Brownies aus dem TM mit Nussmus III, Juli 2019

Vorläufer 12278; 1/2 Backblech.

- 3 x 50 g Schokolade 99 % Lindt
- 135 g Butter
- 60 g Viernussmus
- 110 g Apfelmus (reine Frucht)
- 225 g Dinkel, fein gemahlen
- 2 TL Backpulver
- 1 TL Natron
- 140 g Vollrohrzucker
- 20 g Trinkschokoladenpulver
- 1 Fläschchen Rumaroma
- 1 Prise Salz

Schokolade im TM zerkleinern (8 Sek./Stufe 4), umfüllen.

Butter, in Scheiben geschnitten, zerlassen, (6 Min./40 °C/1). Apfelmus, Nussmus, Aroma und die trockenen Zutaten zugeben, mixen (20 Sek./Stufe 2, Knetstufe 2 Min. 30 Sek.). Schokolade zugeben und unterheben (1 Min./Stufe 1,5 rückwärts).

Ofen auf 180 °C vorheizen. Teig auf ein Backpapier geben, etwa 1 cm hoch ausstreichen (Blech ist bei weitem nicht voll) und 20 Min. bei 180 °C backen. 3 Min. im ausgeschalteten Ofen nachbacken (besser nicht). Auf dem Blech lauwarm werden lassen, erst dann in Stücke schneiden.

Hinweis: Die Brownies schmecken weder nach Rum noch sind sie feucht genug.

12291. Grießbrei, Juli 2019

- 300 g Pflanzenmilch
- 50 g Sahne
- 20 g Zimtzucker 12210
- 40 g Grieß

In den TM geben, Rühraufsatz einsetzen und garen (10 Min./90 °C/Stufe 2).

Hinweis: Ist lecker, ohne Frage. Ich werde mal sehen, ob es im Bioladen vollwertigen Grieß gibt (auch wenn bestimmte Kreise meinen, Grieß sei nie aus vollem Korn, auch wenn mir ein zuverlässiger Müller das Gegenteil belegt hat). Dazu gab es 75 % Fruchtaufstrich Bio. Auf die Sahne hätte ich verzichten können. Aber in solchen Dingen ist der Thermomix echt genial.

12292. Mandelhörnchen I, Juli 2019

6,5 Stück; TM; mit Tiereiweiß

- 75 g Vollrohrzucker
- 50 g Mandeln
- 210 g Marzipanrohmasse
- 1 Ei
- 1 Tüte Puddingpulver Vanille
- 1 TL Weinstein-Backpulver
- Ca. 80-90 g gehobelte Mandeln

Glasur

- 35 g Kakaobutter
- 30 g Agavendicksaft
- 1 gestr. EL Kakao

Zucker im TM pulverisieren (20 Sek./Stufe 10). Mandeln zugeben und mahlen (10 Sek./Stufe 10). Marzipan in Stücke schneiden, mit dem Ei in den Mixtopf geben und mischen (15 Sek./Stufe 5). Puddingpulver und Backpulver zugeben, einarbeiten (10 Sek./Stufe 5).

Eine kleine Fläche dick mit gehobelten Mandeln bestreuen. Mit einem Esslöffel Teigstücke abnehmen und auf die gehobelten Mandeln legen, mit Mandeln bedecken und Stangen bzw. Hörnchen formen. Nebeneinander auf ein mit Backpapier ausgelegtes Backblech legen. Ich hatte noch etwas Teig übrig, den habe ich als Stange dazugelegt.

In den auf 160 °C vorgeheizten Ofen (Heißluft) schieben und 15 Min. backen. Lauwarm auf ein Gitterrost legen, auskühlen lassen und die Enden mit Schokoladenglasur bestreichen. Für die Schokoladenglasur Kakaobutter zerlassen und die anderen Zutaten unterrühren.

Hinweis: Obwohl meinen Testern die Marzipanhörnchen gut geschmeckt haben, war ich nicht zufrieden. Nach dem Backen sahen sie wunderschön aus - und fielen dann zusammen. Eric findet sie extrem lecker, ich bin mir nicht sicher. Also muss ich an dem Rezept weiter arbeiten.

12293. Ayran, Juli 2019

Da mein selbstgemachtes Joghurt zwar lecker schmeckt, aber nicht fest geworden ist, habe ich kein Wasser hinzugegeben.

- 200-250 ml Pflanzenjoghurt 12295 (flüssig)
- 1 TL Zitronensaft
- 1 Prise Salz

Im Vitamix (oder einem anderen Mixer) kurz mischen.

12294. Käsekuchen vegan, Juli 2019

26-cm-Springform

Teig:

- 150 g Hafer
- 40 g Sonnenblumenöl
- 45 g Ahornsirup
- 25 g Wasser

Käsemasse:

- 80 g Rundkorn-Naturreis
- 1 Päckchen Vanillepuddingpulver (oder mehr (110 g) Reis und eine Prise Vanille)
- 400 g Seidentofu
- 300 g „normaler" Tofu
- 150 g Ahornsirup
- 25 g Zitronensaft
- 1/2 TL getr. Zitronenschale
- 20 g Sonnenblumenöl
- 75 g Pflanzenmilch

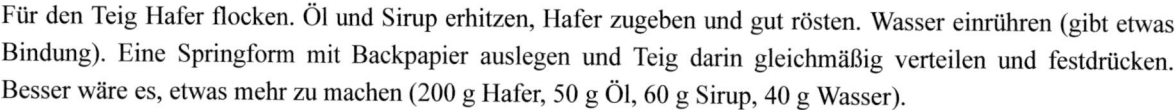

Für den Teig Hafer flocken. Öl und Sirup erhitzen, Hafer zugeben und gut rösten. Wasser einrühren (gibt etwas Bindung). Eine Springform mit Backpapier auslegen und Teig darin gleichmäßig verteilen und festdrücken. Besser wäre es, etwas mehr zu machen (200 g Hafer, 50 g Öl, 60 g Sirup, 40 g Wasser).

Für die Käsemasse Reis in der Mühle mahlen und mit Puddingpulver mischen. Tofu mit Ahornsirup, Zitronensaft, Schale und Öl fein pürieren (5 Sek./Stufe 5; 10 Sek./Stufe 10, geht natürlich auch mit 15 Sek./Stufe 10). Pflanzenmilch hinzugeben und nochmals mixen (5 Sek./Stufe 10). Thermomix auf Stufe 4 laufen lassen und Reis-Puddingpulvermischung langsam per Teelöffel zugeben. Alles zusammen mixen (5 Sek./Stufe 8).

Käsemasse auf den Boden gießen. Backofen auf 180 °C (Heißluft) vorheizen und Kuchen 45 Min. bei 180 °C backen. 10 Min. bei 160 °C backen, bei halb geöffneter Backofentür 10-15 Min. stehen lassen. Auf einem Gitterrost auskühlen lassen.

12295. Pflanzenjoghurt, Juli 2019

Es gibt verschiedene Rezepte für Joghurt mit Mandelmilch, Kokos usw. Aber funktioniert es auch mit „meiner" Milch? – (Frisch angesetzt).

- 500 g Pflanzenmilch
- 2 Kapseln Milchsäurebakterien-Kulturen (Dr. Wolz)
- 1 TL Flohsamenschalen

Pflanzenmilch im TM erhitzen (3 Min./40 °C/Stufe 1). Kapseln mit einer Schere oder einem Messer aufschneiden, Inhalt zu der warmen Milch geben und erhitzen (2 Min./40 °C/Stufe 5). In den letzten 30 Sek. die Flohsamenschalen einrieseln lassen. Auf zwei Schraubgläser verteilen, Deckel auflegen, aber nicht ganz festschrauben. In eine Wolldecke o. Ä. wickeln und 8-10 Std. stehen lassen (warm, aber ohne direkte Sonneneinwirkung). In den Kühlschrank stellen und 8 Std. warten.

12296. Tomatenketchup XXIX, Juli 2019

Vorläufer 12202; 2 Cashewnussmus-Gläser

- 2 Dosen Tomaten inklusive Saft (800 g)
- 135 g Sultaninen
- 10 g Knoblauchzehen (frisch)
- 150 g Apfelessig (davon 10 g Peperoniessig)
- 100 g Wasser
- 1 TL Salz
- 1 Zwiebel (130 g), geviertelt
- 2 Stück Essigpeperoni (8 g) 7/4573

- 1 Prise (1/4 TL) Pfeffer
- 2 TL Paprika
- 10 g Tomatenmark
- 160 g Wasser

Alle Zutaten bis auf die zweite Menge Wasser in den Mixtopf geben. 15 Sek. auf Stufe 10 zerkleinern, dabei den Messbecher fest andrücken, anschließend garen (30 Min./Varoma/Stufe 3). Nach Ende der Garzeit Rest Wasser zugeben und fein pürieren (30 Sek./Stufe 10). Direkt in Schraubgläser füllen.

12297. Zwiebel-Relish IV, Juli 2019

Vorläufer 12288

- 500 g Gemüsezwiebeln
- 3 Knoblauchzehen (11 g)
- 50 g Ketchup (Tomatenketchup 12295)
- 1 geh. TL Salz
- 100 g Vollrohrzucker
- 75 g Ahornsirup
- 1 Prise getr. Thymian, zwischen den Händen verrieben
- 1 Prise getr. Rosmarin, zwischen den Händen verrieben
- 1 Prise getr. Oregano, zwischen den Händen verrieben
- 150 g Apfelessig (davon 10 g Peperoniessig)
- 70 g Wasser

Herstellung im Thermomix. Zwiebeln und Knoblauch zerkleinern (6 Sek./Stufe 5). Nach unten schieben und die restlichen Zutaten zugeben. 55 Min./100 °C/Linkslauf/Stufe 1 ohne Messbecher garen. Sobald es kocht, Garkörbchen als Spritzschutz aufsetzen.

Relish in ein leeres Honigglas füllen. Sofort verschließen und abgekühlt im Kühlschrank aufbewahren.

12298. Hüttentsatsiki auf Pellkartoffeln, Juli 2019

- 250 g kleinere Kartoffeln (5-6 Stück)
- Wasser zum Kochen
- 1 Knoblauchzehe (8 g), in Scheiben
- 1 Prise Salz
- 135 g Schlangengurke, grob zerteilt
- 110 g türkischer Joghurt, 3,5 % Fett
- 100 g Hüttenkäse
- 1 EL Zitronensaft
- 1 EL Sahne
- 1 EL Sonnenblumenöl
- 1 Prise Pfeffer
- 1 Prise Salz

Kartoffeln als Pellkartoffeln kochen. Im Thermomix: In den Gareinsatz geben, 500 g Wasser in den Mixtopf. Gareinsatz einhängen, Deckel schließen und garen (30 Min./Varoma/Stufe 1). Kurz unter kaltem Wasser abschrecken und kalt werden lassen. Dann die Schale abziehen und die Kartoffeln in Scheiben schneiden. In eine passende Schüssel geben.

Knoblauch mit 1 Prise Salz im Thermomix zerkleinern (3 Sek./Stufe 5). Gurke hinzufügen und nochmals zerkleinern (3 Sek./Stufe 5). Joghurt, Hüttenkäse, Saft, Sahne, Öl, Pfeffer und Salz zugeben und mischen (10 Sek./Stufe 3). Über die Kartoffeln gießen und bis zum Essen im Kühlschrank stehen lassen.

12299. Sommertee, Getränke, Juli 2019

- 20 g Tee-Sirup 12273
- 50 g kaltes oder eiskaltes Wasser
- 175 g Pflanzenmilch (wenn kalt aufgeschäumt werden soll, mehr, also mindestens 200 g)
- 1 TL Karamellsoße
- 1 Prise Zimtzucker 12210

Sirup und Wasser in einer kleinen Kanne o. Ä. mischen. Aufgeschäumte Milch in ein Latte macchiato-Glas (Füllmenge 400 g) füllen, Teewasser hinzugießen. Mit Karamellsoße beträufeln und mit Zimtzucker bestreuen.

12300. Pralinen fixi-flotti, Juli 2019

Vorläufer 12253

- 100 g Schokolade 85 % (Lindt), in Stücken
- 60 g Mandelmus, weiß
- 60 g Agavendicksaft
- 60 g Sonnenblumenkerne
- 60 g Rosinen

Schokolade im TM zerkleinern (10 Sek./Stufe 8). Mandelmus und Agavendicksaft zugeben und schmelzen (2 Min./50 °C/ Stufe 3). In der letzten halben Minute Rosinen und Sonnenblumenkerne einrieseln lassen. In eine Eisform geben und im Kühlschrank fest werden lassen.

Hinweis: *Da es heute sehr heiß war, war die Schokolade schon etwas weich und ließ sich nicht wirklich zerkleinern. Daher ist etwas Fett ausgetreten. Optisch kein Brüller, aber lecker.*

12301. Pralinen fixi-flotti aus der Pfanne, Juli 2019

Vorläufer 12300

- 50 g Kakaobutter
- 40 g Ahornsirup
- 12 g Kakao (1 geh. EL)
- 40 g Mandelmus, weiß
- 60 g Sonnenblumenkerne
- 40 g Rosinen
- 20 g grüne Rosinen

Kakaobutter auf dem Induktionsherd schmelzen (2/14). Die weiteren Zutaten einzeln zugeben und mit dem Schneebesen unterrühren. In entsprechende Förmchen füllen und im Kühlschrank fest werden lassen.

12302. Exotischer Milchshake, Juli 2019

2 Gläser zu je 400 ml

- 150 g tiefgekühlte Stücke: Mango, Papaya, Ananas
- 25 g Sahne
- 20 g Agavendicksaft
- Auffüllen auf 750 g mit Pflanzenmilch (ca. 550 g)

Beispielsweise im Vitamix gut durchmixen. Auf zwei Gläser verteilen.

Mögliche Deko:

- Gemahlener Zimt
- Karamellsoße

Meine Bücher

Ratgeber

- Spiele mit ChatGPT und Bard: Zeitvertreib mit künstlicher Intelligenz. Norderstedt (BoD) 2023.
- Wie erkenne ich KI-generierte Texte? – Ein Ratgeber. Norderstedt (BoD) 2023.
- Rette dein Seelenheil mit ChatGPT: Ein Ratgeber. Norderstedt (BoD) 2023.

Belletristik

- Torge ist verschwunden: Lost Places und Urban Vanishing (mit Janina Schmiedel). Norderstedt (BoD) 2024.
- Iphorismen II: Nachfolger der Iphorismen. Norderstedt (BoD) 2024.
- Iphorismen: Kritische Ausgabe unter Mitwirkung der Professoren Ptaček, Bardeloni und Sibingskin. Norderstedt (BoD) 2024.
- Zitatezirkus: Erkenne den Fake. 2. Bd. der Reihe Textcollagen. Norderstedt (BoD) 2023.
- Wilkesmann von A bis Z – Ein Leben in 26 Buchstaben. Norderstedt (BoD) 2023.
- Freundschaft als Installation. Norderstedt (BoD) 2023.
- Fantastisches Tagebuch. (mit Janina Schmiedel). Norderstedt (BoD) 2023.
- Kriminalalphabet. Norderstedt (BoD) 2023.
- Bernadette K. – Das Leben einer Königin. 1. Bd. Der Reihe Textcollagen. Norderstedt (BoD) 2023.
- Die Iden des Jumi: Ein archäologischer Bestseller. Norderstedt (BoD) 2023.
- Gedanken zum Gedenken: Gedenk-, Aktions- und Feiertage. Norderstedt (BoD) 2023.
- Wer steckt hinter Spam? Ein Roman. Norderstedt (BoD) 2023.
- Chimären: Was Menschen bisher nicht wussten. Norderstedt (BoD) 2023.
- Seite 22, Zeile 22 (mit Janina Schmiedel.) Norderstedt (BoD) 2022.
- Märchen von heute: 61 wundersame Geschichten. Norderstedt (BoD) 2022.
- Präpositionen. Norderstedt (BoD) 2022.
- Eine Hand greift die andere. Norderstedt (BoD) 2022.
- Iphorismische Short Stories. Norderstedt (BoD) 2022.
- Iphorismen. Norderstedt (BoD) 2021.
- OneBBO's Castle lädt ein. Schau uns über die Schulter. Norderstedt (BoD) 2007.

Ernährung

- Am besten vegetarisch mit der Thermo-Küchenmaschine. Potsdam (Dort-Hagenhausen) 2016.
- Hartz IV in aller Munde. Norderstedt (BoD) 2013.
- Indisch inspiriert. München (Dort-Hagenhausen) 2013.
- Jetzt wird gesnackt! Norderstedt (BoD) 2013.
- Immer öfter vegetarisch. München (Dort-Hagenhausen) 2012.
- Rohkost statt Fasten Teil 2: Rezepte für ein Rohkostjahr. Norderstedt (BoD) 2011.
- Mein Kollege kocht Vollwert. Norderstedt (BoD) 2010.
- Schokolade. Norderstedt (BoD) 2010.
- Gemüse in aller Munde. Norderstedt (BoD) 2009.
- Hartz IV in aller Munde. Norderstedt (BoD) 2009.
- Schrot statt Schrott. Norderstedt (BoD) 2008.
- Vollwert? Gold wert! Norderstedt (BoD) 2008.
- Brötchen statt Brot. Norderstedt (BoD) 2007.
- Konfekt statt Sünde. Norderstedt (BoD) 2007.
- Rohkost statt Fasten. Norderstedt (BoD) 2007.

Reihe: Meine Rezeptebibliothek:

- Band 1: 1998 bis März 2006, Rezepte 1-769. Norderstedt (BoD) 2024
- Band 2: März 2006 bis April 2007, Rezepte 770-1503. Norderstedt (BoD) 2024
- Band 3: April bis November 2007, Rezepte 1504-2163. Norderstedt (BoD) 2024.
- Band 4: November 2007 bis September 2008, Rezepte 2164-2913. Norderstedt (BoD) 2024.
- Band 5: September 2008 bis August 2009, Rezepte 2914-3676. Norderstedt (BoD) 2024.
- Band 6: August 2009 bis Dezember 2010, Rezepte 3677-4404. Norderstedt (BoD) 2024.
- Band 7: Januar 2011 bis Dezember 2012, Rezepte 4405-5290. Norderstedt (BoD) 2024.
- Band 8: Dezember 2012 bis Juni 2014, Rezepte 5291-6142. Norderstedt (BoD) 2024.
- Band 9: Juni 2014 bis April 2015, Rezepte 6143-7914. Norderstedt (BoD) 2024.
- Band 10: April bis Oktober 2015, Rezepte 7915-8018. Norderstedt (BoD) 2024.
- Band 11: Oktober 2015 bis April 2016, Rezepte 8019-9046. Norderstedt (BoD) 2025
- Band 12: April bis Oktober 2016, Rezepte 9047-10203. Norderstedt (BoD) 2025
- Band 13: Oktober 2016 bis August 2017, Rezepte 10204-11373. Norderstedt (BoD) 2025.

Stichwortverzeichnis